高等学校物流工程与物流管理专业系列规划教材

供应链物流学

孙家庆　唐丽敏　编著

大连海事大学出版社

图书在版编目(CIP)数据

供应链物流学 / 孙家庆,唐丽敏编著. — 大连 :
大连海事大学出版社, 2016. 5
高等学校物流工程与物流管理专业系列规划教材
ISBN 978-7-5632-3323-6

Ⅰ. ①供…　Ⅱ. ①孙… ②唐…　Ⅲ. ①物资供应—物
资管理—高等学校—教材　Ⅳ. ①F252

中国版本图书馆 CIP 数据核字(2016)第 120704 号

大连海事大学出版社出版

地址:大连市凌海路1号　邮编:116026　电话:0411-84728394　传真:0411-84727996
http://www.dmupress.com　E-mail:cbs@dmupress.com

大连美跃彩色印刷有限公司印装　　大连海事大学出版社发行

2016 年 5 月第 1 版　　2016 年 5 月第 1 次印刷
幅面尺寸:185 mm×260 mm　　印张:19.5
字数:469 千　　印数:1～3000 册

出版人:徐华东

责任编辑:刘长影　　责任校对:孙延彬
封面设计:解瑶瑶　　版式设计:解瑶瑶

ISBN 978-7-5632-3323-6　　定价:39.00 元

高等学校物流工程与物流管理专业系列规划教材

编委会

总　　序

中国现代物流产业发展的现实基础和未来发展的趋势都充分表明，经过 10 年至 20 年时间的建设和发展，中国将是全球现代物流产业规模最大和物流利润空间最大的国家。现代物流产业的快速发展，物流企业的高速成长，特别是国外跨国物流公司的进入，将使物流人才总量不足和结构失衡成为制约未来中国现代物流产业发展的突出问题。目前，国内物流专业人才尤其是高层管理人才的匮乏已不仅仅局限在数量方面，在质量方面也有很大的差距。因此，有必要加速建设与国际接轨的物流专业教材体系，助推物流人才的教育理论和教学方式改革。

大连海事大学是中国著名的高等航海学府，是交通运输部所属的“211 工程”重点建设大学，是被国际海事组织认定的世界上少数几所“享有国际盛誉”的海事院校之一。大连海事大学物流工程与物流管理专业的历史可追溯到成立于 1953 年的大连海运学院水管系所属的水运管理专业及 1989 年创办的综合运输专业。2002 年大连海事大学在此基础上申办物流工程专业，成为全国首批设立物流专业的 7 所院校之一；2004 年，成为全国首批获得物流工程硕士学位授权的 46 所院校之一，并被确定为东北地区片长单位；2005 年，经国务院学位委员会批准，在交通运输工程一级学科下独立设立“物流工程与管理”二级学科，成为国内最早招收物流工程与管理硕士研究生和博士研究生的院校；2006 年，被辽宁省教育厅确定为物流管理、物流工程专业紧缺本科人才培养基地。2009 年，物流工程专业被确定为辽宁省示范专业；2014 年，物流工程专业被确定为辽宁省普通高等学校本科重点建设（综合改革试点）专业；2015 年，在辽宁省本科专业综合评价中，物流工程和物流管理专业排名分列第一名和第二名。为了进一步满足物流专业教学和企业人员培训的需要，在广泛听取交通、商务、海关、商检、工商、金融等政府管理部门、相关高校和物流企业意见的基础上，我们组织编写了这套“高等学校物流工程与物流管理专业系列规划教材”。

本系列教材既汇集了现代物流实践和研究中已趋成熟的理论、基础知识和技能，又广泛参考了国内外最新研究成果，同时也注重理论联系实际。但由于缺少范式，加之时间有限，教材中仍难免会存在一些缺点或错误，敬请专家、同行和广大读者批评指正，以便再版时修正，以臻完善。

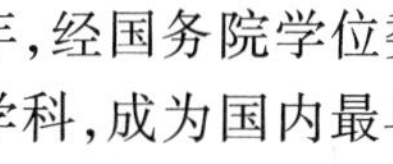

2016 年 4 月

内容提要

本书是物流类专业的基础课教材,在借鉴和吸收国内外物流学的基本理论与最新研究成果的基础上,从供应链管理的视角论述了物流学的基本概念、基本理论和基本方法,以期为后续课程的学习打下坚实的理论基础。

本书由原理篇、目标篇、保障篇和运作篇组成,具体包括概述、供应链物流理论与学说、绿色低碳物流、平安物流、物流产业与市场、物流政策与法规、物流标准化、物流信息化、物流系统、物流企业、企业物流 11 章内容。

本书内容翔实,注重理论与实践的紧密结合,每章均设有引导案例以及练习题(单选题、多选题、简答题和案例分析题)。本书既可作为物流类专业本科生、研究生教材,亦可用作企业物流管理人员的参考书和培训用书。

前　　言

20 世纪 90 年代，特别是 21 世纪初以来，随着供应链管理思想的兴起，形成了供应链物流与供应链物流管理。在这一背景下，迫切需要将现代物流置于供应链系统，从供应链管理的视角阐述物流学的理论与方法。基于此，我们编著了本教材，并力求体现如下特点：

（1）目标明确。本书是面向物流类专业的基础课教材，在物流类专业课程体系中处于先导地位，因而，本书从物流基础理论入手，系统地论述了物流类专业教育所需要的基本概念、基本理论和基本方法，以期为后续课程的学习打下坚实的理论基础。同时，本书还十分注重内容的前瞻性和实用性，力图反映最新的理论研究成果和实践经验。

（2）体系、内容设置科学、全面。本书重在构建供应链管理环境下物流学的理论体系与方法，全书由原理篇、目标篇、保障篇和运作篇组成，具体包括概述、供应链物流理论与学说、绿色低碳物流、平安物流、物流产业与市场、物流政策与法规、物流标准化、物流信息化、物流系统、物流企业、企业物流 11 章内容。

（3）可操作性。在编写过程中，十分注重实务操作，通过大量的实例和图、表、流程来帮助读者理解相关的概念、流程与技术等。

（4）提供丰富的案例。本书除了在章首、练习题中均有案例之外，在正文中也根据需要安排了案例，同时对案例进行了解读与分析。

（5）附有大量的练习题。每章后均设有单选题、多选题、简答题和案例分析题。

本书在写作过程中，得到了众多专家学者的指导与帮助，同时，大连海事大学唐丽敏教授以及孙倩雯、刘路、沙小卜、娄丽杰、张珊珊、臧洋、哈燕飞、宋佳晋、杨莹、张霓等研究生也参与了撰写工作，在此一并向这些专家、老师和研究生致以衷心的感谢。

由于作者水平有限，书中不妥之处在所难免，敬请同行专家和广大读者批评指正。

孙家庆

2016 年 3 月于大连海事大学

目　　录

原理篇

第一章　概　述

引导案例

供应链管理下的物流环境

企业竞争环境的变化导致企业管理模式的转变,供应链管理思想就是在新的竞争环境下出现的。新的竞争环境体现了企业竞争优势要素的改变。在20世纪70年代以前,主要的竞争优势是成本,而80年代是质量,90年代则是交货时间,即所谓的基于时间的竞争,到21世纪初,这种竞争优势就会转移到所谓的敏捷性上来。在这种环境下,企业的竞争就表现在如何以最快的速度响应市场要求,满足不断变化的多样化需求。即企业必须能在实时的需求信息下,快速组织生产资源,把产品送到用户手中,并提高产品的用户满意度。在激烈的市场竞争中,企业都有一种资源饥渴的无奈,传统的单一企业竞争模式已经很难使企业在市场竞争中保持绝对的竞争优势。信息时代的到来,进一步加大了企业竞争的压力,信息资源的开放性,打破了企业的界限,建立了一种超越企业界限的新的合作关系,为创造新的竞争优势提供了有利的条件。因此,供应链管理的出现迎合了这种趋势,顺应了新的竞争环境的需要,使企业从资源的约束中解放出来,创造出新的竞争优势。

供应链管理实质是一个扩展企业的概念,扩展企业的基本原理和思想体现在七个方面:横向思维(战略联盟)、核心能力、资源扩展/共享、群件与工作流(团队管理)、竞争性合作、同步化运作、用户驱动。这七个方面的特点不可避免地影响到物流环境,从而形成了供应链物流与供应链物流管理。

第一节　物流概述

一、物流的内涵与特点

1. 物流的概念

物流的定义有多个版本,这也反映出人们对于物流的认识是一个不断深化的过程。目前,关于物流的定义有两种知识体系。

(1)欧美物流知识体系

欧美物流知识体系主要从管理的角度对物流进行了定义,物流作为企业主要的活动,管理的好坏将直接影响到企业经营。这种观点更加强调物流对客户服务的战略性意义。

以下以美国为例，简要说明物流概念的演变。

1935 年，美国销售协会，认为物流(Physical Distribution，PD)是包含于销售之中的物质资料和服务在从生产场所至消费场所流动过程中所伴随的各种经济活动。

1963 年，美国物流管理协会(National Council of Physical Distribution Management，NCPDM)成立，认为物流(PD)是有计划地将原材料、半成品及产品由生产地送到消费地的所有流通活动。其内容包括为用户服务、需求预测、情报信息联系、材料搬运、订单处理、选址、采购、包装、运输、装卸、废料处理及仓库管理等。

1985 年，美国物流管理协会，将 NCPDM 改为 CLM(Council of Logistics Management)，赋予了物流更为丰富的内涵。该协会认为物流(Logistics)是为满足消费者需求而进行的对原材料、中间库存、最终产品及相关信息从起始点到消费地的有效流动，以及为实现这一流动而进行的计划、管理和控制过程。

2005 年，美国物流管理协会(CLM)更名为美国供应链管理专业协会(Council of Supply Chain Management Professional，CSCMP)。该协会认为"物流是供应链流程的一部分，是为了满足客户需求而对商品、服务及相关信息从原产地到消费地的高效率、高效益的正向和逆向流动及储存进行的计划、实施与控制过程(Logistics is that part of the supply chain process that plans, implements, and controls the efficient, effective flow and storage of goods, services, and related information from point of origin to point of consumption for the purpose of conforming to customer requirements)"。

显然，美国供应链管理专业协会对物流的定义反映了随着供应链管理思想的出现，美国物流界对物流的认识更加深入，强调"物流是供应链的一部分"，并从"逆向物流"角度进一步拓展了物流的内涵与外延。

(2)中日物流知识体系

日本的物流知识体系注重研究物流的活动以及功能。以日本综合研究所编著的《物流手册》对物流的定义为例，物流被认为是"物资资料从供给者向需求者的物理性移动，是创造时间性、场所性价值的经济活动。从物流的范畴来看，包括包装、装卸、保管、库存管理、流通加工、运输、配送等各种活动"。

20 世纪 80 年代初，我国参照日本的物流知识体系对物流概念进行了界定。根据 2007 年 5 月 1 日实施的《物流术语》国家标准(修订版)，物流是指："物品从供应地向接收地的实体流动过程。根据实际需要，将运输、储存、装卸、搬运、包装、流通加工、配送、信息处理等基本功能实施有机结合。"相应地，《物流术语》国家标准(修订版)将物流管理(Logistics Management)定义为"以最低的物流成本达到用户所满意的服务水平，对物流活动进行的计划、组织、协调与控制"。

显然，在欧美物流知识体系下，物流与物流管理系同义词；在中日物流知识体系下，物流与物流管理应分别予以界定。

2. 物流的特点

如图 1-1 所示，现代物流具有以下特点：

(1)服务宗旨——客户至上

现代物流的服务宗旨是"以客户为中心"，强调满足顾客要求。

(2)服务对象——广泛

物流中所称的"物",泛指既具备物质实体特点又可以进行物理性位移的"物",由物资、物料、产品、货物、商品、物品等组成。固定了的设施以及无形物,如土地、工厂、通信、信息等,不是物流服务的对象。

知识拓展

对物资、物料、产品、货物、商品、物品概念的辨析

①物资(Goods and materials)。物资是物质资料的简称。广义上,它既包括自然界直接提供的物资财富,又包括经过人的劳动所取得的劳动产品;既包括可以直接满足人们需要的生活资料,又包括间接满足人们需要的生产资料。狭义上,它一般专指商品生产过程所消耗物品的各种生产资料。

②物料(Materials)。物料是我国生产领域中的一个专门概念,生产企业习惯将最终产品之外的,在生产领域流转的一切材料(不论其来自生产资料还是生活资料)、燃料、零部件、半成品、外协件以及生产过程中必然产生的边角余料、废料以及各种废物统称为"物料"。因此,对于多数企业来说,它有广义和狭义之分:狭义的物料就是指材料或原料,而广义的物料则包括与产品生产有关的所有的物品,如原材料、辅助用品、半成品、成品等。

③产品(Product)。产品是指能够提供给市场,被人们使用和消费,并能满足人们某种需求的任何东西,包括有形的物品、无形的服务、组织、观念或它们的组合。在经济领域中,通常也可理解为企业制造的任何制品或制品的组合。在《现代汉语词典》当中,产品的解释为"生产出来的物品"。

④货物(Goods; Wares; Commodities; Merchandise; Freight)。货物是交通运输领域中的一个专门概念,交通运输领域将其经营的对象分为两大类:旅客和货物。在货物学中,将货物定义为"经由运输部门或仓储部门承运的一切原料、材料、工农业产品、商品以及其他产品"。

⑤商品(Commodity; Merchandise)。目前商品主要有以下三种不同的定义:商品是为交换而生产(或用于交换)的对他人或社会有用的劳动产品;商品是用来交换的劳动产品;商品是经过交换且非进入使用过程的劳动产品。显然,商品的基本属性是价值和使用价值。价值是商品的本质属性,使用价值是商品的自然属性。狭义的商品仅指符合定义的有形产品;广义的商品除了可以是有形的产品外,还可以是无形的服务,比如保险产品、金融产品等。

⑥物品(Article)。它是指物件、东西,是生产、办公、生活领域常用的一个概念。在生产领域中,一般指不参加生产过程,不进入产品实体,而仅在管理、行政、后勤、教育等领域使用的、与生产相关的或有时完全无关的物质实体;在办公、生活领域中,则泛指与办公、生活消费有关的所有物件。

(3)活动范围——大、复杂

物流的活动范围已由制造、流通领域扩展到供应链范畴。在跨国公司迅猛发展的今天,物品的供应地与接收地往往是全球性的,其流动过程可能很长、很复杂,因而,要做到门到门物流显得十分困难。

（4）活动内容——多样、集成

物流的活动内容，既包括对客户管理、需求预测等服务对象管理，也包括对运输、仓储、包装、配送、库存等功能活动管理，以及对人力、设备、技术、成本、信息等基本要素管理。

现代物流更加重视对运输、储存、装卸搬运、包装、流通加工、配送、信息处理等功能的一体化运作，既强调时间与空间的重要性，也强调服务与成本的重要性，为此，美国密歇根大学斯麦基教授提出了“7R 理论”，即物流就是将恰当的质量（Right Quality），恰当的数量（Right Quantity），恰当的价格（Right Price），恰当的商品（Right Commodity），在恰当的时间（Right Time），送到恰当的场所（Right Place），恰当的顾客（Right Customers）手中。

现代物流中的“流”，既包括物品的物理性运动，也包括商流、信息流和资金流，并力求实现物流、商流、信息流、资金流“四流合一”。现代物流不仅是对实物流程的管理，更重要的是对所有相关信息的管理与控制，因而，现代物流特别重视物流信息和信息化的巨大作用。

（5）活动层次——多样

物流的活动层次，既有战略层的，如确定物流在企业经营活动中的战略定位，并对物流服务水平、物流服务内容及物流资源的获得等问题做出整体规划；也有运营层的，如确定物流活动的流程、物流组织方式、作业手段以及作业要求等。

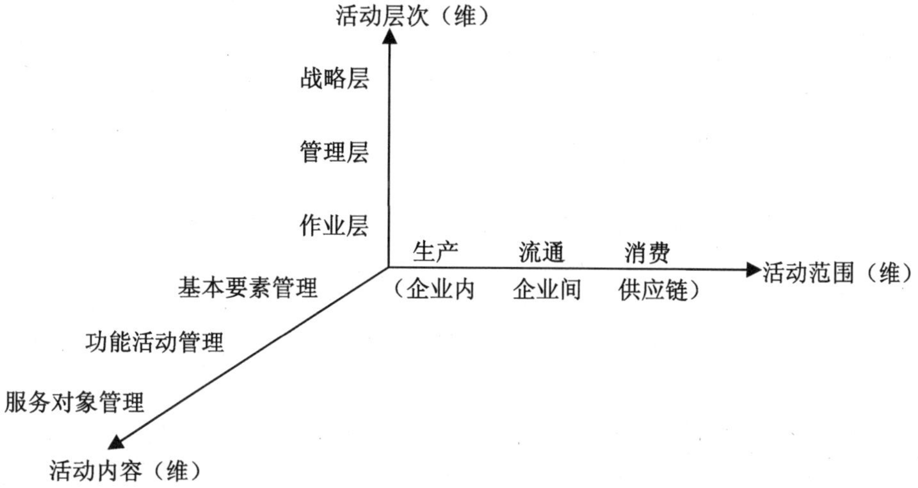

图 1-1 现代物流的三维结构

二、物流的起源与发展

1. 国外物流发展阶段

物流业于 19 世纪末起源于美国，后扩展到全球，先有军事物流，后扩展到经济领域。“物流”一词最早来源于军事领域，其英文“Logistics”，最初的意思是军队的转移、住宿和供给，我国称为“军事后勤”。现在，物流业在全球已成为一个巨大的新兴产业。

（1）以“PD”命名的时代（20 世纪初至 70 年代）

物流最早是在流通领域被引起重视的，最早的物流用语是实物配送（Physical Distribution，PD），早期的物流定义主要指的是进入流通领域的产成品，强调与产品销售有关的“输出（Outbound)物流”,不包括“输入(Inbound)物流”。

①物流发展的萌芽阶段(20 世纪初至 50 年代)

物流最早起源于美国,1901 年约翰. F. 克罗韦尔在美国政府《农产品流通产业委员会报告》中首次提出了农产品物流的问题;1915 年,阿奇 · 萧在其著作《市场流通中的若干问题》中,论述了物流在经营战略中的作用,二战期间,美国军事后勤活动的开展为人们对综合物流的认识提供了重要实证依据。1946 年,美国成立了全美输送物流协会(American Society of Traffic Logistics),它是美国第一个对专业输送者进行考察的认证组织。

20 世纪 50 年代末,日本从美国引入物流概念。二战后日本作为战败国经济受到重创,而物流对促进战后日本经济的恢复起到了至关重要的作用。此时欧洲各国为了降低产品成本,开始重视工厂范围内的物流过程中的信息传递,对传统的物流搬运进行变革,对厂内的物流进行必要的规划,并且实行储存与运输分离,各自经营。

②PD 阶段(20 世纪 60 年代至 70 年代)

20 世纪 50 年代,西方管理科学的重心开始从生产领域转向流通领域,强调应重视流通中的物流管理。这一时期,美国将物流称为“实物配送(Physical Distribution,PD)”,主要指产品由生产厂家到用户这一过程的物流活动。

60 年代中期至 70 年代初,日本经济高速增长、商品大量生产与销售,降低成本、提高效益、实现物流合理化成为这一时期物流发展的主题,日本开始积极制定和实施各种物流标准,完善物流设施,支持民间的各种合理化物流运动。

(2)从 PD 到 Logistics 时代(20 世纪 70 年代至 80 年代)

物流从流通领域扩展到供应、生产、流通全过程,由最初的注重仓储、运输等各功能最优,发展到注重采购、生产、物流等各部门最优,最终发展成为综合物流(Integrated Logistics Management),以追求整个企业最优为目标。

20 世纪 80 年代前后,随着物流系统合理化的范围扩展到供应、生产和流通全过程,对于一个生产企业来说,要提高经济效益,增强竞争力,不仅应搞好制成品从生产者到用户的物品配送管理(Outbound Logistics),而且还要搞好产品生产前从供应商到生产制造商的原材料和零部件的采购、运输、仓储和库存等的物料管理(Inbound Logistics),以及在生产过程中对物料、零部件等的运输和库存管理,即从企业经营整体的范围规划和整合物流活动。显然,用 Physical Distribution 来描述物流,无论从范围还是内容都已不能适应时代的发展,因而,从 20 世纪 80 年代中期开始,Logistics 逐渐取代 Physical Distribution 成为物流的代名词。

这一阶段物流管理的内容从企业内部延伸到企业外部,物流管理的重点已经转移到对物流的战略研究方面。日本经济发展迅速,并进入了以消费为主导的时代,在企业内开始出现了专业的物流部门,用系统的观点开展降低物流成本的活动,同时物流公司也开始兴起。

(3)供应链物流时代(Supply Chain Logistics)(20 世纪 90 年代至 21 世纪初)

随着分工的深化,一方面,制造成本降低的空间越来越有限,另一方面,越来越多的制造企业把非核心业务外包出去后,企业之间的相互依赖关系加深,交易关系日益频繁,这时降低交易成本就成为降低产品总成本的关键环节。于是,单个企业自身搞好物流管理已经远远不够,在整个供应链上实现高效的物流管理活动成为降低交易成本、提高产品竞争力的关键所在。这时,人们不断地赋予物流更重要的使命,物流的内涵也在不断地丰富和完善,物流成为供应链的一部分,置于供应链管理(Supply Chain Management)之下。

20世纪90年代日本受美国影响，将物流的概念由“Physical Distribution”转换为“Logistics”。日本各界开始构建“产销一体化”的物流体系，即供应商、厂商、流通企业、消费者互相协调与合作的物流体系。

(4)绿色物流(Green Logistics)时代(21世纪初至目前)

随着专业化分工的发展，许多企业将企业物流的全部或部分包给专业化的物流公司，从而促进了社会化物流(Social Logistics)的发展。同时，随着环保压力的增大，企业也加强了对废弃物的物流管理，即尽可能抑制物流各个环节所发生的公害(排放的毒气、噪声、震动、交通堵塞、交通事故、排放的废油、过剩的包装等)，以便形成“低公害型完全循环的物流”，从而推动了绿色物流(Green Logistics)的发展。

2. 国内物流发展阶段

我国物流的发展时间不长，大致可以分为两个阶段：

(1)第一阶段:20世纪80年代到90年代中期

1979年，以国家物资总局为首，铁道部、交通部、国家经委综合运输研究所等单位共同组成中国物资流通代表团，参加了在日本举行的第三次国际物流会议，回国后撰写了考察报告，介绍了日本物流的发展情况和大会内容。1981年，北京物资学院的王之泰教授在物资部的专业刊物《物资经济研究通讯》上发表了《物流浅谈》一文，首次完整地将物流概念引入我国。这一时期我国对于物流的研究主要侧重于宏观方面，对其他方面的物流研究较少。

(2)第二阶段:20世纪90年代中期至今

直到90年代中期我国的物流才真正崛起。1994年广州宝供等专业物流公司的出现，标志着中国现代物流企业的诞生，拉开了现代物流组织的序幕。这一时期政府和企业都开始重视物流的发展，加快物流基础设施和物流网点建设的步伐。

与发达国家相比，尽管我国物流发展的整体水平相对滞后，但我国政府特别重视现代物流业的发展，目前已颁布了许多政策，以推动我国供应链物流和低碳、绿色物流的发展。

三、现代物流发展的驱动因素

1. 经济全球化

全球采购、全球生产、全球流通、全球消费。根据联合国贸发会《2002年世界投资报告》统计，全球有跨国公司6.5万家，拥有85万个国外子公司，控制了全球40%的生产总值和50%～60%的国际贸易。但任何可以数字化的工作，任何可以被分解的价值链，都可以将一部分业务外包出去。由单一跨国公司处理整个生产过程的旧的生产模式，已经一去不复返了。任何时候都没有现在这样多的商品物流量，这必然产生专业化的物流公司与新兴的物流产业。这是一次新的经济大分工，即把物流业务从生产与流通中分离出来，所以物流是新的生产力，是社会与时代的进步。

2. 技术的发展

(1)信息网络技术的出现与普及

物流以资源整合、一体化运作、提高效率为目标，但如果没有信息网络技术的发明与普及，现代物流将仍然停留在传统物流阶段。

(2)电子商务的发展

电子商务是流通业的一场革命,在网上可以虚拟一个特大的全球市场,可以网上支付,但不管是 BtoB 还是 BtoC,送达到千家万户必须有物流作为保证。居民消费的个性化,使多品种、小批量,甚至单件商品流通量大增,这将推动现代物流的发展。

(3)物流设备与设施的技术水平提高

物流设备与设施的技术水平日益提高,物流设备呈现了大型化、智能化、集装化的趋势,同时,物流线路与场站设施的现代化水平日益提高,这些都为现代物流的快速发展提供了技术保障。

3. 政府管制的逐步放松

现代物流服务是建立在交通运输、通信、能源、金融这四个基础产业之上的。但长期以来,这四个基础产业部门一直受到政府的严格管制,造成了行业内的大量垄断行为,大多数垄断企业需要政府采取管制措施加以保护。随着政府管制的逐步放松,这些垄断行业逐步地降低了进入壁垒,交通运输等服务可以在具有竞争性的市场环境中发展,越来越多的企业可参与到市场竞争之中,同时也造成了更加激烈的市场竞争,促使企业更加重视物流服务,从而推动了现代物流业的形成与发展。

4. 制造业、流通业、农业、商业的运作模式的巨大变革

制造业在 17 世纪至 19 世纪 30 年代,是“少品种、单件、小批量生产”模式。进入 20 世纪,出现了“少品种、大批量生产”模式,到 50 年代有了日本的“精益生产”,到 90 年代出现了美国的“敏捷制造”。所谓敏捷,即在不断变化、不可预测的环境中高效、低耗、迅速地完成所承担任务的能力。敏捷制造是指制造企业利用现代通信网络技术,通过快速配置各种资源(信息、物资、资金、管理、人员、技术),以有效和协调的方式响应用户的需求,实现制造过程的敏捷性。制造业的这种进步,要求有一种新的物流支撑方式。流通业一个很大的变化是连锁超市形态的发展,在发达国家连锁率(连锁经营销售额占总销售额的比重)都在 60% 以上,美国已达 80%,其中食品连锁超过 90%,在中国也已接近 10%,这就要求统一采购、统一配送,必须有新的物流方式。

正是上述四种因素综合在一起,才使企业对物流的关注提升到前所未有的高度,从而推动了现代物流业的形成与发展。

四、物流的作用

1. 物流对宏观经济的作用

(1)物流是国际经济的基础之一,在特定条件下,也是国民经济的支柱

在现代科学技术的发展已经引起和正在引起经济结构、产业结构、消费结构的一系列变化的情况下,物流像链条一样把众多的不同类型的企业、复杂多变的产业部门,以及成千上万种产品连接起来,成为一个有序运行的国民经济整体。此外,世界上已有一些国家及地区将物流作为国家经济的核心支柱,以带动和支持整体国民经济的发展,并成为其财政收入和增加就业的主要来源。

(2)促进国民经济产业结构调整及经济贸易的发展

现代物流的发展能够促进产业结构调整和升级,提高国际竞争力。发达的物流产业和基

础设施有助于改善投资环境,吸引更多的国际企业和资本,先进的物流理念进入我国物流市场,从而在整体上改善和提高企业在国际上的竞争力,促进经济贸易的发展。

(3)改善居民生活质量

一方面,物流技术水平的提高和物流方式的创新,大大降低了消费者所付出的成本代价,增加了消费者的福利;另一方面,还极大地满足了消费者保质、保量、准时、快捷的物流需求,从而提高了消费者的生活质量。

2. 物流对微观经济的作用

对企业而言,物流可以起到以下作用:

(1)降低企业的经营成本;

(2)增加企业的利润;

(3)提高企业的服务水平。

五、物流的分类与价值

(一)物流的分类

基于不同的角度,可以将物流划分成不同的类型。比如,按物流活动空间范围分类,可分为国内物流和国际物流;按物流系统的性质分类,可分为社会物流(超越企业范围,面向社会的物流活动总称为社会物流)、行业物流(如汽车物流、钢铁物流等)和企业物流;按照物流过程分类,可分为供应物流、生产物流、销售物流、回收物流、废弃物物流。

考虑到有些物流类型将在后续章节中予以专门阐述,以下仅介绍其中的三种分类。

1. 国内物流与国际物流

(1)国内物流

国内物流,是指一个国家范围之内的物流,可进一步细分为区域物流和城市物流。

(2)国际物流(International Logistics)

国际物流是相对国内物流而言的,一般是指货物(包括原材料、半成品、制成品)及物品(包括邮品、展品、捐赠物资等)在不同国家和地区之间的流动和转移。因此,在某些情况下,它又被称为全球物流(Global Logistics)、国际大流通或大物流。

国际物流是为跨国经营和对外贸易服务的,它要求各国之间的物流系统相互接轨。随着国际分工的日益细化和专业化,国际间的商品、货物流动更加频繁,因更长的供应链、较少的确定性和更多的物流单证而使物流需求不断增长,物流经营者面临着距离(Distance)、需求(Demand)、多样性(Diversity)和单证(Document)等方面的壁垒。因而,与国内物流相比,国际物流具有国际性、复杂性和高风险性等特点(参见表1-1)。

表 1-1　国内物流与国际物流的比较

比较项目	国内物流	国际物流
物流环境	较简单	复杂,因各国社会制度、法律、人文、习俗、语言、科技、自然环境、经营管理方法等不同
沟通	口头或书面的系统就可实现沟通,目前已越来越多使用 EDI	口头或书面的成本较高,且常常无效,EDI 又因各国的标准不同而受到一定程度的限制
市场准入	限制较少	限制较多
政府监管机构	主要是物流安全机构	除物流安全机构外,还包括一关三检等监管机构
标准化要求	较低	较高
物流风险	较低	较高
物流保险	货物与运输工具保险欠发达	货物与运输工具保险较发达
物流信息系统	较容易建立	较难建立
代理机构	较少	对国际运输代理(货代、船代)、运输经纪人、报关行有较强的依赖性
运输风险	较低	较高,主要是时间长、转运困难、装卸频繁及不同国家的物流基础设施水平不同造成的
完成周期	以 3 ~5 天或 4 ~10 天为单位	以周或月为单位
库存	库存水平较低,反映较短的订货前置期、较小的需求及改善的运输能力	库存水平较高,反映较长的订货前置期、较大的需求和不稳定的运输
物流单证	涉及单证较少,且标准化程度低	繁杂且要求具有国际通用性
适用物流法规	本国的法律法规	已加入的国际公约与国际惯例
运输方式	以陆路(公路、铁路)为主	主要是以海运为主,空运与多式联运得到较广泛的应用
路线选择	路线选择受的限制较少,但同时也带来了路线选择上的困难	经由路线受到各国口岸及国际贸易方式等方面的限制,而且为了利用自由贸易区、保税区等优势易使商品运输路线发生改变
承运人责任	普遍实行严格责任制或完全过失责任制	各运输方式之间尚未统一,比如,国际海上运输基本上仍实行不完全过失责任制
物流联盟的重要性	较小	较大

2. 军事物流与商业物流

军事物流,是指用于满足军队平时、战时需要的物流活动。如表 1-2 所示,与商业物流相比,军事物流通常采用成果优先的管理方式,一般不重视物流的经济性与合法性,对物流的时间、场所及性能要求很高,对成本、交易条件以及支付方式要求变为其次。

表 1-2 军事物流与商业物流的比较

比较项目	军事物流	商业物流
适当的产品、数量	产品性能以及数量允许有少量的错误，只要不妨碍正常使用	非常重视替代品以及数量不足等问题
适当的场所	严格要求场所的正确性，并经常发生场所的变化	严格要求场所的正确性，进出货的场合经常是固定的
适当的时间	严格要求时间的正确性，经常会出现由于时间问题所造成的失败	严格要求时间的正确性，由于时间问题所造成的缺货会带来销售损失
适当的条件	合法性、交货顺序、支付条件经常被忽视的情况比较多	合同、法律、商业习惯必须遵守，并根据信用去考核
适当的成本	如果能够满足对场所、时间、性能的要求，一般不太重视成本	在限定的成本下追求服务的最大化

3. 产品物流和工程物流

产品物流，是指物流企业所提供的与某一类产品有关的设备、设施、原料等物品的运输、仓储、组装及其全过程所要求的部分或全程专业物流服务。

工程物流有广义与狭义之分。广义上的工程物流，是指具有工程特性的一切物流活动。按照这样一个定义，它所研究的范围可涉及工程项目物流、会展物流、奥运物流、应急物流和战时物流等。狭义上的工程物流，是指工程项目物流（Project Logistics），即围绕工程项目，由物流企业提供某一环节或全过程的服务，目的是通过物流的专业技术服务，给予投资方最安全的保障和最大的便利，大幅度地降低工程成本，保证工程项目的如期完成。它可以包括工程项目的设备采购、拆卸、包装、移动、装箱、固定、海运、空运、陆路运输、拆箱、安装、调试、废弃、回收的全过程。

在实践中，工程物流主要解决建设项目、救助支援、会展、大型迁址以及战时后勤保障等物流组织活动，其特点是：

（1）实施经历的一次性、个性化。工程物流在实践上少有重复性，再好的物流方案也仅能使用一次，以往的经验对未来只能是定性的、仅供参考的，因而组织方案始终要有创造性。同时，由于工程项目都是在特定的地理环境中建造的，其对建筑材料和设备等的需求在项目之间一般不同，所以工程项目物流具有个性化的特征。

（2）各单项的整体性。每个工程物流项目都是由多个环节或多个部分组成，这些环节或部分是相互依托的，往往牵一发而动全局。一步有误，全程失败，就像一台大型机器中的每一个部件对整体都具有决定性的意义，少一颗螺丝也不能正常运转。

（3）环节的不确定性。物流服务商在提供工程物流服务前，通常要设多套应急方案，以应对意外情况的发生。对每一种方案，必须尽可能将各种问题全都考虑到，每一个细节都不能忽视，在紧急情况下有时需要当机立断、出奇制胜。

（4）技术的复杂性。工程物流一般是一些非标准化作业，组织者需要有丰富的综合性知识，要动用各种专用的特种设备，对物流环境有着特殊要求，技术含量相对较高。

（5）过程的风险性。工程物流项目往往投资巨大，服务对象各异，不可预见情况始终存在，因而具有很大的风险性。所以，进行各种风险的评估和管理，是这类物流项目的关键内容。

（6）准时制供应。工程物流项目如果过早供应到达施工现场，则由于场地狭小，需要花费额外的场地和保管费用，如果供应落后则会影响工程进展，同样影响工程项目目标的实现。因而，工程项目的生产要求物流具有准时制供应。

(7)客户驱动型。工程项目的信息流运作活动开始受业主的需求拉动，从前向后传递，所做的施工设计、工程概预算、进度计划、采购计划等都是在业主需求信息拉动结果下产生的。所以，工程项目物流是客户驱动型物流。

(8)以保障工程进度为目标。与产品物流相比，工程物流成本占整个工程成本的比例较小，业主更关心的是物流服务的质量，相对淡化物流服务价格。

工程物流除了具有以上特征之外，与产品物流相比，其主要区别如下：

(1)供应链特征不同。这种区别主要表现在供应链的环节和组成两个方面。一方面，工程物流供应链单一，通常不涉及多种物流组合方式的竞争，重点放在运输线路和多式联运的环节上，一些现代物流所具有的分拣、配送等服务功能基本淡化；产品物流一般使其"物"在物流系统中进行不间断的流动，往往包含原材料采购、生产制造、运输、包装、流通加工、配送等环节，最终到达目的地。另一方面，工程物流的供需双方一般仅限于物流服务的提供商和物流服务的需求方，每次物权的转移便意味着物流活动的结束，供应链关系也基本解除；而产品物流在供应链中是不断地向前传递，从制造商、批发商、零售商最终到达消费者手中，供应链一旦形成就比较稳定。

(2)运作模式不同。产品物流的服务模式一般有"第一方物流"、"第二方物流"及"第三方物流"等形式，并以"第三方物流"为主要的发展趋势。但在工程物流中，工程物流项目自身具有的特点和属性，需要大量外协性、组合性、协调性的物流服务，其运作往往需要或不可避免地采用第四方物流的运作模式，因而具有更为明显的系统工程特征，是现代物流运作模式的高端层次。工程物流的一次性特点导致了这类物流作业的实施不能照搬传统的模式，需要具备资源整合和解决突发事件能力的服务商。因此，工程物流更需要第四方物流服务商利用强大的信息系统网络，通过整合、综合、集成的方法，充分利用社会资源来完成这类复杂的物流活动。

(3)管理的核心内容不同。工程物流能够为物流服务商创造出比产品物流更丰厚的利润，但是高利润与高风险并存。产品物流周而复始，操作上具有借鉴性、可重复性，供应链也比较稳定，实施过程中潜在的风险性相对较小；而工程物流是一次性的物流活动，而且往往项目投资巨大、有时有着浓厚的社会色彩，安全要求高，从最初的方案设计、实施到任务结束的整个过程都存在很多不确定情况，问题随时会出现，这就要求物流服务商必须对项目进行充分、全面的风险评估，将风险管理贯穿始终。

(4)决策的方法和技术不同。在工程物流项目实施之前，制订出较为可行的方案是工程物流成功运作的关键。尽管产品物流在运作之前也要有物流方案的支撑，但因时间、效益、成本、利润及供应链组成等因素相对比较确定，形成的方案有着很强的确定性，具有明显的静态特征，制订这类方案一般利用横道图或网络计划法即可。工程物流项目的方案形成十分复杂，不仅需要由多家企业合作完成，同时存在多种方案，具有很大的不确定性，这就需要相应的设计方案在实施过程中具有良好的应变能力。这种方案设计的方法显然不宜使用横道图或网络计划法，而应使用类似决策网络计划法(DN 技术)进行决策。这一方法在网络计划法的编制中加入了决策点和不同情况出现的概率，因而能够提供在不确定情况下具有动态和概率特征的优化方案。

(5)对特种设备和技术的要求不同。工程物流运作的一个最大特点，就是作业的非标准化，这也是工程物流与产品物流在实施过程中的重要区别。工程物流往往需要应用特殊的、大型甚至是超大型的技术设备及综合交通运输设施，需要大量的工程技术人员作保障；而产品物流通常需要的是常规性设备，技术上也相对成熟。

（二）物流的价值

现代物流可产生四种效用：空间效用、时间效用、形态效用和占有效用。

1. 空间效用

物流空间效用，是指因改变了物品从供应地到需求地的空间差而增加了物品的经济价值。

物流的空间效用主要由运输功能来实现，创造空间效用主要包括以下三种方式：

（1）集运：从分散生产地到集中需求地

通过分散生产、多源头采购可以降低生产成本，通过物流将产品从分散生产地点集中到需求地装配或销售，因而取得了物品的空间效用。

（2）疏运/分拨：从集中生产地到分散需求地

为了发挥规模经济效益，现代化生产要求大规模集中生产，以保证低成本和高效率。在一个小范围内大规模生产的产品，需求地却分散在不同的村、镇、城市，甚至不同的国家。因而，通过物品空间位置的移动，实现了商品的空间价值。

（3）从低价地区到高价地区

由于自然地理条件及社会发展的约束，现代社会中供应与需求的空间差十分普遍，例如南方的水果北方消费、北方的粮食南方消费、农村的蔬菜城市消费等，这种空间的位移都是靠物流来实现的，物流也从中获得了收益。

2. 时间效用

物流时间效用，是指因改变物品从供给地到需要地的时间差而增加了物品的经济价值。

物流的空间效用主要由仓储功能来实现，在特定情况下，运输也可以创造时间效用，比如，利用载运工具进行临时性储存，采用高速运输工具缩短供需时间差等。

创造时间效用主要包括以下三种方式：

（1）缩短时间

从企业的角度来讲，缩短物流时间能够减少货物损失、降低物流消耗、加速货物的周转、节约资金等。从社会的角度来讲，加快物流速度、缩短物流时间是物流必须遵循的一条经济规律。

（2）弥补时间差

季节性集中生产和常年分散消费之间总会存在一个时间差，这种时间差会造成在特定时间段内因需求得不到很好的满足而供不应求，市场价格上升，会影响企业的收益。因此，通过仓储来弥补这种时间差，可以帮助企业获得收益。例如一些水果可以提前采摘，让其在物流运输的过程中自熟，以缩短水果的上市时间，获得良好收益。

（3）延长时间差

延长时间差是为防止集中性生产的产品（例如农副产品）短时间内大量涌入市场造成市场饱和，供大于求，市场价格下降，从而影响企业收益。因此，通过存储等物流措施延长这种时间差以均衡人们的需求，帮助企业获得延长时间差带来收益。

3. 形态效用

物流形态效用，是指通过流通加工而增加产品的附加价值。

4. 占有效用

物流占有效用，是指在物流服务中通过采取相应的促销措施而提高客户产品的市场占有率。

为了满足客户的需要，一些物流企业向客户提供诸如代收货款、代理采购、金融融资等一系列增值服务，这使得物流也在不同程度上创造了产品的占用价值。此外，物流企业也可以通过改进产品的包装而达到扩大销售的目的，创造产品的占有效用。

值得注意的是，物流的主要价值在于创造产品空间效用和时间效用，而形态效用和占有效用是以实现物流的空间效用和时间效用为前提条件的。

六、物流的功能

物流有七大功能要素，即运输、仓储、装卸搬运、包装、流通加工、配送、信息处理。

（一）运输

1. 运输的概念与作用

运输，是指用载运设备和工具将物品从一地点向另一地点运送的物流活动。

运输生产不仅改变了物品的时间状态，更改变了物品的空间状态。物流企业在提供这些基本服务的基础上，也可以利用自身优势，结合客户的需要开展其他增值服务。因此，归纳起来，物流运输生产具有增加物品的空间效用、时间效用等功能。

（1）空间效用

空间效用表现为通过物品流通过程中的劳动克服物品生产和消费在地理空间上的分离。运输首先是实现了物品在空间上位移的职能。物品的运输将空间上相隔的供应商和需求者联系起来，从而使物品潜在的使用价值成为可以满足社会消费需要的现实的使用价值。

（2）时间效用

时间效用表现为通过物品流通过程中的劳动克服了物品生产和消费在时间上的不一致。虽然物品的时间效用功能主要由陆上固定的仓储保管设施来实现，然而运输也可以实现对物品进行临时储存的职能。如果运输中的物品需要储存，在短时间内又将再次运输，而卸货和装货的费用可能会超过在岸上仓库的仓储费用时，就可考虑将运输工具作为物品暂时的储存地点。此外，当仓库空间有限时，也可考虑利用运输工具作为物品暂时的储存地点。以上例子表明，虽然用运输工具作为物品的储存地点的成本较高，但如果考虑了装卸成本或储存能力的限制或根据需要，则从总的物流成本或达到目的角度来看，可以合理地利用运输子系统来完成物品短期库存的任务。

2. 运输类型

（1）铁路、公路、水路、航空、管道运输方式及联合运输

按运输设备与设施不同分为铁路、公路、水路、航空、管道五种运输方式。当然，根据不同的需要，每一种运输方式还可做进一步细分。以水路运输为例，水路运输（Water Transport），是指以船舶为运输工具，以港口或港站为运输基地，以水域（海洋、河、湖）为运输活动范围，将

货物从一个港口运送至另一港口的运输方式。按航行水域性质和船舶运营方式的不同，水路运输可分为内河运输与海上运输。其中，内河运输（Inland Water Transportation），也称江河运输，是指使用中小型船舶或其他水运工具，在江、河、湖泊、水库等天然或人工水道运送货物的一种运输方式；海上运输，是指使用船舶等水运工具经海上航道运送货物的一种运输方式。按照海上航行水域的性质，可将海上货物运输分为沿海运输与海洋运输，海洋运输在实际工作中又有近洋运输与远洋运输之分。

①沿海运输（Coastal Traffic），是指海运企业的船舶在近海航行，往来于国内各沿海港口之间，负责运送货物的一种运输形式。显然，按照上述定义，在一国港口之间为国际集装箱班轮提供喂给服务的支线运输，国际集装箱班轮在一国港口之间的所谓"捎带"运输，都是沿海运输。因而，沿海运输有两种表现形式：一是国内贸易货物在一国港口之间的运输，如货物在中国大连港、天津港和上海港之间的运输，美国本土与夏威夷或者关岛之间的运输等；二是国际贸易货物在一国港口之间发生的二次运输，例如，从神户运往旧金山的货物，在神户装船，运到横滨卸船，再装上其他货物运往旧金山，构成沿海运输。

②近洋运输，也称近海运输，是指使用船舶通过大陆邻近国家海上航道运送货物的一种运输形式。显然，沿海运输和近海运输的区别在于前者是指一国境内不同港口之间的运输，后者是指相邻不同国家港口之间的运输，比如，我国至朝鲜、日本、东南亚等地区进行的海上货物运送。

③远洋运输（Ocean Shipping），是指使用船舶跨越大洋的长途运输形式，主要依靠运量大的大型船舶。

以上只是从地理及所用水域的角度予以分类，如果从是否涉外的角度分类，内河运输与沿海运输属于国内运输，因为这是发生在一国境内不同港口之间的运输；而近洋运输、远洋运输是以船舶为工具，从事本国港口与外国港口之间的货物的运输，因而属于国际运输，通常称为国际海上货物运输（International Carriage of Cargoes by Sea），或者称为国际航运（International Shipping）。

联合运输，实际上是一种新型运输组织模式，它是指由两种或两种以上运输工具组成，在两地之间对托运人所托运货物，采用单一费率或联合计费，并且共同承担运送责任的运输服务系统。

联合运输，包括同一种运输方式所组成的单式联运和不同种运输方式所组成的多式联运。目前，以下几种联合运输组织方式可实现货物中途无换装作业，从而缩短了货物送达时间和提高了运输质量。

①驼背运输。驼背运输也称背载运输，它是指铁路平车载运拖车或平车装载集装箱（货物），即将拖车或集装箱（货物）置于铁路平车上输送。这是一种以充分发挥铁路和公路长、短途运输优势为特征，由汽车货运与铁路合作、协调所提供的运输服务方式。

②滚装运输。滚装运输也称船背运输。采用这种运输组织方式时，船上无需装卸货设备，而将集装箱（货物）装载在特设的载货汽车拖车上，经岸上所架设的跳板驶进船舱，集装箱（货物）和车同留舱内。到达目的港卸船时，集装箱（货物）连同原载货汽车拖车一起驶出船舱。

③火车轮渡。火车轮渡也称为车—船运输，它是一种在两江或两洋天然地堑之间，没有可供铁路跨越的桥梁时，在水运码头将铁路载货汽车送入特别建造的船舱，越过江海，驶往内陆目的地，从而构成铁路列车与货船的联合运输系统。

④子母船运输。为了减少货船滞港时间,使用起重机,在短时间内将一批装货的驳船(子船)吊至货船(母船)上,到达目的地港口外,再用起重机将驳船吊下水面,然后由拖船将驳船拖进港口卸货的联合运输系统。

(2)经营性运输与非经营性运输

①经营性运输,是指以营利为目的,为各类企业以及社会公众服务,发生各种费用结算或者获取报酬的运输。

实际上,经营性运输可进一步分为公共运输与非公共运输。公共运输,是指专为社会大众提供运输服务的企业,比如班轮运输公司、公共汽车公司、出租车公司等。为了维护公众的利益,法律往往要求其有责任按非歧视性价格向所有的公众提供服务。从事公共运输的承运人,称为公共承运人(Common Carrier)。非公共运输,是指为个别人提供运输服务的企业,承托双方可以协商价格、运输线路等,比如,租船运输、包车运输、包机运输、合同运输等。从事非公共运输的承运人,称为私人承运人(Private Carrier)。

②非经营性运输,是指不以营利为目的,仅为本单位的生产、生活服务,不发生费用结算或不收取报酬的运输。

非经营性运输,也称自营运输,其运送对象主要集中在近距离小批量货物,包括食品、杂货、文具、纤维、鞋类等批发企业运往零售商的货物,以及从零售商分送消费者家中的个人货物。这些货物不是运输时间的参差不齐,就是必须在任何时候都能满足需要等要求非常琐碎的运输服务项目。因此,尽管自营运输系统可以包括铁路、公路、水路、航空和管道五种运输方式,但自营运输仍以"机动灵活"的公路汽车运输为主。

企业自办自营运输,主要原因在于可以使企业对它的自营运输系统有更大的控制力和灵活性,能随时适应顾客的需要,包括运出产品与运进原材料,同时也可以不受营业性运输企业服务水平和运价的制约。因此,自营运输的存在有一定的合理性。然而,企业自办运输是一种"大而全"、"小而全"的做法。它虽然由于行政协调手段的灵活性而具有能及时保证供应或销售的特点,但对多数规模不大的企业,或者从专业化的角度讲,这种模式既不利于企业集中精力发展主业,也不利于提高企业工作效率和经济效益,更不利于创造性的变革,因此,这种模式并非最佳的选择。

目前,随着企业的扩大、兼并与联合,很多企业的自备运输工具有些已开始专门从事经营性运输,即企业的自备运输既有从事公用运输的,也有从事内部运输的。

3. 运输方式技术经济特征及其选择

各种运输方式的技术性能、对地理环境的适应程度和经济指标存在较大的不同,因而也有其各自适宜的应用范围(参见表1-3)。

无论基于何种角度,对各种运输方式的技术经济特征的评价都需要依据其能否满足"安全、迅速、经济和便利"这四个方面来进行考察。以运输使用者的角度考虑时,通常会考虑诸如送达速度、完整性、准时可靠性、能力、频率、运输费用等服务性能指标。其中,完整性是指某一种运输方式线路网络的延伸程度以及需要其他运输方式介入的程度,它是评价运输服务是否便利的指标;能力是指某种运输方式载运量大小以及适应特殊运输要求的能力;准时可靠性,也称准时率,是指不易受线路拥挤或气候等的影响而按预定时间完成某种运输的能力;频率,也称间隔,是指在一定时间内完成货物运输的次数。有关各种运输方式服务性能指标的比较如表1-4所示(注:表中数字越低表明该指标越好)。

表 1-3 各种运输方式的特点及适用范围

运输方式	优点	缺点	主要运输对象
铁路	1. 大批量货物能一次性有效运送 2. 运费负担小 3. 轨道运输，事故相对少、安全 4. 铁路运输网完善，可运达各地 5. 受自然和天气影响小，运输准时性较高	1. 近距离运输费用高 2. 不适合紧急运输要求 3. 由于需要配车编组，中途停留时间较长 4. 非沿线目的地需汽车转运 5. 装卸次数多，货损率较高	长途、大量、低价、高密度商品，比如，采掘工业产品、重工业产品及原料、制造业产品及原料、农产品等
公路	1. 可以进行门到门运输 2. 适合于近距离运输，较经济 3. 使用灵活，可以满足多种需要 4. 输送时包装简单、经济	1. 装载量小，不适合大量运输 2. 长距离运输运费较高 3. 环境污染较严重 4. 燃料消耗大	短距离具有高价值的加工制造产品和日用消费品，比如，纺织和皮革制品、橡胶和塑料制品、润滑金属产品、通信产品、零部件、影像设备等
水运	1. 运量大 2. 成本低 3. 适于超长、超宽、笨重的货物运输	1. 运输速度慢 2. 港口装卸费用较高 3. 航行受天气影响较大 4. 运输正确性和安全性较差	主要是长途的低价值、高密度大宗货物，比如，矿产品、大宗散货、化工产品、远洋集装箱等
民航	1. 运输速度快 2. 安全性高	1. 运费高 2. 重量和体积受限制 3. 可达性差 4. 受气候条件限制	通常适用于高价、易腐烂或急需的商品
管道	1. 运量大 2. 运输安全可靠 3. 连续性强	1. 灵活性差 2. 仅适用特定货物	石油、天然气、煤浆

表 1-4 各种运输方式服务性能指标的比较

营运特征	铁路运输	公路运输	水路运输	航空运输	管道运输
送达速度	3	2	4	1	5
完整性	2	1	4	3	5
准时可靠性	2	3	4	5	1
能力	2	3	1	4	5
频率	3	1	5	2	4
运输费用	3	4	2	5	1

4. 运输合理化

运输合理化，是指从物流系统的总体目标出发，运用系统理论和系统工程原理和方法，充分利用各种运输方式的优点，以运筹学等数量方法建立模型与图表选择和规划合理的运输路线和运输工具，以最短的路径、最少的环节、最快的速度和最低的费用，组织好物质产品的运输活动，避免不合理运输情况和次优化的出现。

为了确保运输合理化，可采取以下措施：

（1）“四就”直拨运输，即就厂、就站、就库、就车。这是减少中转运输环节，力求以最少的中转次数完成运输任务的一种形式。

（2）发展社会化运输体系，即发展运输的大生产优势，实行专业分工，打破一家一户自成运输体系的状况。

（3）发展中短距离的铁路公路分流，“以公代铁”的运输。我国“以公代铁”目前在杂货、日用百货运输及煤炭运输中较为普遍，运距一般在200公里以内，有时可达700～1 000公里。

（4）尽量发展直达运输。直达运输是追求运输合理化的重要形式，其对合理化的追求要点是通过减少中转过载换装，提高运输速度，节省装卸费用，降低中转货损。直达的优势在一次运输批量和客户一次需求量达到了一整车时表现最为突出。

（5）发展特殊运输技术和运输工具。例如，专用散装车及罐车解决了粉状、液态物运输损耗大、安全性差等问题；袋鼠式车皮、大型半挂车解决了大型设备整体运输问题；滚装船解决了车载货的运输问题；集装箱船比一般船能容纳更多的箱体；集装箱高速直达车船加快了运输速度等，都是通过运用先进的科学技术来实现合理化。

（6）提高运输工具实载率，以充分利用运输工具的额定能力，减少车船空驶和不满载行驶的时间，减少浪费，从而求得运输的合理化。比如，铁路的“满载超轴”、整车运输、整车拼装、整车分卸及整车零卸，公路的“配送”等措施都是提高实载率的有效途径。

（7）减少动力投入，增加运输能力。比如，铁路的“满载超轴”，水运的拖排、顶推，公路的拖挂运输都是达到运输合理化的有效措施。

（8）配载运输。这是充分利用运输工具载重量和容积，合理安排装载的物品及载运方法以求合理化的一种运输方式。配载运输也是提高运输工具实载率的一种有效形式。

另外，还可以通过流通加工、运输路线优化，使运输达到合理化。

（二）仓储

1.仓储的概念与作用

仓储是对有形物品提供存放场所，对存放物品进行相应保管，并实施物品存取过程管理的行为的总称。

如果说运输是以改变物品的空间位置为主要目的的物流活动，那么储存则是以改变物品的时间状态为主要目的的物流活动。储存的作用在于创造物品的时间价值，对市场供应起到“蓄水池”的调节作用，在储存过程中经过流通加工实现增值，经过物品的组合配置实现配送目的。

随着经济的发展，物流由少品种、大批量进入到多品种、小批量或多批次、小批次物流时代，仓储功能从重视保管效率逐渐变为重视如何才能顺利地进行发货和配送作业。此时，仓储的作用主要表现在两个方面：一是完好地保证货物的使用价值和价值；二是为将货物配送给用户，在物流中心进行必要的加工活动而进行的保存。

（1）集运和分拨

通过仓储，既可以整合众多小批量的托运货物，进行“集零为整”的合并运输，也可以根据客户需要进行“化整为零”的分拨运输，从而更好地利用运输工具，降低物流成本和满足客户的需求。

(2)分拣和产品组合

对于需要整合运达消费地的产品,在仓库里可以根据流出去向、流出时间的不同进行分区分类,分别配载到不同的运输工具,配送到不同的目的地。仓储的整合还包括将不同产地生产的系列产品,在仓库整合成系列体系,向销售商供货。

(3)流通加工

流通加工系仓储的增值服务之一。它是指物品在从生产地到使用地的过程中,根据需要施加包装、分割、计量、分拣、刷标志、拴标签、组装等作业的总称。

(4)存货控制

存货控制的对象是仓储中的商品存量。仓储存货控制包括存量控制、仓储点的安排、补充控制、出货安排等工作。

(5)合理调节物流成本

合理和准确地仓储会减少商品的换装、流通,减少作业次数,降低运输成本。采取机械化和自动化的仓储作业可降低作业成本。优良的仓储管理,可对商品实施有效的保管和养护,准确的数量控制,可以减少风险成本。

(6)仓单质押等物流增值服务

除了做好收货、保管、养护、发货等业务外,仓储经营人还应积极拓展服务,如做好包装、挑选、分体、整理、商检、报关、装拆集装箱、装卸车、代办运输、仓单质押等业务。

2. 仓储合理化

仓储合理化,是指用最经济的办法实现储存的功能。

仓储的功能是对需要的满足,实现被储物的"时间价值"就必须有一定储量。但是,储存的不合理又往往表现在对储存功能实现的过分强调,因而是过分投入储存力量和其他储存劳动所造成的。所以,合理储存的实质是,在保证储存功能实现前提下的尽量少的投入,也是一个投入产出的关系问题。

为了实现仓储合理化,应采取以下措施:

(1)加快储存的周转速度;

(2)对不同物品实施重点管理;

(3)采用有效的"先进先出"方式;

(4)提高储存密度,提高仓容利用率;

(5)采用有效的储存定位系统;

(6)采用有效的监测清点方式;

(7)采用现代储存保养技术;

(8)采用集装箱、集装袋、托盘等储运装备一体化的方式;

(9)虚拟仓库和虚拟库存;

(10)在形成了一定的社会总规模前提下,追求经济规模,适当集中库存。

（三）装卸搬运

1. 装卸搬运的概念与特点

在同一地域范围内（如车站范围、工厂范围、仓库内部等）改变"物"的存放、支承状态的活动称为装卸，改变"物"的空间位置的活动称为搬运，两者全称装卸搬运。有时候或在特定场合，单称"装卸"或单称"搬运"也包含了"装卸搬运"的完整含义。

在习惯使用中，物流领域（如铁路运输）常将装卸搬运这一整体活动称作"货物装卸"；在生产领域中常将这一整体活动称作"物料搬运"。实际上，活动内容都是一样的，只是领域不同而已。

在实际操作中，装卸与搬运是密不可分的，两者是伴随在一起发生的。因此，在物流科学中并不过分强调两者差别而是作为一种活动来对待。

由此可见，搬运的"运"与运输的"运"，区别之处在于，搬运是在同一地域的小范围内发生的，而运输则是在较大范围内发生的，两者是量变到质变的关系，因而，二者所采用的设备与设施也有所不同。

装卸搬运具有以下特点：

（1）装卸搬运是附属性、伴生性的活动。装卸搬运是物流每一项活动开始及结束时必然发生的活动。因而有时常被人忽视，有时被看作其他操作不可缺少的组成部分。

（2）装卸搬运是支持、保障性活动。装卸搬运会影响其他物流活动的质量和速度。许多物流活动在有效的装卸搬运支持下，才能实现高水平。

（3）装卸搬运是衔接性的活动。装卸搬运会影响在任何其他物流活动互相过渡时的衔接。能否建立一个有效的物流系统，关键看这一衔接是否有效。因而，装卸搬运往往成为整个物流的"瓶颈"。

（4）装卸搬运是增加物流成本的活动。

2. 装卸搬运的作用

装卸搬运是随运输和保管而产生的必要物流活动，是对运输、保管、包装、流通加工等物流活动进行衔接的中间环节，以及在保管等活动中为进行检验、维护、保养所进行的装卸活动，如货物的装上卸下、移送、拣选、分类等。装卸作业的代表形式是集装箱化和托盘化，使用的装卸机械设备有吊车、叉车、传送带和各种台车等。在物流活动的全过程中，装卸搬运活动是频繁发生的，因而是产品损坏的重要原因之一。对装卸搬运的管理，主要是对装卸搬运方式、装卸搬运机械设备的选择和合理配置与使用以及装卸搬运合理化，尽可能减少装卸搬运次数，以节约物流费用，获得较好的经济效益。

3. 装卸搬运合理化

装卸搬运合理化是指以尽可能少的人力和物力消耗，高质量、高效率地完成仓库的装卸搬运任务，保证供应任务的完成。

为了实现装卸搬运作业合理化，应采取以下措施：

（1）防止无效装卸。所谓无效装卸，是指在装卸作业活动中超出必要的装卸、搬运量的作业。无效装卸表现为过多的装卸次数、过大的包装装卸、无效物质的装卸。

（2）充分利用重力和消除重力影响，进行少消耗的装卸。利用重力因素进行装卸，可以利用货物本身的重量，进行有一定落差的装卸，以减少或根本不消耗装卸的动力，这是合理化装卸的重要方式。

(3)充分利用机械,实现"规模装卸"。只有装卸机械的能力达到一定规模,才会有最优效果。追求规模效益的方法,主要是通过各种集装实现间断装卸时一次操作的最合理装卸量,从而使单位装卸成本降低,也通过散装实现连续装的规模效益。

(4)提高装卸搬运的灵活性。所谓装卸搬运的灵活性,是指在装卸作业中的物料进行装卸作业的难易程度。如果很容易转变为下一步的装卸搬运而不需过多装卸搬运前的准备工作,则灵活性就高;如果难于转变为下一步的装卸搬运,则灵活性就低。因而,实践中应注重提高"物品"装卸搬运的灵活性。

(四)包装

1. 包装的概念与作用

所谓包装,是指在物流过程中为保护产品、方便储存、促进销售,按一定技术方法而采用的容器、材料及辅助物等的总称。

为使物流过程中的货物完好地运送到用户手中,并满足用户和服务对象的要求,需要对大多数商品进行不同方式、不同程度的包装。

包装分为工业包装和商品包装两种。工业包装的作用是按单位分开产品,便于运输,并保护在途货物。商品包装的目的是便于最后的销售。

由此可见,包装的功能体现在保护商品、单位化、便利化和促进销售等几个方面。前三项属物流功能,最后一项属营销功能。

2. 包装合理化

包装合理化是指包装总体的合理化,以及包装材料、包装技术和包装方式的合理组合及运用。

包装合理化的主要措施包括:

(1)防止包装不足;

(2)防止包装过剩;

(3)根据物流的特征来确定包装方式。

(五)流通加工

1. 流通加工的概念与作用

流通加工是指物品在从生产地到使用地的物流过程中,根据需要对物品施加包装、分割、计量、分拣、刷标志、拴标签、组装等简单作业的总称。

流通加工功能是在物品从生产领域向消费领域流动的过程中,为了促进产品销售、维护产品质量和实现物流效率化,对物品进行加工处理,使物品发生物理或化学性变化的功能。这种在流通过程中对商品进一步的辅助性加工,可以弥补企业、物资部门、商业部门生产过程中加工程度的不足,更有效地满足用户的需求,更好地衔接生产和需求环节,使流通过程更加合理化,是物流活动中的一项重要增值服务,也是现代物流发展的一个重要趋势。

(1)提高原材料利用率。通过流通加工进行集中下料,将生产厂商直接运来的简单规格产品,按用户的要求进行下料。例如,将钢板进行剪板、裁切,将木材加工成各种长度及大小的板、方等。集中下料可以优材优用、小材大用、合理套裁,明显地提高原材料的利用率,有很好的技术经济效果。

(2)方便用户。用量小或满足临时需要的用户,不具备进行高效率初级加工的能力,通过流通加工可以使用户省去进行初级加工的投资、设备、人力,方便了用户。目前发展较快的初级加工有:将水泥加工成生混凝土,将原木或板、方材加工成门窗,钢板预处理、整形等。

(3)提高加工效率及设备利用率。在分散加工的情况下,加工设备由于生产周期和生产节奏的限制,设备利用时松时紧,使得加工过程不均衡,设备加工能力不能得到充分发挥。而流通加工面向全社会,加工数量大,加工范围广,加工任务多。这样可以通过建立集中加工点,采用一些效率高、技术先进、加工量大的专门机具和设备,一方面提高了加工效率和加工质量,另一方面还提高了设备利用率。

2. 流通加工的类型

按加工目的的不同,有以下基本的流通加工形式:

(1)为弥补生产领域加工不足的深加工。有许多产品在生产领域的加工只能到一定程度,这是由于存在许多限制因素限制了生产领域不能完全实现终极的加工。例如钢铁厂的大规模生产只能按标准规定的规格生产,以使产品有较强的通用性,使生产能有较高的效率和效益。

(2)为满足需求多样化进行的服务性加工。需求存在着多样化和多变化两个特点,为满足这种要求,经常是用户自己设置加工环节。

(3)为保护产品所进行的加工。在物流过程中,直到用户投入使用前都存在对产品的保护问题,防止产品在运输、储存、装卸、搬运、包装等过程中遭到损失,保障使用价值能顺利实现。

(4)为提高物流效率,方便物流的加工。有些产品本身的形态使之难以进行物流操作,进行流通加工,可以使物流各环节易于操作。

(5)为促进销售的流通加工。流通加工可以从若干方面起到促进销售的作用。如将零配件组装成用具、车辆以便于直接销售;将蔬菜、肉类洗净切块以满足消费者要求,等等。这种流通加工可能是不改变"物"的本体,只进行简单改装的加工,也有许多是组装、分块等深加工。

(6)为提高加工效率的流通加工。许多生产企业的初级加工由于数量有限、加工效率不高,难以投入先进的科学技术。流通加工则以集中加工的形式,克服了单个企业加工效率不高的弊病。以一家流通加工企业代替了若干生产企业的初级加工工序,促使生产水平有一个提高。

(7)为提高原材料利用率的流通加工。流通加工利用其综合性强、用户多的特点,可以实行合理规划、合理套裁、集中下料的办法,这就能有效提高原材料利用率,减少损失浪费。

(8)衔接不同运输方式,进行合理化的流通加工。在干线运输及支线运输的结点,设置流通加工环节,可以有效解决大批量、低成本、长距离干线运输与多品种、少批量、多批次末端运输之间的衔接问题,在流通加工点与大生产企业间形成大批量、定点运输的渠道,又以流通加工中心为核心,组织对多用户的配送。也可在流通加工点将运输包装转换为销售包装,从而有效衔接不同目的的运输方式。

(9)以提高经济效益,追求企业利润为目的的流通加工。流通加工的一系列优点,可以形成一种"利润中心"的经营形态,这种类型的流通加工是经营的一环,在满足生产和消费的基础上取得利润,同时在市场和利润引导下使流通加工在各个领域中能有效地发展。

（10）生产—流通一体化的流通加工形式。依靠生产企业与流通企业的联合，或者生产企业涉足流通，或者流通企业涉足生产，形成的对生产与流通加工进行合理分工、合理规划、合理组织，统筹进行生产与流通加工的安排，这就是生产—流通一体化的流通加工形式。这种形式可以促成产品结构及产业结构的调整，充分发挥企业集团的经济技术优势，是目前流通加工领域的新形式。

3. 流通加工合理化

流通加工合理化，是指实现流通加工的最优配置，不仅做到避免各种不合理，使流通加工有存在的价值，而且做到最优的选择。

为实现流通加工的合理化，物流企业应从以下几个方面去考虑：

（1）加工与配送相结合。加工与配送相结合是指将加工设置在配送地点（配送中心），这样既可以按照配送的需要及时进行加工，又可以使加工成为配送活动流程中与分货、拣货、配货密切相连的一环，保证经过加工的产品直接投入配货作业。加工与配送的有机结合，将有利于提升配送环节的服务水平。这种流通加工的合理化方式，已广泛应用于煤炭、水泥等产品的流通活动中。

（2）加工与配套相结合。加工与配套相结合是指对配套要求较高，而生产者不能全部完成配套的产品，由物流企业在流通过程中完成最后的产品配套工作。配套的主体来自各个生产单位，但是，完全配套有时无法全部依靠现有的生产单位，进行适当的流通加工，可以有效促成配套，从而提升流通环节所扮演的桥梁和纽带作用。

（3）加工与运输相结合。加工与运输相结合是指利用流通加工，实现干线运输与支线运输的有效衔接。根据运输环节合理的要求，通过适当的流通加工，减少或避免干线运输转支线运输，或支线运输转干线运输过程中的停顿，可以大大提高运输及运输转载的水平。

（4）加工与商流相结合。加工与商流相结合是指从客户需要的角度出发，通过适当的流通加工（如钢板裁剪、原木开裁、改变包装量等），以促进商品的销售。利用加工手段，形成新的购买量，促使商流合理化，已成为流通加工合理化的重要思考方向之一。

（5）加工与节约相结合。加工与节约相结合是指在进行流通加工时，要充分考虑节约，做到尽可能地节约能源、节约设备、节省人力、减少浪费等，从而有效提高流通加工的综合效益。特别是在目前我国坚持实施科学发展观的环境下，物流企业如何充分考虑节约因素，合理进行流通加工设置，已成为新的时尚。

（六）配送

1. 配送的概念与特点

配送，是指在经济合理区域范围内，根据客户要求，对物品进行拣选、加工、包装、分割、组配等作业，并按时送达指定地点的物流活动。

（1）配送和送货的区别。配送不是一般概念的送货，也不是生产企业推销产品时直接从事的销售性送货，而是从物流据点至用户的一种特殊送货形式。从送货功能看，其特殊性表现为：第一，从事送货的是专职流通企业，而不是生产企业；第二，配送是“中转”型送货，而一般送货尤其从工厂至用户的送货往往是直达型；第三，一般送货是生产什么、有什么送什么，而配送则是需要什么送什么。

（2）配送与供应或供给的区别。供应是指组织物资订货、签约、结算、进货及对物资处理分配的供应;配送是一种“门到门”服务,即将物资从配送中心送至用户的仓库、营业所、车间乃至生产线。

(3)配送和运送、发放、投送的区别。配送,除了各种“运”、“送”活动外,还要按照客户对货物的种类、数量、时间等方面要求进行大量的分货、配货、配装等工作,是“配”和“送”的有机结合。

(4)配送与运输的区别。配送不是单纯的运输或输送,而是运输与其他活动共同构成的有机体。配送中所包含的那一部分运输活动在整个输送过程中是处于“二次输送”、“支线输送”、“末端输送”的位置,其起止点是物流据点至用户,这也是不同于一般输送的特点。表1-5显示了配送与运输、搬运的主要区别。

表1-5 配送、运输、搬运的区别

对比指标	配送	运输	搬运
地域范围	支线运输、末端运输	干线运输	运输节点或工厂内的位移活动
设备与设施	小型货车(国际配送可采用小型船舶)	车、船、机等运输工具	叉车、跨运车等装卸搬运工具
货物品种与批量	多品种、小批量	以少品种、大批量为主	适应各类品种、批量
管理重点	服务优先	效率优先	效率优先
附属功能	装卸、保管、包装、分拣、流通加工、订单处理等	装卸、捆包等	保管、捆包等

综上所述,配送具有以下特点:

(1)配送提供的是物流服务,因此满足顾客对物流服务的需求是配送的前提。由于在买方市场条件下,顾客的需求是灵活多变的,消费特点是多品种、小批量的,因此从这个意义上说,配送活动绝不是简单的送货活动,而应该是建立在市场营销策划基础上的企业经营活动。

(2)配送是“配”与“送”的有机结合。所谓“合理地配”,是指在送货活动之前必须依据顾客需求对其进行合理的组织与计划。只有“有组织、有计划”地“配”,才能实现现代物流管理中所谓的“低成本、快速度”地“送”,进而有效满足顾客的需求。

(3)配送是在积极合理区域范围内的送货。配送不宜在大范围内实施,通常仅局限在一个城市或地区范围内进行。

(4)配送活动包含了拣选、加工、包装、分割、组配、运送等多种物流功能,只不过是比大物流系统在程度上有些降低和范围上有些缩小罢了,因而,配送是现代物流的一个最重要的特征,配送可以说是物流所有功能要素的一个缩影。

2. 配送的作用

(1)推行配送有利于物流运动实现合理化。配送不仅能促进物流的专业化、社会化发展,还能以其特有的运动形态和优势调整流通结构,促使物流活动向“规模经济”发展。从组织形态上看,它是以集中的、完善的送货取代分散性、单一性的取货。在资源配置上看,则是以专业组织的集中库存代替社会上的零散库存,衔接了产需关系,打破了流通分割和封锁的格局,很好地满足了社会化大生产的发展需要,有利于实现物流社会化和合理化。

(2)完善了运输和整个物流系统。配送环节处于支线运输,灵活性、适应性、服务性都比较强，能将支线运输与小搬运统一起来，使运输过程得以优化和完善。

(3)提高了末端物流的效益。采取配送方式，通过增大经济批量来达到经济的进货。它采取将各种商品配齐集中起来向用户发货和将多个用户小批量商品集中在一起进行发货等方式，以提高末端物流的经济效益。

(4)通过集中库存使企业实现低库存或零库存。实现了高水平配送之后，尤其是采取准时制配送方式之后，生产企业可以完全依靠配送中心的准时制配送而不需要保持自己的库存。或者，生产企业只需保持少量保险储备而不必留有经常储备，这就可以实现生产企业多年追求的"零库存"，将企业从库存的包袱解脱出来，同时解放出大量储备资金，从而改善企业的财务状况。实行集中库存，集中库存总量远低于不实行集中库存时各企业分散库存之总量。同时，提高了调节能力，也提高了社会经济效益。此外，采用集中库存可利用规模经济的优势，使单位存货成本下降。

(5)简化事务，方便用户。采用配送方式，用户只需要从配送中心一处订购就能达到向多处采购的目的，只需组织对一个配送单位的接货便可替代现有的高频率接货，因而大大减轻了用户工作量和负担，也节省了订货、接货等的一系列费用开支。

(6)提高供应保证程度。生产企业自己保持库存、维持生产，供应保证程度很难提高(受库存费用的制约)。采取配送方式，配送中心可以比任何企业的储备量更大，因而对每个企业而言，中断供应、影响生产的风险便相对减小，使用户免去短缺之忧。

(7)配送为电子商务的发展提供了基础和支持。电子商务的进行需要相互协调的物流配送，停滞不通的物流配送只会阻碍电子商务贸易的进行。及时有效的物流配送促使消费者更加青睐电子商务，由此高水平的物流配送能力自然促进电子商务更加蓬勃地发展。

3. **配送的类型**

基于不同的角度，配送可分为不同的类型：

(1)按配送主体不同分类

①配送中心配送：指配送的组织者是专职从事配送业务的配送中心。配送中心配送的数量大、品种多、半径大、能力强，可以承担企业生产用主要物资的配送及向商店补充性配送等。它是配送的主体形式，但由于需要大规模的配套设施，投资较大，且一旦建成则机动性较差，因此也有一定的局限性。

②商店配送：指配送的组织者是商业或物资经营网点，主要承担零售业务，规模一般不大，但经营品种齐全，容易组织配送。实力有限，但网点多，配送半径小，比较机动灵活，可承担生产企业非主要生产用物资的配送，是配送中心配送的辅助及补充形式。

③仓库配送：指以一般仓库为据点进行配送的形式，在仓库保持原有功能的前提下，增加配送功能。仓库配送规模较小，专业化程度低，但可以利用仓库的原有资源而不需大量投资，上马较快。

④生产企业配送：指配送的组织者是生产企业，尤其是进行多品种生产的企业，可以直接由企业配送，而无须再将产品发运到配送中心进行中转配送。由于避免了一次物流的中转，因此其具有一定的优势，但无法像配送中心那样依靠产品凑整运输取得优势。

(2)按配送服务范围不同分类

①城市配送，即向城市范围内的众多用户提供服务的配送。其辐射距离较短，多使用载货汽车配送，机动性强、供应快、调度灵活，能实现少批量、多批次、多用户的"门到门"配送。

②区域配送:是一种辐射能力较强,活动范围较大,可以跨市、省,甚至跨国的配送活动。它具有以下特征:经营规模较大,设施齐全,活动能力强;货物批量较大而批次较少;区域配送中心是配送网络或配送体系的支柱。

(3)按配送企业业务关系不同分类

①综合配送:指配送商品种类较多,在一个配送网点中组织不同专业领域的产品向用户配送的配送方式。

②专业配送:指按产品性质、形状的不同适当划分专业领域的配送方式。其重要优势在于可以根据专业的共同要求来优化配送设施,优选配送机械及配送车辆,制定适用性强的工艺流程等,从而提高配送各环节的工作效率。

③共同配送:是指多家企业共同参与,共同在配送中心的统一计划、统一调度下完成配送作业。其优缺点如表1-6所示。

表1-6　共同配送的优缺点

优点	缺点
①节省零售企业资本投入。配送中心属于资金密集型投资,需要大面积的土地资源、软硬件设施以及人力资源。对于一般连锁企业特别是中小连锁企业来说,共同配送使各连锁企业的资源得到了充分利用和高度共享,减轻了连锁企业的投资负担。 ②提高客户服务水平。共同配送可以实现多品种、小批量、高频率的及时配送,从而使零售企业降低缺货率、增加商品的品种、提高商品的新鲜度,减少商品因过期而产生损失。这些都提高了连锁企业的客户服务水平。 ③实现社会效益。共同配送是绿色物流的体现,共同配送的实施可以减少社会车流总量,缓解交通拥挤,减少环境污染;共同配送可以整合生产商、批发商和零售商,有利于健全商业渠道,有利于全国商品大生产、大流通。	①费用很难进行分摊,由于多家企业共同参与配送,而且对配送任务完成的贡献很难量化,所以,费用不易分摊。 ②存在商业机密泄露的风险。共同配送必然会带来部分信息的共享,难免会出现商业信息泄露的情况。 ③各合作企业之间很难磨合,由于每个企业对物流配送的要求都不会完全相同,所以在合作期间可能会出现运行理念和利益等方面的冲突,需要经过长时间的磨合。

(4)按配送方式不同分类

①直送:指生产厂商或供应商根据订货要求,直接将商品运送给客户的配送方式。其特点是需求量大,每次订货往往大于或接近一整车,且品种类型单一。

②集取配送:即往复配送,指与用户建立稳定的协作关系,在将用户所需的生产物资送到的同时,将该用户生产的产品用同一车运回。这样做不仅充分利用了运力,也降低了生产企业的库存。

③交叉配送:指在配送据点将来自各个供应商的货物按客户订货的需求进行分拣装车,并按客户规定的数量与时间要求进行送货。这样做有利于减少库存、缩短周期、节约成本。

(5)按配送商品的种类和数量不同分类

①单(少)品种大批量配送:指配送的商品品种少、批量大,不需与其他商品搭配即可使车辆满载。

②多品种少批量配送:按用户要求将所需各种物资配备齐全,凑整装车后由配送据点送达用户的一种配送方式。

③配套成套配送:按生产企业的需要,将生产每台产品所需的全部零部件配齐,按生产节奏定时送到生产线装配产品。

(6)按配送时间及数量不同分类

①定时配送:指按规定时间或时间间隔进行配送。每次配送的品种及数量可按计划进行,也可在配送前由供需双方商定。定时配送有以下几种具体形式:一是小时配:即接到配送订货要求1小时内将货物送达。适用于一般消费者突发的个性化配送需求,也经常用作应急的配送方式。二是日配:即接到订货要求24小时之内将货物送达。三是准时配送方式:即按照双方协议时间,准时将货物配送到用户的一种方式。四是快递方式:是一种在较短时间内实现货物的送达,但不明确送达的具体时间的快速配送方式。

②定量配送:即按事先协议规定的数量进行配送。这种方式货物数量固定,备货工作有较强的计划性,容易管理。

③定时定量配送:即按规定的配送时间和配送数量进行配送,兼有定时、定量两种方式的优点,是一种精密的配送服务方式。

④定时定路线配送:即在规定的运行路线上,按配送车辆运行时间表进行配送,用户在指定时间到指定位置接货。

⑤即时配送:即完全按用户突发的配送要求随即进行配送的应急方式,是对各种配送服务的补充和完善,灵活但配送成本很高。

(7)按加工程度不同分类

①加工配送:指在配送据点中设置流通加工环节,当社会上现成的产品不能满足用户需要,或用户提出特殊的工艺要求时,可以经过加工后进行分拣、配货再送货到户。流通加工与配送的结合,使流通加工更有针对性,可取得加工增值收益。

②集疏配送:是只改变产品数量组成形态而不改变产品本身的物理、化学形态,与干线运输相配合的一种配送方式。比如大批量进货后小批量、多批次发货,零星集货后以一定批量送货等。

4.配送合理化

配送难度大,在实际操作中,会出现很多不合理的配送形式,如进货不合理、库存决策不合理、价格不合理、配送与直达的决策不合理、送货中运输不合理、经营观念不合理等。因此,一般应采取以下措施保证配送合理化。

(1)推行一定综合程度的专业化配送。通过采用专业设备、设施及操作程序,取得较好的配送效果并降低配送过分综合化的复杂程度及难度,从而追求配送合理化。

(2)推行加工配送。通过流通加工和配送的有机结合,充分利用本来应有的这次中转,而不增加新的中转求得配送合理化。同时,加工借助于配送,加工目的更明确,与客户联系更紧密,更避免了盲目性。这两者有机结合,投入不增加太多却可追求两个优势、两个效益,是配送合理化的重要经验。

(3)推行共同配送。通过共同配送,可以以最近的路程、最低的配送成本完成配送,从而追求合理化。

(4)推行双向配送。配送企业与客户建立稳定、密切的协作关系,配送企业不仅成为客户的供应代理人,而且承担客户储存据点的功能,甚至成为产品代销人。在配送时,将客户所需的物资送到,再将该客户生产的产品用同一车运回,这种产品也成了配送中心的配送产品之一,或者作为代存、代储,免去了生产企业仓储包袱。这种双向配送使运力充分利用,也使配送企业功能有了更大的发挥,从而追求合理化。

(5)推行准时配送。配送做到了准时,客户才有资源把握,可以放心地实施低库存或零库存,可以有效地安排接货的人力、物力,以追求最高效率的工作。保证供应能力,也取决于准时供应,从国外的经验看,准时供应配送系统是现在许多配送企业追求配送合理化的重要手段。

(6)推行即时配送。为最终解决客户企业担心断供之忧,配送企业应大幅度提高供应保证能力,具有即时配送能力。从这个角度说,即时配送是配送企业快速反应能力的具体化,是配送企业能力的体现。

(七)信息处理

1.物流信息的概念与特点

物流信息,是指反映物流各种活动内容的知识、资料、图像、数据、文件的总称。而信息处理,是指对物流过程中各种信息的汇集、加工、处理,形成物流过程中的信息流。

由于物流与生产、销售、消费等环节密切相关,所以与其他领域的信息相比,物流信息具有以下特点:

(1)信息量大:整个物流过程是一个涉及众多环节的复杂系统,各环节的相互沟通与衔接通过物流信息来完成,物流信息伴随着物流活动和商品交易活动的展开而大量发生,同时由于企业间合作的不断加强,物流信息的信息量将会越来越大。

(2)动态性强:信息价值衰减速度快,时效性强,这就要求对物流信息的管理是及时的、灵活的。

(3)分布广泛:物流是一个大范围内的活动,任何生产和销售情况都会产生物流信息。

(4)种类繁多:一方面,物流系统内部各个环节有不同种类的信息产生;另一方面,物流系统在实际运行中与诸如生产系统、销售系统等其他系统密切相关,因此收集这些系统产生的信息也是有必要的。

2.物流信息的种类

(1)按物流信息来源分类

①内部信息:物流系统内部各种信息的总称,包括物流流转信息、物流操作层信息、物流控制层信息、物流管理层信息。

②外部信息:在物流活动以外发生,却是物流活动需要的信息,包括供应商信息、顾客信息、财务信息、合同信息、交通运输信息、市场信息、政策信息等。

(2)按物流信息变动度分类

①固定信息:固定信息是相对而言的,这种信息通常具备相对稳定的特点,如物流生产标准信息、物流计划信息、物流查询信息、国家政策法规等。

②动态信息:动态信息是物流系统中经常发生变动的信息,如某一时刻任务的实际进度,计划的完成情况,物资配送、销售情况等。

(3)按管理层次分类

①知识管理信息:知识管理信息是知识管理部门相关人员对企业本身的知识进行收集、分类、存储和查询,并进行分析后得到的信息,如工人技术经验信息等。

②操作管理信息:操作管理信息产生于操作管理层,反映并控制企业的日常生产和经营活动,如订单、合同、货物运输信息等。

③战术管理信息:战术管理信息是部门负责人制定中期决策所涉及的信息,如月度计划完

成报表、生产成本、库存费用、市场信息等。

④战略管理信息:战略管理信息是企业高层决策者制定企业年经营目标、企业战略决策所需要的信息,如经营综合报表、消费者收入动向、市场动态、政策法规等。

3. 物流信息的作用

物流信息充当着物流活动的神经系统:一方面,物流信息与运输、仓储等物流环节密切相关,及时掌握物流信息可以对物流活动的各个环节进行有效的计划、协调与控制;另一方面,高效率及高效益的物流是需不间断地对各项活动进行动态分析和准确预测的,也就必须为此及时提供相应的费用、生产、市场需求、销售等有关信息。只有做到及时收集和传输所需信息,才能做出合理的决策,使整个物流活动顺利有效地进行。

第二节 供应链概述

一、供应链

(一)供应链的概念与特点

1. 供应链的概念

中华人民共和国国家标准《物流术语》(GB/T 18354—2001)把供应链(Supply Chain,SC)定义为“生产与流通过程中涉及将产品或服务提供给最终用户活动的上游与下游企业所形成的网络结构”。

2. 供应链的特点

(1)以用户需求为主导

无论何种形式的供应链,其存在的前提是某种需求市场的存在,这种需求作为供应链的驱动力,促进节点企业的结盟、分工与合作,拉动供应链中信息、物资、资金的流动和交换,实现在为用户提供高质量产品或服务的同时价值的不断增值。

(2)动态性

供应链是在一定市场目标和环境下所建立的一种竞争合作模式,随着供应链目标、服务方式以及企业核心竞争力的不断变化,链上节点企业及其地位也会发生变化,这决定了供应链为适应市场需求,会不断进行节点企业的变更和重组。

(3)复杂性

供应链是在一定用户需求目标条件下实现企业横向择优与合作所建立起来的网链关系,链中的节点企业来自不同的区域、行业甚至不同的国度,根据自身核心竞争力情况在链中担当不同的角色,各企业在制度、技术、组织等方面的差异决定了供应链系统的复杂性。同时,供应链的动态变化特性进一步增加了这种复杂性。

(4)合作性

供应链的出现,是企业适应国际经济一体化形势,合理调整企业间存在的目标冲突和利益冲突,以供应链目标为共同目标,实现竞争向合作转化的结果,并且通过这种战略性合作,完成对市场变化的快速反应,实现供应链企业的共赢。

(5)信息共享

以互联网为代表的信息技术是构筑供应链的基本条件,供应链靠它才能跨越时空的界限,实现真正意义上的资源共享、择优合作,才能随时把握市场需求变化,消除传统销售链上所出现的信息需求失真放大的情况,即通常所说的"牛鞭效应",协调、控制供应链整体,实现对用户需求的快速反应。

(6)虚拟性

在信息技术的支持下,供应链的功能不用依赖于一个集团或大企业去完成,而可以将不同地域、不同国度、不同形式的企业以一种协作组织的形式联结起来,这种组织在一定目标条件下具有相对的稳定性,但并不是具有确定机构的企业实体,这就是供应链的虚拟性。

(二)供应链的类型

基于不同角度,供应链有不同的分类,以下介绍常见的几种分类。

1. 链式结构供应链与网状结构供应链

根据参与供应链的节点企业的数目大小和企业之间的连接关系复杂与否,可分为链式结构供应链和网状结构供应链。

(1)链式结构供应链是一种最简单的供应链结构,即每一个节点企业只与一个上游企业相连接,就像一个直线型链条,一环扣一环。这种供应链在企业外部供应链、产业链和全球网络供应链中较少出现,在企业内部或动态企业联盟中较为常见,如图 1-2 所示。

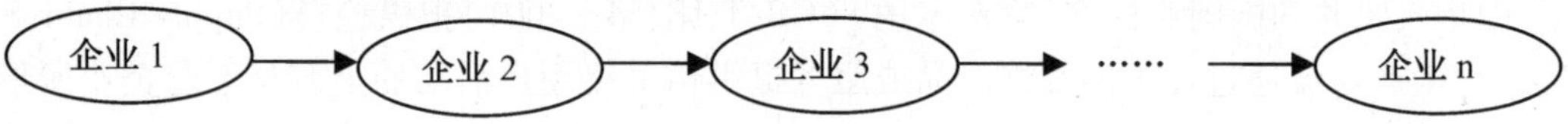

图 1-2　链式结构供应链

(2)网状结构供应链是比较常见的结构,每个供应商可以为多个制造商服务,每个制造商可以从不同的供应商那里获得原材料,并将生产的产品交由不同的分销商进行分销,如图 1-3 所示。

网状结构可细分为发散型的供应链网(V 型)、汇聚型的供应链网(A 型)和介于两种结构之间的供应链网(T 型)。V 型供应链是供应链网状结构中最基础的结构,生产中间产品的企业往往客户要多于供应商,呈发散型。为了满足相对少数的客户需求和客户订单,需要从大量的供应商手中采购大量的物料,这种情形就是典型的 A 型。T 型供应链在接近最终用户的行业中比较普遍,是供应链中最为复杂的结构类型。

2. 功能型供应链和创新型供应链

根据供应链产品功能以及产品生命周期需求稳定程度及可预测程度,可分为功能型供应链和创新型供应链。

(1)功能型供应链,其产品的市场需求比较稳定,易实现供求平衡。因此,这类供应链主要用于标准化程度高的常规型产品行业,其重点在于降低生产、运输、库存等方面的费用,以最低的成本将原料转化为成品。

(2)创新型供应链,其产品的市场需求不确定性较高。因此,这类供应链主要用于变化快的流行型产品行业,其重点在于考虑响应速度和柔性,只有响应速度快和柔性程度高的供应链,才能适应市场的需要。

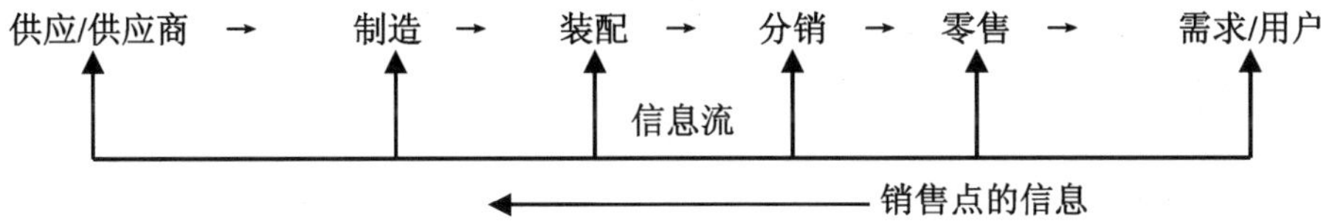

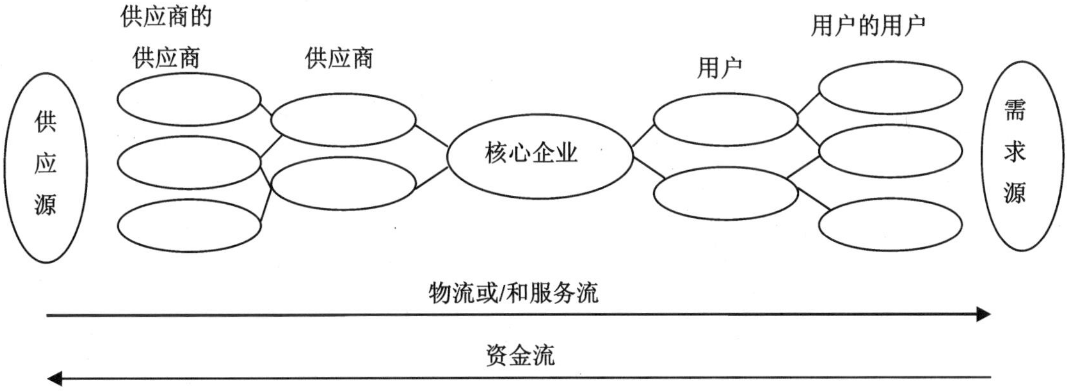

图 1-3 网状结构供应链

3. 推式供应链和拉式供应链

根据供应链的推动力来源及供应链总体供给和需求之间的关系，可分为推式供应链和拉式供应链。

(1)推式供应链是从原材料推到成品、市场一直到客户端的管理；

(2)拉式供应链是以客户满意度为中心的管理，以客户得到需求为原动力的管理。

4. 零售商主导型供应链、制造商主导型供应链以及贸易公司主导型供应链

根据供应链上核心企业的性质和动力源的特征，可以分别形成零售商主导型供应链、制造商主导型供应链以及贸易公司主导型供应链。

(1)在零售商主导型供应链中，零售商可以采取"纵向一体化"或者"纵向本体化"管理模式。前者指通过所有权来管理控制为其提供原材料、半成品的其他企业，在市场竞争日益激烈、顾客需求不断变化的今天，这种管理模式已逐渐暴露出种种缺陷：增加企业投资负担，增大企业的行业风险等；后者指企业把主要精力放在提升核心竞争力上，将其他非核心业务外包给合作企业完成，利用企业外部资源快速响应市场需求。在"纵向本体化"模式中，零售商来自不同产业的节点企业，依次连接起来，协调各类生产商(如服装供应链中的纱线生产商、面料生产商、服装生产商)等供应链成员间的活动，形成了"零售商主导型供应链"。

(2)制造商主导型供应链同样属于传统采购型供应链；不同的是，零售商对制造商的控制权限弱化了，零售商仅仅下单给制造商，后者在正确的时间将正确的产品送达给前者。制造商可以采取后向一体化策略，甚至可以运作 VMI(Vendor Managed Inventory)控制零售商的库存，驱动整体供应链，起到主导者作用。

(3)在贸易公司主导型供应链中，贸易公司的地位与作用显著加强，贸易公司可以直接获得国内外客户订单，能够控制整个供应链上游企业的供给和需求，同时利用其在信息、资金和信誉等方面的优势，整合供应链资源、协调供应链成员，降低成本、提高绩效，扮演整条供应链"服务提供商"和"管理者"的角色。

二、供应链管理

1. 供应链管理的概念

中华人民共和国国家标准《物流术语》(GB/T 18354—2001)把供应链管理定义为"利用计算机网络技术全面规划供应链中的商流、物流、信息流、资金流等,并进行计划、组织、协调与控制"。

2. 供应链管理的特点

与传统管理相比,供应链管理具有以下特点:

(1)系统协调与集成。供应链管理的核心思想之一强调协调与集成,这一方面是指供应链上的核心企业与链上其他相关企业之间的协调与集成,即企业外部跨边界的信息共享与沟通;另一方面是指该核心企业内部各个职能部门之间跨部门的信息共享与沟通。其目的在于消除系统运行(企业经营)时部门与部门之间、企业与外部环境之间的障碍。

(2)商务系统过程控制。它是指运用系统工程方法控制从原材料供应直至终端消费行为的所有物资流、资金流和服务流的过程,其目的在于满足市场与客户需求。

(3)物资流、资金流和信息流的综合控制。它是指对物资流、信息流进行规划、设计与控制,对资金流进行分解与控制,其目的在于供应链的最大效率与成员利益。

(4)专业化分工。供应链管理强调的是企业必须专注于自己的核心业务,把非核心的业务外包给其他的合作伙伴,以使整个供应链的绩效达到最大。因此,供应链管理的思想改变了企业与企业之间的合作关系,拓展了企业的边界,提高了企业的管理效益。

3. 供应链管理的内容

供应链管理涉及供应管理、生产计划、物流管理、需求管理四个方面,即以市场需求为驱动,以同步化、集成化生产计划为指导,以各种技术为支持,尤其以 Internet/Intranet 为依托,控制和组织从原材料供应到生产制造、产品销售等一体化过程。其具体包含以下几个方面的内容:

(1)供应链设计与构造

怎样将制造商、供应商和分销商有机地集合起来,使之成为相互关联的整体,是供应链设计要解决的主要问题。在供应链管理的影响下,对产品制造过程的影响不仅要考虑企业内部因素的影响,而且还要考虑供应链对产品成本和服务的影响。供应链管理的出现,扩大了原有的企业生产系统设计范畴,把影响生产系统运行的因素延伸到了企业外部,与供应链上所有的企业都联系起来,因而供应链设计就成为构造企业系统的一个重要方面。

(2)供应链集成和战略伙伴的选择

由于供应链本身的动态性以及不同机构和伙伴有着相互冲突的目标,对供应链进行集成是相当困难的。在当今竞争激烈的市场中,大多数公司别无选择,要么被迫集成于某供应链,要么主动出击,选择战略伙伴,以满足顾客和供应链发展的需要。如何进行集成才能取得成功,采用何种信息共享方式,信息对供应链的设计和作业的影响,组织内部和外部合作企业之间需要什么层次的集成,最终实施哪些类型的伙伴关系等均是供应链集成和战略伙伴选择所需解决的问题。

(3)供应链库存控制

供应链库存控制即站在供应商、制造商、批发商和零售商等组成的整个供应链的角度考虑库存问题,通过企业间分享信息和协调管理机制,并应用先进管理方法和技术,对供应链上的库存进行整体计划、组织、协调与控制,以减少供应链中的需求扭曲现象,降低库存的不确定性,提高供应链的稳定性。

(4)供应链配送渠道设计

在供应链中确定怎样的配送渠道,如是否设立中央仓库,需要多少直接转运点,直接转运与仓库中持有库存哪个更优越,这些都是配送渠道设计所需要解决的问题。

(5)供应链信息控制与支持

对供应链的有效控制要求集中协调不同企业的关键数据,如订货预测、库存状态、缺货情况、生产计划、运输安排、在途物资等数据。为便于管理人员迅速、准确地获得各种信息,必须建立有效的信息控制与支持环境,利用电子数据交换(EDI)、Internet 等技术手段实现供应链的分布数据信息集成,达到共享采购订单的电子接受与发送、多级库存控制、批量和系列号跟踪、周期盘点等重要信息的目的。

(6)供应链生产计划与控制

供应链上各节点企业都不是孤立的,任何一个企业的生产计划与控制决策都影响到整个供应链上其他企业的决策,因此要研究出协调决策方法和相应的支持系统。运用系统论、协同论、精细生产等理论方法,研究适应于供应链管理的集成化生产计划、控制模式和支持系统。

(7)供应链采购管理

供应链采购管理,就是在建立战略性合作伙伴关系的基础上,实现供应链成员之间的信息沟通和相互合作,通过供应链需求双方共享库存数据,实现无缝连接和管理,使采购决策过程透明化,减少安全库存、消除供应过程的组织障碍、简化采购手续、鉴别并剔除整条链上的冗余行为和非增值行为,从而降低整条供应链的成本,为实现准时化采购创造条件。

(8)供应链组织结构与业务流程重构

为了使供应链上的不同企业、在不同地域的多个部门协同工作以取得整个系统最优的效果,必须根据供应链的特点优化运作流程,进行企业重构,确定出相应的供应链管理组织系统的构成要素及应采取的结构形式。

(9)供应链绩效评价与激励机制

供应链管理不同于单个企业管理,其绩效评价和激励系统包括更多内容。根据供应链管理的特征,构建新的绩效评价体系、新的组织与激励系统,是衡量供应链管理效果、促进供应链管理水平不断提高的关键。

4. 供应链管理实施步骤

企业实施供应链管理应遵循以下步骤:

(1)供应链管理水平分析

对企业当前管理水平、组织结构、在供应链中所处位置、与上下游企业的关系、合作伙伴的实力、客户服务水平、信息系统应用水平等进行分析。

(2)供应链比较

将企业所处供应链与其他供应链进行比较,从供应链运行效果和业务流程两个方面,发现企业所处供应链的不足与薄弱环节,以及顾客服务的主要问题。

(3)业务流程再造与组织结构优化

根据所发现的问题,重新设计和构建供应链,去除不增值过程与环节,优化组织结构,建立适应顾客需求和信息时代要求的,更加简洁、更加通畅、更加合理的供应链。

(4)合作伙伴的评估与选择

根据供应链目标和业务流程,以技术水平、生产能力、质量水平、市场能力、业务结构、企业文化等为主要因素建立综合评价指标体系,评估、选择能够促进供应链目标实现的合作伙伴。

(5)供应链战略联盟的建立

围绕供应链战略目标,通过各种协议、契约等和合作伙伴结成优势互补、风险共担的战略联盟,实现通过"强强"联合,在提供高质量的顾客服务的同时,共同分享不断增长的供应链收益。

(6)建立供应链管理的信息支撑体系

为了保证供应链管理的高效运转,实现跨地区、跨行业、跨组织、跨职能的分工与合作,必须实现供应链节点企业间信息的准确、实时、全面收集和交流,并能对这些信息进行有效的分析与处理,辅助供应链管理决策,这些都需要通过应用信息技术和网络技术,建立信息支撑环境,开发一系列供应链管理软件等。

(7)新的供应链管理实施

在新的业务流程、战略联盟和信息支撑体系的支持下,供应链节点企业间应积极配合,实施供应链管理,进行运行磨合,应及时解决共同发现的问题。

(8)供应链绩效评估与激励

建立供应链运行绩效评价指标体系,度量供应链内部绩效、外部绩效以及综合绩效等,形成对供应链整体运行的综合评价,并根据评价建立对供应链企业的激励机制,作为进一步改进供应链管理和进一步提高节点企业管理水平的依据。

第三节　供应链物流概述

一、供应链与物流的关系

目前国际上对于供应链的理解基本上有三种观点:

1. 异名同质观

持异名同质观的人士认为供应链管理与物流管理是同一本质,不同的名称而已。物流管理本身是一个不断变化和更新的概念。它从二战时的军事物流引申到战后的企业内部物流,20世纪90年代再演化到跨企业的物流管理。物流管理是为了最大满足客户需求,而对产品、服务和相关信息从起源点到最终消费点有效的、高效的流动和储存进行的计划、实施与控制的过程。而供应链管理则是在提供产品、服务和信息的过程中,对从终端用户到原始供应商之间关键商业流程进行集成,从而为客户和其他所有流程参与者增值。从理论上来说,这两个概念并没有太大的区别。北美国家虽然基本统一了物流管理与供应链管理的定义——物流管理是供应链管理的一部分,但是欧洲却坚持使用"物流管理"来表达供应链管理的概念。

2. 统合观

持统合观的人士认为物流管理是供应链管理的一部分。物流与营销、运作、采购、战略策划、信息技术、销售一起组成了供应链。物流管理从来都是一个供应链导向的概念,是对从起源点到消费点的整个流程的管理。但在实际运作中,物流部的职能大多只是负责企业下游的运输与配送,远没有达到其理论所涵盖的范围。面对这种大概念、小职能现象,有的人取其概念而将物流职能扩大化,有的则取其职能而将物流概念缩小化。持统合观的人士因此采用了供应链管理的新概念来实施新的管理理念,以区别于传统的物流职能。

3. 战略观

持战略观的人士认为,供应链管理并不是物流与营销、运作、采购、战略策划、信息技术、销售的统合,而是这些领域的战略成分的整合。比如,在采购部,一个长期采购合同的谈判是战略决策,而发出采购订单是战术行为。供应链管理总监会参与合同的谈判,但不会参与采购订单的生成与发送。在持战略观的企业里,通常会设立供应链管理总监的职位(有些企业也有信息资讯总监),直接向总裁汇报。这个部门与物流部、采购部、信息技术部、营销部、客户服务部会有很多的沟通与合作,但没有上下级关系。各职能部门继续管理日常的战术运作,但战略上的决策则必须由跨职能的供应链管理部门来进行研究和决定,并协调实施。由于供应链管理总监直接向总裁汇报,不隶属任何职能部门,所以不局限于职能部门的框架,能够最大限度地寻求整个供应链的整体优化,而不是某个单一部门的局部优化。

以上观点都在一定方面反映了人们对供应链的认识,而且从特定角度看都有道理。但是,供应链与物流仍有所不同,供应链也不仅仅是对物流概念进行扩展,供应链与企业的业务集成息息相关,因此,目前更倾向于认为供应链管理实际上应该包括供应链组织内部各功能部门之间的集成和在供应链上下游组织之间的集成,集成的内容包括商流、物流、信息流等,集成的对象包括资源、组织、业务、流程等,因而供应链的概念比物流的概念更加广泛。

二、供应链物流的概念与特点

1. 供应链物流的概念

供应链物流(Supply Chain Logistics),指的是供应链中的物流,它是指将物流置于供应链系统,从供应链管理的视角阐述现代物流的理论与方法。

2. 供应链物流的特点

供应链是在现代物流阶段出现的新型生产模式,也可以说是一种物流环境模式。供应链管理的核心思想是"系统"思维观和"流"思维观,对供应链中一切活动的优化要以整体最优为目标。因此,供应链物流具有以下特点:

(1)分析问题的角度不同。供应链物流是从整个供应链的角度出发,寻求供应链物流成本与客户服务之间的均衡。

(2)研究范围不同。供应链物流涉及整个供应链所有成员组织,其研究内容包括供应链下的初始供应物流到终端的分销物流以及逆向物流。

(3)研究的侧重点不同。供应链物流更侧重于供应链成员企业间各接口物流活动的管理优化,这也是供应链物流管理的利润空间所在。

(4)管理难度更高、管理思想和方法更丰富。供应链物流管理涉及众多成员企业的协调与合作，无论是从纵向（长度）还是横向（宽度）考虑，供应链物流管理更复杂，难度更高。因此，供应链物流管理需要应用更多的管理思想和方法，如系统理论与集成思想、准时制（JIT）、快速反应（QR）、有效客户反应（ECR）等。

三、供应链物流管理的概念与特点

1. 供应链物流管理的概念

供应链物流管理，是指用供应链管理思想实施对供应链物流活动的组织、计划、协调与控制。作为一种共生型物流管理模式，供应链物流管理强调供应链成员组织不再孤立地优化自身的物流活动，而是通过协作（Cooperation）、协调（Coordination）与协同（Collaboration），提高供应链物流的整体效率。

2. 供应链物流管理的特点

传统的物流管理具有以下特点：

（1）纵向一体化的物流系统；

（2）不稳定的供需关系，缺乏合作；

（3）资源的利用率低，没有充分利用企业的有用资源；

（4）信息的利用率低，没有共享有关的需求资源，需求信息扭曲现象严重。在传统的物流系统中，需求信息和反馈信息（供应信息）都是逐级传递的，因此上级供应商不能及时地掌握市场信息，因而对市场的信息反馈速度比较慢，从而导致需求信息的扭曲。

和传统的物流管理相比，供应链物流管理具有以下不同的特点：

（1）信息—共享。在供应链环境下的物流系统，除了需求信息、供应信息外，还增加了共享信息。共享信息的增加对供应链管理是非常重要的。由于可以做到共享信息，供应链上任何节点的企业都能及时地掌握市场的需求信息和整个供应链的运行情况，每个环节的物流信息都能透明地与其他环节进行交流与共享，从而避免了需求信息的失真现象。在传统的物流系统中，许多企业有能力跟踪企业内部的物流过程，但没有能力跟踪企业之外的物流过程，这是因为没有共享的信息系统和信息反馈机制。

（2）过程—同步。对信息跟踪能力的提高，使供应链物流过程更加透明化，也为实时控制物流过程提供了条件。

（3）合作—互利。合作性与协调性是供应链管理的一个重要特点，但如果没有物流系统的无缝连接，运输的货物逾期未到，顾客的需要不能得到及时满足，采购的物资常常在途受阻，都会使供应链的合作性大打折扣，因此，无缝连接的供应链物流系统是使供应链获得协调运作的前提条件。

（4）交货—准时。对物流网络规划能力的增强，也反映了供应链管理环境下的物流特征。它充分利用第三方物流系统、代理运输等多种形式的运输和交货手段，降低了库存的压力和安全库存水平，确保准时交货。

（5）响应—敏捷。作业流程的快速重组能力极大地提高了物流系统的敏捷性。通过消除不增加价值的过程和时间，使供应链的物流系统进一步降低成本，为实现供应链的敏捷性、精细化运作提供了基础性保障。

（6）服务—满意。灵活多样的物流服务，提高了用户的满意度。通过制造商和运输部门的实时信息交换，及时地把用户关于运输、包装和装卸方面的要求反映给相关部门，提高了供应链管理系统对用户个性化响应的能力。

练习题

1. 单选题

(1)物流最早起源于(　　)。

A. 中国　　B. 美国

C. 日本　　D. 德国

(2)通过多种运输方式将农产品从产地运往销地是(　　)的反映。

A. 形态效用　　B. 空间效用

C. 时间效用　　D. 占有效用

(3)一般认为流通加工属于(　　)环节。

A. 生产　　B. 交换

C. 分配(流通)　　D. 消费

2. 多选题

(1)供应链物流的特点主要表现在(　　)。

A. 分析问题的角度不同　　B. 研究范围不同

C. 研究的侧重点不同　　D. 管理难度高

(2)被看作物流活动支柱的是(　　)。

A. 配送　　B. 包装

C. 运输　　D. 仓储

(3)包装的目的是(　　)。

A. 保护产品　　B. 便于储运

C. 促进销售　　D. 追求美观

3. 简答题

(1)简述物流的特点。

(2)简述现代物流发展的驱动因素。

(3)简述供应链物流管理的概念与特点。

4. 案例分析题

亚马逊的全新物流服务流程

Amazon 的成功不仅仅是因为它捷足先登，更关键的是它近乎完美无缺的在线销售艺术。Amazon 重新定义了零售业，赋予了它新的内涵。以下是 Amazon 全新的服务流程：当你在 Amazon. com 选定所要的三种物品时，设在西雅图的 Amazon 公司总部会通过电脑确认你的订购，并将信息传送给设在美国各地的七个分发中心中最便利的一个；当分发中心接到订购的信息时，被订购的物品的红色指示灯就会亮起来，工人们在成排的货架间穿梭往来，从货架上取货品，关掉红灯。总控电脑决定工人的取货方向和路线；绿色装货箱传送到终点时，工作人员核实订购单，将你的三种物品通过一个斜槽装到一个纸箱里，并在纸箱上打上一个新的编码；工人们将你的货品包装成礼物样，所有客户的货品都是手工包装的，每一个工人包装一个货包（礼包）的时间是两分钟，达不到这个要求就得“转岗”；货包称重后也在库房装车，货车将货包送往附近的邮递公司，大件物品和超重物品需要特别邮递；一周到三周内，你所订购的物品就送上门来了。

问题分析：毫无疑问，Amazon 的网络营销与传统营销市场相比有明显不同。你认为物流在其中起到了哪些作用？

第二章 供应链物流理论与学说

引导案例

中国雅芳的商流物流分离

雅芳是全美500强企业之一,已有110多年历史,现已发展成为世界上最大的美容化妆品公司之一。雅芳中国有限公司,1990年成立,总部在广州,在大中城市设有75个分公司,拥有5 000家雅芳产品专卖店,开设在各大商场的近2 000个雅芳专柜,100多个仓储式的雅芳专柜,并已开通网上购物服务。

中国雅芳在经历了10年的以分公司仓库为中心的物流运作模式后,于2001年初开始了物流系统的重新整合,将商流物流分离,并进行配套变革。

2001年之前,雅芳的物流运作是商流物流合一的。除总部工厂仓库外,75个分公司各有一个仓库,物流运作是“工厂仓库—分公司仓库—经销商自提”。随着销售额的增长,这种方式的弊端也日益显现出来。一方面,随着销售品种、销售额的增加,库存额居高不下,库存周转天数越来越高,而分散在各地的75个仓库需要投入大量的人力来从事仓储、打单等工作;另一方面,物流不畅导致经销商满意度低,流失率高。从1999年到2002年初,雅芳的经销商流失率高达20%。

为此,雅芳决定对物流进行重新整合,提出了“直达配送”的物流解决方案。其实质是商流物流的分离。具体而言,该方案包括以下内容:

一是重新规划物流网络。取消75个大大小小的分公司仓库,在广州等地建立九大物流中心,并将仓储、运输(配送)等物流服务外包,通过第三方物流服务商(中国邮政物流等)将雅芳产品直接配送至专卖店。物流运作方式改变为“总部工厂—区域物流中心—送达经销商”。雅芳生产出的货物由工厂运送到各物流中心,订货方式转变为经销商在网上向总部订货,总部将订货信息处理后传给区域物流中心,区域物流中心根据订货信息拣货、包装,并由第三方物流在48小时内进行“门到门”的送货服务。

二是开发IT系统。雅芳开发了CIA(综合信息系统)和DRM(经销商关系管理系统)等系统。其中DRM作为一个公用的平台,将中国雅芳总部、厂部、分公司、销售网点和顾客服务中心及3PL企业有效地整合在一起。更为重要的是,雅芳总部可以借助信息系统进行物流决策与控制。

三是优化组织结构。物流模式转变后,原有负责物流工作的员工组织结构发生了变化,不再属于分公司,而是划归区域服务中心管理,员工数量由600人锐减至182人。

四是流程再造。雅芳对客户订货流程、内部管理流程、运输配送流程等进行了再造。在客户订货上，由原来的分公司处理转为总部统一处理，下订单的方式转为网上订货；仓储运输被剥离出来由第三方物流来做，自己则专注于研发和销售。

雅芳通过以上几项变革的配套进行，顺利完成了商流物流的分离，成功地实现了其物流重构。2003 年雅芳的营运成本比 2002 年初降低了 2 个百分点，库存水平下降，供货周期由原来的 5 ~ 10 天降低为 2 ~ 3 天。

第一节　概　述

国外物流理论研究起始于 20 世纪 30 年代。其研究的内容主要是物流概念研究，还没有深入地涉及其他的理论问题。到了 20 世纪 50 年代，世界经济开始复苏，商品流通规模不断扩大，物流的影响和作用日趋明显，其在经济发展中的地位不断提高，人们对物流的认识和关切程度也逐渐深化，有关物流理论的研究逐渐深入，研究的视角不断扩大，从而物流理论研究逐步形成了独立运动，并产生了许多新的理论和学说。

20 世纪 80 年代初期，国内学术界开始从不同角度研究和探讨物流问题，介绍和引进国外物流概念和物流理论研究的动态，并曾一度形成了物流理论研究热潮。到了 80 年代后期和 90 年代初期，国内从物流概念的界定和物流基本知识的介绍转为开展专题性研究，如物流行业发展问题和配送问题，物流模式、物流规划和物流运营等问题，并出版了不少反映我国物流理论研究水平的专著和学术论文。

近几十年来，国内外学术界对物流理论与实践的分析和研究虽然较为广阔，题目复杂繁多，但是总的来说都形成了一定的共识，并可以归纳为以下几大理论学说。

一、物流学说

目前，世界各国对物流的认识不完全相同，在理论上形成了以下学说：

1. 探索期：流通领域学说

(1)黑大陆学说

黑大陆学说是由著名的管理学权威彼得·德鲁克提出的，他认为“流通是经济领域里的黑暗大陆”，首次明确提出流通领域的潜力，具有划时代的意义，从此标志着企业物流管理领域的正式启动。由于在流通领域中物流活动的模糊性尤为突出，是流通领域中人们的认识最为模糊不清的领域，因此，该学说现在主要用于现代物流领域。

(2)商物分离学说

商物分离是指流通中的两个组成部分，商业流通和实物分配各自按照自己的规律和渠道独立运动。有关具体内容将在后面章节专门阐述。

2. 发展期：费用—成本学说

在众多学说中，“物流冰山学说”、“第三个利润源学说”、“成本中心学说”、“利润中心学说”、“效益背反学说”等具有较强的代表性。这些学说的核心思想立足于费用—成本研究层面，研究侧重点主要集中在物流在节省流通费用、降低流通成本、增加利润等方面所发挥的作用，以及效益背反的影响分析等方面。但这些学说过分地强调了物流的成本机能，认为改进物流的目标是降低成本，致使物流在企业发展战略中的主体地位没法得到认可，从而限制了物流本身的进一步发展。

(1)物流冰山学说

1970 年,日本西泽修教授在研究物流成本时发现,现行的财务会计制度和会计核算方法都不能掌握物流费用的实际情况,导致人们对物流费用的了解只是冰山一角,因此,提出"物流冰山"学说。他用物流成本具体分析了彼得·德鲁克的"黑大陆"学说。事实证明,我们对物流领域的方方面面还是很不清楚的,在"黑大陆"中和"冰山"的水下部分正是物流尚待开发的领域,也是物流的潜力所在。

(2)"第三个利润源"学说

"第三个利润源"学说也是日本西泽修教授在 1970 年提出的。从历史发展来看,人类历史上曾经有过两个大量提供利润的领域。第一个是资源领域,第二个是人力领域。在前两个利润源潜力越来越小,利润开拓越来越困难的情况下,物流领域的潜力被人所重视,按时间序列排为"第三个利润源"。

(3)成本中心学说

在企业战略中,物流环节成为企业成本的重要产生点。因而,解决物流的问题,并不单纯是为了合理化、现代化建设,也不是为了支持保障其他活动的顺利进行,而主要是通过物流管理和物流的一系列活动降低成本。所以,成本中心既是主要成本的产生点,又是降低成本的关注点,物流是"降低成本的宝库"等说法正是这种认识的形象表述。

(4)利润中心学说

利润中心学说,是指物流可以为企业提供大量直接和间接的利润,是形成企业经营利润的主要活动。非但如此,对国民经济而言,物流也是国民经济中创利的主要活动。

(5)效益背反学说

效益背反是指对于同一资源(例如成本)的两个方面处于相互矛盾的关系之中,想要较多地达到其中一个方面的目的,必然使另一方面的目的受到部分损失。有关具体内容将在后面章节专门阐述。

3. 成熟期:服务—战略—环境共生学说

随着物流的发展,欧美学者提出的服务中心学说与战略学说已超越了企业节约消耗、降低成本或增加利润的较低认识层面,从提高企业服务水平,进而提高企业竞争能力,以达到双赢互利的目标等方面进行深入分析,特别是针对跨国企业面临的特殊发展环境,提出要具有纵览全局的跨行业、跨组织、跨地区的高科技服务水平。这些学说的诞生将现代物流理论推向了战略性高度。

(1)服务中心学说

服务中心学说代表了美国和欧洲等一些国家学者对物流的论点。他们认为,物流活动最大的作用并不在于为企业节约了消耗、降低了成本或增加了利润,而在于提高了企业对用户的服务水平,进而提高了企业的竞争能力。因此,他们在使用描述物流的词汇上选择了"后勤"一词,特别强调其服务保障的职能。通过物流的服务保障,企业以其整体能力来压缩成本,增加利润。

(2)战略学说

物流战略学说,是当前非常盛行的说法。实际上,学术界和企业越来越多的人逐渐认识到,物流更具有战略性,是企业发展的战略而不是一项具体操作性任务。应该说,这种看法把物流放到了很高的位置，认为物流会影响企业的生存和发展。而不仅限于某个环节运作得更合理一些，或者哪个环节费用节省得更多一些。

(3)供应链学说

1983年和1984年发表在《哈佛商业评论》上的两篇论文(Kraljic Peter：*Purchasing must become supply management* 和 Shapiro Roy D.：*Get leverage from logistics*)开创了供应链研究的先河。目前，对供应链管理理论的研究呈现出多样性，有从管理的角度来研究和阐述供应链管理的理论；也有从流通企业发展和物流运动的组织形式、组织模式等角度出发来探索供应链的理论。

(4)绿色物流学说

绿色物流是近几年提出的一个新课题，即从环境和可持续发展的角度建立的环境共生型的物流管理系统。有关具体内容将在后面章节专门阐述。

综上所述，可以看出：

(1)物流成本中心说和利润中心说都是从物流的价值领域方面，分析现实经济活动中大量存在的物流浪费现象，并揭示了物流潜在的价值，从而使人们认识到在当今社会经济活动中还有一块非常肥沃的“经济领域的黑暗大陆”等待着去探索和发掘。

(2)服务中心说则强调物流的服务保障功能，认为服务重于成本，通过服务质量的不断提高可以实现总成本的下降。

(3)物流的战略说则强调站在战略的高度研究物流，认为对企业而言，物流不仅是一项刻意追求物流一时一事的效益，而是着眼于总体、着眼于长远。

(4)效益背反说揭示了物流系统各功能要素之间是相互作用、相互制约的，它们存在着此消彼长的关系，表明解决物流问题必须运用系统科学的观点，综合权衡各功能要素的效益，最终实现物流系统的总体效益的最优，而不是某一个功能要素的优化。

(5)供应链管理说从系统论的角度去研究物流的内在运动规律，探寻物流在生产制造供应链中的融合方式、地位和作用，同时也探寻物流自身供应链的整合模式及其运作规律，通过将整个供应链上的所有环节的市场、网络、过程和活动有效联系，实现顾客服务的高水平与低成本，以赢得竞争优势。

(6)绿色物流说则是从可持续发展的角度出发，认为现代物流是一个循环物流系统，它是由正向物流和逆向物流共同组成的系统，研究现代物流必须在综合考虑物流、经济、资源、环境等因素的前提下，分析现代物流系统的运行机理、发展战略和模式。

二、现代物流理论研究趋势

近十年来，西方物流理论发展得很快，并不断地跟随社会经济的发展需要，开创性地提出和研究一些新的理论问题，如精益物流、绿色物流和逆向物流，把环保、可持续发展等经济理念带到了物流理论的研究领域。

20世纪90年代末，我国物流理论研究主要集中在物流系统和供应链集成研究、物流战略、物流组织以及绿色物流、精益物流和逆向物流等方面。

从物流理论的引进到研究热潮的兴起，国内专家学者和实业界的探索者们对物流理论做出了许多的付出和努力，使物流研究在系统体系、竞争战略、成本分析、供应链及其管理、物流组织、物流形成机理、新物流理论等方面取得了可喜的成果，同时，也随之产生了许多新的问题，需要进一步地研究和探索。比如，对物流理论涵盖的内容体系的科学边界、基于流程管理的物流战略、物流组织变革的作用和结果、深入“物流产业”的研究、物流统计口径的统一和评价研究、物流活动规律等还缺乏系统的研究。

从以上情况可以看出，目前仍有必要加大对物流基础理论研究的力度。为了适应经济的发展，使理论研究起到为实践服务的作用，应逐渐将研究重心转到微观物流上，将研究视点从定性转到定量分析上，关注物流研究的新进展，对推动物流理论研究，促进物流实践的发展具有重要意义。

第二节　商物分离与融合

一、商物分离

（一）商流与物流的区别与联系

1. 商流与物流的区别

（1）流动的实体不同。物流是商品的物质实体的流动，而商流是商品社会实体的流动，是所有权的转移。

（2）功能不同。物流创造物资的空间效用、时间效用、形质效用等，而商流创造物资的所有权效用。

（3）发生的先后和路径互不相同。在特殊情况下，没有物流的商流和没有商流的物流都是可能存在的。

2. 商流与物流的联系

（1）它们都属于流通领域，是商品流通的两种不同形式，商流和物流都是从生产者向需求者的运动，有相同的流向、相同的起点和终点。在功能上互补，共同完成流通的功能。

（2）物流和商流相伴而生，形影相随，在简单的商品交易中，商流和物流是紧密结合在一起的，开展一次商品交易，商品便转手一次，商品实体便发生一次转移。从这个意义上而言，商流是物流的先导，商流必须以信息流、资金流为前提，以物流作支撑。

（二）商物分离的概念与特点

1. 商物分离的概念

随着社会分工的发展，商流和物流开始分离为两个互相关联又各具特点的独立过程，表现为商品所有权的转移过程与商品实体的转移路线并非完全一致。之所以出现这种分离，主要原因在于这样做可以减少物流费用，提高物流效率。

所谓商物分离，是指商流和物流按照各自的规律和渠道独立运动。换言之，商物分离是指商流、物流在时间、空间、规模上的分离，在企业实务中，是指企业通过建立两套不同的分支机构体系，分别处理商流与物流业务。图 2-1 显示了商流与物流分离的情况。

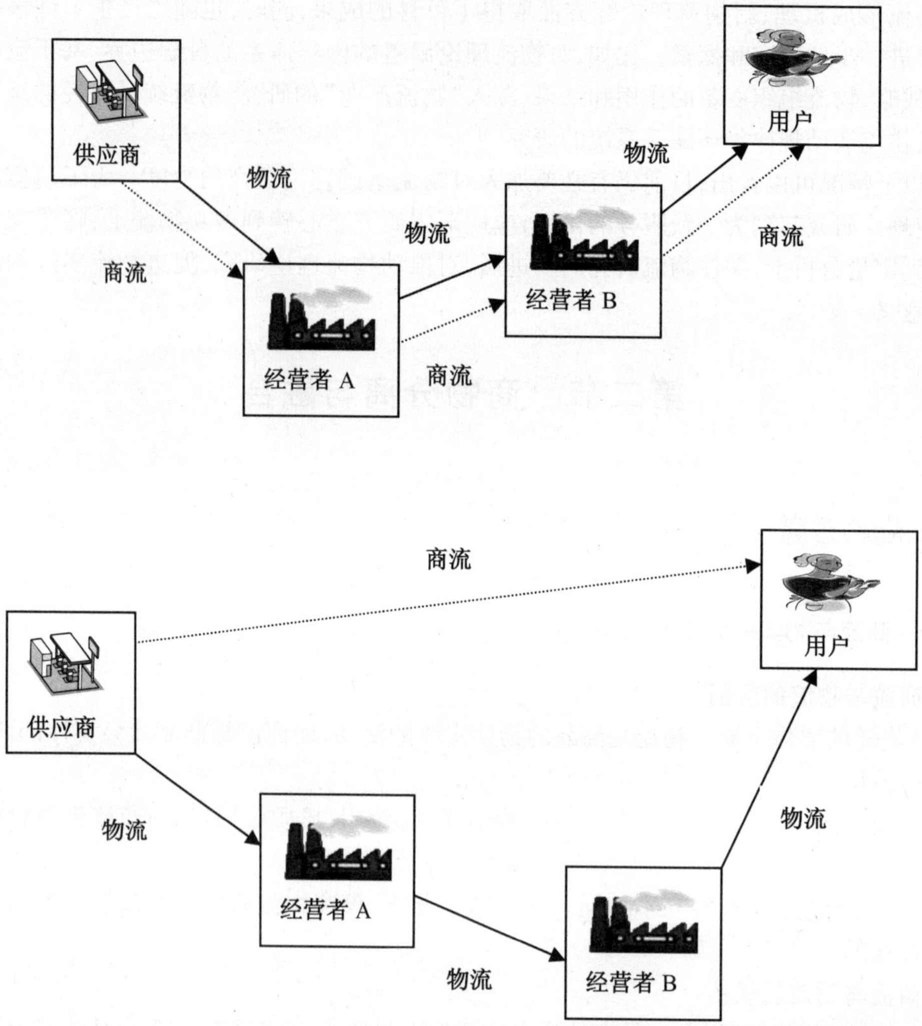

图 2-1　商物分离示意图

2. 商物分离的特点

商物分离后，各作业环节体现出以下特点：

(1)保管。取消总公司仓库和营业仓库分散保管方式而代之由配送中心集中保管。

(2)输送。原先是从工厂仓库至总公司仓库，再到批发站仓库，最后到零售店，是与商物合一的三段输送。而在商物分离模式中是由工厂仓库至配送中心，然后直接送至零售店的两段输送。

(3)配送。原先是分别向各零售店送货，现改为回路配送。

(4)信息系统。不再由总公司、批发站和工厂分头处理，而是以信息中心集中处理方式，用现代化通信系统进行各环节的集中控制。

商物分离是物流科学赖以存在的先决条件，以物流本身的特殊性与商流过程分离，与商流过程合一比较，显然要合理得多。物流科学正是在商物分离基础上才得以对物流进行独立的考察，进而形成的科学。

(三)商流物流分离的可能性与必要性

1. 商流物流分离的可能性

商流与物流虽然密切相关,但各自具有不同的活动内容和规律。商流一般要经过一定的经营环节来进行业务活动,而物流则不受经营环节的限制,它可以根据商品的种类、数量、交货要求、运输条件等,使商品尽可能由产地通过最少的环节,以最短的物流路线,按时保质地送到用户手中。另外,商流与物流的实体——资金流和货物实体流也有相对独立性。

2. 商流物流分离的必要性

物流与商流的分离是商品流通发展的产物,随着产销矛盾的发展,商流与物流必然会在时间上、空间上、规模上发生各种分离。在现代商品经济条件下,由于现代科学技术的发展和商品流通的深化,两者分离程度更高了。随着商业规模的扩大和经营结构的复杂化,像以前那样孤立地研究储、运、装、卸等物流的各部分和分别加以组织、管理就不够了,必须整体地和系统地研究物流,以便做出规划、对策,采取措施,建立基础设施,否则各方面不能配套,物流搞不好,商品流通过程就难以顺畅。

(四)商物分离的形式与根源

1. 商物分离的形式

一般而言,商流与物流的互相分离存在以下几种情况:

(1)商流与物流在时间上不同步。其有两种情况:一是商流在前,物流在后,即物流是在商流之后完成的。比如,商品预购。在商品预购条件下,首先是买卖双方的一系列交易活动,如商务谈判、签订合同、交付订金或预付货款等。这时商品可能还没有生产出来,当然也不会有物流,经过一定的时间,等商品生产出来以后,才从产地运送到销地的购买者手里,从而这时也有商品的包装、装卸、运输、保管等物流活动。二是物流在前,商流在后。比如,商品赊销。在商品赊销条件下,买者不是先付货款,而是先取得商品。商品实体首先发生包装、装卸、运输、储运等物流活动。过一个时期,才实行付款和结算,商流是在物流之后完成的。

(2)商流与物流在流转路径上不同。其有两种情况:一是商流迂回,物流直达。比如,在商流中,产品的所有权多次易手,但产品实体可能从最初的售卖者直接送达最终的购买者。在这种场合,商流是曲线迂回地进行,但物流则不需要迂回进行,而是直达供货。二是物流迂回,商流直达。比如,第三方物流的出现,尽管商品在买卖双方之间是直接交易,但因出现了专门的物流服务企业,物流会经过多家物流分包商共同合作完成,从而形成物流的"迂回"。

(3)有商流和输入物流(即采购物流)而无输出物流(即销售物流)。比如,房地产开发企业和一些服务企业。

(4)有商流而无物流。其有两种情况:一是建筑物、房产等不动产的产权交易。一所大楼,可以经过许多卖主与买主的交易,反复地发生由商品变为货币和由货币变为商品的价值形态的变化,所有权出现多次的转移,但这所大楼依旧岿然不动,根本没有物的流通。二是商品的投机活动。在投机活动中,由商品变为货币和由货币变为商品可以进行多次,由一个投机者手里转移到另一个投机者手里,商流不断地进行,但商品却可以沉睡在仓库里。这就是只有商流而没有物流。

(5)有物流而无商流。比如,企业内部物资调拨、展品物流、救灾物资、农村农民家庭副业中的自给产品。

2. 商物分离的根源

以下原因都可能引起商物分离：

(1)结算程序引起的分流形式；

(2)购销方式引起的分流形式；

(3)期货市场形成而引起的商物分流；

(4)电子商务条件下商流与物流的分离。

(五)商物分离的作用与实现策略

1. 商物分离的作用

(1)提高存货周转率,减少仓储成本。商流物流分离后可以大幅降低库存风险和整体运作成本,而且物流服务时效较高且稳定,满足客户需求和领先对手;实现商流分散化管理,但物流集中化管理,可以优化仓储资源配置,使分散的仓储资源趋于集中,达到集中调度库存产品的目的,最终可以在保证交货及时性的同时减少公司的总体安全库存量,降低存货资金积压。

(2)减少无效运输,降低运输成本。商流物流分离后有利于物流部门的专业化,一方面,通过物流配送中心对货物集中化管理,可以明显减少由于销售部门争抢货源而出现的重复运输现象,降低运输费用;另一方面,商流物流分离后会促使物流部门提高其运输质量,从而最大限度地减少运输过程中的损坏现象。

(3)有利于物流业向机械化和现代化方向发展。在中心城市建立物流配送中心后,商品流量大,资金、人才力量雄厚,为向机械化和现代化方向发展创造了条件。

(4)有利于加速资金周转,提高资金利用率。在中心城市建立物流配送中心后,由物流配送中心集中储存商品,商品辐射范围远远超过任何单个企业所辐射范围,经营风险相对减少,因此,在所辐射范围内,批发和零售企业可实现零库存。提高了资金利用率,以有限的资金,换取了较好的经济效益。

(5)有利于提高物资采购管理水平。商流和物流各自具有不同的活动内容和规律,商流管理工作的重点是各种制度的建设,而物流管理本身极易标准化,极少涉及商业机密及业务谈判等问题,完全可以按"企业非核心业务外包"策略,将物流管理外包给第三方物流公司,从而实现物流集中管理,使分散的仓库趋于集中,达到集中调度库存,最终可实现在保证交货及时性的同时减少企业总体安全库存量,降低库存资金占压,提高物资采购绩效。

(6)降低物流管理成本。由于物流的相对集中,在提高了物流管理效率的同时,可以最大限度地降低物流管理成本。一方面,在物流相对集中后,物流多余的资源可以作为第三方物流投入市场运作,如承接与本企业流向相反的物流业务;另一方面,也可以利用第三方物流企业专业化、规模化的优势,将本企业的物流业务外包,可以大大降低企业单件商品的平均物流管理成本。

2. 商物分离的实现策略

(1)物流业务外包

参照国际上流行的"企业非核心业务外包"策略,可以将物流管理外包给第三方物流公司,让自己的分支机构集中精力处理销售支持、服务支持等关键业务,不断提高企业的核心竞争力。

(2)物流网络重新规划

在商流物流分离前,一般的网络规划是总公司和每个分公司下面都有配送中心(或仓库),总公司配送中心的数量根据其产品特点、运输方式、供应商分布和交货原则等确定。各配送中心的规模根据客户需求、流量和在途时间等因素确定。在商流物流分离后,所有的存货都由总公司管理,并在销售实现时直接配送到客户,分公司不存在仓库了,总公司的配送中心的位置、数量、规模需要重新布局,以便能满足客户的配送需求,并降低运输成本。

二、商物融合

1. 商物融合的概念

商物融合,也称商流与物流一体化,通俗地讲,就是将商流与物流的若干关联要素整合为具有一定结构与功能的一个有机整体。即将商流与物流视为既相互促进又相互制约的一个整体,统一于商品流通中。其一体化经营则是指在考虑商流销售政策时,要将物流纳入其规划中进行综合研究;而考虑物流系统合理化时,又要积极地以商品市场销售为中心进行,从而形成一种综合的、整体的战略性经营。

2. 商物融合的必要性

(1)商物分离存在相应的弊端

物流与商流的分离是商品流通发展的产物,随着产销矛盾的发展,商流与物流必然会在时间上、空间上、规模上发生各种分离。两者的分离,导致物流管理难度大大加大,使企业无法根据物流情况做出与商流相关的决策,也无法根据商流情况做出与物流相关的决策,总是处于视线模糊的决策地带,从而形成盲流。比如,某企业实行物流和商流分开的策略,结果导致基层物流人员作假,造成人力、物力和财力资源的浪费,同时企业决策层难以明确成本明细,无法获取一线的真正有益的参考数据,对企业的发展产生了极大的阻碍。

(2)物流和商流的结合成为一种趋势

随着细分市场和潜在渠道的增加,物流和商流的结合成为一种趋势。实际上,商物分离也并非绝对的,尤其是商物分离存在若干弊端的情况更是如此。在现代科学技术有了飞跃发展的今天,优势不仅可以通过分工获得,也可以通过趋同获得,"一体化"的动向在原来许多分工领域中变得越来越明显。人们通常认为商流主导着物流,其实物流也常常反作用于商流,因此,在流通领域中,发展也是多形式的,绝对不是单一的"分离"。

3. 商流、物流一体化的配送模式

这种配送模式又称为配销模式。在这种配送模式下,配送的主体通常是销售企业或生产企业,也可以是生产企业的专门物流机构。这些配送主体不仅参与物流过程,同时还参与商流过程,而且将配送作为其商流活动的一种营销手段和策略,即参与商品所有权的让渡和转移,在此基础上向客户提供高水平的配送服务。其主要经营行为是商品销售,配送是实现其营销策略的具体实施手段,主要目的是通过提供高水平的配送服务来促进商品销售和提高市场占有率。在我国物流实践中,以批发为主体经营业务的商品流通机构以及连锁经营企业所进行的内部配送多采用这种配送模式,国外的许多汽车配件中心所开展的配送业务同样也属于这种配销模式。

商流、物流一体化的配送模式对于行为主体来说,由于其直接组织货源及商品销售,因而配送活动中能够形成资源优势，扩大业务范围和服务对象，同时也便于向客户提供特殊的物流服务，如配套供应物资等，从而满足客户的不同需求。可见，这种配送模式是一种能全面发挥专业流通企业功能的物流形式，但这种模式对于组织者的要求较高，需要大量资金和管理技术的支持，给企业资源配置带来过重的压力，不利于实现物流配送活动的经营规模。

此外，由于这种配送模式是围绕着销售而展开的，因而不可避免地要受到它的制约。在现代化大批量、单品种生产条件下，生产企业采取这种配送模式直接配送自己的产品，往往难以获得物流方面的优势。

第三节　物流效益背反

在经济学中，“效益背反”(Trad off)，又称为“二律背反”，是指对同一资源的两个方面处于相互矛盾的关系之中，要想较多地达到其中一个方面的目的，必然使另一个方面的目的受到部分损失。

这是一种此长彼消、此盈彼亏的现象，在许多领域中这种现象都是存在着的，但在物流领域中，这个问题似乎尤其严重。

物流系统的效益背反包括物流成本与服务水平的效益背反和物流各功能活动的效益背反。

一、物流成本与服务水平的效益背反

1. 物流成本与服务水平的效益背反的概念

物流成本与服务水平的效益背反，是指物流服务的高水平必然带来企业业务量的增加和收入的增加，同时也带来企业物流成本的增加，使得企业效益下降，即高水平的物流服务必然伴随着高水平的物流成本，而且物流服务水平与成本之间并非呈线性关系。在没有很大技术进步的情况下，企业很难同时做到提高物流水平和降低物流成本。

(1)一般说来，提高物流服务，物流成本即上升，它们之间存在着效益背反；

(2)物流服务与物流成本之间并非呈现线性关系，也就是说，投入相同的成本并非可以得到相同的物流服务的增长。一般而言，当物流服务处于低水平阶段时，追加成本的效果较佳。

2. 物流成本与服务水平的效益背反的对策

在实践中可采取以下四种策略，以平衡物流服务与成本之间的此长彼消的现象。

(1)在物流服务水平不变的前提下考虑降低成本。不改变物流服务水平，通过优化物流系统来降低物流成本，这是一种追求效益的方法。

(2)为提高物流服务不惜增加物流成本。这是许多企业在面对特定顾客或其特定商品面临激烈竞争时采取的具有战略意义的做法。

(3)在成本不变的前提下提高物流服务水平。这是一种追求效益的办法，也是一种有效地利用成本性能的办法。

(4)用较低的成本来实现较高的物流服务。这是增加销售、增加效益，具有战略意义的办法。

二、物流各功能活动的效益背反

1. 物流各功能活动的效益背反的概念

物流各功能活动的效益背反，是指物流的若干功能要素之间存在着损益的矛盾，即某一功能要素的优化和利益发生的同时，必然会存在另一个或几个功能要素的利益损失，反之也如此。

以下就体现了一种此长彼消、此盈彼亏的现象：

(1)为了降低库存成本，我们就会想办法减少仓库据点，并尽量减少库存量，但这样做就会使仓库补充变得频繁，必然要增加运输次数与运输距离，从而无形中增加了运输费用。

(2)为了节约包装费用，我们就会想办法简化包装、降低包装强度，但这样一来就势必会降低仓库的保管效率，同时也会在装卸搬运过程中出现破损现象，造成搬运效率低下，从而无形中增加了仓储与搬运的成本。

(3)为了能够保证货架上货物的连续性，就必然要提高安全库存量，这样势必会造成仓储费用的升高。

(4)为了追求运输的速度，我们可能将运输的方式由公路运输或铁路运输改为航空运输，这样一来不但可以大幅度地提高运输速度，还可以相应地减少仓储费用，但也必然会造成运输费用的大幅度提高。

(5)为了降低装卸搬运的费用，我们可能会选择费用相对较低的人工方式，但是会造成装卸搬运效率的降低，从而影响货运服务链的其他要素。

2. 物流各功能活动的效益背反的对策

物流各功能活动的效益背反往往导致整个物流系统效率的低下，最终会损害物流系统的功能要素的利益。由此可见，物流系统就是以成本为核心，按最低成本的要求，使整个物流系统化。它强调的是调整各要素之间的矛盾，把它们有机地结合起来，使成本变为最小，以追求和实现部门的最佳效益。

第四节 物流延迟战略与实时战略

一、物流延迟战略

1. 延迟战略的内涵与类型

一般而言，延迟战略，是指在收到客户订单后才进行产品的最后制造和物流作业，以便使产品和服务与顾客需求实现无缝连接，以减少预测的风险、满足客户的个性化需求和进行批量规划。

在具体的操作中，有两种延迟的战略：生产延迟和物流延迟。这两种战略以不同的方法来适应客户灵活性的要求，减少对市场的预测，直到收到客户订单为止。

(1)生产延迟

生产延迟，也称形式延迟(Form Postponement)，是指在收到客户订单后再进行产品的最后制造。

生产延迟的重点在于产品,先制造出相当数量的标准产品或半成品,以实现规模经济,待收到客户订单后,再将其组装加工成符合客户要求的最终产品。

在生产延迟中,既可能是产品形式延迟,也可能是工艺形式延迟。两种形式延迟还可能同时存在,形成不同的组合。这样,产品的差异点就会被有效地延迟。目前,模块化和部件标准化程度的不断提高,使得做出延迟差异的设计更为可行。例如,以惠普打印机为例,两个在集成阶段使用的关键部件使产品区分为黑白和彩色打印机。如果对某些关键部件实行标准化,两种打印机将不会在集成阶段产生差异,因而促成延迟。

(2)物流延迟

物流延迟,也称时间延迟(Time Postponement),是指在收到客户订单后再进行物流运作。

在传统的物流运作中,企业先对市场和客户的需求做出预测,然后根据产品就近储存的原则,将不同的产品按照预测从中心仓库装运到靠近不同客户的各个分仓库中,等收到客户的订单后再将产品从分仓库装运到客户手中。

实施物流延迟战略后,企业则通过集中库存,将不同的产品集中在配送中心,当收到客户订单后再进行快速分拣、配货等活动,将产品直接装运到客户手中。

物流延迟战略的重点在时间,一件成品从形成使用价值到发挥使用价值的"空隙时间"内是不会创造任何价值的,反而还会占用一定的空间成本与维护费用。物流延迟不仅通过降低库存成本创造价值,更主要的是通过压缩每件产品的"空隙时间",加速资本周转,提高流动资本在一定时间内创造价值的次数。

2. 延迟战略产生的背景

随着经济的快速发展,顾客的需求呈现出多样化、个性化,并且产品的生命周期逐渐缩短,更新换代现象愈发频繁,这些因素加速导致产品种类激增。此时,企业既要大规模定制,以降低产品的成本,同时还必须满足顾客的多样化需求,即企业处于"规模化"与"差异化"的背反困境,由此导致企业面临巨大的挑战和压力,具体表现在以下几个方面。

(1)库存过多或不足。预测错误导致对一些版本的产品过多预测,而对另一些版本则过少预测,其结果就是一些产品库存过多而另一些则缺货。

(2)大量库存产品报废。为了避免缺货,企业不得不尽其所能多存储产成品。由于技术更新相当迅猛,每年由于陈旧过时而核销作废的库存常达千万元甚至亿元。

(3)费用增加。产品供货的高复杂度也意味着较高的制造成本,这是由于需要有较专业化的工艺、物料、准备转换手段和质量保证方法。

(4)难以提供高水准服务。由于不同的产品需要有不同的现场支持物料和技术,因而要保持有效的总体产品支持或高水准的客户现场服务,将更加困难。

在这种情况下,延迟战略应运而生。延迟战略的基本思想在于:在供应链中,可将产品的生产过程分为通用化阶段与差异化阶段,生产企业事先只生产中间产品或可模块化的部件,尽可能延迟产品差异化的业务,待最终用户对产品的外观、功能与数量提出要求后才完成产品的差异化业务。比如,以个人电脑(PC)为例,为了化解厂商希望通过大批量生产以降低成本,与顾客希望根据自己的偏好对电脑的某些配置有特殊要求的矛盾,企业可采取延迟战略,即可先大规模生产各种中间部件,如主板、CPU 等,将其集中在物流中心,一旦接到订单,则立刻按订单要求装配整机,送至顾客。这时,企业便改变了"规模化"与"差异化"的背反关系,集规模与变化于一身。

3. **延迟战略实施的前提**

延迟战略能将供应链上的产品生产过程分为“不变”与“变”两个阶段，将不变的通用化生产过程最大化，生产具有通用性的标准部件，当接到客户订单时，企业便能以最快的速度完成产品的差异化过程与交付过程，以不变应万变，从而缩短产品的交货提前期，并降低供应链运作的不确定性。然而，并非所有的产品生产过程都可以采用延迟战略，延迟战略的实施必须具备以下几个条件：

(1)产品可模块化生产

产品在设计时，可分解为几个较大的模块，这几个模块经过组合或加工便能形成多样化的最终产品，这是延迟战略实施的重要前提。

(2)零部件可标准化、通用化

产品可模块化只是一个先决条件，更重要的是零部件具有标准化与通用化的特性，这样才能彻底从时间上与空间上将产品的生产过程分解为通用化阶段和差异化阶段，并保证最终产品的完整。同时，由于各模块产品具有标准化与通用化的特性，企业可将一些技术含量低、增值能力弱的模块外包出去，自己只生产技术含量高、增值能力强的核心产品，从而提高供应链的核心竞争力。

(3)经济上具有可行性

实施延迟战略一般会增加产品的制造成本，除非它的收益大于成本，否则延迟战略没有必要执行。如果最终产品的制造在重量、体积和品种上的变化很大，推迟最终的产品加工成型工作，能节省大量的运输成本和减少库存产品的成本，并简化管理工作，那么延迟战略的实施便会带来巨大的经济利益。

(4)适当的交货提前期

通常来说，过短的提前期不利于延迟战略的实施，因为它要求给最终的生产与加工过程留有一定的时间余地，过长的提前期则无需延迟战略。

4. **延迟战略实施的关键——顾客需求切入点的定位**

在延迟战略中，通常将推式流程与拉式流程的分界点称为顾客需求切入点(Customer Order Postponement Decoupling Point，CODP)。CODP是供应链中产品生产从基于预测转向响应客户需求的转折点。在CODP之前的业务流程为推式流程，在CODP之后的业务流程都始于响应客户订单，为拉式流程。

在供应链中，CODP的定位是延迟制造成败的关键，因为它直接影响到规模与变化的程度。CODP位置越靠近顾客，延迟活动规模越小，顾客化活动复杂程度越低，因而快速响应能力(在已有的产品品种范围内)越高，但由于顾客化程度低，产品品种较少，企业柔性较小，应对个性化需求的能力不强。

总体而言，在供应链中，CODP会出现在五个位置，如图2-2所示。

(1)CODP处于装配与发运之间。产品的设计、制造和装配都是固定的，不受客户订单的影响，只有销售活动是由客户订单驱动。其生产按库存生产，生产的性质多为大批量生产，产品完全是标准化的定型产品，定制活动仅在销售阶段，客户可从众多选项中，选择当前最符合其需要的一个选项，实现产品的自定制化。通常见于按订单销售(Sale-to-Order，STO)模式下，比如，日常生活用品、家用电器等产品的生产。

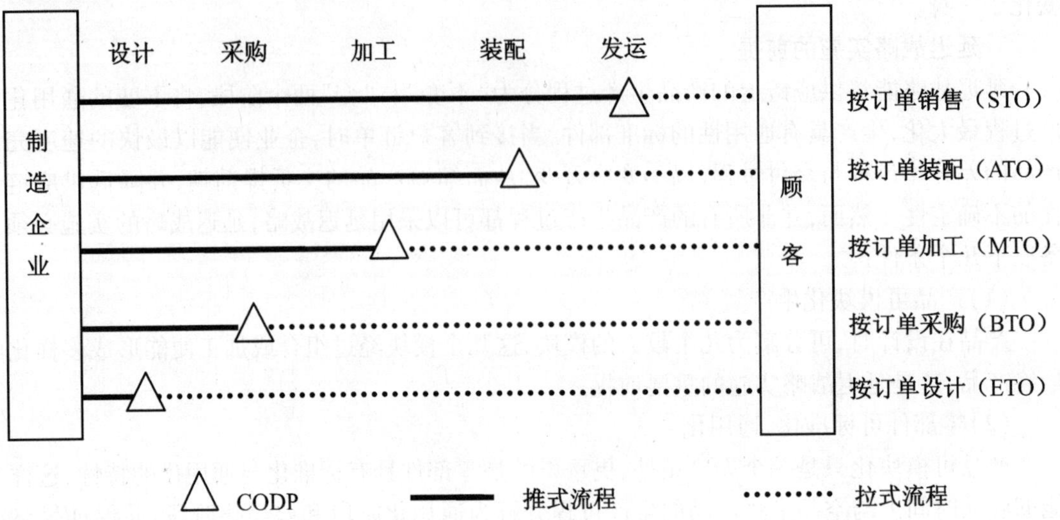

图 2-2　CODP 位置示意图

(2)CODP 处于加工与装配之间。产品的设计、制造都是固定的，不受客户订单的影响。装配活动及其下游的活动是由客户订单驱动的。企业在接到客户订单后，通过对现有标准化的零部件和模块进行组合装配，向客户提供装配定制产品。通常见于按订单装配(Assemble-to-Order,ATO)模式下，比如，汽车、个人计算机等产品的生产。

(3)CODP 处于原材料采购与零部件加工之间。产品的基型设计都是固定的，不受客户订单的影响。变型设计及其下游的活动是由客户订单驱动的。企业在接到客户订单后，在已有的零部件和模块基础上进行变型设计、制造和装配，最终向客户制造定制产品。通常见于按订单加工(Make-to-Order,MTO)模式下，比如，机械产品、一些软件系统，如 ERP、MRP 等产品的生产。

(4)CODP 处于设计与采购之间，顾客对产品的原材料、加工装配工艺有特殊要求，通常见于按订单采购(Build-to-Order,BTO)模式下，比如，汽车、个人计算机等产品生产。

(5)CODP 处于产品开发设计之前。较少的、较通用的原材料和零部件不受客户订单的影响，开发设计及其下游的活动完全是由客户订单驱动的。企业在接到客户订单后，按照订单的具体要求，设计能够满足客户特殊要求的定制化产品。企业利用成型延迟，使客户订单分离点位置往后移动而减少客户订单对产品研制过程的影响，进而提高企业对客户需求适应能力和与其他企业的合作能力。通常见于按订单设计(Engineer-to-Order,ETO)模式下，比如，大型机电设备和船舶等产品的生产。

因此，CODP 的定位既要考虑到规模与变化的因素，还要结合具体产品结构与顾客需求的特点，在权衡利弊、综合分析后，才能加以确定。

5. 物流企业的延迟化业务

就种类而言，物流企业可开展的延迟化业务主要有五种：贴标签、包装、装配、加工、发送，其中，前四种是生产延迟(形式延迟)，最后一种是时间延迟。表 2-1 列出了可能对延迟化服务感兴趣的企业类型。

表 2-1 可能对延迟化服务感兴趣的企业类型

延迟种类	可能感兴趣的企业
贴标签	以不同品牌销售同一产品的企业;产品单位价值高的企业;产品价值波动大的企业
包装	以几种规格的包装销售同一产品的企业;产品单位价值高的企业;产品销量波动大的企业
装配	销售不同样式产品的企业;所销售的产品在装配前运输体积将大大减少的企业;产品单位价值高的企业;产品销量波动大的企业
加工	所售产品大部分原材料随处可得的企业;产品单位价值高的企业;产品销量波动大的企业
发送	有众多分拨仓库的企业;产品单位价值高的企业;产品销量波动大的企业

就复杂程度而言,物流企业经营的延迟化业务主要有两种:

(1)大众化业务,即面向大多数顾客的,与仓储、运输功能联系比较紧密的顾客化业务,如包装、贴标签等,其优点是投资少,运作比较容易,而缺点是增值功能不强,顾客化程度低,敏捷性不高;

(2)特殊化业务,即面向少数特殊顾客的、复杂程度比较高的顾客化业务,如组装、功能附加等,其优点是增值功能强,顾客化程度高,顾客对产品具有很强的依赖性和忠诚度,而缺点是需要对延迟化业务专用的设备进行投资,对制造商的依赖性较强,投资风险较大,所以这就要求物流提供商与制造商必须建立相互信任的合作关系。

随着供应链管理的集成化、信息化,供应链上各节点企业由竞争转向合作,企业间的合作关系将越来越紧密,这为第三方物流企业经营特殊的延迟化业务创造了良好环境。延迟组装将成为第三方物流企业重要的经营领域。

知识拓展

延迟战略在配送中的应用

传统的配送计划安排中,大多数的库存是按照对未来市场需求的预测量设置的,这样就存在着预测风险。深圳物流公司认为当预测量与实际需求量不符时,就会出现库存过多或过少的情况,从而增加配送成本。延迟战略的基本思想就是对产品的外观、形状及其生产、组装、配送应尽可能推迟到接到顾客订单后再确定。

(1)混合战略

混合战略是指配送业务一部分由企业自身完成。这种战略的基本思想是,尽管采用纯战略(即配送活动要么全部由企业自身完成,要么完全外包给第三方物流完成)易形成一定的规模经济,并使管理简化,但由于产品品种多变、规格不一、销量不等等情况,采用纯战略的配送方式超出一定程度不仅不能取得规模效益,反而还会造成规模不经济。而采用混合战略,合理安排企业自身完成的配送和外包给第三方物流完成的配送,能使配送成本最低。例如,美国一家干货生产企业为满足遍及全美的 1 000 家连锁店的配送需要,建造了 6 座仓库,并拥有自己的车队。随着经营的发展,企业决定扩大配送系统,计划在芝加哥投资 7 000 万美元再建一座新仓库,并配以新型的物料处理系统。该计划提交董事会讨论时,却发现这样不仅成本较高,而且就算仓库建起来也还是满足不了需要。于是,企业把目光投向租赁公共仓库,结果发现,如果企业在附近租用公共仓库,增加一些必要的设备,再加上原有的仓储设施,企业所需的仓储空间就足够了,但总投资只需20万元的设备购置费、10万元的外包运费,加上租金,也远没有700万元之多。

(2)差异化战略

差异化战略的指导思想是:产品特征不同,顾客服务水平也不同。当企业拥有多种产品线时,不能对所有产品都按同一标准的顾客服务水平来配送,而应按产品的特点、销售水平,来设置不同的库存、不同的运输方式以及不同的储存地点,忽视产品的差异性会增加不必要的配送成本。例如,一家生产化学品添加剂的公司,为降低成本,按各种产品的销售量比重进行分类:A类产品的销售量占总销售量的70%以上,B类产品占20%左右,C类产品则占10%左右。对A类产品,公司在各销售网点都备有库存,对B类产品只在地区分销中心备有库存而在各销售网点不备有库存,对C类产品连地区分销中心都不设库存,仅在工厂的仓库才有存货。经过一段时间的运行,事实证明这种方法是成功的,企业总的配送成本下降了20%之多。

二、实时物流战略

1. 实时物流战略的内涵与实施

实时物流战略是指通过使用最新信息技术和现代物流技术来积极地消除物流业务流程中的管理与执行的延迟,从而提高企业整个物流系统的反应速度与竞争力,提升物流服务水平。

实时物流战略,不仅关注物流系统的成本,更关注整体商务系统的反应速度与价值;不仅是简单地追求生产、采购、营销系统中物流与执行的协同、一体化运作,更强调与企业商务系统的融合,形成以供应链中主导企业为核心的商务大系统中的物流反应与执行速度,使商流、信息流、物流、资金流四流合一,真正实现企业追求"实时"的理想目标。一般来说,实施实时物流战略需要从两方面着手:

(1)通过对先进信息技术和现代物流技术的应用,使得物流系统达到信息化和自动化的要求;

(2)通过业务流程再造,使物流系统达到无缝化和协同化的要求,而物流标准化又是实时企业运用这两项工具的基础和前提。同样,第三方物流服务商要以标准化为基础,采用先进的信息技术和现代物流技术,达到信息化和自动化的要求;同时以客户为中心建立动态的业务流程去满足不同客户个性化的需要,以达到无缝化和协同化的要求。

2. 实时物流战略与准时制生产战略的比较

准时制生产战略(Just-In-Time,JIT)最早是由日本丰田汽车制造公司以"看板管理"的名称开发出来的。与传统物流系统的"推动"系统(Push System)不同的是,准时制生产战略是基于"拉动"系统(Pull System)的一种物流战略,也就是首先由供应链最下游的需求拉动产品进入市场,然后由这些产品的需求决定零部件的需求和生产过程。同时,传统的库存概念认为库存是一种安全保障,是企业的资产。在准时制生产战略中则认为库存是浪费,对企业来说是负债。"拉动"的系统使得准时制生产战略追求的是一种"零库存"的战略目标,准时制生产方式的基本思想是"只在需要的时候,按需要的量,生产所需的产品"。20世纪80年代中期以后,准时制生产战略得到广泛的应用,使得企业的经营管理逐渐向精细化和柔性化的方向发展,在满足客户的个性化需求和日益挑剔的眼光的同时,消除了浪费使得库存减少到尽可能低的水平。

准时制生产战略追求的是一个“准时”的目标，以最终需求为起点，供应链的下游环节准时向其前一个环节（生产加工过程中后道工序准时向前一道工序）传输信息要求提取材料（商品），上游环节（或者前道工序）准时按所示信息进行补充生产和物流运作。

如前所述，实时物流战略追求的是“实时”的目标，通过现代信息技术手段使得整个物流流程加速流动，做到实时响应、实时交流、实时共享、实时处理、实时反馈等。虽然无论准时物流战略还是实时物流战略，都使用现代的通信信息技术，都要求信息在各环节中准确、迅速地传输，但二者存在本质的区别，“准时”和“实时”的区别集中表现在信息机制上。

准时制生产战略的信息机制通常存在以下三个缺陷：

（1）缺乏透明度。在准时制生产系统下信息的传输是一个逐层的过程，无法从真正意义上使整个供应链形成一条完整的、连续的信息流，也做不到信息的追踪和管理，因而准时制生产战略无法提高供应链的透明度。电子工业是整个供应链中的一个环节，比如电子产品的最后制造厂商无法掌握供应链中其他各个环节的具体信息——产成品的库存、原材料的库存、在途产品、实际的需求和预测、生产计划、生产能力、产量和订货情况，从而造成电子产品的生产计划和电子产品零部件生产计划的脱节、不一致，导致最终的缺货。

（2）供应链整体目标的偏离。在准时制生产战略下，各个环节严格按照上一层所给予的指令和信息进行运作，因而也可能造成各个环节的运作目标简单化。如果供应链中每个环节都是如此，无疑最后整体未必达到最优化，未必能实现供应链的整体目标——尽可能满足最终的客户需要。

（3）信息的扭曲。由于在准时制生产战略下，各个环节按照其自身需要向下一层环节传递信息，而信息流本身又无法得到监控，导致某环节考虑到自身的利益，向下一层环节发出扭曲的信息。比如生产制造过程中某道工序可能考虑其自身安全生产的需要，向上一层工序要求更多的零部件；电子工业供应链中的某个环节厂商也可能只考虑自身的需要，而不考虑下一层环节生产能力的限制和本层环节其他厂商的需求，要求更多的产品，使信息在传输过程中发生扭曲。

正是由于实时物流战略与准时制生产战略信息机制的不同，才使得实时物流战略的实时的、同步的、连续的信息机制可以从根本上克服准时制生产战略固有的三个缺陷，在做到降低库存的同时，又能通过物流系统的反应速度，降低物流成本，提高运作效率和客户的满意程度。先进信息技术和现代物流技术的发展，为实时物流战略的实施提供了技术上的可能，实时物流战略替代准时制生产战略也成为一种必然趋势。

3. 实时物流战略与物流延迟战略的比较

（1）延迟战略和实时物流战略中的“延迟”的区别

物流延迟战略中的“延迟”着眼于企业收到客户订单之前的一段流程，将产品的配送延迟到收到客户的订单后；而实时物流战略中致力消除的“延迟”则着眼于企业收到订单之后（从企业收到订单起）的一段流程，消除的是产品的物流过程中的管理与执行的延迟。由此可见，物流延迟战略所进行的“延迟”并不等同于实时物流战略所致力消除的“延迟”，物流延迟战略和实时物流战略并不是相互矛盾的。

（2）实时物流战略和物流延迟战略相互配合的必要性

如上所述，物流延迟战略与实时物流战略并不矛盾，实际上两者是相辅相成、相互配合的关系。

物流延迟战略将产品的最后制造和物流作业延迟到收到客户订单后再进行，虽然在产品或者时间上进行了一定的延迟，但是从整个物流系统的角度看，在减少物流预测的风险、满足客户的个性化需要和进行规模规划的同时，也压缩了整个系统的业务流程，提高了系统的反应速度；实时物流战略也通过致力于积极地消除物流业务流程中的管理与执行的延迟，从而提高整个物流系统的反应速度与竞争力。因此，从提高整个物流系统的反应速度这个角度看，物流延迟战略和实时物流战略是一致的，它们也应该是相互配合的。

延迟战略将产品的最后制造和各个物流环节延迟到收到客户订单之后，这样固然可以减少物流预测的风险，但同时也增加了违约和物流成本的风险。由于收到客户订单之后再进行产品的最后制造和物流运作，时间受到了限制，在更短的时间内达到客户的要求无疑增加了违约的风险，违约又会带来客户流失的可能性；同时，为了在更短的时间内达到客户的要求，企业要进行小批量的生产和物流运作，这样从整个物流系统的角度看，物流成本有可能会增加。因此，在实施延迟战略的过程中，一旦收到客户订单，企业应在最后的产品制造和物流运作中实施实时物流战略。实时物流战略通过各个运作环节的信息共享，实现各个环节的无缝对接和实时运作，提高了物流系统的反应速度，降低了违约的风险，也降低了物流的成本。可见，延迟战略的顺利实施，是以实时物流战略的实施为保障的。它们的相互配合，使得整个物流系统在减少物流预测风险的同时，又能不增加违约和物流成本的风险。

练习题

1. 单选题

(1)第三利润源是指(　　)。

A. 运输成本　　B. 包装成本

C. 物流成本　　D. 仓储成本

(2)“效益背反”是指物流(　　)之间存在损益的矛盾。

A. 若干功能要素　　B. 与流通

C. 与生产　　D. 各供需方

(3)最先提出物流冰山学说的是(　　)。

A. 美国人　　B. 日本人

C. 欧洲人　　D. 中国人

2. 多选题

(1)仍将物流局限于管理层面的学说包括(　　)。

A. “第三利润源”学说　　B. 供应链管理学说

C. 黑大陆学说　　D. 战略学说

(2)属于有物流而无商流的是(　　)。

A. 企业内部物资调拨　　B. 展品物流

C. 救灾物资　　D. 股票交易

(3)物流企业可开展的生产延迟(形式延迟)的业务包括(　　)。

A. 贴标签　　B. 包装

C. 装配　　D. 加工

3. **简答题**

(1)简述商物分离的主要形式。

(2)简述实时物流战略与准时制生产的区别。

(3)简述应对物流成本与服务水平的效益背反的对策。

4. **案例分析题**

(1)某生产高档家具的企业,过去一直以销售预测制订生产计划,由于市场竞争日趋激烈以及为了避免销售过程中存在的许多不可预测的因素,该企业引入了顾客需求切入点(CODP)的概念,并试图采取新的管理方法,以安排企业的生产和物流。请回答如下问题:第一,何谓顾客需求切入点?第二,说明该企业应采取何种管理方法,并用示意图来予以说明。

(2)随着信息技术的发展,以及从用户需求到供应商之间的整个物流系统变得越来越透明,某生产厂家改变了传统的基于预测的生产与物流管理方法,大胆采用延迟战略。试回答如下问题:第一,何谓延迟战略?延迟战略的形式及其适用企业是什么?第二,该厂家通常以较大的批量生产半成品,在得到订单后立即完成最后的装卸工序,并迅速交付给顾客。但视情况不同,所生产的半成品的存放地,有时放在厂家仓库,有时放在销售地配送中心。试问这两种情况所包含的延迟形式是否有所不同,为什么?

目标篇

第三章　绿色低碳物流

引导案例

中远物流变身“绿巨人”

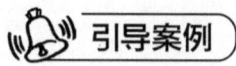

在全球严格控制碳排放的背景下,绿色物流正成为大型物流企业的追求目标。但要实现这一目标,量化的方法和科学的工具不可缺少。中国远洋物流有限公司(下称“中远物流”)就在进行一项试验,利用一套数据分析系统量化碳排放量。更为重要的是,中远物流试图利用这套系统,在降低物流成本的同时,向物流业的咨询模式转变。

2007 年底,中远物流下属的中远网络物流信息科技有限公司(下称“中远网络”)与国际商业机器公司(IBM)合作,通过实施 IBM 的绿色供应链(Green SNOW)解决方案,帮助中远物流优化供应链、降低成本、提高服务水平并降低碳排放量。该绿色供应链项目通过 IT 系统对中远物流的供应链进行优化,对各个供应链的选址、数量、能量、运输、设计、燃油、路线进行平衡的安排,甚至还包括燃油种类的选择和用量确定。系统还可以记录运输、仓储等每一段物流活动所产生的碳排放数据。

过去的供应链管理系统侧重在数据,而现在的绿色供应链解决方案重点是处理知识,在处理知识的基础上进行总结,再以此指导物流实践。中远物流选择了其最大的业务——家电行业进行供应链网络管理,在其家电行业客户中率先推进绿色供应链。由于涉及改变客户的配送中心、仓库的位置,并改变原有的物流配送方案,因此,中远物流的绿色供应链试验要真正被客户接受并实施还需要经历磨合。

据介绍,绿色供应链项目还可以提供系统仿真技术,帮助公司在进行实际投资和商业运作前,对企业的未来投资行为和商业运作进行模拟。这样,企业在为客户提供新的物流业务之前,可以利用系统分析,采用什么样的供应链布局,物流方式可以达到什么样的成本和收入,并且使自己的供应链系统提供的服务更为有效,服务水平更高。假设这一项目在实践中能够得到客户认可,那就意味着中远物流将不仅仅单纯负责客户的物流运作,还将介入客户的供应链咨询、供应链方案的制订等环节,向物流咨询服务企业转型,从而占据物流行业金字塔的顶端。

第一节 概 述

一、绿色低碳物流产生的背景

在全球经济发展的今天，人们所面对的是“资源短缺、环境恶化、人口膨胀”等严重问题，随着经济全球一体化的发展，国际竞争将更加激烈和残酷，人们对环境的利用和保护越来越重视。

当今，物流业虽然促进了经济的发展，然而，随着物流产业的快速发展，人们发现物流活动的频繁化以及物流管理的变革，会增加燃油消耗，加重空气污染和废弃物污染，浪费资源，引起城市交通堵塞等，对社会经济的可持续发展产生消极影响。

1. 物流领域的资源浪费现象严重

据统计，目前我国商品周转率只有发达国家的 30%，每平方米库存的商品量只及发达国家的 25%，配送差错率为发达国家的 3 倍。每年因包装造成的损失约 150 亿元，因装卸、运输造成的损失约 500 亿元，因保管不善造成的损失在 30 亿元左右，仓库过剩量达到 40%，公路货运因缺乏合理的物流组织，空驶率多年来保持在 50% 左右。而且由于缺乏必要的产业引导和规划，许多企业正热衷于建各类物流园区、配送中心和立体仓库，这无疑会加大物流资本存量，与发展现代物流、提高整个社会效益的目的背道而驰。

2. 物流对环境造成的危害

物流活动的诸多环节不可避免地会对环境造成危害。具体表现在以下几个方面：

（1）运输对环境的影响

运输是物流活动中最主要、最基本的活动，也是物流作业造成环境污染的重要方面。在其过程中的非绿色因素主要表现为三个方面：

①交通工具本身产生的噪声污染、大气污染。

②不合理的货运网点及配送中心布局，导致货物迂回运输，增加了车辆燃油消耗，加剧了废气和噪声污染。

③集中库存产生了较多的一次运输，从而增加了燃料消耗和对道路面积的需求，破坏了生态。从环境角度看，准时配送（JIT）要远程实施就必须大量利用公路网，使货运从铁路转到公路，增加了燃油消耗，带来空气污染、噪声等，从而使环境遭到破坏。

（2）仓储对环境的影响

仓储过程中的非绿色因素主要有两个方面：一是商品仓储中心必须对之进行养护，一些化学方法对周边生态环境会造成污染；二是一些易燃、易爆化学危险品，由于保管不当，爆炸或泄漏也会对周边环境造成污染和破坏。

（3）流通加工对环境的影响

流通加工是在流通阶段所进行的为保存和便于销售等进行的加工处理。它对环境也有非绿色影响，表现为：

①由消费者分散进行的流通加工，资源利用率低下，如餐饮服务企业对食品的分散加工，既浪费了资源，又污染了空气。

②分散流通加工产生的边角废料,难以集中和有效再利用,造成废弃物污染;加工产生的废气、废水和废物都会对环境和人体构成危害。

③流通加工中心选址不合理,也会因增加了运输量而产生新的污染。

(4)包装对环境的影响

一方面,一次性难降解包装长期留在自然界中,会对自然环境造成严重影响。另一方面,过度的包装或重复的包装,会造成资源的浪费,不利于可持续发展,同时也无益于生态经济效益。同时废弃的包装材料还是城市垃圾的重要组成部分,处理这些废弃物要花费大量人力、财力。

(5)装卸及废弃物对环境的影响

装卸过程中的非绿色因素有:装卸不当和商品体的损坏。废旧物质排放到环境中会对环境造成全方位的污染。城市生活垃圾所产生的渗沥水携带各种重金属和有机物,严重污染水体和土壤,并影响地下水质;废弃物发酵过程中产生的甲烷气体则污染大气。

综上所述,物流绿色化、低碳化是21世纪物流管理面临和亟待解决的重大问题,是实现可持续发展的必然趋势。在人类步入21世纪之际,物流的发展必然要求我们从环境保护的角度对物流体系进行改造,形成一种环境共生型的物流管理系统,改变原来经济发展与物流、消费生活与物流之间的单向作用关系,在抑制物流对环境造成危害的同时,形成一种能促进经济和消费生活健康发展的现代物流系统,即向绿色物流、低碳物流转变。

二、相关理论基础

低碳绿色物流是建立在可持续发展理论、生态经济学理论、生态伦理学理论以及低碳经济理论基础之上的、符合科学发展观要求的科学理念。

1. 可持续发展理论

可持续发展,是指既应满足当代人的需要,又不对后代人满足其需要的能力构成危害。

可持续发展有以下几个方面的丰富内涵:

(1)共同发展

地球是一个复杂的巨系统,每个国家或地区都是这个巨系统不可分割的子系统。系统的最根本特征是其整体性,每个子系统都和其他子系统相互联系并发生作用,只要一个系统发生问题,都会直接或间接造成其他系统的紊乱,甚至会诱发系统的整体突变,这在地球生态系统中表现最为突出。因此,可持续发展追求的是整体发展和协调发展,即共同发展。

(2)协调发展

协调发展包括经济、社会、环境三大系统的整体协调,也包括世界、国家和地区三个空间层面的协调,还包括一个国家或地区经济与人口、资源、环境、社会以及内部各个阶层的协调,持续发展源于协调发展。

(3)公平发展

世界经济的发展呈现出因水平差异而表现出来的层次性,这是发展过程中始终存在的问题。但是这种发展水平的层次性若因不公平、不平等而引发或加剧,就会因为局部而上升到整体,并最终影响到整个世界的可持续发展。可持续发展思想的公平发展包含两个维度:一是时间维度上的公平,当代人的发展不能以损害后代人的发展能力为代价;二是空间维度上的公平，一个国家或地区的发展不能以损害其他国家或地区的发展能力为代价。

(4)高效发展

公平和效率是可持续发展的两个轮子。可持续发展的效率不同于经济学的效率，可持续发展的效率既包括经济意义上的效率，也包含着自然资源和环境的损益的成分。因此，可持续发展思想的高效发展是指经济、社会、资源、环境、人口等协调下的高效率发展。

(5)多维发展

人类社会的发展表现出全球化的趋势，但是不同国家与地区的发展水平是不同的，而且不同国家与地区又有着异质性的文化、体制、地理环境、国际环境等发展背景。此外，因为可持续发展又是一个综合性、全球性的概念，要考虑到不同地域实体的可接受性，因此，可持续发展本身包含了多样性、多模式、多维度选择的内涵。因此，在可持续发展这个全球性目标的约束和制导下，各国与各地区在实施可持续发展战略时，应该从国情或区情出发，走符合本国或本区实际的、多样性、多模式的可持续发展道路。

可持续发展的原则之一，就是使今天的商品生产、流通和消费不影响未来商品的生产、流通和消费的环境及资源条件。将这一原则应用于现代物流管理活动中，就是要求从环境保护的角度对现代物流体系进行研究，形成一种与环境共生的综合物流系统，改变原来经济发展与物流之间的单向作用关系，抑制物流对环境造成危害，同时又要形成一种能促进经济和消费生活健康发展的现代物流系统。

2. 生态经济学理论

所谓生态经济学，是指研究再生产过程中，经济系统与生态系统之间的物流循环、能量转化和价值增值规律及其应用的科学。

生态经济学认为，在现代经济、社会条件下，现代企业是一个由生态系统与经济系统复合组成的生态经济系统。因此，现代企业管理的对象、目标、任务、职能、原则等都具有经济与生态的两重性，必须通过有效的管理来实现其中经济与生态两个方面的有机统一与协调发展。物流是社会再生产过程中的重要一环，物流过程中不仅有物质循环利用、能源转化，而且有价值的转移和价值的实现。因此，物流涉及了经济与生态环境两大系统，理所当然地架起了经济效益与生态环境效益之间彼此联系的桥梁。经济效益涉及目前和局部的更密切相关的利益，而环境效益则关系更宏观和长远的利益。经济效益与环境效益是对立统一的。后者是前者的自然基础和物质源泉，而前者是后者的经济表现形式。目前我国绝大多数物流企业遵循的仍然是一种不完全的经营管理，还没有完全克服企业经济管理与生态环境管理相脱离的缺陷，还没有实现由单纯经济管理向生态经济环保物流管理的根本转变。因此，应以生态学为基础，对物流中的经济行为、经济关系和规律与生态系统之间的相互关系进行研究，以谋求在生态平衡、经济合理、技术先进条件下的生态与经济的最佳结合以及协调发展。

3. 生态伦理学理论

生态伦理学是关于人对地球上的动物、植物、微生物、生态系统和自然界的其他事物行为的道德态度和行为规范的研究，是从道德角度研究人与自然关系的交叉学科。它根据生态学提示的自然与人相互作用的规律性，以道德为手段，从整体上协调人与自然环境的关系。它的主要特征是，把道德对象的范围从人与人、人与社会关系的领域，扩展到人与生命和自然界关系的领域，主张不仅对人讲道德，而且对生命和自然讲道德。生态伦理迫使人们对物流中的环境问题进行深刻反思，从而产生了一种强烈的责任心和义务感。

4. **低碳经济理论**

所谓低碳经济(Low-carbon Economy),是指在可持续发展理念指导下,通过技术创新、制度创新、产业转型、新能源开发等多种手段,尽可能减少煤炭、石油等高碳能源消耗,减少温室气体排放,达到经济社会发展与生态环境保护双赢的一种经济发展形态。

随着全球人口和经济规模的不断增长,能源使用带来的环境问题不断地为人们所认识。从 2003 年英国能源白皮书《我们未来的能源:创建低碳经济》正式提出"低碳经济"以来,这一概念备受各界人士关注。尤其是近年来,以"低碳经济""低碳生活"等为主要内容的低碳论,认为以化石燃料为主的高碳经济是造成全球气候变暖的主要原因。

自哥本哈根会议以来,世界各地纷纷提出环保、绿色、低碳的概念,在 2009 年"哥本哈根全球气候大会"上,中国政府承诺"到 2020 年单位 GDP 碳排放比 2005 年下降 40%~45%",这预示着中国经济将踏上整体低碳转型之路。

物流在低碳经济中占有特殊的地位,这是由于物流本身是能源消耗大户,也是碳排放大户。据统计,能耗成本已经占据运输物流企业总成本的 40%,甚至更高,运输高能耗成了物流业的一块伤疤。低碳经济是近几年出现的新概念,是从全球气候变暖的问题出发,结合减少能源消耗、减少二氧化碳排放等几个领域的问题提出的未来经济发展的战略。这种把气候问题与能源、环境污染问题并列的提法在我国还没有得到普遍的重视,在我国的物流界更是基本属于空白领域,因此有必要加以研究和说明。

第二节　逆向物流

一、逆向物流的基本概念

逆向物流有广义和狭义之分。

1. **狭义的逆向物流**

狭义的逆向物流(Returned Logistics),是指那些由于环境问题或产品已过时的原因而导致的产品、零部件或物料回收的过程。

在中华人民共和国国家标准《物流术语》(GB/T 18354—2006)中,逆向物流,是指不合格物品的返修、退货以及周转使用的包装容器从需方返回到供方所形成的物品实体流动。比如回收用于运输的托盘和集装箱,接受客户的退货,收集容器、原材料边角料,零部件加工中的缺陷在制品等销售方面物品实体的逆向流动过程。显然,该标准中采用狭义方式对逆向物流进行了定义。

2. **广义的逆向物流**

广义的逆向物流(Reverse Logistics),除了包含狭义的逆向物流之外,还包括废弃物物流(Waste Material Logistics)。

(1)废弃物物流的概念

在中华人民共和国国家标准《物流术语》(GB/T 18354—2006)中,废弃物物流,是指将经济活动或人们生活中失去原有使用价值的物品,根据实际需要进行收集、分类、加工、包装、搬运、储存等,并分送到专门处理场所时所形成的物品实体流动。

(2)废弃物物流的分类

按形态分类,可分为固体废弃物、气体废弃物、液体废弃物。

按来源分类,可分为产业(工业、商业、农业)废弃物、生活废弃物、环境废弃物。

二、逆向物流的特点

与正向物流相比,逆向物流具有其鲜明的特殊性。

(1)分散性

由于退回的物品的原因各不相同,逆向物流产生的地点、时间和数量是难以预见的。逆向物流的产生过程或始于生产领域,或始于流通领域,或始于生活消费领域,涉及任何领域、任何部门、任何人,在社会的每个角落都在日夜不停地发生。正是这种多元性,使逆向物流具有分散性,企业难以追踪产品流动的过程。正是这一特点,使废旧物资物流的可利用性常常被人们所忽视。而正向物流则不同,按量、准时和指定发货点是其基本要求,并且在运输中发挥规模经济收益。这是由于逆向物流发生的原因通常与产品的质量或数量的异常有关。

(2)缓慢性

开始的时候逆向物流数量少、种类多,只有在不断汇集的情况下才能形成较大的流动规模。废旧物资的产生也往往不能立即满足人们的某些需要,它需要经过加工、改制等环节,甚至只能作为原料回收使用,这一系列过程的时间是较长的。同时,废旧物资的收集和整理也是一个较复杂的过程。这一切都决定了逆向物流的缓慢性这一特点。

(3)混杂性

在某些产品单一的部门,其废旧物资的产生可能具有一定的单一性,但从整个社会角度来看,废旧物资物流则具有极大的混杂性。回收的产品进入逆向物流系统是随机的,往往难以进行精确的划分,因为不同种类、不同状况的废旧物资、退货和回收的包装材料常常是混合在一起的,导致管理很复杂。另外,发生逆向物流的地点较为分散、无序、不能集中一次性向节点转移。当回收产品经过检查、分类后,逆向物流的混乱性可随着退回商品或回收品的产生而逐渐衰退。而正向物流中的物流由厂家发往配送中心,产品分类明确,不存在混杂性这种情况。

(4)多变性

由于逆向物流的分散性及消费者对退货、产品召回等自由回收政策的滥用,有的企业很难控制产品的回收时间与地点,这导致了逆向物流的多变性。

首先,与正向物流不同,逆向物流的地点、时间和数量具有极大的不确定性,因而投资风险大、不易管理。

其次,逆向物流的处理系统与方式复杂多样,不同的处理手段对恢复资源价值的贡献差异明显。

再次,逆向物流技术具有一定的特殊性。尽管逆向物流也是由运输、储存、装卸搬运、包装、流通加工和物流信息管理等环节组成,但是逆向物流具有自身的特点,即多采用小型化、专用化的装运设备;除危险品等特殊物品外,一般只要求简易、低成本的储存、包装;常需要多样化的流通加工。

(5)相对高昂的成本

逆向回收的物料通常价值比较低,而相对的运输、仓储和处理的费用高昂。这主要是因为这些物品通常缺少规范的包装,又具有不确定性,难以充分利用运输和仓储的规模效益;另一个重要原因在于许多物品需要人工的检测判断和处理,极大增加了人工费用,同时效率也低下。

(6)处理难度大

逆向物流对产品的处理需要一定的技术和信息的支持,所以企业在进行逆向物流时处理难度较大。如惠氏奶粉的产品召回,惠氏公司要根据生产记录确定受影响的产品品种、数量和批号;物流中心要在最短的时间内确定受影响的产品的详细流向;回收装车时更要仔细清点数量,辨认品名、批号,防止回收遗漏;防止回收产品之间互相混淆;货物装车需要按经销商贴不同的标志,并一一与回收清单核对,防止不同经销商回收货物到物流中心后,还需要对产品按照经销商、品种、批号进行清点,然后将最后的明细清单与惠氏公司的发货记录及销售记录进行核对;产品销毁则是按照环保及相关技术规定,在政府技术监督部门监督下严格进行的,不仅产品需要销毁,产品包装同样需要销毁。这样一个严密的环环相扣的物流操作过程,却要在最短的时间内完成,时间紧、操作量大,中间任何环节都不能出错;物流和生产地信息记录不仅要完整,而且还要可以准确迅速地逆向查询。逆向物流工作量大、精度要求高、时间控制紧的特点对实际处理构成了巨大挑战。

(7)价值的递减性

这里的递减性有两个方面的含义。对于退货和召回的产品,具有价值递减性,即在从消费者流向经销商或生产商的过程中,产生的一系列运输、仓储、处理等费用都会冲减回流产品的价值;对于已报废产品,具有价值递增性,即报废产品对于消费者而言,没有什么价值,随着逆向回流,报废产品在生产商终端进行处理后,可以实现价值再造。

(8)物流方式粗放

回收物资中除少数类别是价值较高的,有较大物流费用承受能力以外,绝大部分是价值低、数量大且经过一次生产或消费之后,主要使用价值已近耗尽,因而纯度、精度、质量、外观要求都不高的物质,这就决定了可采用粗放的物流方式以降低物流成本,使废旧物资在形成新的价值中,物流成本不至过高,从而使再生资源产业可以承受。但是,即使采用粗放的物流方式,尽力压低物流费用,由于回收物资本身价值很低,物流成本的相对比重也很高。经常会有这样的情况,回收资源的物流费用过高而使这种物质再生在经济上不合算,这就使它不再是再生资源而成了最终废弃物。例如,煤矸石、粉煤灰等一些物质的再生就存在物流费用过高,企业承受困难的问题。而在正向物流中本身企业面对的资源就是没有经过使用的,对企业而言,雕琢新的产品更容易,而且其价值更大。

(9)物流路程短

除了极特殊的情况,逆向物流需要用远程物流来支持外,大部分情况是逆向物流路程都很短。其原因除和分散性、缓慢性等特点有关外,物流费用承受能力低、数量大、主要使用价值已经实现等因素都决定了逆向物流的就地利用性质,因而其物流路程不会太长。在正向物流中,物流路程的长短不是决定企业流程选择的决定性因素,企业更多地从消费者的利益出发选择最优的物流。

三、逆向物流的分类

基于不同的角度，可对逆向物流进行分类。比如，按照回收物品的渠道和性质划分，可分为退货物流和回收物流。下面对这两类物流予以简要说明。

（一）退货物流

1. 概念

退货物流是指下游顾客将不符合订单要求的产品退回给上游供应商，其流程与常规产品流正好相反。

2. 产生原因

对于工业企业退货物流形成的原因，主要有以下两个方面：

（1）来自于企业内部原因形成的退货物流

由于企业内部的管理不善以及技术问题造成的退货。如产品质量问题；产品包装完好，内部配件缺少问题；人工输入订单时出现产品或数量错误造成退货；在质量保证期或保修期内，产品出现故障需要被退回并进行修理等。

（2）来自于供应链的原因形成的退货物流

供应链管理要求供应链上各个节点企业相互信任、协同工作，但不能排除意外原因造成的供应链生产或运送的延迟，这种延迟会影响到产品的最终交货期，顾客会因为推迟交货而要求退货；产品在运送过程中被损坏；产品在运送过程中被盗，然后又被退回；同一订单错误地重复送货等等，都会造成退货，形成退货物流。

（二）回收物流

1. 概念

回收物流是指将最终顾客所持有的废旧物品回收到供应链上各节点企业。

中华人民共和国国家标准《物流术语》（GB/T 18354—2006）中对回收物流的定义是：“退货、返修物品和周转使用的包装容器等从需方返回供方所引发的物流活动。”比如，回收用于运输的托盘和集装箱，接收客户的退货，收集的容器、原材料的边角料，零部件加工中的缺陷在制品等销售方面的物品实体逆向流动过程。

2. 特点

回收物流是针对排放物中有再生利用价值的部分进行回收再处理，因此，与其他物流相比具有以下特点：

（1）回收对象种类繁多

在人类的生产活动中，任何生产企业、流通领域和消费过程都会产生排放物。在生产过程中的每一道工序、流通领域的每个环节及整个消费过程中都有排放物产生，它伴随着人类的生产劳动及生活过程。由于这种生产劳动及生活消费涉及各个行业与领域，所以，回收物流的回收对象种类繁多。

（2）回收数量大

回收物流不仅回收对象种类多，而且单一种类中也具有回收量大的回收对象。例如：废钢铁、废纸、废橡胶等。

(3)粗放性

回收对象中只有少数价值较高,具有较高的物流费用承受能力,绝大多数是价值低、数量大且经过生产和消费后,其主要使用价值已基本耗尽,回收时可以采用粗放的物流方式,以降低物流成本,使加工处理所获得的再生资源成本下降,具有竞争力。

由于再生资源本身价值较低,物流费用所占比重相对较大,有时会出现某种回收对象再生是不合算的现象,这就使回收对象成为最终废弃物。

(4)运距短

回收物流中除极少数情况外,再生资源都是就近进行,这样可以大幅度降低物流成本,使再生产品具有竞争力,所以,回收物流中的运距比较短。

3. 类型

回收物流的目的在于将大部分回收对象经过再生处理成为具有使用价值的物品,而少部分不可再生的回收对象经过处理后成为最终废弃物。从重新利用方式上划分,回收物流可以分为以下四种:

(1)直接再利用(Directly Reuse)。回收的物品不经任何修理可直接再用(部分要经过清洗和花费比较低的维护费用),如集装箱、瓶子等包装容器。

(2)修理(Repair)。通过修理将已坏产品恢复到可工作状态,但可能质量有所下降,如家用电器、工厂机器等。

(3)再生(Recycling)。只是为了物料资源的循环再利用而不再保留回收物品的任何结构,如从边角料中再生金属、纸品再生等。

(4)再制造(Remanufacturing)。与再生相比,再制造则保持产品的原有特性,通过拆卸、检修、替换等工序使回收物品恢复到"新产品"的状态,如飞机发动机的再制造、复印机的再制造等。

四、逆向物流的成因与作用

1. 逆向物流的成因

(1)主要驱动因素

有许多有利的因素迫使企业将逆向物流的管理提高到战略程度的高级管理日程上。带来这些变化的主要驱动因素有:政府立法、新型的分销渠道、供应链中的力量转换、产品生命周期的缩短。

(2)主要动机

对于企业而言,逆向物流往往出于以下动机:环境管制、经济利益(体现在废弃物处理费用的减少、产品寿命的延长、原材料零部件的节省等方面)和商业考虑。因而,管理者首先应认识到逆向物流的重要性和价值,其次在实际运作中如何给予逆向物流以资源和支援,才是发挥竞争优势的关键。

2. 逆向物流的作用

(1)提高潜在事故的透明度

逆向物流在促使企业不断改善品质管理体系上具有重要的地位。ISO9001 2000 版将企业的品质管理活动概括为一个闭环式活动——计划、实施、检查、改进,逆向物流恰好处于检查和改进两个环节上,承上启下,作用于两端。企业在退货中暴露出的品质问题,将透过逆向物流资讯系统不断传递到管理阶层,提高潜在事故的透明度,管理者可以在事前不断地改进品质管理,以根除产品的不良隐患。

(2)提高顾客价值,增加竞争优势

在当今顾客驱动的经济环境下,顾客价值是决定企业生存和发展的关键因素。众多企业通过逆向物流提高顾客对产品或服务的满意度,赢得顾客的信任,从而增加其竞争优势。对于最终顾客来说,逆向物流能够确保不符合订单要求的产品及时退货,有利于消除顾客的后顾之忧,增加其对企业的信任感及回头率,扩大企业的市场份额。如果一个公司要赢得顾客,它必须保证顾客在整个交易过程中心情舒畅,而逆向物流战略是达到这一目标的有效手段。对于供应链上的企业客户来说,上游企业采取宽松的退货战略,能够减少下游客户的经营风险,改善供需关系,促进企业间战略合作,强化整个供应链的竞争优势。特别对于过时性风险比较大的产品,退货战略所带来的竞争优势更加明显。

(3)降低物料成本

减少物料耗费,提高物料利用率是企业成本管理的重点,也是企业增效的重要手段。然而,传统管理模式的物料管理仅仅局限于企业内部物料,不重视企业外部废旧产品及其物料的有效利用,造成大量可再用性资源的闲置和浪费。由于废旧产品的回购价格低、来源充足,对这些产品回购加工可以大幅度降低企业的物料成本。

(4)改善环境行为,塑造企业形象

随着人们生活水平和文化素质的提高,环境意识日益增强,消费观念发生了巨大变化,顾客对环境的期望越来越高。另外,由于不可再生资源的稀缺以及环境污染日益加重,各国都制定了许多环境保护法规,为企业的环境行为制定了一个约束性标准。企业的环境业绩已成为评价企业运营绩效的重要指标。为了改善企业的环境行为,提高企业在公众中的形象,许多企业纷纷采取逆向物流战略,以减少产品对环境的污染及资源的消耗。

第三节 绿色物流

一、绿色物流的概念与兴起的原因

1. 绿色物流的概念

在中华人民共和国国家标准《物流术语》(GB/T 18354—2006)中,绿色物流,是指在物流过程中抑制物流对环境造成危害的同时,实现对物流环境的净化,使物流资源得到最充分利用。

(1)可持续发展是绿色物流的最终目标

可持续发展是指既满足当代人的需求,又不对后代人满足其发展需要的能力造成威胁。绿色物流除了要实现企业的盈利、满足客户需求外,还追求节约能源、保护环境的经济属性和社会属性相一致的目标。

(2)绿色物流活动的范围涵盖产品的整个生命周期

从生命周期的不同阶段看,绿色物流活动分别表现为物资供应物流的绿色化、生产物流的绿色化、销售物流的绿色化、产品回收及废弃物处理的绿色化。因此,绿色物流的活动范围涵盖产品的整个生命过程。

(3)绿色物流行为主体多样化

绿色物流的行为主体包括政府、广大的公众(消费者)和具有物流活动的各行各业。这些行为主体的环境意识和战略对他们所在的供应链物流的绿色化将产生重要的推动作用或抑制作用。因此,与物流系统相关的政策法规、消费者督导、企业自律等也是实施绿色物流战略的宏观管理战略。

值得注意的是,逆向物流和绿色物流是有交叉的,再制造、再循环与再使用是两者共有的内容。逆向物流和绿色物流的不同之处在于绿色物流强调所有物流活动对环保全方位、全过程的关注,尤其是正向物流对环境的影响。这些环境问题有:不可再生自然资源的消耗、气体排放、交通阻塞和道路利用、噪声污染、有害和非有害废物处置等。可以说,绿色物流是从环境和生态的角度审视整个供应链。显然绿色物流中所涉及的诸如降低能耗、重新设计包装以节约资源的有些活动不是逆向物流活动所涉及的,逆向物流其实强调的是以恢复方式的再利用和获利性。

2. 绿色物流兴起的原因

绿色物流提出于20世纪90年代中期,它是建立在可持续发展、环境科学、物流管理、生态经济学等理论基础之上的,是物流业发展的新趋势。绿色物流已作为继绿色制造、绿色消费之后的又一个新的绿色热点,受到广泛的关注。

(1)人类环境保护意识的觉醒

20世纪60年代以来,人类环境保护意识开始觉醒,十分关心和重视环境问题,认识到地球只有一个,不能破坏人类的家园。于是,绿色消费运动在世界各国兴起。消费者不仅关心自身的安全和健康,还关心地球环境的改善,拒绝接受不利于环境保护的产品、服务及相应的消费方式,进而促进绿色物流的发展。与此同时,绿色和平运动在世界范围内展开,环保勇士以不屈不挠的奋斗精神,给各种各样危害环境的行为以沉重打击,对于激励人们的环保热情、推动绿色物流的发展,也起到了极其重要的作用。

(2)各国政府和国际组织的倡导

绿色物流的发展与政府行为密切相关。凡是绿色物流发展较快的国家,都得益于政府的积极倡导。各国政府在推动绿色物流发展方面所起的作用主要表现在:一是追加投入以促进环保事业的发展;二是组织力量监督环保工作的开展;三是制定专门政策和法令来引导企业的环保行为。

环保事业是关系到人类生存与发展的伟大事业,国际组织为此做出了极大的努力并取得了显著成效。1992年,第27届联大决议通过把每年的6月5日作为世界环境日,每年的世界环境日都规定有专门的活动主题,以推动世界环境保护工作的发展。联合国环境署、世贸组织环境委员会等国际组织召开了许多环保方面的国际会议,签订了许多环保方面的国际公约与协定,也在一定程度上为绿色物流发展铺平了道路。

(3)经济全球化潮流的推动

随着经济全球化的发展,一些传统的关税和非关税壁垒逐渐淡化,环境壁垒逐渐兴起。外资物流业已进入我国市场，我国物流市场竞争日趋激烈。因此，我国物流业加紧发展绿色物流，是应对未来挑战和在竞争中占得先机的重要机遇。

(4)现代物流业可持续发展的需要

当前我国的物流基本上还是高投入大物流、低投入小物流的运作模式，而绿色物流强调的是低投入大物流的方式。显而易见，绿色物流不仅是一般物流所追求的降低成本，更重要的是物流的绿色化和节能高效少污染，由此可以带来物流经营成本的大幅度下降。

二、绿色物流在国外的发展

目前，世界各国都在尽力把绿色物流的推广作为物流业发展的重点，积极开展绿色物流的专项技术研究（如在物流系统和物流活动的规划与决策中尽量采用对环境污染小的方案，如采用排污量小的货车车型、近距离配送、夜间运货，以减少交通堵塞、节约燃料和降低排放等），促进新材料的广泛应用和开发，进行回收物流的理论和实践探讨，积极出台相关的绿色物流政策和法规，努力为物流的绿色化和可持续发展奠定基础。

1. 美国

美国经济高度发达，也是世界上最早发展物流业的国家之一。美国政府推行自由经济政策，其物流业务数量巨大，且异常频繁，因而就决定了美国对绿色物流的更大关注。美国政府在物流高度发达的经济社会环境下，不断通过政府宏观政策的引导，确立以现代物流发展带动社会经济发展的战略目标，其近景、远景目标十分明确。美国在其《国家运输科技发展战略》中，规定交通产业结构或交通科技进步的总目标是："建立安全、高效、充足和可靠的运输系统，其范围是国际性的，形式是综合性的，特点是智能性的，性质是环境友善的。"一般企业在实际物流活动中，对物流的运输、配送、包装等方面应用诸多的先进技术，如电子数据交换(EDI)、准时制生产(JIT)、配送规划、绿色包装等，为物流活动的绿色化提供强有力的技术支持和保障。

2. 欧洲

欧洲是引进物流概念较早的地区之一，也是较早将现代技术应用于物流管理，提高物流绿色化的先锋。欧洲绿色物流的推进不仅大大提高了欧盟物流的现代化水平，也增强了欧盟产品进入国际市场的竞争能力。

从总体上看，欧洲现代绿色物流业的发展水平位居世界前列，和美国类似，在欧洲物流市场上，零售业也占据了较大比重，物流中心的区域性趋势增强。政府在物流发展中发挥着重要作用，运用减免税赋的方式鼓励民间资本投资物流中心等基础设施的建设，创造开放透明的运输市场环境，放松管制促进市场竞争，减少物流的障碍和关卡。第三方物流的运用程度高，把物流标准化作为实现绿色物流的重要基础，企业与物流业结成战略联盟关系，物流企业服务一体化能力强。

3. 日本

日本在20世纪60年代从美国引进物流概念，把物流业作为本国经济发展的生命线，从一开始就重视绿色物流的发展，并形成了自己的特色。提倡节约资源，减少大气污染排放，加强环境保护，对废弃资源进行再生利用，实现资源、生态和社会经济良性循环，建立适应环保要求的绿色物流体系。

首先，日本政府科学规划物流业的发展。根据日本国土面积小、国内市场有限、商品进出口量大的实际情况，提出"流运据点集中化"战略，对物流配送采取集中手段，实现混载配送，提高物流效率，发展城市内最佳配送系统。在全国范围内开展了包括高速公路网、新干线铁路运输网、沿海港口设施、航空枢纽港、流运集散地等在内的各种基础设施建设，建立符合国际标准化的可持续发展的新型物流体系。政府在立法和政策方面也对发展绿色物流业给予大力支持。

其次，企业在物流领域广泛应用自动化技术和网络信息技术，采用先进的管理手段，提高管理效率。"零库存"管理、准时制生产管理（JIT）等新的物流管理方式不断涌现。

三、我国发展绿色物流存在的问题与对策

同发达国家相比，我国绿色物流发展仍存在观念模糊、相关法律制度缺失、物流设施设备现代化程度有待提高、物流管理人员匮乏等问题。

绿色物流是当今经济可持续发展的一个重要组成部分，绿色物流的全面实施，需要政府、企业和消费者一齐行动。

1. 政府部门的对策

（1）整体规划。政府应重视绿色物流体系构建，从宏观上整体规划绿色物流的发展方向和实施步骤。

（2）法律约束。政府应不断完善与绿色物流相关的已有法律法规，如《环境保护法》、《固体废物污染环境防治法》以及《环境噪声污染防治条例》等，并且要构筑涉及绿色物流体系各个构成要素的一整套法律体系。

（3）政策调控。首先，政府应从政策上运用各种调控方法引导企业实现物流绿色化，如提高排污收费标准，税收调节，通过信贷、价格、补贴等方式来支持企业发展绿色物流等。同时，投入资金改善道路状况以减少交通堵塞，提高配送的效率，达到环保的目的。其次，对物品的包装应制定相关政策，采取行政措施，限制包装污染，鼓励采用可回收利用的包装，并对产生污染的包装采取严厉的惩罚措施，促进资源的循环利用。再次，协调各企业进行资源互补，建设物流中心，实现共同配送。

2. 企业的对策

（1）采用绿色包装。第一，选用绿色包装材料。绿色包装要求在选用包装材料时必须将其环保性能作为一个重要方面来研究。第二，选用易回收再生的材料。如果包装废弃物能够易于回收、再生，不仅可以减轻其对环境的污染，而且还有利于材料的循环再使用，减少废弃垃圾处理费用，具有明显的社会效益和经济效益。第三，简化包装，进行适度包装。过度的包装形成了一种浪费，也造成了不必要的污染。

（2）选择绿色运输与配送。第一，改变运输方式，尽量实施多式联运。对环境影响最大的是运输工具，特别是公路运输造成的废气排放、噪声和交通阻塞等。改变运输方式，由公路运输转向铁路运输或海上运输，以及实行复合一贯制运输，可削减总行车量，从整体上保证运输过程的最优化和效率化，又减少环境污染。第二，开展共同配送，提高资源利用率。统一集货、统一送货可以明显地减少货流，有效地消除交错运输，缓解交通拥挤状况，可以提高市内货物运输效率，减少空载率，使企业库存水平大大降低，从而可以最大限度地提高人员、物资、资金、

时间等资源的利用效率,取得最大化的经济效益。第三,大力发展第三方物流。发展第三方物流,有利于在更广泛的范围内对物流资源进行合理利用和配置,可以避免自有物流带来的资金占用、运输效率低、配送环节烦琐、企业负担加重、城市污染加剧等问题。

(3)实现绿色仓储。所谓绿色仓储,就是要求仓库布局合理,以减少运输里程、节约运输成本。如果仓库布局过于密集,会增加运输的次数,从而增加能源消耗,增加污染物排放;如果布局过于松散,则会降低运输的效率,增加空载率。此外,还要根据物资的性能、特点,分门别类地采取不同的方法储存保管。各类储存设施的设计和建造必须达到不污染环境的要求,同时加强维护和保养,做好防潮、防腐、防水、防变、防漏、防飞扬等工作。

(4)开展绿色流通加工。一是变消费者分散加工为专业集中加工,以规模作业方式提高资源利用效率,以减少环境污染;二是集中处理消费品加工中产生的边角废料,以减少消费者分散加工所造成的废弃物污染。

(5)发展逆向物流。对于返修的不合格物品、退货以及周转使用的包装容器等再生资源,企业可以与供应链上的其他关联者协同起来,遵循循环经济的再循环和再利用原则,通过构建工业生态园区和绿色供应链等方式来建立回收再利用系统,形成循环物流系统。对于废弃物,根据实际需要进行收集、分类、加工、包装、搬运、储存,并分送到专门处理场所进行处理。

3. 消费者的对策

对于消费者来说,要积极倡导绿色需求、绿色消费,通过绿色消费方式倡导企业实施绿色物流管理,通过绿色消费舆论要求政府规范绿色物流管理。

第四节 低碳物流

一、低碳物流概念与特点

1. 低碳物流的概念

目前,关于低碳物流的内涵还没有明确的界定,一般认为,低碳物流是以低碳经济和绿色物流理论为基础,将“可持续发展”和“碳减排”的理念融入运输、储存、包装、装卸搬运、流通加工、配送、信息处理等物流活动中,采用先进的物流技术和管理手段,以达到资源利用效率最高、对环境影响最小和系统效益的最优化。

(1)低碳物流的最终目标

低碳物流的最终目标是实现低碳经济,保证社会经济的可持续性发展。

(2)低碳物流是绿色物流的核心内容

一方面,绿色物流包含低碳物流,绿色物流在内涵上比低碳物流更为丰富,因为凡是以降低物流过程的生态环境影响为目的的一切手段、方法和过程都属于绿色物流的范畴,但不一定是低碳物流的范畴。这是因为在保护环境与可持续发展问题上不仅仅是减少能源消耗、降低碳强度,比如,由于处理那些完全不具任何使用价值的废弃物而产生的废弃物物流,就属于绿色物流的范畴,但不属于低碳物流,因为此类物流活动可以保护环境,但并不需要消耗能源。另一方面,还应该看到,低碳物流是绿色物流的核心内容,在绿色物流管理中占有重要的地位。

(3)低碳物流内涵丰富、外延广泛

凡是以环境保护为目的,能够降低物流领域碳强度的一切手段、方法和过程都属于低碳物流的范畴。低碳物流主要是指物流作业环节和物流管理全过程的低碳化。从物流作业环节低碳化来看,包括运输低碳化、仓储低碳化、流通加工低碳化、装卸搬运低碳化、包装低碳化以及废弃物回收等。从物流管理过程低碳化来看,主要是从供应链全局考虑,以节能减排为目标出发,对包括正向物流与逆向物流在内的整个物流系统进行低碳优化。

2. 低碳物流的特点

(1)系统性

低碳物流是以低能耗、低污染、低排放为目标,由低碳运输、低碳仓储、低碳包装等功能要素所组成的系统。从系统观点来看,物流系统的每个功能环节都实现了低碳,整体实现了资源最充分的利用,才符合低碳物流的内涵。低碳物流系统既是物流系统的一个子系统,其本身也是由多个子系统,如低碳运输子系统、低碳仓储子系统、低碳包装子系统等所构成。这些子系统之间也存在着物流系统固有的效益背反现象,并且相互影响。另外,由于低碳物流具有系统性,所以低碳物流系统也受到外部环境的影响,外部环境对低碳物流的实施将起到约束作用或推动作用。

(2)双向性

低碳物流具有双向性是指低碳物流包括正向物流与逆向物流两个方向的低碳化。正向物流低碳化是指通过“生产—流通—消费”的路径满足消费者需求的物的流向过程中所有活动的低碳化;逆向物流低碳化是指物在正向物流过程中产生了各类衍生物,合理处置这些衍生物所产生的物流活动的低碳化,主要包括回收、分拣、净化、提纯、商业或维修退回、包装等再加工、再利用和废弃物处理等环节的低碳化。

(3)多目标性

低碳物流为了实现可持续发展的最终目标,其主要准则是经济利益、消费者利益、社会利益和生态环境利益四个目标的统一。低碳物流作为社会经济活动的一种,追求经济利益是其根本,但从可持续发展的观点来看,还应注重消费者利益、社会利益和生态环境利益。从系统观点看,这四个目标往往是相互制约、相互冲突的。低碳物流需要在这些目标之间进行平衡,其中生态环境效益是其他目标实现的保证,也是低碳物流得以实现的关键。

(4)标准性

标准化是低碳物流发展的基础。低碳物流标准化对降低物流成本、提高物流资源利用、节能减排具有重大的决定性作用。

低碳物流要求在不同的物流功能环节制定各类标准,进行统一协调,提高低碳物流系统管理水平。另外,在国家层面,对低碳物流所使用的能效技术、可再生能源资源和节能减排技术也制定了统一的标准。现在我国主要城市和大部分行业都在研究碳排放限值、审核、评估及验证领域的标准体系建设。

(5)技术先进性

低碳物流的实现,离不开先进的技术应用。低碳物流以能效技术、可再生能源技术和温室气体减排技术的开发和运用为核心。这些技术可以是硬技术,也可以是软技术。硬技术包含物流设备的使用,如叉车、托盘、货架、分拣机、绿色运输车等设备的使用;软技术主要是指先进而又合适的软件、操作方法、作业标准和业务流程等。

二、发展低碳物流的意义与瓶颈

1. 发展低碳物流的意义

发展低碳经济是我国实现未来发展的必然选择。作为国务院颁布的十大规划振兴产业之一，物流业虽然产业规模较小，但角色重要，直接支撑了现代经济的发展，在低碳经济中占有特殊地位。一方面物流作为能源消耗大户，又是碳排放大户，降低物流业的能耗，能够有力地促进低碳经济发展；另一方面，先进的物流方式可以支持低碳经济下的生产方式和生活方式，低碳经济需要现代物流的支撑。

(1)物流活动是碳排放的主要来源之一

物流活动的主要功能要素包括运输，而运输形成的交通运输业是碳排放的主要来源之一。在交通运输业中，公路运输一直是我国最重要的物流运输方式之一。公路运输虽然运量小，但运输成本高，对能源消耗大，且不可避免地存在着汽车尾气排放，造成环境污染。在我国大中型城市，汽车尾气排放已成为主要的大气污染源。公路运输在不断消耗着地球的资源，其使用的汽油约占全球汽油消费量的1/3。机动车的燃料消耗成为石油资源的绝大消耗源。而航空运输与海洋运输是另外的主要石油资源消耗源，并且伴随着噪声污染和水资源污染。

(2)低碳物流成为物流企业转型发展的必要条件和战略选择

为应对全球气候变化，各国都在推动和实施低碳经济。一方面低碳经济为物流企业带来了巨大的风险和挑战，物流企业需要适应这样的变化，根据各国的低碳经济政策，调整企业的发展思路，进行企业转型发展来应对低碳经济带来的挑战；另一方面，低碳经济也为物流企业创造了新的机遇，低碳技术、能效技术、节能减排技术的研发为物流企业带来了新的商机、新的发展空间，如何在技术更新中占有一席之地，低碳物流就成为物流企业的战略选择。

(3)低碳物流的建立，更有利于全面满足人民不断提高的物质和文化生活的需要

物流作为生产和消费的中介，是衔接生产和消费的重要环节，也是满足人类物质和文化生活的基本环节。低碳物流是伴随着人类生活需求的进一步提高，尤其是随着低碳生活和低碳消费的提出应运而生的。如果没有低碳物流的维系，生产环节的低碳化以及消费者低碳生活与低碳消费再推广也难以实施。另外，随着电子商务与网络的发展，随之产生的生活的电子化、网络化和连锁化，电子商务、网上购物、连锁经营，这些不断提高的物质文化生活，无不有赖于低碳物流。

2. 发展低碳物流的瓶颈

目前，我国低碳物流发展与国际上先进技术国家相比，仍存在较大的差距，主要表现在：

(1)观念上的差距

一方面，领导和政府的观念仍未转变，低碳物流的思想还没确立。另一方面，经营者和消费者的域外物流低碳经营消费理念仍非常淡薄，低碳物流的思想几乎为零，比如，企业自身短期行为。不管是生产企业还是流通企业，为了实现利润最大化，会做出一些不顾社会效益的短期行为，如资源利用短期化。低碳物流的实施需要企业改善原有的经营方式，实现由粗放型向集约型转变，如对高碳能源的革新和利用、新能源交通工具的创新，这些需要企业大量的技术投入和资金投入，在短期内无疑会增加企业成本，对于中小型物流企业而言，尤其如此。

(2)政策上的差距

一是法制不健全。我国在促进低碳经济发展的政策法律体系方面仍处于薄弱的状态。尽管目前我国在有关低碳经济的开发利用领域已经制定了《煤炭法》、《电力法》、《节约能源法》、《可再生能源法》、《清洁生产促进法》、《循环经济促进法》等多部法律,但这些法律法规制定得不够详细,缺乏足够的操作性,导致中国目前环境执法(包括能源领域)效果不佳、环保状况不能得到根本改善。二是政策不到位。对新能源的开发和利用是实现低碳经济的重要途径。现在国家对新能源汽车的补贴还在试点中,混合动力车(新能源车之一)的基建配套、行业标准的统一化、消费者的购车理念都急需解决。如建充电网,必须要有国家电网的配合。另外,与低碳物流相关的另一措施——碳税(碳排放税)虽酝酿已久,但国家发改委、财政部和环保部等尚未对征收标准、征收对象达成一致。

(3)技术上的差距

低碳物流的关键,不仅依赖物流低碳思想的建立,物流政策的制定和遵循,更离不开低碳技术的掌握和应用。而我们的物流技术和低碳要求有较大的差距。如我国的物流业还没有什么规模,基本上是各自为政,没有很好的规划,存在物流行业内部的无序发展和无序竞争,对环保造成很大的压力;在机械化方面,物流机械化的程度和先进性与低碳物流的要求还有距离;在物流材料的使用上,与低碳物流倡导的可重用性、可降解性也存在巨大的差距;另外,在物流的自动化、信息化和网络化环节上,低碳物流更是无从谈起。

三、低碳物流发展的对策

1. 宏观方面

(1)普及低碳观念、完善相关政策

首先,要普及全民的低碳生活观念,使全社会都能认识到低碳在经济可持续发展中的重要地位,从而积极主动地推进低碳物流的发展。其次,借鉴发达国家关于低碳经济的立法,完善有关碳税、财政补贴、税收优惠等政策措施。

(2)逐步开发低碳技术

低碳物流的实现最终要依靠先进的低碳技术。低碳技术的发展方向主要是能源低碳和排放低碳。少数高端物流企业应在政府的大力协助下,以清洁发展为目标,以科技进步为手段,积极自主研发低碳能源核心技术,通过与发达国家相关企业合作,引进低碳技术领域的创新思维,配合清洁能源方面的专业知识,开发新型低碳技术,并将这些新型技术应用在物流领域中,从而推进低碳物流的实现。

(3)整合物流有效资源

在当前阶段,通过整合现有物流资源,优化资源配置,提高资源利用率,减少资源消耗和浪费,是企业做大做强的必经之路。只有这样,企业才有时间和精力投入到低碳技术的研发中,逐步将低碳物流的发展纳入日程,这正是社会可持续发展所提倡的,也是我国发展低碳物流亟待逾越的障碍。

(4)培养企业经营者低碳经营的理念及勇于承担社会责任的意识

培养企业经营者低碳经营的理念,包括提供低碳产品、低碳包装等。同时,非常关键的一个环节是保证商品在流通过程中的低碳化,要培养物流企业经营者承担社会责任的意识,使其在运输和仓储等活动中主动解决废气排放、噪声污染和交通阻塞等问题，让其意识到只有同时实现经济效益、社会效益和生态效益才能实现企业的长远发展。通过消费者的低碳消费舆论迫使相关企业实施低碳物流管理，同时也使大量消费过的物资通过正确途径返回再处理处，加强物资的循环利用。

2. 微观方面

（1）运输

我国是当今世界第一交通增长国，低碳交通应是发展方向。水运被认为是最具低碳效应的一种运输方式。铁路运输中二氧化碳的每人每公里排放量是公路运输的一半，是短途航空运输的四分之一。因此，铁路是运输方式中当之无愧的低碳绿色交通。随着全国铁路进入高速建设发展时期，核电站装机增加。铁路物流将迎来跨越式发展，未来500公里以上的货物运输尽可能地使用铁路，以实现运输的合理化，实现低碳物流。

（2）仓储

随着低碳经济的发展，仓储企业要继续把业务综合化、精细化管理作为主要竞争手段，大力发展增值服务，努力提升综合业务在企业经营业绩中的比重；引入新的管理理念，为客户量身定做业务模式、业务流程、服务标准和服务质量，裁减冗余，节约成本；科学合理地进行仓储物流园区布局，通过减少货物的迁流、减少车辆的空载、发展多式联运服务，打造低碳物流园区等途径来实现仓储的低碳化。

（3）包装

包装主要是指包装材料和包装设备两个方面。在包装材料上，选择既能经济地满足包装的功能要求，同时又不污染生态环境，不损害人的身体健康，可以回收和再利用，满足可持续发展的要求，促进生产部门采用尽量标准化的由可降解材料制成的包装；另一方面，要加强分拣加工包装设备的研发力度，大力推行可回收容器用于加工包装。废旧集装箱的循环再利用，也会使原来高碳钢板材料得以充分使用，减少大量因回炉炼钢而导致的重复污染，降低二氧化碳排放量，从而减缓对资源的耗费和对环境的不利影响，有效提升产品价值和企业效益。

练习题

1. 单选题

（1）下游顾客将不符合订单要求的产品退回给上游供应商的物流被称为（　　）。

A. 回收物流　　B. 退货物流

C. 正向物流　　D. 逆向物流

（2）绿色物流的最终目标是（　　）。

A. 保护环境　　B. 节约资源

C. 实现企业盈利　　D. 可持续发展

（3）低碳物流的关键目标是（　　）。

A. 经济利益　　B. 消费者利益

C. 社会利益　　D. 生态环境利益

2. 多选题

(1)回收物流的特点包括(　　)。

A. 回收对象种类繁多　　B. 回收数量大

C. 粗放性　　D. 运距短

(2)从生命周期的不同阶段看,绿色物流活动表现为(　　)。

A. 物资供应物流的绿色化　　B. 生产物流的绿色化

C. 销售物流的绿色化　　D. 产品回收及废弃物处理的绿色化

(3)加快低碳物流发展的宏观对策包括(　　)。

A. 普及低碳观念　　B. 完善相关政策

C. 逐步开发低碳技术　　D. 选择由可降解材料制成的包装

3. 简述题

(1)简述逆向物流与正向物流的联系与区别。

(2)简述我国发展绿色物流存在的问题与对策。

(3)简述我国发展低碳物流的意义与瓶颈。

4. 案例分析题

安吉汽车物流有限公司(以下简称"安吉物流")伴随着中国汽车工业快速的发展而诞生,经过多年的打拼,已成为业内屈指可数的领先者。但其并不满足于已取得的成绩,而是将目光投向了物流企业未来的重要发展方向——绿色物流。打造一流的"绿色"物流企业是安吉今后的重点目标。首先,创新物流技术。安吉物流把科技的创新自始至终地贯穿于从绿色设计到工艺和包装,从用户服务到配送和仓储的整个供应链,乃至在物流的自动化、信息化和网络化全过程,如采用和建立库存管理信息系统、配送分销系统、用户信息系统、EDI/Internet 数据交换、GPS 系统以及货物跟踪和车辆运行管理系统等,集成一体化的强有力的平台优势。其次,构建精益物流链。安吉物流将从研究主机厂订单式生产方式到合理的安全库存开始,将物流运行中包括从整车和零部件的集中配送,将静态的库存管理转变为动态的配送,从本地到异地,从国内到国外等各个环节进行闭环管理的一体化的精益物流链。安吉物流将大力发展绿色环保的铁路、水路运输,有序改善、逐步提升公路板车排放标准,打造一支"多功能、复合型"的联合舰队,形成公路、铁路、水运多式联运模式,从而担负起"高起点"发展的专业运作整车、零部件及口岸物流的任务。首先将优化运输方式。一是通过合作方、加盟商,建立整车资源、运能资源的平台,形成覆盖全国的物流网络。二是通过科技创新,创建功能齐全、覆盖各配送商、资源共享、统一规范的 IT 平台。三是发挥铁路、公路、水运等基本运输方式的特长,实行多环节、多区段、复合式的运输方式,提高资源的利用率。四是统筹兼顾、统一调配,提高车辆装载效率,减少空载现象。五是优化线路,采用智能交通系统,为驾驶员提供优选路径,节约能源,降低排放等。最后,安吉物流还将全面优化工作流程,强化全方位的 GPS 定位跟踪、信息反馈等,确保快速、准时、安全,打造一流的品牌形象。

问题分析:安吉物流在打造一流的"绿色"物流企业方面采取了哪些措施?你认为在发展绿色物流或低碳物流方面,除了企业外,政府及消费者应发挥哪些作用?

第四章　平安物流

引导案例

“8·12”天津滨海新区爆炸事故

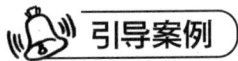

2015 年 8 月 12 日 23 时 34 分 06 秒，位于天津滨海新区塘沽开发区的天津东疆保税港区瑞海国际物流有限公司所属危险品仓库发生了第一次大爆炸。距第一次爆炸点约 20 米处，有多个装有硝酸铵、硝酸钾等氧化剂、易燃固体和腐蚀品的集装箱，受到火焰蔓延的作用以及第一次爆炸冲击波影响，23 时 34 分 37 秒发生了第二次更剧烈的爆炸。据测算，本次事故中爆炸总能量约为 450 吨 TNT 当量。经查，事发前，瑞海公司危险货物集装箱堆场内共储存危险货物 7 大类 111 种，共计 11 383.79 吨，其中数量大的有硝酸铵 800 吨，氰化钠 680.5 吨，硝化棉、硝化棉溶液及硝基漆片 229.37 吨。其中，运抵区（也称海关监管区）内共储存危险货物 72 种，共计 4 840.42 吨，包括硝酸铵 800 吨，氰化钠 360 吨，硝化棉、硝化棉溶液及硝基漆片 48.17吨。

该火灾爆炸事故，造成 165 人遇难（其中参与救援处置的现役消防人员 24 人，天津港消防人员 75 人，公安民警 11 人，事故企业、周边企业员工和居民 55 人）、8 人失踪（其中天津消防人员 5 人，周边企业员工、天津港消防人员家属 3 人），798 人受伤（伤情重及较重的伤员 58 人、轻伤员 740 人），304 幢建筑物、12 428 辆商品汽车、7 533 个集装箱受损。截至 2015 年 12 月 10 日，依据《企业职工伤亡事故经济损失统计标准》等标准和规定统计，已核定的直接经济损失 68.66 亿元。此外，本次事故产生的残留化学品与二次污染物逾百种，对事故中心区及周边局部区域大气环境、水环境和土壤环境造成了不同程度的污染。

事故调查组经过艰苦细致的调查，认定事故主要原因如下：一是瑞海公司违规超量储存易燃易爆、剧毒等危险化学品，远远超出设计上限，尤其是严重违规存放大量不允许存放的硝酸铵，埋下巨大隐患。事故的直接原因是：瑞海公司危险品仓库运抵区南侧集装箱内的硝化棉由于湿润剂散失出现局部干燥，在高温（天气）等因素的作用下加速分解放热，积热自燃，引起相邻集装箱内的硝化棉和其他危险化学品长时间大面积燃烧，导致堆放于运抵区的硝酸铵等危险化学品发生爆炸。二是消防力量对事故企业储存的危险货物底数不清、情况不明，致使先期处置的一些措施针对性、有效性不强。事故发生后，到场的指挥员立即向企业现场人员了解有关着火物质情况，但企业人员未能提供准确信息，尤其是没有告知货场内存有大量硝酸铵，致使指挥员难以对火场状况做出危险预估。三是从幸存消防员、企业在场人员了解的情况和现场监控视频分析，爆炸发生前现场火势始终处于稳定燃烧状态，在毫无征兆的情况下，短时间内接连发生了两次大爆炸，消防人员虽然已经撤离发生火灾的运抵区，但仍处于爆炸核心区，猝不及防，造成了大量人员伤亡。

针对调查发现的问题,调查组提出了十个方面的措施建议:一是坚持安全第一的方针,切实把安全生产工作摆在更加突出的位置;二是推动生产经营单位落实安全生产主体责任,任何企业均不得违规违法变更经营资质;三是进一步理顺港口安全管理体制,明确相关部门安全监管职责;四是完善规章制度,着力提高危险化学品安全监管法治化水平;五是建立健全危险化学品安全监管体制机制,完善法律法规和标准体系;六是建立全国统一的监管信息平台,加强危险化学品监控监管;七是严格执行城市总体规划,严格安全准入条件;八是大力加强应急救援力量建设和特殊器材装备配备,提升生产安全事故应急处置能力;九是严格安全评价、环境影响评价等中介机构的监管,规范其从业行为;十是集中开展危险化学品安全专项整治行动,消除各类安全隐患。

第一节　物流事故

一、物流事故的概念与特点

1. 物流事故的概念

事故(Accident),是指人们在工作生产活动和日常生活活动过程中,由于各种原因导致发生的产生不期望后果的意外事件。

相应地,物流事故,主要是指在物流生产过程中可能带来人员伤亡、财产损失或环境污染的意外事件。

2. 物流事故的特点

大量的物流事故调查、统计、分析表明,物流事故有其自身特有的属性。

(1)普遍性

由安全与风险的定义可知,风险是绝对的、无处不在的,因而其具有普遍性,而风险是事故发生的必要条件,故而事故也具有普遍性。这就意味着在物流生产过程中的任何环节,都存在着发生事故、造成伤害或损失的可能性。因此,才会有"我们要时刻绷紧头脑中安全这根弦"、"安全工作要常抓不懈"这类的说法。

(2)随机性

随机性,也称偶然性,它包括两个方面,一是事故发生的时间、地点、形式和规模具有随机性,二是事故后果的严重程度也是不确定的,而且两者是相互独立的。也就是说,无论科学技术发展到何种程度,对何时、何地、发生何种事故,其后果如何,都不可能准确地预测。正是因为事故具有随机性,很多人才会有侥幸心理,同时也使得研究事故比研究其他问题更困难。当然,这种偶然性并非意味着没有任何规律可循,比如在一定的范围内,事故遵循数理统计规律。亦即在大量事故统计资料的基础上,可以找出事故发生的规律,预测事故发生概率的大小和可能的严重程度。因此,必须充分认识到,事故的发生虽具有偶然性,但其之所以发生,与我们安全管理水平高低有着必然的联系。

(3)必然性

风险是客观存在的,如果没有采取相应的措施,则发生事故的可能性与其后果的严重程度就可能超出我们的可接受水平。因此,物流事故的发生有它的必然性,只不过是事故发生的概率大小、人员伤亡的多少和财产损失的严重程度不同而已。表面看来,事故产生带有极大的偶然性,其实在这种偶然性中隐藏着必然性。正如恩格斯所说,“那被断定为必然的东西,是由种种纯粹的偶然所构成的;而被认为是偶然的东西,则是一种有必然性隐藏在里面的形式”。认识到事故的这两种特性及其之间的关系,对于物流事故控制工作至关重要。

(4)因果相关性

物流事故是由系统中相互联系、相互制约的多种因素共同作用的结果,导致事故的原因也多种多样。但是无论何种事故,其原因和结果之间一定存在某种我们已知或者未知的联系,这种联系就是事故的重要特性——因果相关性。事故的因果相关性是指事故的发生有其原因因素,而且往往不是由单一原因因素造成的,而是由若干个原因因素耦合在一起,当出现符合事故发生的充分与必要条件时,事故就必然会立即爆发。消除发生事故的充分与必要条件,事故就不会产生。这种因果关系其实就是事故的规律。根据这个规律,我们或者消除原因,或者切断或弱化原因与结果之间的联系,就可以达到预防事故或减少其损失的目的。因此,正是因为事故具有该特性,才有对其研究的必要与可能。

(5)突变性

物流系统由安全状态转化为事故状态实际上是一种突变现象。与其他事故一样,物流事故的发生都经历一个由量变到质变的发展过程。但与大部分事故不同的是,物流事故的发生过程往往还存在着大量的突然变化和跃迁现象,每每令人措手不及。因此,制定物流事故预案,加强应急救援训练,提高作业人员的应急反应能力和应急救援水平,对于减少人员伤亡和财产损失尤为重要。

(6)潜伏性

物流事故的发生具有突变性,但在事故发生前大多存在着一个量变过程,亦即物流系统内部相关参数的渐变过程,因此,物流事故具有潜伏性,物流事故隐患的存在就是这种特性的典型代表。物流事故的潜伏性往往会造成人们的麻痹思想,从而与事故预防失之交臂进而酿成重大恶性事故。找到这些相关参数,并采取合理措施对其加以控制或监测,就可以及时了解事故的发展过程,认清事故规律,消除事故隐患,实现事故预防。其实,这就是所谓的事故预警。

(7)危害性

物流事故往往造成一定的财产损失或人员伤亡。严重者甚至会制约企业的发展,造成人们的心理创伤,给社会稳定带来不良影响,人们之所以如此关注事故原因就在于此。事故的危害性主要体现在其造成损失的多样性和损失后果的严重性两个方面。当然,其所致损失并非一定能用金钱来度量。

(8) 可预防性

尽管物流事故的发生机理一般比较复杂,而且存在着发生的必然性,但物流事故仍然具有可预防性。这是因为任何事故都具有因果相关性,因此,可以通过诸多的科学技术手段找到这种特性。随着科学技术的不断发展,人类对事故的认知水平和控制能力势必逐步提高,进而认识到以往未知的事故特性并采取相应的措施控制之。充分认识事故的这一特性,可增强物流安全管理工作的信心。

以上八种基本特性对于认知物流事故的本质以及明确控制物流事故的最佳手段将会起到至关重要的作用。而物流事故的随机性和因果相关性更是重中之重,所以国内有专家比照管理的系统原理与人本原理等,提出了安全生产管理的预防原理,并将上述两种特性分别以“偶然损失原则”和“因果关系原则”的形式列入其中,其意向自然不言自明。

二、物流事故的分类

对物流事故进行分类,目的在于分析、研究、预防和处理物流事故,同时也便于统计和从各个角度寻找对策。目前,各种运输方式的安全法规对事故的分类都有规定,尽管细节不同,但基本原则相同。

(一)道路交通事故分类

1. 按照事故的损害结果分类

道路交通事故可分为死人事故、伤人事故、物损事故、混合型事故。

2. 按事故的危害程度分类

根据《中华人民共和国道路交通安全法》,道路交通事故,分为特大事故、重大事故、一般事故和轻微事故四类。这一分类在不同时期,其具体标准有所不同。

(1)轻微事故,是指一次造成轻伤1至2人,或者财产损失机动车事故不足1 000元,非机动车事故不足200元的事故。

(2)一般事故,是指一次造成重伤1至2人,或者轻伤3人以上,或者财产损失不足3万元的事故。

(3)重大事故,是指一次造成死亡1至2人,或者重伤3人以上10人以下,或者财产损失3万元以上不足6万元的事故。

(4)特大事故,是指一次造成死亡3人以上,或者重伤11人以上,或者死亡1人,同时重伤8人以上,或者死亡2人,同时重伤5人以上,或者财产损失6万元以上的事故。

3. 按照事故的形态分类

道路交通事故可分为碰撞、碾压、刮擦、翻车、坠车、爆炸、失火和撞固定物等类别。

4. 按照事故责任分类

道路交通事故也可按事故第一当事人分类,可分为机动车事故(货车事故、客车事故)、非机动车事故、行人事故等。

5. 按事故对象分类

(1)车辆间的交通事故

它是指车辆之间发生刮擦、碰撞等引起的事故。碰撞可分为正面碰撞、追尾碰撞、侧面碰撞和转弯碰撞等;刮擦可分为超车刮擦、会车刮擦等。

(2)车辆与行人的交通事故

它是指机动车对行人的碰撞、碾压和刮擦等事故,包括机动车闯入人行道及行人横穿道路时发生的交通事故。其中,碰撞和碾压常导致行人重伤、致残或死亡;刮擦相对前两者后果一般比较轻,但有时也会造成严重后果。

(3)机动车与非机动车的交通事故

在我国主要表现为机动车对非机动车驾驶人员造成伤害的事故。

(4)车辆自身事故

它是指机动车在没有发生碰撞、刮擦情况下由于自身原因导致的事故。

(5)车辆对固定物的事故

它是指机动车与道路两侧的固定物相撞的事故。其中固定物包括道路上的工程结构物、护栏、路肩上的灯杆、交通标志等。

6. 按事故发生地点分类

道路交通事故可按路段分类,如按城市道路、公路所发生的交通事故来分类;或者按在道路交叉口和路段所发生的交通事故来分类。

7. 按事故产生原因分类

(1)主观原因造成的事故

主观原因是指造成事故的当事人本身内在的因素,主要表现为违反规定、疏忽大意或操作不当,分别对应思想方面的原因、心理或生理方面的原因以及技术生疏、经验不足的原因。

(2)客观原因造成的事故

客观原因是指引发事故的车辆、环境和道路方面的不利因素。对于客观原因还没有很好的调查和测试手段,因此在事故分析中往往被忽视。这一点需要引起重视。

(二)海运货物残损的种类与成因

货物的包装或外表发生破损、污损、水渍、锈蚀、异常变化等现象(木材的干裂、货物的自然减量除外),危及或可能危及货物的数量或质量时,称为货物残损(Damage)。

货物在长途海洋运输过程中所造成的各种各样残损,原因很多,责任归属各异。

1. 渍损(Stained)

货物外表遭受渍损,是最常见的残损现象之一。"渍损",即指被其他物资,尤其是液体所沾污浸渍而造成的残损。有的货物外表渍损仅损及包装,而内容却完好无损;有的货物由于外表渍损损及内容,甚至内容物严重受损,其外表却仅有渍印,这是由于外包装容易在空气中干燥之故。因此,对于外表遭受渍损的货物,必须打开包装彻底检查内容,并检查受损部位,内外联系,才能明确其损失程度。

渍损包括水渍、油渍、化学品渍和污渍等。

(1)水渍(Water Stained)

水渍可分为淡水渍和海水渍。一般来说淡水渍损失较轻,海水渍损失较重,必须通过取样化验,才能区分淡水渍、海水渍。

①淡水渍

造成这类货损的原因,大致有船舶水舱漏水或舱内水管因锈蚀、裂缝、断裂、脱焊等原因漏水;或污水沟、污水井积水(有时是半咸水)过多,溢入货舱渍损货物;有时是加装淡水时,加水管不紧密漏水而渍湿货物;或因加水过满,水经空气管溢到甲板上,渍及甲板上堆放或驳船内装载的货物。有的货物来自内河、内江,通过驳船运至大船装运,往往也会在此期间遭受江水、河水的渍损。

雨、雪渍也属淡水渍范畴,这往往是由于船期紧迫,冒雨、冒雪装卸货物,但也有在装货过程中,突然下雷阵雨,来不及关舱而造成舱内货物被雨水渍损。还可能由于货物堆放在码头待运,缺乏苫盖,遭受雨、雪淋湿,或在火车、驳船转运过程中,保管不善,遭受雨、雪渍损。

在淡水渍损中,还有一种常见的叫作汗水渍。一般说来汗水渍损失比较轻微,甚至有时没有损失,但也有遭到大量汗水下淌、下滴使货物受损较为严重的情况。如应该通风的货物,由于船方没有采取必要的通风措施或者通风设备失灵而造成汗水渍,此时承运人应负一定责任。由于恶劣气候被迫停止通风而引起的汗水渍,承运人不承担责任,如果已投保了一切险,损失就由保险公司负责赔偿。

船舱内产生汗水是一种物理现象。大气中含有的水蒸气,其饱和量随着温度高低而有变化。本来不饱和的水蒸气,一旦温度下降,就会近于饱和。使之饱和的温度,叫作露点。当水蒸气含量接近饱和状态时,则温度再下降,一部分水蒸气就要液化。

在海洋运输过程中,船舶航程遥远,有的要经过热带、温带、寒带不同的地区,温差变化较大,产生汗水的机会就多。比如某船由较热港口驶往寒冷地区,由于外界温差影响,舱壁温度降到露点以下,就会在其上结汗。同时,舱内露点温度上升,超过了舱壁、货物表面温度时,又会在舱壁与货物表面上产生汗水。

汗水的产生,多在上层甲板舱的舱顶部分和船壳铁板上。这是由于这些部位传导外界热量,温度下降较快。铁质舱顶下凝结大量的汗水珠,就是这个缘故。木质舱盖下就没有这种现象,因为木质不易导热,另外木质本身也有一定的吸湿性。

汗水产生后,会顺着舱顶、舱壁、船壳铁板滴淌于舱内货堆表面和侧面,有时大量汗水下淌积聚于甲板舱底部,会损及底部货物;靠近舱壁、船壳铁板处的货物,往往还会因有汗水而发霉。

鉴别汗水渍损的方法,除了取样化验是否为淡水外,还应从受损货物的积载位置和受损现象来判断。例如受损货物分散在货堆表层而不是集中在某处,袋包上呈现滴水斑点,散装粮谷类表层发芽等,均系汗水渍损的现象。

②海水渍

船舶长期航行于海洋中,经常会遭遇大风大浪袭击,这就给海水渍损货物带来了机会和提供了条件。造成海水渍损的原因很多,有海水从船壳、甲板、舱口、通风筒、空气管、测量管等处进入的,也有从压舱水柜、潜入孔、水管、止回阀等处进入的。

在查明进水部位的同时,必须严格区分下述两种原因:一是航途中由于恶劣气候,风浪袭击损坏船体设备,致使海水进入货舱损及货物,这是属于人力不可抗拒的天灾;二是船舶设备陈旧,年久失修,则属于不适载货的缺陷。舱盖漏水,必须分清是大风浪造成的,还是船舶存在缺陷造成的。舱盖有否变形,往往非肉眼所能鉴别,而且船舶在航程中还会有弹性变形的情况,这种弹性变形引起的进水,承运人是不能负责的。所以,有时就有必要在卸货后进行冲水试验,以证实舱盖在静态下是否水密。

此外,除了海水外,尚有因货舱不洁或积载不当而造成的海水渍。例如装过散盐的货舱,没有清扫冲洗干净,残留舱内或大梁上的散盐潮解下淌,渍损其他货物;尚有咸湿牛皮或肠衣等积载于甲板舱,其潮解或洒漏之卤水损及同舱或舱底货物,造成咸水渍损等。

(2)油渍(Oil Stained)

货物遭油渍损,以燃油为多。由于船舶储存大量燃油和部分润滑油,这就可能因油舱不密渗漏或油管锈蚀渗漏,以及加油不慎造成溢油事故损及货物;有时也有因码头、驳船、甲板、货舱不洁而造成油污。同舱装载桶装动、植物油,也会因包装破漏而使其他货物遭受油渍。这时就应检查配载情况是否符合要求,铺垫措施是否恰当。装载散装动、植物油,如果油舱不密固,装卸洒漏,以及航途中液体因膨胀而溢出,也会导致其他货物遭受油污。

(3)化学品渍(Stained by Chemicals)

化学品渍,主要是指液体化学品渗漏后,损及同舱装载的其他货物。与桶装油一样,必须对配载、积载、铺垫等采取妥善措施,防止污损其他货物,有时这种污损会产生严重的损失。

(4)污渍(Dirty Stained)

货物遭受污渍,主要源于仓库、码头、运输或装卸工具以及货舱不清洁。如装载过煤或矿砂的船舱、驳船或车皮,未经彻底冲洗,就装载袋装粮食、包装棉织品等杂货,必然会造成货物污渍。对于污渍,应做实地勘查和调查,查明污渍产生的地点,受损部位、形状、面积、脏物、积载、转运等各方面的综合情况。

2. 残破

残破是最常见的货损之一,几乎每艘杂货船的载货都难免发生残破,由于包装残破而引起货物损坏的也不少。造成残破的原因很多,有包装本身不良,不适合长途运输造成的;有装卸、搬运不慎造成的;也有因积载不当,加固绑扎不牢,衬垫、隔离不良和管理不善造成的;还有因气候恶劣,大风大浪引起坍垛造成的。因此,要准确判断残破的致损原因,首先必须了解遭受残损的时间、地点,查勘残破的状况。

残破的具体原因主要有如下几种:

(1)包装不良,包装材料脆弱

由于包装的材料和方法不符合正常装卸、搬运、运输的要求,致使货物包装在长途运输和装卸搬运过程中残破,造成包装内的商品被污染、流失或变成地脚货。

包装不良造成残破的原因还有下列几种:

①缺少"注意标记",包括文字或图案。

②箱内衬垫、支撑、紧固不足或不妥。

③箱装应有防潮措施而未采用。

④箱板、桶板采用水分较高的板材,经过长途运输,板材内的水分蒸发,板材收缩裂缝,货物撒漏或板材发霉损及货物。

⑤不应同装一箱的货物而混装在一起,又未采取适当的衬垫、隔离措施,造成相互碰撞、挤压。

⑥箱装用钉过长或钉箱不慎,钉破箱内货物。

⑦包装材料脆弱,经不住运输途中的正常冲击、摇晃、倾斜、摩擦等。

⑧袋装货物缝口不牢,缝线过疏或过紧崩断,以致张口撒漏或纸袋层数不足,抗压强度不够。

(2)粗暴搬运

搬运工人为了追求装卸速度或贪图省力而将货件乱摔、乱放、不加爱护,造成货物残损。

(3)使用工具不当

如应用网兜吊货,却用绳吊,使货物残破;又如装卸袋装货时使用手钩,造成钩洞、残破和漏失。

(4)装卸、搬运不慎

未按标志穿放吊绳起吊或起铲,致使受力不匀,失去平衡,货落跌破,装卸起吊不慎碰撞或拖钩拉破等。

(5)装卸工具缺陷

如钢丝绳陈旧,起吊后钢丝绳断开,货物跌落,造成残破;绞车失灵,货物下坠碰破等。

(6)积载不当,加固绑扎不牢,衬隔支撑不足等

此种情况下易造成货物被压破、挤破、坍垛、摔破等。

(7)恶劣气候

船舶颠簸摇摆剧烈,造成货物互相碰撞、挤压而残破或货垛倒坍而摔破等。

(8)底层舱舱口未盖舱盖板

此种情况下易造成积载在底层舱舱口边沿与舱口处的包装货物在航行途中下沉时,被舱框与大梁折割残破,致使货物流失舱内,变成地脚货。袋装原糖和化肥等常常有此类残破。

(9)船舱内两舷无护货板或护货板不全

如货物被护货板托钩钩破致残,货物流失变成地脚货,这种情况也以袋装原糖等货物为多。

3. 霉烂

货物霉烂是霉菌在适宜的温度、湿度条件下繁殖引起的。散装粮谷等货物最容易发霉、腐烂。因这类货物本身含有一定的水分,只要水分略高一些,温度适宜,货物就会发霉。因此,粮谷的运输保管对水分含量的要求是非常严格的,必须保持在安全水分以下,才能防止霉烂变质。尽管如此,如果在长途运输过程中遭遇水渍,仍可能发生霉烂。进口橡胶的包件上常常发现干霉渍,可能是发货前即已存在。有时橡胶遇到水渍后,被闷压在舱内,也会霉烂发臭。进口麻袋装可可豆遭受汗水渍损后,也会发霉。进口麻袋包装的货物,如大米等,常常因装船时遇雨、雪潮湿,卸货时造成麻袋包装霉烂破损。进口纸袋装奶粉受潮后,袋包也常有发霉情况。

检查货物霉烂的原因,既要从货物本身的水分去分析,又要从外来水渍增加水分的因素来考虑,所以既要做实地勘查,也要取样化验分析,查清真实原因。

4. 变质

商品在运输过程中的变质,有物理上的原因也有化学上的原因,有内因也有外因。变质包括有效成分的降低直至完全改变了原有的特性和成分。例如桐油遇到硫黄类物质,就变成灰白色凝固状,分子结构排列起了变化,完全失去了原有特性,成为废品。桐油在 120°F 以上的温度保存,也会变成废品。粮谷遭受水渍时间一长,就会霉烂发臭,完全变质而失去食用价值。有时受损较轻,虽已不能用于人类食用,但仍能充作动物饲料使用。前者的变质,已完全改变了原有的特性和成分;而后者的变质,只是降低了有效成分。散装航空煤油,如油船不洁,造成色泽变黄,增加了杂质,就不能再用于航空,只能改变用途,降作汽车用油。棉花、黄麻遇到水渍,拉力降低,影响原有用途,这些都是有效成分的降低。

5. 变形

货物的变形是受物理作用引起的。如遭受外力的撞击、挤压时,货物本身承受不了此种冲力和压力,就会改变其原来形状。造成货物变形的原因,多数是搬运、装卸过程中碰撞和船舱内积载不当、衬隔不足、支撑不牢、遭受挤压所致。常见的货物变形有钢管、角铁等五金钢材,由于其长度较长,极易碰撞弯曲变形;桶装货也容易被碰瘪变形;汽车驾驶室、挡泥板很容易在装卸过程中被碰瘪变形;箱装货物的变形,往往是由遭受积载于其上部的重货的挤压,以及货层之间缺乏木板支撑、衬隔或受力不匀而引起。外包装的变形也会造成内装货物的损坏。

6. **短缺**

短缺是指商品的数量不足。它的主要依据是根据合同、发票、装箱单所列的数量,对照全批商品的实际到货数量,经清点发现不足数,才能作为短缺。整件货物短缺,可凭理货短缺单直接对外索赔。造成短缺的原因主要有:

(1)原装短缺;

(2)包装不固而破损,造成货物的流失短缺;

(3)装卸、运输、储存过程中,被盗窃或碰破而流失短缺等。

7. **锈损**

锈损是最常见的货损之一,主要发生在金属材料或机械仪器等金属部件上。生锈是金属遭腐蚀的一种现象,是受到周围介质的化学或电化学作用而发生的破坏现象。其生成的原因与大气中温、湿度变化有关,大气中的氧气、二氧化碳、二氧化硫等气体或尘埃、盐分等杂质的污染,也会加速电化学腐蚀。铁质与大气接触后,产生氢氧化亚铁,再由于空气中氧的作用,而成为褐色的三氧化二铁(Fe_2O_3),这即是生锈。由于氯离子对金属氧化膜有侵蚀作用,而盐类会增强电解液膜的导电性,所以氯化物对金属的危害更大。总之,外界的潮湿、高温、氧气、二氧化碳、二氧化硫、盐分、尘埃等均是造成金属生锈腐蚀的因素。

产生货物锈损的原因主要有:

(1)包装材料引起的锈损。如包装材料潮湿、包装内衬垫填充物潮湿、无防潮材料衬隔、外包装破损、货物外露于潮湿空气中等。

(2)货物未涂防锈油,或涂油不均匀,有漏涂点,或因所涂防锈油酸度过高等造成锈损。

(3)垫舱物料潮湿,造成麻布包装或裸装钢材锈损。

(4)货物在转运、运输过程中,因遭受潮湿、雨淋、水湿等造成锈损。

(5)在制造工艺过程中造成的锈损。如镀锌铁皮在钝化处理过程中,由于散热不彻底也会造成锈损。

(6)货物在装运前因堆存时间过长、保管不善而造成锈损。如冷轧薄板存放时间过长,特别是堆放于海边或工业地区,极易由于产生三氧化二铁而锈损。

(7)积载不当,遭酸性、碱性化学品物质或挥发出的气体的污染而锈损。

8. **火损**

货物在海运过程中,因发生火灾而蒙受损失的事例屡见不鲜。起火的原因大致有:

(1)货物本身自燃。如棉、麻、鱼粉等类货物含水分过高,促使货物本身的氧化加剧,时间一久,热量积聚,达到着火点而自燃。燃点较低的石油、硫黄、化工产品遇到温度超过燃点的环境时,也会自燃。

(2)工人或船员吸烟,乱丢烟头,引起货堆起火。

(3)货舱内电线因年久失修而漏电,引起火灾。

(4)人为制造事端,故意纵火,造成火灾。

(5)配载不当,将两种或两种以上互相抵触的易燃化学品同配一舱,引起两种物质剧烈化学反应而发热和发光起火,或因包装破损撒漏与空气接触或靠近热源而起火。

(6)其他原因,如烟囱冒出的火星落入货堆起火,在舱内焊接、切割不慎失火等。

9. **气味感染**

气味感染对食品类商品影响极大,严重时会使其完全丧失使用价值。造成这种货损,主要存在下列原因：

(1)货舱不清洁,舱内有异味。有的货舱污水沟内残留的粮谷等有机物腐烂,臭气外溢,未经消除而装货;有的货舱内新涂油漆,散发漆味,感染货物;有的货物装在曾装过矿物油的油舱内,被气味感染。

(2)配载不当,货物之间互相感染异味。如将茶叶与兽皮同装一舱,茶叶因吸收了兽皮的臭味而无法使用;烟叶因本身有强烈气味而影响其他食品,但同时也能吸收其他异味,如樟脑味,会导致烟叶丧失使用价值。

(3)包装材料有异味,感染货物。如从某国进口的大米,麻袋本身沾附有严重的煤油味,据了解,该麻袋在制作时已喷洒煤油,以防止生虫,但大米却因此带有煤油味,影响食用。

10. 其他

比如,虫蛀、掺杂、鼠咬、焦损等,需要针对具体问题具体分析。

综上所述,海上运输货物致损的原因很多,归纳起来有以下几种:

(1)货物包装不固或包装质量不符合要求

货物包装材料或方法不符合海上运输和多环节装卸、搬运的要求,会造成货物残损。货物包装上缺少明显的注意标志,致使操作中造成货物破损。

(2)货物本身的潜在缺陷或自然特性

货物固有的缺陷或自然特性,如货物的吸湿性、锈蚀性、自热性等,称为货物本身的潜在缺陷或自然特性。

(3)货舱不适货及货舱设备不符合要求

①货舱不适货。装货前,货舱状况不适合所装货物的要求(如货舱不清洁、不干燥、有异味、未消毒、有虫害等),若勉强装货,势必造成货物污染、受潮、串味等货损事故。

②货舱设备不符合要求。如舱内护板有缺陷,污水沟或污水井不畅通,通风设备控制失灵,人孔盖、舱口盖等漏水,舱内管系渗漏等,均是造成货损事故的原因。

(4)货物配积载不当

到达港卸货时,发现因配积载不当所造成的货损,由船方负责(但因起运前未经船方同意,自行变更配积载图所造成的货损,应由起运港负责)。

①货物舱位选择不当。这是指货物性质与其所选配的舱位条件不相适应。如将怕热、易熔货物配于机舱、燃油舱加热管等热源附近舱位,将怕湿货物配于甲板或易产生汗水的部位,将要求经常通风的货物配于深舱等通风不良的舱位等,都是造成货物发霉变质、融化、水湿等货损事故的重要原因。

②货物搭配、隔离不当。这是指将性质互不相容的货物配在一起混装。如:将污染货物配在清洁货物附近,将重货配于轻货之上,将气味货物与怕异味的货物搭配混装以及危险货物隔离不当等,都有可能导致货物污染、压损、串味等货损事故,甚至引起燃烧、爆炸等严重事故。

③货物堆积、绑扎不当。货物在舱内或甲板上装载时,堆积和绑扎不当也是造成货损事故不容忽视的重要原因之一。如货物堆码不紧密,垛形不符合货物要求,或堆码过高,堆垛时应该留而未留出必要的通风通道以及重大件货绑扎方式不当、固定不牢等,往往会在航行中,特别是遇有风浪,船舶剧烈摇摆的情况下,造成货堆倒塌、货物移位、碰撞、通风不良等而引起严重货损,甚至危及船舶安全。

④衬垫、隔票不当。适当合理的衬垫,可以防止货物被汗湿、压坏、污染、掺混或移动,如果

对此不重视，如应该衬垫的部位未加衬垫，或衬垫方法不当，或衬垫材料的选择不适宜等，都可能引起不同程度的货损，甚至会导致其他恶性事故。此外，对不同卸货港、不同货主的同种类、同包装、同规格的货物，如果隔票或隔票材料选择不当，极易因货物混票、错卸、漏卸而造成货物差错事故，影响货物运输质量。

(5)装卸作业中产生货损事故

在装卸作业中产生的货损，除了由于船舶起货机具不良所发生的货损由船方负责外，其他均由港方负责。

①装卸设备、机具等技术状态有缺陷。

②装卸操作不当，选择吊货索具、装卸工具不适于货物要求，起货吊杆超负荷等。

③值班看舱松懈，疏于监装、监卸、监督理货计数。由于值班看舱不坚守岗位或松懈，以致造成装船时使原已破损不符合运输要求的货物混上船，未能及时发现剔除；货物堆积不符合配积载图要求；理货计数不准确以及对拖关、倒关等违章作业未能及时劝阻等；卸船时，对稍有破残包件不及时进行修理，对原残(是指卸货之前发生的货物残损)及工残(卸货过程中发生的货物残损)分辨不清，以及贵重物品、日用品被窃等，从而引起或扩大货损事故。

④夜间装卸。夜间装卸，照明设备灯具安装及拆除不当，或因照明不足，再加之夜间工人疲惫引起操作失误等，导致货损、货差甚至火灾事故的发生。

⑤天气影响。如不注意天气变化，雨雪天未及时关舱停止装卸，也会造成货损事故。

(6)运输途中保管不当

运输途中由于货物保管不当而造成的货损由船方负责。

①货舱通风不当。航行途中，货舱通风不及时或所采取的通风措施不适当，都可能使舱内产生大量汗水或使舱内缺氧或聚集大量有害气体，以致引起货物受潮、发霉或积热不散引起货物自燃，甚至发生火灾、中毒等事故。

②防水、排水、绑扎、加固等措施不及时。如对污水沟或污水井内的积水不及时测量并排除，因而造成污水外溢，使货物遭受水湿；大风浪中航行时，由于船舶摇摆加剧，货物绑扎索具极易松动，如不及时检查、加固，就可能引起货物倒塌或移动，不仅会造成货损，而且还会危及船舶安全。

③对冷藏货、危险货等特殊货物的检查和管理疏忽大意。

(7)恶劣天气等不可抗拒的原因

海上航行遇到大风浪，外板、甲板、舱口等水密设备遭受破坏，以致舱内进水，货物淹水、倒塌；或因天气恶劣，不能进行正常通风，造成舱内货物严重汗湿、霉烂等因不可抗力引起的货损事故，根据海商法及有关提单的国际公约的规定，船方若能提出不可抗力的充分证据，可以免除责任。遇此情况，船方一般于船抵港后 24 小时内向有关机构提交海事声明，并取得签证(必要时还应申请舱口检验)，以作为船方免责的证明文件。

三、物流事故致因理论

阐明事故为什么会发生，是怎样发生的，以及如何防止事故发生的理论，被称为事故致因理论，或事故发生及预防理论。

事故致因理论是从大量典型事故的本质原因的分析中提炼出的事故机理和事故模型。这些机理和模型反映了事故发生的规律性，能够为事故的定性定量分析，为事故的预测预防，为改进安全管理工作，从理论上提供科学的、完整的依据。

事故致因理论是安全科学的主要内容之一，因而其与安全科学一样，也是随着工业生产的发展而发展，随着人们对于安全问题研究的逐渐深入而深入的。

事故致因理论是一定生产力发展水平的产物。在生产力发展的不同阶段，生产过程中存在的安全问题有所不同，特别是随着生产形式的变化，人在工业生产过程中所处地位的变化，引起人的安全观念的变化，使事故致因理论不断发展完善。值得指出的是，到目前为止，事故致因理论的发展还很不完善，还没有给出对于事故致因进行预测、预防的普遍而有效的方法。某个事故致因理论只能在某类事故的研究、分析中起到指导或参考作用。然而，我们必须认识到，通过对事故致因理论的研究，可以使我们深入理解事故发生的机理，指导我们的事故调查分析乃至预防工作，为系统安全分析、危险风险评价和安全决策提供充分的信息和依据，最终促使人们对事故的研究从定性的物理模型向定量的数学模型发展，为事故的定量分析和预测奠定基础，真正实现安全管理的科学化。

1. 事故倾向性理论

1919 年，英国的格林伍德（M. Greenwood）和伍兹（H. Woods）提出了事故频发倾向的概念，其基本观点是：从事同样的工作和在同样的工作环境下，某些人比其他人更易发生事故，这些人即为事故倾向者，他们的存在会使生产中的事故增多，如果通过人的性格特点等区分出这部分人而不予雇佣，就可以减少工业生产中的事故。因此，人员选择就成了预防事故的重要措施。

此理论认为事故在人群中并非随机地分布，某些人比其他人更容易发生事故。因此，该理论将事故倾向的职工与其他人区别开来。这种理论的缺点是过分夸大了人的性格特点在事故中的作用，而且不能解释人们暴露在同等的危险情况下，受伤害的概率并非都相等的原因。在现代社会中，该理论主要应用于工作任务分配、工作选择等方面，具有一定的参考价值。

2. 事故因果连锁理论

1929 年，美国人海因里希（W. H. Heinrich）在《工业事故预防》一书中提出了“事故因果连锁理论”，认为伤害事故的发生是一连串的事件按一定因果关系依次发生的结果，并用多米诺骨牌来形象地说明了这种因果关系。这一理论建立了事故致因的事件链的概念，为事故机理研究提供了一种极有价值的方法。当然，海因里希理论也有明显的不足，它对事故致因连锁关系描述得过于简单化、绝对化，也过多地考虑了人的因素。但尽管如此，由于其的形象化和其在事故致因研究中的先导作用，使其有着重要的历史地位。

现代安全观念认为，必须将发生在生产现场的人的不安全行为或物的不安全状态作为事故的直接原因加以追究。但是，它们只是一种表面现象，是其背后的间接原因的征兆，是根本原因——管理失误的反映。所谓管理失误，主要是指在控制机能方面的欠缺，使得最终能够导致事故的个人原因及工作条件方面原因得以存在。按此理论，加强企业管理和安全管理是防止伤亡事故的重要途径。

3. 能量意外释放理论

1961 年由吉布森（Gibson）提出，并由哈登（Hadden）引申的能量释放论，认为事故是一种不正常的或不希望的能量释放，各种形式的能量构成了伤害的直接原因。因此，应该通过控制能量或控制能量载体来预防伤害事故，并提出了防止能量逆流于人体的措施。

4. 轨迹交叉理论

轨迹交叉理论是一种从事故的直接和间接原因出发研究事故致因的理论。该理论认为，事故的发生不外乎是人的不安全行为和物的不安全状态两大因素综合作用的结果，即人、物两大系列时空运动轨迹的交叉点就是事故发生的所在。预防事故的发生就是设法从时空上避免人、物运动轨迹的交叉，使得人们对事故致因的研究又有了进一步的发展。

轨迹交叉论反映了绝大多数事故的情况。统计数字表明，80% 以上的事故既与人的不安全行为有关，也与物的不安全状态有关。因而从这个角度来看，如果采取相应措施，控制人的不安全行为或物的不安全状态二者之一，避免二者在某个时间、空间上的交叉，就会在相当大的程度上控制事故的发生。这不失为一种极好的预防事故的思路，而且安全成本也会得到相应的降低。因而轨迹交叉论对于指导事故的预防与控制，进行事故原因调查等工作都是一种极为有效的概念和方法。

当然，在人和物两大系列的运动中，二者往往是相互关联、互为因果、相互转化的。有时人的不安全行为促进了物的不安全状态的发展，或导致新的不安全状态的出现；而有时物的不安全状态也可以诱发人的不安全行为。因此，事故的发生并非完全简单地按人、物两条轨迹独立地运行，而是呈现较为复杂的因果关系。这也是轨迹交叉论的缺陷之一。

5. 系统安全理论

该理论从系统工程的原理出发，要求整个系统本质安全化，系统在可靠性上提高其性能，尤其是一些机器设备在规定的时间和应用条件范围内，应能保证其质量的安全性，完成工作任务的可靠性。

首先，要明确该理论的研究对象，系统安全理论把人、机械、环境作为一个系统（整体），研究人、机械和环境之间的相互作用、反馈和调整，从中发现事故的原因，揭示出预防事故的途径。从人的角度，考虑人的特性、人对危险的感知情况等；从设备方面，考虑设备运行情况和对环境的适应情况等；再次考虑人机工程，人和设备是否协调，设备的特性和人的特性是否匹配，人发现事故危险的响应时间是否和设备系统允许的响应时间相一致，等等。

第二节　物流风险

一、物流风险的概念与特点

1. 物流风险的概念

风险是一个非常宽泛、常用的词汇，在英语中，通常用 risk 表示。相类似的词，还包括 peril，danger，hazard 等。这组词都有“危险”的意思。danger 是普通用语，含义很广，泛指任何可能发生的伤害或不良后果，适用于一切危险，如受害的遭遇，受害、受伤或丧命的可能性等；risk 也属常用词，与 danger 相比，一般指难以预料的危险，常作“风险”解；hazard 是正式用语，也指难以预料又无法控制的危险，但远不如 danger 和 risk 使用广泛；peril 也属正式用语，常指严重而紧急的危险，多见于文学作品中。

自 20 世纪以来，人们开始从不同的角度对风险进行广泛的研究。由于对风险定义理解角度的不同，从而产生了关于风险的不同学说，因此，作为经济学、管理学、社会学等众多学科研究对象的风险,在经济学家、决策理论家和保险学者等中间至今尚无一个适用于各个领域的一致公认的定义。归纳目前有关风险的数十种定义,可分成两大类:狭义上的风险与广义上的风险。

(1)狭义上的风险,是指未来损失发生的不确定性。这种不确定性表现为损失是否发生的不确定性,损失在何时、何地发生的不确定性,损失程度的不确定性。不确定性程度越高,风险也就越大。这是传统上的定义,它强调风险的不利后果,以告诫人们提高警惕并采取防范对策。

(2)广义上的风险,是指未来损失或收益发生的不确定性。这种不确定性的结果既可能是损失,也可能是收益。此定义强调风险既是机会又是威胁,是机会与威胁的矛盾统一体。正是风险蕴含的机会诱使人们从事各种活动,以求得到额外的报酬;而风险蕴含的威胁,则唤醒人们的警觉,设法回避、减轻、转移或分散风险。

由此可见,风险实际上是指未来的实际结果与预期结果偏离的可能性。换言之,风险与企业或个人的目标有关系,一般而言,目标定得越高风险越大,目标定得越低风险越小。

参照风险的定义,可以给出物流风险的定义。

(1)狭义上的物流风险,是指未来物流损失发生的不确定性。

(2)广义上的物流风险,是指未来物流损失或收益发生的不确定性。

2. 物流风险的特征

风险的特征是风险的本质及其发生规律的外在表现。正确认识风险的特征,对于建立和完善风险机制,加强风险管理,减少风险损失具有重要意义。风险一般有以下特征:

(1)损失性。风险具有损失性,如果没有损失,也就无风险可言了。

(2)不确定性。风险又是一个预期性概念,未来损失的产生只有可能性,没有必然性,因而风险具有不确定性特征。

(3)未来性。风险是关于"未来损失的不确定性",过去和现在属于已经发生或正在发生的领域,因而没有风险,但所有人或企业都无法确定将来的事情,故将来存在风险。为了准确度量和管理风险,风险总是定义在未来的某一段时间内。

(4)客观性。风险是由于不确定因素的存在而使企业遭受损失的可能性,而这种不确定性的存在是客观事物变化过程中的特性,因此,风险也必然是客观地无处不在、无时不有的。比如,客户欺骗、操作失误、企业破产等,都是由超越于人们主观意识所存在的客观规律所决定的。

(5)偶然性。风险虽然是客观存在的,但就特定的个体来说,风险事故的发生是偶然的,是一种随机现象。比如,不少企业都会发生运费拖欠的事,但就特定企业而言,运费拖欠在何时发生、发生多少拖欠、哪家企业拖欠、何种原因造成拖欠等都是不确定的。

(6)可测性。个别风险事故的发生是偶然的、无序的、杂乱无章的,然而,通过对大量风险事故的观察和综合平均,却呈现出明显的规律性。可测性和偶然性是对立统一的,用统计方法去处理大量相对独立的偶发风险事故资料,就可以抵消掉那些由偶然因素作用引起的数理差异,发现其固有的运动规律。大量风险发生的可测性,是风险管理这一学科产生和发展的基础。

(7)双重性。风险的双重性也称为投机性,是指绝大多数风险具有两面性,既存在损失的可能性,也存在获利的可能性。风险的这一特性有助于我们全面把握风险的实质,即:既要看到风险的危害性，提高对风险的控制能力，实现风险的消除、转化或降低；也要加强对风险规律的探索和研究，准确把握时机，进行科学决策，获取风险报酬，促进企业快速成长。

在上述风险特征中，损失性和不确定性是风险的两个本质特性，其他特征均是由这两个特征派生而来的。

物流风险，除了具有风险的共有特征，即未来性、损失性、不确定性、客观性、偶然性、可测性、双重性外，还具有自身的特点：

（1）复杂性

首先，与制造业等其他行业相比，由于物流具有“网络化”、“非封闭性”、“产品无形性”等特点，因而，物流所面临的内外部环境更为复杂，其风险更为复杂。

其次，现代物流除了具有“段”、“线”、“网”的特点外，同时更强调向客户提供个性化的整体解决方案及增值服务，因此，其所面临的风险更为复杂、更具有自己的特点。

再次，现代物流，尤其是国际物流，多是为跨国经营和对外贸易服务的，它要求各国之间的物流系统相互接轨。随着国际分工的日益细化和专业化，国际间的商品、货物流动更加频繁，因更长的供应链、较少的确定性和更多的物流单证而使物流需求不断增长，物流经营者面临着距离（Distance）、需求（Demand）、多样性（Diversity）和单证（Document）等方面的壁垒。因而，国际物流具有国际性、复杂性和高风险性等特点。

（2）波及面广泛

现代物流服务于社会经济系统，一旦发生物流事故，势必会影响到千家万户，其风险可能造成更为严重的后果，甚至对周边环境和生命财产产生重大影响，极可能演变为公共危机。

二、物流风险的效应与构成要素

1. 物流风险的效应

物流风险的效应，是指物流风险本身的一种内在机制。正是由于风险效应机制的存在与作用，才引发了某种形式的行业模式与行为趋向。风险的效应是由风险自身的性质和特征决定的，但又必须通过与外部环境及人的观念、动机相联系才得以体现。

（1）诱惑效应。诱惑效应的形成是风险利益作为一种外部刺激使人们萌发了某种动机，进而做出了某种风险选择并导致风险行为。风险利益并不是现实的利益，而是一种可能的利益，只有在实现风险目标之后才能获得。

（2）约束效应。风险约束是指当人们受到外界某种危险信号的刺激后所做出的回避危险的选择以及采取的回避行为。风险约束所产生的威慑、抑制和阻碍作用就是风险的约束效应。

（3）平衡效应。风险一方面具有诱惑效应，驱使人们做出某种风险选择；另一方面又具有约束效应，对人们的选择和行为起到某种威慑和抑制作用。每一种风险必然同时存在着这两种效应的相互冲突、相互抵消，其相互作用的结果是平衡效应。在平衡过程中，当风险诱惑力大于约束力时，会促使人们做出风险选择，开始冒险行为；当约束力大于诱惑力时，人们会放弃风险选择与冒险行业；如果两种作用力相等，人们就会处于犹豫不决、无所适从的状态，需要新的动力或影响才能做出选择。

由此可见，平衡效应实质上是人们对诱惑效应与约束效应进行认识、比较、权衡的过程，即是一个观念过程、思想过程、判断过程和选择过程。在现实生活中，平衡效应发生作用的过程就是人们对经济风险的利益与风险进行认识、判断、比较和权衡的过程。

2. 物流风险的构成要素

物流风险的构成要素是构成风险存在与否的基本条件，包括风险因素、风险事故、风险损失。

(1)风险因素(Hazard)。风险因素也称风险条件，是指风险事故发生的潜在原因，是造成损失的间接的或内在的原因。

根据其性质，通常将风险因素分成实质风险因素或物理的风险因素(Physical Hazard)、道德风险因素(Moral Hazard)和心理风险因素(Mentality Hazard)三种。

实质风险因素，属于有形因素，是指能够引起或增加损失机会或损失程度的物质条件。比如，失灵的刹车系统、恶劣的气候、易燃物品、露营的篝火、人们的气质和体质等。实质风险因素有时可由人控制，有时人却无法控制。

道德风险因素，属于无形因素，是人们在精神上或心理上的因素所产生的各种潜在的情况或态度，即因人们的不正当行为、缺乏道义、进行欺诈、恶意中伤等道德因素的作用而发生事故并造成损害的隐患。换言之，这是指增加事故的频度和程度的个人性格。道德风险因素与人的不正当社会行为和个人的品德修养有关，常常表现为不良企图或恶意行为，故意促使风险事故发生或损失扩大。

心理风险因素是指由于主观上的疏忽或过失，导致增加风险事故发生的机会或扩大损失程度。

尽管心理风险因素与道德风险因素都是一种无形的风险因素，都与人密切相关，但是，二者还是有所不同。道德风险因素强调的是人的故意或恶行，心理风险因素强调的是人的无意或疏忽。因此，心理风险可以视为广义的道德风险。

(2)风险事故(Accident)。风险事故也称风险事件，是指引起损失的直接或外在的原因，是使风险造成损失的可能性转化为现实性的媒介，也就是说风险是通过风险事故的发生来导致损失的。比如，货款呆账引起货款损失，货款呆账就是风险事故。

(3)风险损失(Loss or Damage)。风险损失是指非故意的、非计划的和非预期的财产或经济价值减少。它包括财产损失(Loss of Property)、收入损失(Loss of Income)、费用损失(Loss Due to Unexpected Expenses)和责任损失(Loss Associated with Legal Liability Claims)四种。

知识拓展

相关概念的区别与联系

(1)危险，是指遭受损失、伤害、不利或毁灭的可能性。危险是有确定性的损失。

(2)危险源，是导致事故发生的根源，是具有可能意外释放的能量或危险有害物质的生产装置、设施或场所。

(3)重大危险源，是指长期地或者临时地生产、搬运、使用或者储存危险物品，且危险物品的数量等于或者超过临界量。重大危险源实质上是管理的概念，体现了在事故预防中分清主次、抓住主要矛盾的思想，是国家或者地区对于可能发生重大工业事故的设备、设施、场所采取预先、重点、宏观和统一控制的思想。

（4）事故隐患，是指作业场所、设备及设施的不安全状态，人的不安全行为和管理上的缺陷。一般来说，危险源可能存在事故隐患，也可能不存在事故隐患，对于存在事故隐患的危险源一定要及时加以整改，否则随时都可能导致事故。

（5）风险（Risk），是指某一特定危险情况发生的可能性和后果的组合。

（6）事件（Incident），是指发生或可能发生与工作相关的健康损害（ill health）或人身伤害（无论严重程度）或者死亡的情况。

（7）事故（Accident），是指一种发生人身伤害、健康损害或死亡的事件。事件与事故之间的关系是事件包含事故，事故是事件中的一种情况。

3. 风险构成要素之间的相互关系

（1）风险因素、风险事故、风险损失三者之间的关系如图4-1所示。风险因素引发风险事故，风险事故导致风险损失，即产生实际结果与预期结果的差异，这就是风险。

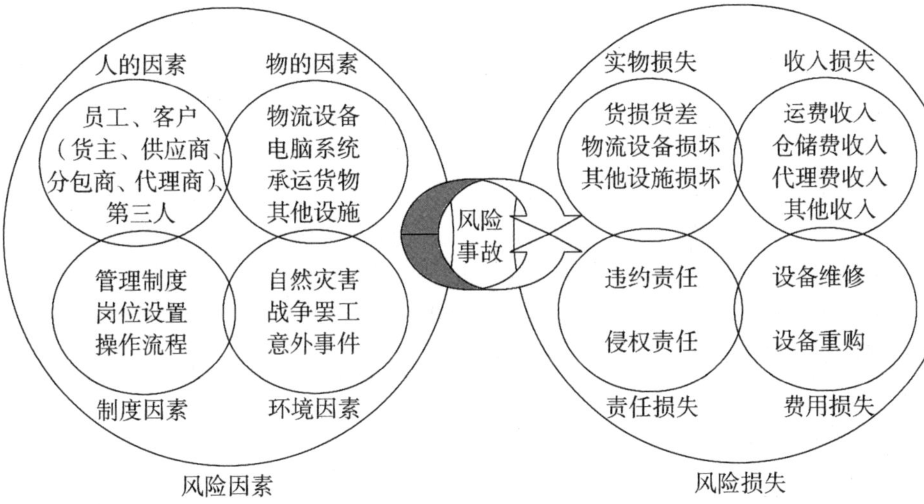

图4-1 风险因素、风险事故、风险损失的内容及其关系示意图

（2）风险因素、风险事故、风险损失之间存在着一种渐进的过渡过程（参见图4-2）。风险从因素发展到损失存在着不同的中间阶段，而每个中间阶段只要阻止其条件的形成，就可以避免其进入下一阶段或至少推迟、缓解最终损失的程度。这是因为，任一具体风险事故的发生，必是诸多风险因素和其他因素共同作用的结果，而且每一因素的作用时间、作用点、作用方向和顺序、作用强度等都必须满足一定的条件，而每一因素的出现，其相互间又无任何联系，许多因素的出现本身就是偶然的。

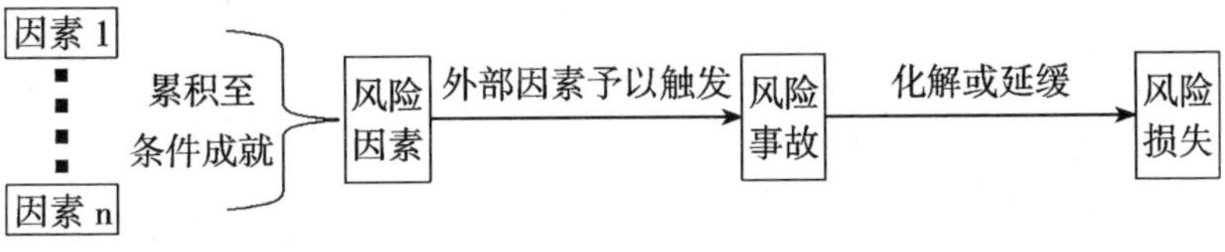

图4-2 风险形成过程示意图

（3）风险因素与风险事故可以相互转化。例如，经营者无能（风险因素）使企业倒闭（风险事故）。然而，如果经营者无能是由于外部不可控的因素造成的，外部不可控因素才是风险因素，经营者无能就成为风险事故。

案例分析

某物流公司接受货主委托后，安排司机将货物从工厂拖至集装箱货运站。在运送途中，因该司机酒后驾车而逆向行驶，导致与另外一辆载运货物的汽车相撞，造成双方车毁人亡。

试分析该事件中的风险因素、风险事故及损失的构成。如果查明事故是司机所喝酒的质量问题所致，则风险因素、风险事故及损失的构成有无变化？为什么？

(4)风险事故发生的频率与损失的程度具有反比关系，即风险事故发生概率较高的风险，其风险损失的程度一般较低；而风险事故发生概率较低的风险，其风险损失的程度一般较高。

度量风险大小的概念可以称为风险度。风险度就是产生风险的客观程度，是指一定时期内事故发生的概率与事故损失程度的乘积。

$$风险度\ R = F \times S$$

其中，F 是事故发生的概率，S 是该事故后果的严重程度。

可见，风险大小取决于事故发生概率和事故后果的严重程度两个因素。不能只把事故的多少作为衡量安全的标准。不能因为某段时间内(即使是较长一段时间内)没有发生事故，就认为是安全的。事故发生概率很小但一旦发生后其后果很严重的情况，与后果不很严重但发生概率很高的情况，两者的风险是相当的，都应当引起重视。人们往往关注频率很小而后果严重的事故，而忽视概率高而后果不严重或不显见的异常事件。这是一种概念上的误区，它常常会给生产带来很大损失。例如，习惯性违章，往往屡纠不止，就是因为这些违章行为在大多数情况下没有严重后果或其后果不易被认识。

三、物流风险的分类

由于风险及其特征如此复杂，风险承受主体(国家、企业、个人)又各不相同，因此，关于风险的认定、分类一直没有一个权威性的定论。以下首先介绍风险的分类，然后再说明物流风险的分类。

1. 按风险的性质分类

(1)静态风险(Static Risk)，是在社会经济运行正常的情况下，由于纯自然力量的不规则运动和人们的错误判断、失常行为导致的风险。它包括地震、灾害等由自然原因引发的风险和由于疏忽造成的火灾、破产或经营不善等风险，以及放火、欺诈、呆账等不道德因素造成的风险。

(2)动态风险(Dynamic Risk)，是指以社会经济结构变动为直接原因的风险。比如，由消费需要、价格变动带来的风险，由组织结构、产业结构变动与技术生命周期缩短等因素变化所引发的风险。

2. 按风险的后果分类

(1)纯粹风险(Pure Risk)，是指不能带来机会、无获得利益可能的风险。纯粹风险只有两种可能的后果，造成损失或不造成损失。

(2)投机风险(Speculative Risk)，是指既能带来机会、获得利益，又隐含威胁、造成损失的风险。投机风险有三种可能的后果：造成损失、不造成损失和获得利益。

纯粹风险、投机风险与静态风险、动态风险的分类不完全重复,也不是同一个标准。不过,由于纯粹风险和静态风险、投机风险与动态风险几乎包括同样的情况,所以彼此可以替换。

3. 按风险产生的原因分类

(1)自然风险(Natural Risk),是指因自然力的不规则变化(如风暴、洪水等)所引起的物理化学现象而导致的物质损毁与人员伤亡。这类风险往往具有不可抗拒性,但人们可以采取一定的措施进行控制以减少风险损失。

(2)人为风险,是指由于人们的行为以及各种政治、经济活动引起的风险。一般包括行为风险、经济风险、政治风险和技术风险等。

行为风险是指由于个人或组织的过失、疏忽、恶意等不当行为所造成的风险。

经济风险是指人们在从事生产经营活动中,由于管理不善、市场预测失误、价格波动较大、供求关系发生变化等导致经济损失的风险。

政治风险(Political Risk),是指由于政局变化、政权更替、战争、动乱等政治因素而蒙受的各种损失。

技术风险(Technical Risk),是指由于科学技术发展的副作用而带来的各种损失,如各种污染物质、核物质渗透等所致的损失。

4. 按风险损害的对象分类

(1)财产风险(Property Risk),是指货物财产发生毁损、灭失和贬值的风险。

(2)人身风险(Personal Risk),是指由于人的疾病、伤残、死亡所产生的风险。

(3)责任风险(Liability Risk),是指由于组织或个人的行为违背了法律、合同或道义的规定,给他人造成财产损失或人身伤害的风险。

5. 按是否涉及决策者的主观心理感受分类

(1)主观风险(Subjective Risk),是指人的心理意识到的风险,是一种一般难以正确测定的风险。比如,企业家的浪费、企业核算上公司经理的不当投机、员工的无能或疏忽、客户无力偿还欠款,等等。

(2)客观风险(Objective Risk),是指客观存在的、可以观察到和可以测量的风险。一般难以正确测定风险形成的原因。

6. 按风险发生的范围分类

(1)系统风险(Systematic Risk),是指与整个经济体系和市场相关的风险。它通常包括自然风险、市场风险、政治风险、金融风险等。系统风险通常是由通货膨胀、经济危机、政治动乱、特大自然灾害所致。系统风险通常对所有企业均有不同程度的影响,而且最终为企业主体所承担,因此,系统风险也被称为基本风险(Fundamental Risk)或外部风险。决定系统风险的因素主要来自两个方面:一是市场运作的基本机制,包括支付系统、清算中心、市场制度、企业制度;二是在现有体制下具体企业对风险的合理承担。

(2)非系统风险(Non-systematic Risk),是指对某一特定或某些企业产生影响的风险。它通常包括能力风险、协作风险、投资风险等。非系统风险仅与企业自身有关,是由企业自身原因造成的风险,因此,它也被称为特殊风险(Particular Risk)、特定风险(Specific Risk)或内部风险。

前述对风险的分类方法在很大程度上也适合于物流风险的分类。当然还可以有其他多种分类。

(1)按主体划分:物流企业风险、货主企业物流风险。前者是指各类物流企业所面临的物流风险;后者是指货主企业因物流活动所面临的风险。

(2)按层次划分:战略层风险、管理层风险、操作层风险。

(3)按职能划分:营销风险、运营风险、财务风险、人力资源风险、安全风险、法律风险等。

(4)按内外环境划分:外部风险、内部风险。

(5)按业务内容划分:运输风险、仓储风险、物流金融风险等。

四、物流风险的成因

一般来说,物流风险的成因有如下三种:

1. 客观条件变化引起的不确定性

客观条件变化的不确定性,是指社会政治、政策、宏观经济和自然环境等方面存在的不确定性,它是导致企业风险的客观原因。

2. 主观认识的局限性引起的不确定性

由于自然和社会运动的不规则性,经济活动的复杂性和经营主体的经验与能力的局限性,经营主体不可能完全准确地预见客观事物的变化,因而风险的存在不可避免。

3. 控制能力的有限性引起的不确定性

有时,经营主体对某些风险虽然已有认识和预计,但囿于技术条件和能力不能采取有效措施加以防范和控制。因此,控制能力的有限性与主观认识的局限性一样是风险产生的主观原因。

第三节　物流安全

一、物流安全与物流安全性的概念

1. 物流安全的概念

"安全"一词在英语中主要对应两个单词,即 safety 和 security。前者是"保护"的意思,主要指职业安全、意外伤害、家庭安全等安全问题,即大多为安全科学工作者所关注的领域;后者是"保卫"的意思,主要涉及国家安全、刑事犯罪、防抢防盗等安全问题。虽然现在对这两个词有混用的现象,但总体上两者之间还是有明显区别的。

安全(safety),顾名思义,"无危则安,无缺则全",即安全意味着没有危险,这是与人的传统的安全观念相吻合的。随着对安全问题研究的逐步深入,人类对安全的概念有了更深刻的认识,并从不同的角度给它下了各种定义。下面介绍安全的三种定义:

(1)安全是指客观事物的危险程度能够为人们普遍接受的状态

该定义明确指出了安全的相对性及安全与危险之间的辩证关系,即安全和危险不是互不相容的,安全是可接受的风险。当将系统的危险性降低到某种程度时,该系统便是安全的,而这种程度即为人们普遍接受的状态。由此可见,安全是相对的,安全是利益和代价的平衡,没有一件事情只有利没有弊;当一件事情带给我们的利益足够大,而其代价可承受的话,我们则认为其是安全的。

（2）安全是指没有引起死亡、伤害、职业病或财产、设备的损坏或损失或环境危害的条件

此定义来自美国军用标准 MIL—STD—382C《系统安全大纲要求》。该标准是美国军方与军品生产企业签订订购合同时约束企业保证产品全寿命周期安全性的纲领件文件，也是系统安全管理基本思想的典型代表。从 1964 年问世以来，历经 882、882A、882B、882C、882D 若干个版本，对安全的定义也从开始时仅仅关注人身伤害，进而到关注职业病，财产或设备的损坏、损失直至环境危害，体现了人们对安全问题认识进化的全过程，也从一个角度说明了人类对安全问题研究的不断扩展。

（3）安全是指不因人、机、媒介的相互作用而导致系统损失、人员伤害、任务受影响或造成时间的损失

可以看出，此定义又进一步把安全的概念扩展到了任务受影响或时间损失，这意味着系统即使没有遭受直接的损失，也可能是安全科学关注的范畴。

综上所述，随着人们认识的不断深入，安全的概念已不是传统的职业伤害或疾病，也并非仅仅存在于企业生产过程之中，安全科学关注的领域应涉及人类生产、生活、生存活动中的各个领域。因此，安全的概念有广义与狭义之分。广义安全，泛指生产及生活、生存等各个领域的安全，包括人自身的健康与卫生，生活、生产环境的舒适与优美，具有较强的社会性；狭义安全，是针对某一特定领域或系统的安全，具有较强的技术性。实际上，如果进一步细分，狭义安全包括两方面的含义：一是指不发生人员伤亡和（或）设备财产损失；二是指不发生职业危害。对于前者常称之为“劳动安全”或“职业安全”，对于后者则称之为“劳动卫生”或“职业卫生”。

一般而言，物流安全是针对物流领域的安全，属于狭义安全，参照以上定义，可将物流安全定义为：物流安全是指物流活动过程中，能将人身伤亡、财产损失、环境损害控制在可接受水平的状态。

物流安全意味着人、物或环境遭受损失的可能性是可以接受的；若这种可能性超过了可接受的水平，即为不安全。

上述定义表明，物流安全具有以下内涵：

（1）物流安全是在一定危险条件下的状态，并非绝对没有物流事故的发生。

（2）物流安全不是瞬间的结果，而是对物流系统在某一时期、某一阶段过程或状态的描述。

（3）物流安全是相对的，绝对的物流安全是不存在的。可以这么认为：只要将诱发风险事故的各种风险因素消除掉或控制在可以控制的范围之内，这就是安全。但是风险因素是层出不穷的，也是无法根除的，所以强调安全必须是一个永恒的主题。

（4）对于不同的时期和地域，可接受的损失水平是不同的，因而衡量物流系统是否安全的标准也不同。

在实践中，与风险度相对应，度量安全的概念称为安全度。人的身心安全程度及其事物保障的可靠程度构成安全度的概念，安全度就是免于危险的客观程度。确立安全度的概念是确立安全科学的概念的具体表现，也是安全达到科学分析高度的必要前提。

2. 物流安全性的概念

安全性定义为“不发生事故的能力”，是指系统在可接受的最小事故损失条件下发挥其功能的一种品质。

(1)安全性与安全的区别

安全与安全性的概念是有很大区别的,前者是系统的状态或条件,后者则是系统的一种性能,而安全工作者最主要的任务,就是结合管理和技术等各种手段和措施,努力提高系统的安全性,减少因事故造成的损失。

(2)安全性与可靠性的区别

安全性、可靠性、可维修性都是系统所具备的一种性能。由于安全性是系统的重要品质之一,且与可靠性联系密切,在某些特定条件下,二者有时是一致的。因而,常有人将两个概念相混淆,认为"系统可靠,就一定安全",无须专门对安全性进行分析,这显然是错误的。

系统的可靠性(Reliability),是指系统在规定的条件下,在使用期间内实现规定性能的可能程度。可靠性是针对系统功能而言,可靠性技术的核心是失效分析;而安全性是针对系统损失而言,安全性技术的核心是风险分析。危险与损失有关,而失效仅是某一项目的某些功能的丧失(或称非预期状态),可能不会造成损失。例如室内裸露的电线,没有失效时是可靠的,仅存在着人触电的危险,是不安全的。所以失效不等于危险,可靠不等于安全,可靠性与安全性不能等同。当然,失效或故障有时也会造成损失,甚至导致系统发生灾难性的事故。比如,飞机在空中飞行时,发动机因故障停车就可能导致发生飞机坠毁的严重事故,这时失效或故障就成为危险了。也就是说,当故障或失效的发生会导致事故时,提高系统的可靠性会同时提高系统的安全性。所以,系统安全性与可靠性有着极其密切的关系,在进行系统安全性分析时,也需要应用可靠性的数据,某些安全性分析方法也源于可靠性分析。

二、物流安全的属性

从人的生存和生活方式来看,人的本性表现为自然属性和社会属性,而作为人的最基本的需要——安全,也就相应地具有自然属性和社会属性。因此,"安全"一词所涉及的纷繁复杂的因素与它的自然属性和社会属性有着密切的关系。

1. 安全的自然属性

安全的自然属性,可以从两个方面来讨论:

(1)安全是人的生理与心理需要,或者说由生命及生的欲望决定了自我保护意识,这是天生的,是安全存在的主动因素;

(2)人类对天灾的无奈以及新陈代谢、生老病死的规律不可抗拒,使人们不得不把生命安全经常提到议事日程,这虽然是被动因素,但它与前一个主动因素相结合,就决定了安全是自古以来人类生活、生存、进步的永恒主题。

对于物流企业而言,认识安全的自然属性具有以下意义:

(1)安全条件,尤其生产过程的安全条件,与自然科学密切相关;

(2)安全机制,与人体科学有关,是人的生理与心理需要;

(3)安全管理,需要运用自然科学的基本理论和技术,系统科学的观点和方法。

2. 安全的社会属性

安全的社会属性是指安全要素中那些同人与人的社会结合关系及其运动规律相联系的演化规律和过程。它也可以从两方面来阐述:

(1)自从人类有组织活动以来,社会安定、有序、进步始终是各社会阶段追求的目标,而这一目标实现的重要标志之一就是安全,这是社会促动安全的主动因素。

(2)人类的社会活动如政治、军事、文化、社交等,有的对安全直接起破坏作用,有的间接影响着安全;人类的经济活动如生产(职业)、高技术灾害(化学品致灾、核事故隐患、电磁环境公害、航天事故、航空事故)、交通灾害则是自人类开展经济活动以来就存在的突出的安全问题,如今更加突出的一个安全问题是环境问题。环境恶化(包括自然环境和人为环境)是人类生活、生存安全的重要威胁。

由此可见,人类的社会活动、经济活动、交通和环境一方面本身在不断制造事故,另一方面也通过技术和管理措施不断消除隐患,减少事故。但由于受政治利益和经济利益的驱使,安全技术管理措施多数是被动的。

对于物流企业而言,认识安全的自然属性具有以下意义:

(1)安全机制:与思维科学有关;

(2)安全管理:与社会科学的基本原理密切相关;

(3)人类社会的发展进程:走向进步的标志之一就是安全,这是社会促进安全的主动因素。

三、物流安全的特点

1. 物流安全的必要性和普遍性

安全是人类生存的必要前提,安全作为人的身心状态及其保障条件是绝对必要的。而人和物遭遇到人为的或天然的危害或损坏极为常见,因此,不安全因素是客观存在的。人类生存的必要条件首先是安全,如果生命安全都不能保障,生存就不能维持,繁衍也无法延续。实现人的安全又是普遍需要的。在人类活动的一切领域,人们必须尽力减少失误、降低风险,尽量使物趋向本质安全化,使人能控制和减少灾害,维护人与物、人与人、物与物相互间的协调运转,为生产活动提供必要的基础条件,发挥人和物的生产力作用。

2. 物流安全的随机性和相对性

"安全"一词描述的是一种状态,但这种状态也决非是一种事故为零的所谓"绝对安全"的概念。从科学的角度讲,"绝对安全"的状态在客观上是不存在的。平安也好,安全也好,其本身就带有很大的模糊性、不确定性和相对性,所以"安全状态"具有动态特征,就是说安全所描述的状态具有动态特征,它是随时间而变化的。安全的动态特征还体现在安全描述的不只是一个相对稳定的状态特征,"安全"一词还可作为对事故安全过程的一种表征。过程表征和状态表征最本质的区别就在于前者描述的是事物的发展趋势,后者描述的是一种目标。从这个角度讲,"安全"一词表述的又可认为是动态过程。

从安全技术的角度讲,物流的安全性能是不断发展和完善的,其安全技术标准要求是不断提高的,因此,保障安全的条件是相对的,限定在某个时空内,条件变了,安全状态也会发生变化。对某一产品而言,也无绝对的安全。某一事物在特定条件下是安全的,但在其他条件下就不一定是安全的,甚至可能是很危险的(即安全具有相对性)。绝对的安全,即 100% 的安全性是安全性的最大值(理想值),这很难,甚至不可能达到,但却是社会和人们努力追求的目标。在实践中,人们或社会客观上自觉或不自觉地认可或接受某一安全性(水平),当实际状况达到这一水平时,人们就认为是安全的;低于这一水平,则认为是危险的。

3. 物流安全的局部稳定性

无条件地追求物流系统的绝对安全是不可能的，但有条件地实现局部安全，是可以达到的。只要利用系统工程原理调节和控制安全的要素，就能实现局部稳定的安全。安全协调运转正如可靠性及工作寿命一样，有一个可度量的范围，其范围由安全的局部稳定性所决定。

4. 物流安全的经济性

物流安全是可以产生效益的，从安全的功能看，可以直接减轻或免除物流事故或危害事件给人、社会或自然造成的损伤，实现保护人类财富、减少无益损耗和损失的功能；同时还可以保障劳动条件和维护经济增值过程，实现其间接为社会增值的功能。

5. 物流安全的复杂性

物流安全与否取决于人、机、货、环境及其相互关系的协调，实际上形成了人—机系统。物流系统作为动态的开放系统，其安全既受系统内部因素的制约，又受系统外部环境的干扰，并与人、货物、物流设备设施及环境等因素密切相关。物流系统内任何因素的不可靠、不平衡、不稳定，都可能导致冲突与矛盾，产生不安全因素或不安全状态。实践与研究均表明，系统中的人是安全的主体，包括了人的思维、行为、心理和生理等因素，使得物流安全问题具有极大的复杂性。

6. 物流安全的社会性

物流安全与社会的稳定直接相关，无论是人为的灾害还是自然的灾害，都将给个人、家庭、企事业单位或社会群体带来心灵和物质上的危害，成为影响社会安定的重要因素。安全的社会性的一个重要方面还体现在对各级行政部门以及对国家领导人或政府高层决策者的影响，如“安全第一，预防为主”为基本国策，反映在国家的法令、各部门的法规及职业安全与卫生的规范标准等，从而使社会和公众在安全方面受益。

四、物流安全与风险、事故的关系

1. 物流安全与风险的关系

由于安全是相对的，风险是绝对的，因此，安全实际上是可接受的风险，表明物流安全管理的对象即为风险。

安全与危险是一对矛盾，它具有矛盾的所有特性。一方面双方互相排斥、互相否定，安全越高，风险就越小，安全越低，风险就越大；另一方面安全与危险两者互相依存，共同处于一个统一体中，存在着向对方转化的趋势。

安全与危险这对矛盾的运动、变化和发展推动着物流安全科学的发展和人类安全意识的提高。

2. 物流安全与事故的关系

(1) 物流安全与物流事故是对立的，但事故并不是不安全的全部内容，而是在安全与不安全的矛盾斗争过程中某些瞬间突变结果的外在表现。

(2) 物流系统处于安全状态，并不一定不发生事故；物流系统处于不安全状态，也未必完全是由事故引起的。

第四节 物流安全管理

一、物流安全管理概述

1. 物流安全管理的概念与构成要素

物流安全管理(Safety Management),是指以国家的法律、规定和技术标准为依据,采取各种手段,对物流生产的安全状况实施有效制约的一切活动。

物流安全管理应具备五个基本要素:

(1)主体

它是指物流安全活动的行为主体,包括政府、企业、社会团体、公众等。

(2)环境

它是指物流安全活动的物质环境,包括自然环境、空间环境等。

(3)资源

它是物流安全活动的基础,包括人员、装备、技术、资金等。

(4)制度

它是物流安全体系有效运转的保障,包括法律、法规、规划、标准等政策,以及激励、竞争、评价和监督等机制。

(5)文化

它是维系和促进物流安全的软环境,包括物流安全文化观念、安全氛围等基本环境,以及参与市场竞争与合作的开放的外部环境。

在这五个要素中,物流安全主体是物流安全中最重要的能动要素,其他要素均为支撑保障要素,服务于能动要素。物流安全的环境、资源、制度以及文化可以分为两类:

一类是硬条件,主要指各种物流安全的环境与资源,保证物流安全活动得以开展,是物流安全的物质基础;

另一类是软条件,由物流制度和安全文化构成,是物流安全活动能够持续进行的软环境支撑要素,构成物流安全管理的有效机制,其中,物流安全文化起到支撑作用,物流安全制度起到保障作用。

物流安全的主体、环境、资源、制度与文化共同作用、协调互动、有机配合,形成物流安全管理体系的自我平衡发展机制,推动物流系统形成持续安全保障能力。

2. 物流安全管理的特点

(1)长期性

安全生产问题产生于生产活动过程之中,存在于生产活动的始终。因此,安全管理是一项经常的、艰苦细致的、长期的工作。

(2)科学性

安全生产有它的自身规律性,不以人们的主观意志为转移,人们在生产实践中,尊重客观规律,尊重科学,从而积累经验;反之,如果违反科学,便会导致事故的发生,受到客观规律的惩罚。因此,只有尊重科学,学习和掌握有关安全生产的科学知识,逐步掌握它的规律性,重视和加强安全管理,才能取得安全生产的主动权。

(3)系统性

随着科学技术的不断发展和工业生产规模的日益扩大,安全管理形成了专业系统,既有自己的特点,又渗透融合于各项管理之中,反映出全面和全员、全过程的属性,充分体现出现代企业管理的特色。另外,从安全管理内容来看,安全问题是伴随着生产问题的提出而产生,随着生产活动的进行而展开的。如选址、装卸工艺设计等,以及干部和工人的招收使用、干部和工人技术知识、安全意识、身体素质、纪律性等,每一个环节都与企业的安全生产有直接或间接的关系,从而安全生产对企业各职能部门和各项专业管理提出了客观要求,构成了安全管理的专业体系。

(4)预防性

预防性也可称为超前工作性。安全管理的重点就在于做好预防事故的工作,必须明确立足于防范事故的发生,树立预防在前的思想,把防止和避免事故的措施做好,把工作做在前面,就可以杜绝事故的发生。所以,提高对安全管理预防性的认识,对于做好化工企业的安全管理工作是极为重要的。

(5)专业性

安全管理在今天已经不仅是简单的技术工作和一般性事务管理工作所能够满足的。一个现代化企业若要长期实现安全生产目标,广大职工和各项专业管理都必须遵循与安全生产有关的规章制度和规程、标准、规范,按安全生产的规律办事,从而使安全管理形成带有专业内容和自身特点的完整体系。

(6)全员性

安全生产又是一项与广大职工切身利益紧密相关的工作,必须建立在广泛的群众基础上才能做好它。只有广大职工增强安全意识,不断提高自身的安全知识和技能,自觉遵守各项规章制度,人人重视安全,安全管理才有一个坚实的基础。

3. 物流安全管理的分类

可以从宏观和微观、狭义和广义的角度对安全管理加以分类。

(1)宏观的安全管理与微观的安全管理

宏观的安全管理,泛指国家从政治、经济、法律、体制、组织等各方面所采取的安全措施和管理活动。作为一个安全管理工作者,对国家有关安全生产的方针、政策、法规、标准、体制、组织结构以及经济措施等均应有深刻的理解、全面的掌握。

微观的安全管理,是指经济和生产管理部门以及企事业单位所进行的具体的安全管理活动。

(2)广义的安全管理与狭义的安全管理

广义的安全管理,泛指一切保护劳动者安全与健康、防止国家财产受到损失的管理活动。从这个意义讲,安全管理不但要防止劳动中的意外伤亡,也要与危害劳动者健康的一切因素进行斗争(如尘毒、噪声、辐射等物理化学危害,以及对女工的特殊保护等)。

狭义的安全管理,是指在生产过程或与生产有直接关系的活动中防止意外伤害和财产损失的管理活动。

在欧美各国,并没有安全管理、劳动保护的称谓,而称为职业安全与卫生。

4. 安全管理与风险管理、应急管理的区别

(1)安全管理与风险管理

风险管理是指通过风险识别、风险分析和风险评价去认识物流风险,并以此为基础合理地使用各种风险应对措施、管理方法、技术和手段,对物流风险实行有效地控制,妥善处理风险事件造成的不利后果,以最少的成本保证物流总体目标实现的管理工作。

安全管理发展得比较早,也是比较成熟的一门学科。一般情况下,安全管理主要是指如何采取措施以防止在生产过程中发生各类货运事故,其管理对象主要是生产过程所产生的各类风险。而风险管理的核心就是保证一个企业的安全,它涉及对企业面临的所有风险进行管理,因而安全管理的范围,通常不如风险管理的范围大。不过,由于风险恰恰是安全管理的对象,因此,目前的安全管理大多吸收风险管理的理论与实践。

(2)安全管理与应急管理的关系

与应急管理的侧重点不同,安全管理关注的是如何通过科学的设计、规范的管理来避免突发事件的发生和增强对突发事件的承受与抵抗能力,而应急管理的侧重点则在突发事件即将发生或者已经发生后如何控制事件抢救承载体。简单说,安全管理是要确保安全,应急管理是要应对事件,安全管理没有应急管理的针对性强,要考虑各种可能的事件。安全管理的措施一般都是常规的措施,而应急管理的措施一般是临时性的措施,一旦系统恢复常态,应急措施就会取消。安全管理的好坏会影响应急管理,如果系统抵御突发事件的能力强,会减少突发事件对系统的影响,给应急管理赢得较多的时间,降低应急管理的难度。在安全管理中也要考虑应急管理的需要,如在系统设计时要考虑应急时人员疏散等问题。安全管理与应急管理也存在交叉,当系统安全出现问题,变得不安全的时候,则需要对其进行应急处置。

二、物流安全管理体系概述

物流安全管理体系实际上由时间维、空间维、内容维组成。

从时间上分类,可确定物流安全管理体系的轴向结构,可分为预防体系、保障体系、救援体系三部分。

从空间上分类,可确立物流安全管理体系的多维结构,可分为战略层、管理层、操作层三个层次。

从研究内容分类,每个管理体系又可细分为理论体系、技术体系、管理体系三个层次。

(一)物流安全预防体系

物流安全预防体系,是指从预防理论体系、预防技术体系、预防管理体系三个层次建立物流事故综合预防体系,为物流系统创造一个安全的环境。

1. 物流安全预防理论体系

物流安全预防理论体系是针对物流事故特性,基于事故预防的普遍性机理构建的一套理论体系,旨在为技术体系的开发及管理体系的构建提供理论基础。

(1)行为冲突机理

事故的发生是系统行为冲突过程。行为冲突原因很多,比如生理的、心理的或系统的,等等。如何及时识别系统行为冲突,如何构建系统行为规范体系与预防体系,如何对行为冲突做出快速反应，这是行为冲突分析所要研究的关键问题。

(2)风险源辨识机理

风险源辨识机理侧重于从微观角度研究物流系统行为冲突中的风险因素及其转化条件，通过建立事故模型模拟物流事故的发生机理。

(3)风险效应机理

风险效应机理研究物流系统中可能发生的事故类型及其影响范围，根据对该事故发生概率与损失程度的评价，合理规划预防性投入与事故整改投入的关系，确定合理的投资结构。

(4)风险分级预防机理

物流事故的类型、发生概率以及可能的损失程度有很大差异，如何根据不同类型的事故采取不同的预防措施，使事故的发生概率及其损失程度保持在可接受的水平之内是分级预防机理研究的核心所在。

2. 物流安全预防技术体系

物流安全预防技术体系是预防理论体系在技术层面的延伸，由安全预测技术、安全规划技术、安全设计技术以及安全评价技术组成。其中，安全预测技术和安全评价技术主要实现对物流系统的安全评估，明确物流系统的安全目标。安全规划技术与安全设计技术则分别从宏观角度与微观角度对物流安全进行合理规划与安全设计。

3. 物流安全预防管理体系

物流安全预防管理体系的构建是基于预防基础理论的分析以及技术条件的支撑，实现对物流安全的“点、线、面”预防的综合管理模式，主要分为安全标准体系、安全教育体系、安全监督体系以及安全机制协调体系。

(二)物流安全保障体系

相比预防体系，物流安全保障体系具有更强的可操作性与时效性。保障的有效与否，直接决定着事故的发生与否。

1. 物流安全保障理论体系

安全保障理论体系在于从理论角度分析物流系统中人的职业适应性机理、设备可靠性机理、系统结合部匹配机理以及系统的阶段性机理，构建有前瞻性的、对实际操作有很强指导意义的系统理论体系。

(1)职业适应性机理

物流系统中的人处于安全主导地位，同时也是最不稳定的因素。研究物流运输系统中人的职业适应性，对于物流系统中各子系统人员的培训、选拔有重要的指导意义。

(2)设备可靠性机理

物流车辆、设施的良好运行状态是实现物流系统安全的必备条件。设备可靠性机理主要研究设备的性能可靠性、结构可靠性、匹配可靠性等，是物流设备安全运转的基础理论。

(3)系统结合部匹配机理

物流系统是由运输、装卸搬运、储存、配送、包装、流通加工、信息等多个子系统构成的复杂大系统。物流系统的安全有赖于各子系统的有效匹配。

(4)阶段性机理

物流安全在宏观层面总是处于一定的发展阶段，对于不同的发展阶段，安全管理的策略、目标等有所不同。物流安全发展阶段的划分，有利于明确物流安全目标，从而建立相应的物流安全保障体系。

2. 物流安全保障技术体系

物流安全保障技术体系直接参与物流安全保障，其核心在于强调实时性、联动性以及系统性，主要由感测技术、通信技术、计算机技术及控制技术四部分构成。其中，感测技术和控制技术是物流系统的外部接口，通信技术与计算机技术则对采集的信息进行传输和再处理，实现物流系统的实时监测与控制，有效地保障铁路运输安全。

3. 物流安全保障管理体系

物流安全保障管理体系是安全保障理论体系、安全保障技术体系在安全培训、设备质量保障、安全规章制度以及安全考核激励机制方面的有机整合。它包括安全培训保障机制、设备质量保障机制、安全规章制度机制、安全考核激励机制。

（三）物流事故处理及救援体系

物流事故处理及救援管理体系是在事故预防、安全保障失效情况下的一种“补救”体系，其目标在于最大限度地降低事故的严重程度。事故发生后，如何在最短的时间内抢救伤者、减少延误和恢复正常运营是物流事故处理及救援体系重点研究的问题。

1. 物流事故处理及救援理论体系

物流事故处理及救援理论体系是基于第一生命特征、救援预案、联动调度以及事故再现等方面的基础性理论研究，其目的在于为技术体系、管理体系以及法规标准体系的建立提供理论依据。

2. 物流事故处理及救援技术体系

物流事故处理及救援技术体系基于救援理论体系，融合了应急救援前台技术以及应急救援后台技术，其核心在于强调联动性、快速性。它包括救援车技术、线路开通技术、事故勘查技术、事故再现技术。

3. 物流事故处理及救援管理体系

物流事故处理及救援管理体系是基于事故档案、救援人员培训、救援资源以及事故应急等建立起来的一套管理体系。它包括事故档案管理、人员培训管理、救援资源管理、事故应急管理。

一般而言，物流应急管理框架是围绕着“一案三制”展开的。

（1）“一案”是指应急预案，就是根据发生和可能发生的突发事件，事先研究制订的应对计划和方案。应急预案包括各级政府总体预案、专项预案和部门预案，以及基层单位的预案和大型活动的单项预案。预案是应急管理的龙头，是“一案三制”的起点。预案具有应急规划、纲领和指南的作用，是应急理念的载体。

根据相关法律法规的要求，结合物流突发事件分类分级，物流突发事件应急预案体系应“纵向到底，横向到边”。

所谓“纵”，就是按垂直管理的要求，从国家、省到市等物流主管部门及物流企业都要制订应急预案，不可断层。所谓“横”，就是所有种类的突发公共事件都要有部门管，都要制订专项预案和部门预案，不可或缺。相关预案之间要做到互相衔接、逐级细化。预案的层级越低，各项规定就要越明确、越具体，避免出现“上下一般粗”现象，防止照搬照套。

图 4-3 显示了我国水运物流突发事件应急预案体系,具体包括:国家的水路交通突发事件应急预案及各专项应急预案,地方的水路交通突发事件应急预案及各专项预案,以及港航企业的应急预案。

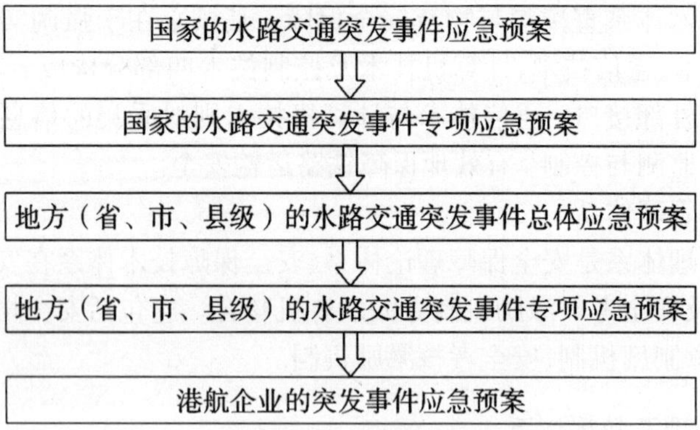

图 4-3　水运物流突发事件应急预案体系

(2)"三制"是指应急工作的管理体制、运行机制和法制。体制是组织方式,机制是工作方法,法制是保证。

①管理体制。图 4-4 显示了水运物流应急管理体制框架。由此可见,物流突发事件应急组织体系,包括应急领导机构、应急组织机构(应急指挥中心、应急工作组)、应急执行机构、日常管理机构、咨询专家组、应急协作部门及职责。

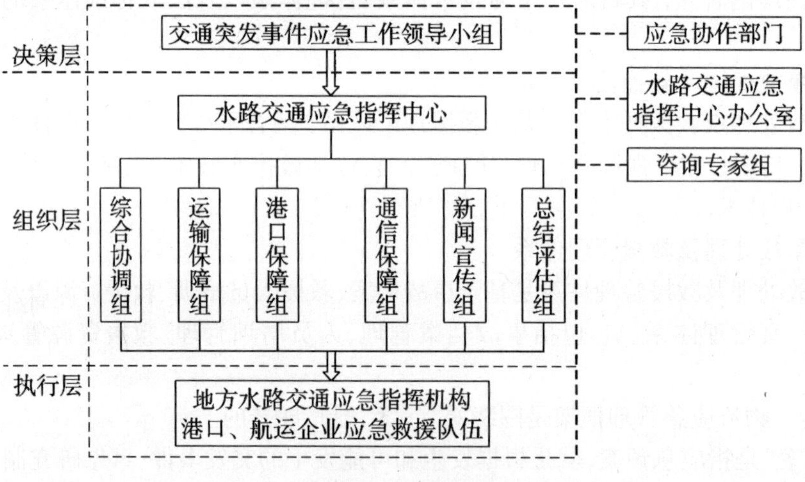

图 4-4　水运物流应急管理体制框图

②运行机制。应急运行机制包括预警和预防机制、应急响应、恢复与重建。

预警和预防是通过监测与收集突发事件相关信息,进行分析预测,并做出相应判断,发布预警信息,采取预防措施。它包括以下内容:预警支持系统、预警级别。以水运为例,为便于对可以预警的突发事件进行预警,根据已经发生或潜在的水路运输事件、社会安全事件、自然灾害、公共卫生事件、紧急运输事件等对港口和航道可能造成的危害程度、紧急程度和发展态势等进行分级,水路交通突发事件预警级别分为特别严重(Ⅰ级)、严重(Ⅱ级)、较重(Ⅲ级)和一般(Ⅳ级)四级,分别用红色、橙色、黄色和蓝色来表示。预警级别判断标准如表 4-1 所示。

表 4-1　港口突发事件预警级别

预警级别	级别描述	颜色标示	发生可能性较大的事件情形
Ⅰ级	特别严重	红色	重要港口瘫痪,发生易燃易爆气体、油类、危险化学品大范围燃烧爆炸事故,大范围毒物泄漏造成 30 人以上人员死亡,大面积人员中毒,特大环境污染等事件
Ⅱ级	严重	橙色	重要港口局部瘫痪,一般港口瘫痪,发生易燃易爆气体、油类、危险化学品大范围燃烧爆炸事故,大范围毒物泄漏造成 10 人以上 30 人以下人员死亡,大面积人员中毒,重大环境污染等事件
Ⅲ级	较重	黄色	重要港口受损,一般港口堵塞,港口装卸设备设施、输送管线、废弃物处理装置发生严重火灾事故,有毒物泄漏造成 3 人以上 10 人以下人员伤亡,中等程度的中毒事故,大面积人员中毒,油污泄漏造成附近水域污染事故等事件
Ⅳ级	一般	蓝色	港口受损、人员伤亡,发生小范围中毒事故(未出现人员昏迷),油污泄漏造成小范围水域污染,危险物料(易燃易爆气体、油类、有毒、有害或易爆的危险化学品)轻微泄漏事故等

应急响应包括响应级别、响应程序、信息报送和处理、指挥和协调、应急处置、人员疏散撤离、新闻发布、应急终止。应急响应的基本程序如图 4-5 所示。

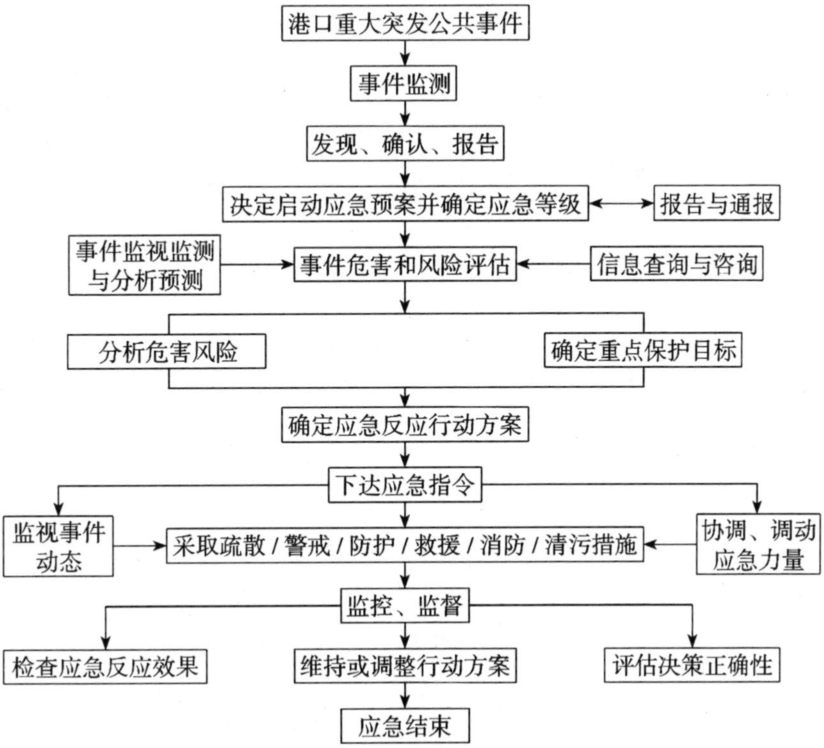

图 4-5　应急响应流程图

恢复与重建包括善后处置、总结评估、责任与奖惩。

③法制

法律手段是应对物流突发事件最基本、最主要的手段。以水运物流为例,为确保水上交通安全,交通运输部制订了国家海上搜救应急预案和水路交通突发公共事件应急预案,健全完善了应急反应体系。为确保港口安全,还建立了通航水域和港口安全评估制度和港口保安体系。

练习题

1. **单选题**

(1)物流风险的特征不包括(　　)。

A. 客观性　　B. 必然性

C. 可测性　　D. 双重性

(2)按风险性质划分,风险可划分为(　　)。

A. 静态风险、动态风险　　B. 纯粹风险、投机风险

C. 自然风险、人为风险　　D. 主观风险、客观风险

(3)(　　)不是物流安全的特性。

A. 绝对性　　B. 相对性

C. 随机性　　D. 复杂性

2. **多选题**

(1)物流风险的构成要素包括(　　)。

A. 风险因素　　B. 风险事故

C. 风险损失　　D. 风险识别

(2)从时间上划分,物流安全管理体系包括(　　)。

A. 预防体系　　B. 保障体系

C. 救援体系　　D. 理论体系

(3)风险的效应包括(　　)。

A. 诱惑效应　　B. 约束效应

C. 平衡效应　　D. 消极效应

3. **简答题**

(1)简述物流安全的概念。

(2)简述物流安全与风险、事故的关系。

(3)简述物流应急管理"一案三制"的内容。

4. **案例分析题**

2014 年,深圳市成为国家交通运输部"平安交通"安全体系建设仅有的两个试点省市之一。按计划,深圳将在 2017 年底前初步建成交通运输安全生产"法规制度、安全责任、预防控制、宣传教育、支撑保障"五个体系,实现交通运输安全生产法规制度和标准规范基本健全,监督管理能力明显增强,引领和带动全国交通运输安全体系建设。

(1)26 本手册覆盖安全管理全过程。《交通运输安全生产管理手册》(以下简称《手册》)共 13 分册 26 篇,完整覆盖了上述五大板块,并分为政府监管篇和企业篇。前者适用于政府监管,其内容明确各级单位监管职责、规程、工作目标、考核与评价、责任追究等;后者适用于企业生产保障,包含生产管理规范、达标考评、责任追究等实用内容。《手册》的编制出版,解决了深圳市交通运输安全管理"上面千根线,下连一枚针"、"管什么? 谁来管? 怎样管?"的问题,已经成为深圳市交通运输不可或缺的安全管理工具。

(2)抓源头管理,出炉安全风险评估报告。通过对道路交通、交通建设工程、轨道交通运

营、水路运输、民用航空等领域存在的风险等级进行专题研究,更新、梳理了各领域公共安全风险隐患。在此基础上,完成了各领域的公共安全风险评估报告,并形成了公共安全风险评估指南。同时,有针对性地开展了道路设施安全隐患专项排查整治,先后两次对全市道路进行“拉网式”排查,共出动约 3 000 人次,及时有效处置道路地面坍塌 42 处,消除安全隐患约 600 个,实施设施完善 389 项。此外还开展了危险化学品运输安全隐患专项排查整治行动。

(3)建专家库对高风险领域“明察暗访”。深圳建立了交通运输行业安全生产专家委员会,并为此出台了相关管理办法,目前已吸纳了 187 名行业专家。专家在安全生产剖析式检查、重大隐患及危险源评估认定和治理、安全评价评估、应急救援方案拟订、事故调查处理、资质考核、人才培养、成果鉴定等方面发挥了重要作用。

(4)智能化手段助力动态安全监管。深圳市交通运输委大力实施“智能交通”建设,安全监管同样纳入智能化系统。深圳创新建立了“1521 - 道路客运安全智能监管系统”,实现政企网上安全信息共享以及动态安全监管。

问题分析:试根据本章所学的内容和案例,说明物流安全管理体系的主要组成。

保障篇

第五章　物流产业与市场

引导案例

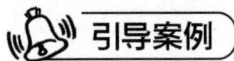

马士基航运两次提价，集装箱物流市场波动异常

2012 年 3 月，中国出口集装箱物流市场迎来第一轮涨价计划。此次涨价计划的推动者是航运巨头马士基集团。随后，多家航运企业——地中海航运、长荣海运、达飞轮船以及中远集运等宣布实施 300 ~600 美元不等的提价计划。由于集装箱物流市场集中度较高，所以马士基和多家航运企业的联合行动对市场冲击较为明显。目前的集装箱运输价格只能维持在船公司的航次停航点，对盈亏平衡点却仍未突破。也正是由于这个原因，马士基集团计划于 4 月份再次推动新一轮的涨价行动。马士基连续提高集装箱物流价格主要是因为集团 2011 年集装箱物流业务在当年亏损了 6 亿美元。

据悉，集装箱物流业务的主要亏损航线是亚欧航线。在马士基集团提价的带动之下，部分航运公司已经计划于 4 月份再次调高欧洲和亚洲航线的集装箱运输价格。目前，全球前二十大航运公司已经组成了四大运价联盟，他们掌控着欧洲和亚洲航线九成以上的运力。若四大运价联盟能够保持较为稳固的利益关系，则由马士基带头涨价的新一轮营救计划成功实施的可能性很大。

部分航运公司已经计划在 4 月份收缩一部分闲散运力，争取让集装箱物流市场的供求关系进一步平衡，以此作为下一轮涨价计划的重要支撑点。其中，马士基航运表示将减少亚欧航线 9% 的运力，以提高运营利润。可见，马士基对新一轮涨价计划的顺利实施极有信心，希望此轮提价计划的实施是航运物流公司逐渐摆脱亏损处境的重要一步。

第一节　物流产业

一、物流产业概述

（一）物流产业的概念

1. 概念

在我国，物流是否已经形成一个产业？物流产业的边界如何界定？物流产业究竟包含哪些企业？是否以运输、储存、搬运、包装、商品流通信息处理等为主要业务活动的企业都可以归属在物流产业范围之内？对这些问题，目前仍存在不同的认识（参见表 5-1），因此，无疑需要引起理论界的广泛重视，并做进一步的研究和探讨。

表 5-1 对物流产业的认识

几种主要的观点	评价
认为单纯的运输、仓储和货代等企业不属于物流业，因为物流的运作是管理服务。只有那些能够为客户提供一体化物流服务的第三方物流企业（3PL）才能够算作物流企业	狭义论
认为传统的运输、仓储和货代等企业都应当算作物流业的范畴	广义论
《物流术语》国家标准对物流企业的定义是：从事物流活动的经济组织	标准论
认为物流不能算作一个独立的产业，运输、仓储、货代、船代等早就作为独立的产业或行业而存在。如果物流是一个独立的产业，它的边界在哪里？它的投入和产出又是什么？还有的认为物流业属于更大的商贸流通业的范畴	不可确定论
认为物流产业是“复合产业”的概念，物流产业是“专门从事物流活动的企业集成”	复合论

物流活动提供的是一种以运输、储存为主的，多种功能相结合的服务活动。因此，物流产业属于广义的服务业范畴。根据三次产业分类法，可以将物流产业归为第三产业范围。这一划分方式得到了广泛认同。然而，在中国国家标准局编制和颁布的《国民经济行业分类与代码》对产业的划分中，还不包含物流产业。交通运输、仓储业是独立的产业。

产业是社会分工的产物，是社会生产力不断发展的必然结果，它的含义具有多层次性，随着社会生产力的不断发展，可以细分到不能再分为止，并且内涵不断充实，外延不断扩展。可见，产业的形成和发展是动态的，物流业当然也不例外。近年来，各种专业化物流企业的大量涌现，及其表现出来的快速发展趋势表明，专业化物流服务作为一个新的专业化分工领域，已经逐步发展成为一个新兴产业部门和国民经济的一个重要组成部分。尤其是 2009 年，国务院出台了《物流业调整和振兴规划》，该规划将物流业列为十大振兴产业之一，这说明物流业目前是正处于高速发展状态的朝阳产业并将成为现代服务业的龙头产业。

（1）所谓产业，就是能够提供相同或相近商品（服务），在相同价值链上活动的业务集群。而提供相同或相近商品（服务）的若干企业集群，可理解为行业。因此，产业由若干行业组成，行业由若干企业组成。由于生产经营的商品（服务）相同或相近，又在同一价值链上活动，因此，行业、产业内的企业既可能是直接的竞争对手，也可能是关系密切的合作伙伴。个别企业的市场活动具有独立性，也可能因其规模大、具有某种垄断位势而影响产业或行业市场，但是总体来说，行业与产业背景始终是企业行为的重要环境之一，产业市场是企业市场行为的主要舞台。

（2）物流产业是指物流以及与物流密切相关行业、企业的集群。判断物流产业不应仅仅以是否从事物流活动为依据，是否从事物流活动及与物流相关的活动只是必备的条件之一，还要看是否具有独立企业的管理架构和工程架构。应该说明，产业化的物流活动仅是国民经济全部物流活动中的一部分，处于生产活动中的物流，尽管十分广泛，但是它缺乏独立企业的管理架构和工程架构，不是物流产业的组成部分。

2. 特点

现代物流业是一个新型的跨行业、跨部门、跨区域、渗透性强的复合型产业。

(1)复合型产业

物流产业是物流资源产业化而形成的一种复合型或聚合型产业。物流资源包括运输、仓储、装卸、搬运、包装、流通加工、配送、信息平台等。运输又包括铁路、公路、水运、航空、管道五种资源。这些资源产业化就形成了运输业、仓储业、装卸业、包装业、加工配送业、物流信息业等。这些物流资源也分散在多个领域,包括制造业、农业、流通业等。把产业化的物流资源加以整合,就形成了一种新的服务业,即物流服务业。它是一种复合型产业,也可以叫聚合型产业,因为所有产业的物流资源不是简单的累加,而是一种整合,即融合运输业、仓储业、货代业和信息业等,可以达到 1 + 1 > 2 的效果。

(2)生产性服务业

人类的经济活动主要是生产、分配、交换与消费,参与这四个环节的人可以归纳成两类,一是生产者,二是消费者。没有生产也就没有消费,没有消费也就无须生产。但生产也好,消费也好,都必须有满足生产的服务与满足消费的服务,面向生产者的服务业叫生产性服务业,满足消费者的服务业叫消费性服务业。具体而言,生产性服务业是指为第一、二、三产业的实物生产和服务生产提供服务的产业。

生产可分为农业生产、工业生产和服务业生产,其中,农业生产产出农产品,工业生产产出工业品,服务业生产产出服务产品。无论是农业生产、工业生产还是服务业生产,都需要外购服务作为生产要素投入本企业的生产过程,这些外购服务就构成服务性生产资料。在国际上,一般把50%以上产品用于生产的服务部门称为生产性服务业,50%以上产品用于消费的服务部门称为消费性服务业。也就是说,一些服务产品既服务于生产,也服务于消费。在发达国家,生产性服务业在整个服务业的比重要超过60%,其发展速度也明显快于消费性服务业,特别是金融、保险、物流、运输、信息、商务服务发展最快。

20 世纪 70 年代以来,随着世界产业结构调整,发达国家纷纷将劳动密集型产业,特别是制造业向发展中国家转移,而自己迅速发展生产性服务业,从而获取经济控制力。许多国际性大城市,在经济全球化与区域经济一体化过程中,从高度集中的制造业模式向高度集中的生产性服务业模式转变,生产性服务业已成为国际大都市的一个标志性产业。现代物流业是一个主要为生产者服务的产业,当然,现代物流业也为消费者服务,城市里为千家万户进行的消费品配送就属于这一类。

(3)跨部门和跨行业

物流产业横跨第一产业、第二产业和第三产业。在传统的产业分类中,每种类型的产业之中都有大量的物流行业和企业。例如:第一产业中的粮食、棉花、油料等所产生的仓储业;第二产业中各种物流机械装备的制造业,各种物流线路和物流结点的设计、建筑业等;第三产业中流通产业一半或者一大半,涉及千家万户的配送服务业,等等。从大的方面来讲,物流产业横跨了农业、制造业、流通业,这个特点对于物流产业来讲非常突出。

(4)产业体系庞大

物流产业由铁路、公路、水运、空运、仓储、搬运、包装等行业主体组成,同时还包含了商业、物资业、供销、粮食、外贸等行业中的几乎一半领域,还涉及机械、电气等装备制造业中的物流装备生产行业和国民经济所有行业之中的供应、生产、销售活动中能够分离出独立的、企业化的物流活动,所以这个产业体系非常庞大。

(5)分布广泛,缺乏产业集中度

从地域范围来讲,工业、农业都可以采取产业密集、产业集中的方法,而物流业则是广泛分布的一个产业。虽然也有一定相对集中程度,但是不可能在一定地域范围之内大规模集中。

(6)不能涵盖国民经济中所有的物流活动

物流产业只是国民经济物流活动中产业化了的那一部分,是由独立的物流企业所体现的物流活动。在国民经济中,生产领域的内部、国民经济管理和经营机构的内部、人民生活范畴,都有相当多的物流活动。这些物流活动和生产、工作、生活是一体化的,不可能以产业形态存在,但是对生产、工作、生活却有相当大的作用和影响。物流科学对这个领域的物流合理化问题相当关注,这和对物流产业的认识和研究是有区别的。

3. 定位

从经济的角度,可从四个方面对现代物流业进行定位:

(1)从国家层面讲,它是服务业的主导产业,是国民经济发展新的经济增长点,是衡量一个国家综合国力的重要指标。现代物流业作为国民经济新的经济增长点正在逐步形成。一个产业能否成为国民经济新的经济增长点,取决于五个方面:一是在国民经济中的地位与对国民经济的拉动作用;二是对相关产业的拉动作用;三是对增加就业的贡献率;四是与提高人民生活水平的相关度;五是对提高国家与企业竞争力的重要性。从这五个方面分析,根据现有的数据可以证明,现代物流业必将成为拉动国民经济新的增长点。

(2)从市场层面讲,物流市场是整个国家市场经济的重要组成部分,第三方物流公司之所以能实施多功能一体化运作,其基本条件是物流要素全部进入市场,通过市场去优化、配置物流资源。物流市场也就成了物流供需双方生产关系的总和。如果说流通是商流、物流、资金流、信息流的统一体的话,那么,商品市场与各种要素市场就构成了中国市场体系的总格局,而物流市场是重要的组成部分,缺少了物流市场,中国的市场体系是不完整的。

(3)从企业层面讲,现代物流是企业的第三利润源,企业在提高市场竞争力中,降低原材料成本与人力成本已没有多少空间,最大的空间来自降低物流成本。所以,跨国公司都在寻求供应链的优化,消除每个环节、每个流程中的不必要的浪费,服务外包成了企业的必经之路。

(4)从居民层面讲,现代物流是提高生活质量的重要一环。绿色物流是创造资源节约型、环境友好型社会的重要一环。随着电子商务的发展,网上购物走进了百姓家,这种既省钱又省时间的购物方式需要物流业做保证,发达的物流业才能做到准时、便捷、安全。

(二)物流产业结构

1. 概念

产业结构是指产业的构成及各产业之间的联系和比例关系。因此,物流产业结构是指物流产业内部各产业的构成及其相互之间的联系和比例关系。

2. 构成

从广义上讲,物流产业基本上由四个子行业构成。

(1)物流基础产业

这个产业主要由各种不同的运输线路、运输线路的交汇点与节点以及理货终端构成,为各个经济系统运行提供物流基础设施,是整个物流产业发展的基础,涉及的行业主要有铁路、公路、水运、空运、仓储等,主要物流设施包括车站、货场、港口、码头、机场、铁路线、公路、仓库等。

充分整合物流运力资源、合理设置物流设施、发挥整体合力、避免存量资源闲置和增量资源浪费是其重要的设计原则。

(2)物流装备制造业

这是物流生产力中提供劳动手段要素,提高整个物流系统装备现代化水平的重要产业,大体上可划分为集装设备生产行业、货运汽车生产行业、铁路货车生产行业、货船行业、储存与搬运设备制造业等。物流装备制造业是利用高新技术改造传统制造业,提高整个物流系统装备现代化水平的重要产业。

(3)物流信息业

这个产业由提供物流系统软硬件及系统管理等产品与服务的行业组成,是计算机系统技术和通信技术在物流领域的有机结合。信息网络技术是现代物流的生命线,它通过信息传输与客户、制造商、供应商实现资源共享,对物流各环节进行实时跟踪、有效控制与全程管理。没有现代化的信息管理,就没有现代化的物流。

(4)物流服务业

现代物流业将运输、仓储、装卸、加工、整理、配送、信息等方面有机结合,形成完整的供应链,为用户提供多功能、一体化的综合性服务。这个产业由具体从事各种类型的物流经营和物流活动的行业与企业所构成。它既包括传统的交通运输业、储运业等,也包括各种专业化物流企业,比如,第三方物流企业、第四方物流企业等。当前,专业化物流服务作为一个新的专业化分工领域,已经逐步发展成为一个新兴产业部门和国民经济的一个重要组成部分。

3. 相互联系

从层次上考虑,上述四个子行业大体上可以分为三个层面:基础层面、平台层面和运作层面。

(1)基础层面

基础层面是每种类型产业都需要有的产业基础。物流产业这种起支持作用的基础层面行业和企业构成主要是科技、教育、研究、设计、装备建设、制造及劳动手段提供、管理等行业和企业的部门。

(2)平台层面

物流产业的平台层面在所有产业中是比较独特的,平台层面的行业和企业,本身可以成为物流运作的一种形式,但是更重要的是它们主要支持和承载企业的运作。物流产业的运行需要有平台的支持,这与物流远程化和广泛化有关,不同国家、不同地区存在着很多差异,平台的主要作用是均化差异、保证运作。平台的构筑,必须是系统化的,这是国家的非常重要的资源,往往代表一个国家的经济发展水平和开放程度。

平台层面的物流行业和企业,大体有三个大的行业类别:物流信息网络类别、实体物流线路类别、实物物流结点类别,后两类又是实物物流网络的主体。其中,实物物流网络包括铁路网络、公路网络、水运网络、空运网络、管道网络等五大网络体系和由它们所组成的综合网络体系,是平台层面的最重要资源。

(3)运作层面

运作层面由具体从事各种类型的物流经营和物流活动的行业与企业所构成。鉴于物流的复杂性和广泛性,这个层面的行业与企业数量是最多的,种类也是最多的。

国民经济具有复杂性,无论是在最发达的国家还是在非常落后的国家,物流需要都是多种多样的，必然有一般需求与高端需求之分。所以，运作层面也必然适应这种需要，有大量的一般物流运作行业和企业，还有大量的高端物流运作行业和企业。

物流运作的高端运作与一般运作，并没有严格的、绝对的界限，在不同的经济发展时期、不同国家，高端运作和一般运作涉及的行业和企业也是有区别的。

一般来说，可以认为高端运作是信息化和高度工业化所支持的物流行业和企业的运作；一般机械化所支持的是一般物流运作企业；而仍然采用技术极端落后、劳动消耗很大、对环境有相当严重影响的运作方式，只能称为低端运作。就我国而言，还有相当数量的物流运作没有达到一般运作的水平，这是不容回避的事实，也是我们必须加快改变的。

（三）物流产业与其他产业的关联

物流业是国民经济各产业的重要环节，各个产业本身、产业与产业之间、产品与国内外市场的联系，都要以物流为支撑和纽带，物流运作的效率与效益是产业竞争力的重要体现。

1. 物流业与制造业

如表 5-2 所示，可以说，世界制造业与物流业的发展是一部联动发展的历史。

表 5-2 物流业与制造业的联系

时间段	制造业	物流业	标志性国家
18 世纪中叶以前	手工作坊阶段	古老的运输与仓储	中国、意大利、埃及
18 世纪中叶以后到 19 世纪末	多品种小批量工厂化生产模式	传统物流	英国、法国
进入 20 世纪	少品种大批量流水线生产模式	实物配送	美国、德国
20 世纪 50 年代	准时制精益生产模式	综合物流	日本
20 世纪末	柔性化敏捷制造模式	供应链管理	美国、德国、日本

以汽车工业为例，上游的原材料与零部件采购、库存、供应，中间的加工生产，下游的分销与配送，到达最终用户手中，产品制造过程中只有 10% 的时间用于生产，90% 的时间在物流。在研发和制造水平越来越高的情况下，产品有没有竞争力，很大程度上取决于物流成本与供应链速度。从这个意义上讲，企业与产品的竞争更多地体现为物流能力的竞争，供应链与供应链的竞争。

2. 物流业与农业

发达的物流产业和完善的市场体系，是现代农业的重要保障。我国作为一个农业大国，应十分重视农业物流，构建适应现代农业的物流产业。

（1）为满足农业生产需要的农业生产资料物流。它包括种子、化肥、农药、农膜、农机具、水利灌溉、饲料，也包括钢材、水泥、柴油、农用货车等。

（2）为满足全国人民消费需求的农产品物流与为了实现农产品总量供需平衡而进行的进出口物流。农民生产的所有产品，只要不是供自己消费的，都成为商品，农产品一部分直接面对消费者，成为最终消费品，一部分作为工业原料，以工业品形式消费，一部分加工成食品后供居民消费，一部分通过出口供外国消费。

（3）为满足农村劳动力再生产需要形成的生活消费品物流，主要是吃、穿、用、住、行等类消费品。

(4)为推进循环经济与建设节约型社会需要而形成的可再生物资的回收物流。比如农作物秸秆回收利用,废金属、废纸、废塑料的回收利用,生活垃圾和污水的综合治理和转化利用等。

3. 物流业与流通业

目前,我国流通企业的物流外包观念落后,自己采购自己库存,搞"大而全"与"小而全",企业规模小,集中度低。因此,现代流通业必须有现代物流业做支撑,要摒弃传统的、落后的流通方式,开阔眼界,寻求新的经济增长点,拓展企业的生存空间。应着力推动连锁经营、物流配送、电子商务与代理制等新的流通方式,构建流通供应链,实施统一配送,以适应现代流通业发展的要求。

二、物流行业管理

(一)物流管理体系的内涵与层次

现代物流管理体系是一个多层次、多目标、多部门的复杂的管理系统。从广义上讲,它通常包括宏观物流管理体系和微观物流管理体系两个方面。如图5-1所示,从国际范围来看,宏观层面可进一步细分为国际层面、国家层面,因而形成国际、国家和企业三个层面的物流管理体系。

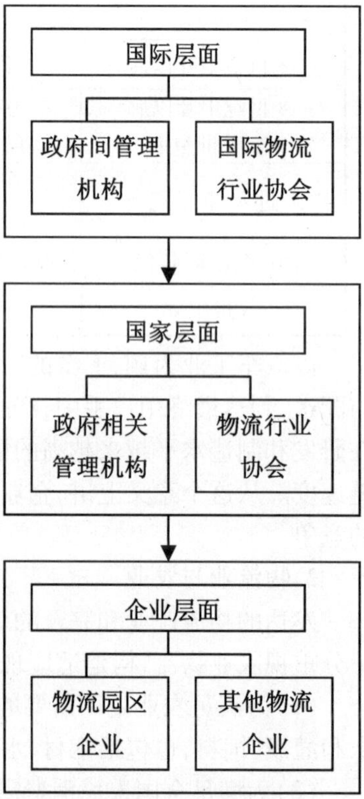

图5-1 物流管理体系结构

1. 国际层面

当今世界,为了保证国际物流的安全和国际物流高效顺利的发展,除了需要建立一系列的国际公约外,还需要建立起国际性的航运组织来协调处理许多具体事务,比如,各国航行程序、技术规范的统一,运价的制定,赔偿、犯罪等法律法规。目前世界上有很多与物流相关的组织或团体,从性质上可分为民间的和官方的组织;从工作范围上可分为全球性的和区域性的组织;从成立的目的和职能上既有只涉及海运、陆运、空运领域的某个或几个方面事务的组织,也有综合性物流组织。

2. 国家层面

国家层面的物流管理机构,可以分为两类:一类是中央及省市等各级政府设置的物流行政管理机构;另一类是自律性质的民间组织——物流行业协会。

3. 企业层面

企业层面的管理机构,是指管理具体物流企业,行使企业管理职能的物流企业组织机构。

(二)物流管理主体的作用与相互关系

如前所述,现代物流管理体系实际上由政府、行业协会与物流企业三大主体组成。随着市场经济不断发展和对外开放的进一步扩大,我国现代物流出现了加速发展的形势。在推进物流发展过程中,政府和物流企业起了重要作用,物流行业协会的职能同样不容忽视。

1. 政府

为了实现国家的物流发展的总目标,履行政府行政职能,国家各级物流主管部门及其授权的管理机构,需要对物流业的经济活动进行规划、协调、监督和服务工作。其管理的内容通常包括物流基础设施管理、物流行政管理、物流安全监督管理等。

面对国内外物流企业日益激烈的竞争,提高物流管理水平、提升物流效率,仅靠物流企业和相关市场主体的努力是远远不够的,还迫切需要各级政府对物流进行规划、引导、培育、投资与协调。这就要求各级政府正确把握好自己在物流业中的角色定位。

2. 物流企业

物流企业在国家法律法规允许的范围内,必须建立相应的管理机构和规章制度,利用一定的手段,计划、组织、指挥和监控企业业务的经营,以达到提高效率、降低成本的目的。

3. 物流行业协会

物流行业协会的产生,不仅要满足物流企业的需要,而且还要满足政府的需要,因此,物流行业协会与企业、政府存在内在逻辑关系。

物流行业协会与物流企业、政府的关系本质上是政府与物流企业的关系,政企关系决定着物流行业协会与企业、物流行业协会与政府的关系。在政府与物流企业存在行政隶属关系,并进行部门管理的情况下,物流企业一般不需要行业协会,政府也没有必要将行业管理职能移交给物流行业协会。只有当物流企业与政府没有隶属关系,而且对社会实行行业管理的时候,一个个物流企业才需要行业协会。政府面对的不是一个个物流企业,而是一个物流行业。因此,政府转变职能,改革对物流企业的管理方式,是物流行业协会职能建设的一个前提条件。反过来看,物流行业协会只有履行好向物流企业和向政府提供双向服务的职能,真正成为联系政府与物流行业、物流企业的桥梁和纽带,才能进一步加快政府职能转变的步伐。

(三)国内外物流行业管理概况

1. 我国物流行业管理概况

现阶段,我国物流行业管理存在以下弊端:

(1)部门分割

物流是跨部门、跨行业、跨区域的复合型产业,物流的发展虽然受到各级领导的重视,但是物流业在管理上涉及发改委、商务、交通、铁道、民航、邮政、海关、质检、信息等十几个部门,各部门各行其是,政出多门,形不成合力。

多头管理往往会造成效率低下。比如,商务部门有商务部门的规划,交通部门有交通部门的规划。这样一来,都站在各自部门的角度上思考问题,形成的规划有些是矛盾的。物流企业从事的生产经营活动又涉及多个领域,造成企业在制定发展规划时无所适从。

(2)条块分割

目前,不仅在中央层面存在物流管理部门分割的现象,而且在地方政府也存在部门分割的现象。比如,地方政府虽然也设立与国家发展改革委员会(以下简称"发改委")类似职能的牵头部门,如省发改委。但涉及具体的物流活动时,相关的交通委员会、商业委员会也在"履行"着自己的职能。即使在同一部门内部,在设置物流处的同时,还有与其平行的物流管理部门。

如深圳市的物流牵头部门是交通委员会,但在交通委员会又下设物流处、空港处、公共交通处、港航管理处。又比如,武汉市的物流主管部门设在发改委的经贸处,但由财贸处负责物流项目的立项和一些综合协调的工作,由交通委员会的物流处负责交通物流管理的协调。

(3)区域分割

成都市的物流业由市现代物流业发展办公室来统一管理,并由市政府统一管理。因此,至少不存在同一部门之间管理的条块分割。但这种管理也仅仅局限于四川省,无法与周边省市达到完全的协调一致。在成都市要打造西部九省一市物流中心的同时,西部各省市也提出不同的发展目标:重庆市规划长江上游国家物流中心,昆明的目标是东盟区域物流中心,西安要建设西北物流中心,贵阳则要成为长江上游至泛珠三角物流枢纽。其实,目前我国不同区域在物流发展规划上各自为政的现象极为普遍,不仅极易造成重复建设、资源浪费,甚至还会形成市场的恶性竞争。

2. 国外物流行业管理的经验借鉴

不同发达国家物流行政管理体制的现状模式各不相同,但大致可归纳出四个共同点:一是普遍实行大部门体制的横向部门格局;二是实行决策与执行相分离,纵向层级较少的机构设置格局;三是中央和地方各级政府事权清晰、责权明确;四是物流行政法制完善,法治程度高。

(1)美国

美国是西方资本主义国家中唯一长期实行运输、仓储等物流业私有化的国家。美国的物流市场错综复杂,又十分活跃,得益于它有一套完善的物流市场管理及法制管理体系。联邦层次的管理机构主要由各种管制委员会组成,其中州际商务委员会负责铁路、公路和内河运输的合理运用与协调,联邦海运委员会负责国内沿海和远洋运输,联邦能源委员会负责州际石油和天然气管道运输,美国联邦政府交通部负责公路建设、管理与维护等工作,而如何使用好公路,做到合理运输,确保运输安全等,则属州际商务委员会的职责。仓储设施建设安全由仓储公司自己规划决定,联邦政府不予管理。而联邦法院则负责宪法及运输管制法律的解释、执行、判决和复查各管制委员会的决定。立法机构是总的运输政策颁布者、各管制机构的设立和授权者,它们和州级相应机构一起,构成美国全国物流市场的管理机构体系。

(2)西欧发达国家

英国的物流管理体制与美国有相似性,但集中管理的程度要比美国高。60 年代后期,由经济发展部和管理协会共同创建了物流管理中心。该中心最初以工业企业高级管理顾问委员会的形式出现,积极协助制订物流人才培训计划,组织地区性、全国性物流专业会议。在此基础上,于 70 年代后期正式成立了物流协会。英国物流协会的工作包括举办年度巡回讲座、设置物流管理奖、出版发行物流管理通信刊物等,以提高物流管理的专业化程度。

西欧的其他一些国家,如德国、意大利、荷兰,其物流管理体制也各有特色。在荷兰,政府运输部门对分散的、按不同运输方式管理的政府职能进行调整,按照货运和客运的要求分别组建了货运管理司和客运管理司,并把由不同运输方式管理的基础设施投资职能全部集中在基础设施投资与管理司,便于政府按照物流产业发展的要求制定相应的运输管理和基础设施投资政策,形成了高效的物流管理体制。

综上所述,现代物流是一个跨部门、跨行业的复合型产业,其发展涉及国家宏观经济与对外贸易,涉及铁路、公路、水路和空运等多种运输方式,也涉及口岸监管、商务、土地、税务和信息等其他相关部门。因而,尽管每个国家物流行政管理机构设置差异较大,但目前还没有一个国家因为发展物流而建立集多行业于一体的综合性物流管理体制。

（四）加快构建物流行业管理体系的对策

1. 建立跨区域物流协调机构

基于当前各部门之间缺少有效沟通与协调，跨地区的物流服务往往受到区域性局部利益的影响而难以得到良好的发展的现状，借鉴于发达国家的成功经验，在目前的情况下，较为可行的思路是：设立专门的跨区域协调管理机构，以履行政府对现代物流协调、管理和监督的职能。

目前，常见的跨区域协调机构的管理模式主要有以下五类：

（1）政府间自主协调模式

政府间自主协调模式，是指上层政府机构集中协调和处理跨区域的事务，制定经济带间协调发展的公共政策。下层地区政府则负责处理城市内部的管理事务，将有限的资源更好地服务于地区性建设，同时关注地区间的互动与对接。目前，长三角经济区、珠三角经济区、海峡西岸经济区，均是采取政府间自主协调模式。比如，长三角经济区主要采取以下协调管理模式：一是江浙沪两省一市的省、市长经济合作与发展座谈会，主要对该区域发展的重要问题进行沟通交流或商讨决策；二是长江三角洲城市经济协调会，由各城市相关副市长、经协委（办）主任出席会议，制定了定期议事制度，充实基层组织机构，设立了规划、信息、科技、产权、旅游等专项工作组，侧重于落实上述座谈会的有关决策；三是各城市 30 多个相关政府职能部门之间建立相应的联系制度，如在工商、旅游等不同领域的市场准入及管理制度达成协议等。

（2）领导小组协调模式

领导小组协调模式，是指专门成立由省政府主要负责同志任组长，各市、省直有关部门主要负责同志为成员的建设领导小组，统一领导、统一协调，研究决定跨区域建设中的重大事项。领导小组均设立了专门办公室，具体负责日常组织、协调和推进工作。目前，江苏沿海经济带、鄱阳湖生态经济带、黄河三角洲高效生态经济带等均采用了此种模式。

（3）管委会领导模式

管委会领导模式，是指专门设立管委会负责跨区域管理工作。比如，重庆市的两江新区，设立了两江新区管理委员会（党工委），负责统筹两江新区范围内规划布局、开发建设、统计、宣传及其综合协调等；按照重庆市政府授权，负责鱼石片区的基础设施和功能开发建设；受市政府委托，代管北部新区管委会和两路寸滩保税港区管委会。广西壮族自治区政府也设立北部湾经济区管理委员会，代表自治区政府行使有关北部湾经济区开发建设的管理权，统筹发展规划的制定和实施、重大基础设施建设、重大产业布局、功能区开发、相关政策制定、岸线资源的开发利用以及其他重大问题。珠海市的横琴则建立了管理委员会和开发运营公司两个层次的管理架构。管委会是珠海市人民政府的派出机构，负责横琴行政管理和经济管理（包括规划、土地自然资源、建设、交通、环保等行政管理权），开发运营公司为投资建设管理机构。

（4）统一行政架构管理模式

统一行政架构管理模式，是指专门成立行政管理机构负责跨区域管理。比如，天津滨海新区，建立了滨海新区行政区，组建城区管理机构、功能区管理机构两类区委、区政府的派出机构，建立了统一的行政架构，被理论界称为“最彻底的”新区新政改革。

(5)联合党委领导模式

联合党委领导模式是一种较特殊的协调管理模式。比如,新疆维吾尔自治区的乌昌经济带就是采用此种模式。在不涉及两地区规划调整的前提下,新疆维吾尔自治区成立自治区党委派出机构“乌昌党委”,统筹乌鲁木齐和昌吉自治州地区的经济社会发展,统一制定并组织实施乌昌地区经济社会发展规划、城市整体规划、产业发展规划,研究解决乌昌经济社会发展中的重大问题,全力领导乌昌经济一体化。

由于各地区所处的宏观环境、经济基础、文化特征以及发展阶段不同,在综合因素的作用下所选择的联合协调机构也不同,不同国家或地区对于跨区域经济带的管理模式也不同。以省级为例,基于我国各省物流业发展的实际情况,建议采用领导小组协调模式,即成立省物流业领导小组(以下简称“物流领导小组”),统一领导、统一规划各省物流业发展。物流领导小组应由省政府主要负责同志任组长,各省市发改委、商务厅(局)、交通运输厅(局)等有关部门主要负责同志为成员,领导小组下设办公室。

2. 深入推进物流管理机制创新

在建立跨区域协调管理机构的同时,还必须推进物流管理机制创新,具体而言,主要包括以下方面:

(1)信息共享机制

参与物流业建设有关方应建立和不断完善信息共享机制。信息共享包括三个层次:基础共用信息、准共用信息和商业化共用信息。其中,基础共用信息是指必须由政府投资建设和管理的共用信息,这一层次的共用信息必须无偿地提供给公众使用。准共用信息是指主要由政府投资建设和管理的共用信息,其中也不排除企业的共同参与。这部分信息的共享可以通过收取一定的费用以收回投资或维持系统的运转。商业化共用信息是指完全根据市场需求建设开发的共同信息,它的共享完全建立在企业行为的基础上,相互之间支付费用以达到信息的共享。在信息共享层次的认定上需要政府的权威,通过制定相关的法规来实施。

(2)监督和约束机制

对于物流业所流经的各城市承诺提供经济带内所有成员以“市民”待遇,合作方有权对合作项目全过程中任何有地方利益倾向的行为进行监督、质疑。将跨区域考核纳入各地区行政考核范围。规范和完善区域合作法律、法规,禁止企业在区域内的恶意垄断行为及地方保护主义。

(3)利益分享和补偿机制

在跨区域物流合作中,应建立利益分享和补偿机制。具体操作时建议设立物流业协调与发展基金,并以基金为抓手作为区域利益平衡和补偿。

(4)咨询管理机制

建议成立省级物流发展咨询委员会,对物流发展提出政策建议,对重点物流项目和重点物流企业的认定工作提出专家意见。其主要成员应包括高校、物流园区、政府相关职能部门、专业咨询公司等专家和人员,以充分发挥各参与主体的职业与专业优势,整合政府职能部门工作人员和物流企业及物流园区人员的经验优势、高校学者的学理优势、咨询公司的高效率专业化作业平台优势,形成合力,避免咨询机构建立的形式化,从根本上提高决策的科学性。

(5)仲裁机制

建议成立省级物流仲裁专业委员会,并制定相关的争议仲裁条例。仲裁委员会负责对高速公路经济带任何地区、专业、行业的部门和机构不履行或者破坏物流协议的行为进行仲裁。经仲裁专业委员会仲裁审定,区域内各级政府有权对任何不履行或者破坏物流协议行为方实行措施限制。

(6)重大项目建设协同机制

物流中心、物流园区等项目建设,牵涉到规划、土地、融资、环境等诸多方面,必须从高层面出发,紧紧围绕宏观目标、政策导向,建立和不断完善重大项目的协商推进机制和长效管理机制,加强区域合作,通过多地区互动、多部门协作的共同建设模式,推进跨区域物流重大项目建设。

第二节 物流市场

一、物流市场概述

(一)物流市场的概念与构成要素

1. 物流市场的概念

由于研究思路和出发点不同,对物流市场的概念,国内目前有三种比较规范的解释。

(1)物流市场是物流参与各方在交易中所反映的经济活动和经济关系的总和

这一概念从物流服务交换所产生的各种经济利益关系和经济活动现象入手,把握了市场的本质,显然,它属于广义上的物流市场概念。

(2)物流市场是提供物流工具和劳务交换的场所

这一概念从物流需求者、物流供给者、物流代理者等提供交易的空间入手,阐述物流市场是提供物流工具和劳务交换的场所,比较具体、形象,因而,属于狭义上的物流市场概念。

(3)物流市场是物流劳务现实的和潜在的购买者的集合

这一概念是站在物流经营者开展营销的角度,以物流需求为研究对象而展开论述,同样属于狭义上的理解。

综上所述,三种有关物流市场概念的解释,并没有直接对立之处,相互之间有一定的互补作用,其差异之处在于各自解释的出发点、侧重点以及对物流市场理解的广度有所不同。

2. 物流市场的构成要素

一个完整的物流市场体系,除了可以细分为各类市场外,其系统结构必须呈现多维的复合性。具体来讲,物流市场体系由物流市场的主体结构、客体结构、时间结构和空间结构四维复合而成。

(1)主体结构

物流市场主体,是指监护物流服务进入物流市场,并使之发生市场关系的当事人或组织,或者说,市场主体是指产生市场行为的当事人或组织。其中,市场行为是指市场中的供给行为、需求行为、交换行为等。

从广义上讲,物流市场主体是多层次、多要素的集合体,至少应当包括以下三大主体:

①物流市场交易主体。物流市场交易主体包括物流供给主体、物流需求主体以及为双方

提供物流交易活动的各类物流代理商。

②物流市场服务主体。物流服务主体包括为物流服务活动提供诸如金融、保险、法律等商务保障服务的机构组织,有时,也将各类物流代理商归结为物流市场服务主体。

③物流市场管理主体。物流市场管理主体包括为物流服务活动提供海关、检验检疫等口岸服务和市场监管服务的政府部门。

不过,实践中,物流市场主体往往是从狭义的角度来理解,即仅仅是指物流市场交易主体。

(2)客体结构

物流市场的客体,是指物流市场主体之间发生经济权利转移关系的媒介物。它是市场交换关系的客观载体,表现为物流市场关系中的物质内容。

在物流市场中,不同的市场主体所提供的市场客体内容是不同的。

①物流供给主体所提供的物质内容有运力、仓储能力、物流服务等;

②物流需求主体所要求的物质内容有运输、仓储、流通加工等各项功能;

③物流代理商所涉及的物质内容则为信息的传递、有用性及相应的代理服务等。

物流市场客体往往静态地表现为进行物流服务交换活动的不同要素。因其要素属性的本质差异,在物流市场交换运动中,就有不同的特点和规律性。然而,这些市场客体因素并非独立运动,它们总是按照一定的要求或规定,在物流市场中相互联系、相互制约地运动,即相互运动成为各方运动的前提条件。当这些要素按照一定的特点或一定的要求相互结合并相互运动时,就形成不同的市场,如物流劳务市场以及物流装备的建造、买卖、维修市场等。

(3)空间结构

物流市场的空间结构就是指各等级各层次的市场空间在整个市场体系中所占的地位及其相互关系。

物流市场的空间结构从大的方面来讲可以分为三个基本的层次:

①区域性物流市场。它包括城市物流市场、城间物流市场、农村物流市场、城乡物流市场,以及南方物流市场、北方物流市场等,通常以大大小小的经济区为主,在地域分工和生产专业化的基础上逐步形成,并循序渐进地发展和扩大。

②国内物流市场。即以整个国家领土、领空、领海为活动空间的物流市场,它是包括各个地区、各种运输方式在内的统一的物流市场。它以市场经济的充分发展为基础,在区域物流市场充分发展的前提下才得以形成。

③国际物流市场。它是随着国际间的商品交换及其他经济社会文化交往的增加而逐步形成的,是国际分工、世界经济的发展和经济生活国际化的必然结果,也是市场经济发展的客观要求和必然趋势。

(4)时间结构

物流市场的时间结构,是指市场主体支配交换客体这一运行轨迹的时间长短,它表现为交换过程的连续性和间断性的统一。

在现实的物流市场交易中,市场主体之间对交换对象——物流劳务与物流工具的权力转移,可以有不同的时间轨迹。

一般来说,按时间结构划分,物流市场可分为近期交易市场和远期交易市场。

（二）物流市场的分类与特点

1. 物流市场的分类

物流市场根据分类角度和研究对象的不同，可以有多种分类。

（1）按照研究物流活动的着眼点不同，物流市场可以分为宏观物流市场和微观物流市场

宏观物流市场是指一个国家或地区（如城市）在某个时期内的物流产业规模，是整体社会物流活动的反映，具有宏观指导意义与更广泛的战略意义。

微观物流市场即物流企业的客户市场，是指物流企业在一定范围内和一定时期内所拥有的市场份额，并据此决定物流企业的业务规模与水平。

（2）按物流市场的客体结构，物流市场可分为基本市场和相关市场

基本市场是指提供物流劳务的市场，它可以按照物流条件分为一般物流市场和特种物流市场。

相关市场是指与物流基本市场相关的并极大促使物流基本市场运行和完善的其他直接相关市场，如物流资本市场、物流劳务市场、物流信息市场、物流装备制造市场、物流装备买卖市场和物流装备维修市场等。

（3）按照物流需求产生的行业不同，物流市场可以分为工业物流市场、商业物流市场和农业物流市场等

工业物流市场的物流需求来自于工业企业，还可细分为汽车物流市场，电子产品物流市场，医药、烟草等其他产品物流市场。

商业物流市场的物流需求来自于商业企业，还可细分为日用百货物流市场、农副产品物流市场、音像书籍等文化产品物流市场、电子商务方式销售商品物流市场等。

农业物流市场的物流需求来自于农业生产需求，如农用机械、农用化肥、农用种子等农业生产资料的物流需求，以及粮食、蔬菜、瓜果等农副产品的物流需求。

（4）按物流需求的内容不同，物流市场可分为综合物流市场和专业物流市场

综合物流市场是指对综合物流服务功能的需求的市场。

专业物流市场是对各种单一的物流功能的需求，特别是对运输、仓储的需求的市场。

2. 物流市场的特点

物流市场作为市场体系中的一个专业市场，属于新兴的服务业市场，因此，物流市场具有以下几个特征：

（1）生产与消费的同步性

除了流通加工外，通常物流生产的产品为无形产品，即物流所创造的产品在生产过程中同时被消费掉，因此不存在任何可以存储、转移或调拨的“产成品”。同时物流产品又具有矢量的特征，不同的到站和发站之间的物流过程形成不同的物流产品，它们之间不能相互替代。因此物流供给只能表现在特定时空的物流能力之中，不能靠储存或调拨物流产品方式调节市场供求关系。

（2）物流市场的非固定性

物流市场所提供的物流产品具有物流服务特性，它不像其他工农业产品市场那样有固定的场所和区域来生产、销售商品。物流活动在开始提供时只是一种“承诺”，即以物流合同等作为合同保证，随着物流生产过程的开始进行，通过一定时间和空间的延伸，在物流生产结束

时，才将货物位移的实现所形成的物流服务全部提供给物流需求者。整个市场交换行为，并不局限于一时一地，而是具有较强的广泛性、连续性和区域性。

(3)物流需求的派生性、多样性及波动性

物流市场服务于工农业生产，系派生性需求。由于物流需求者的经济条件、需求习惯、需求意向等多方面存在比较大的差异，必然会对物流活动过程提出各种不同的要求，从而使物流需求呈现出多样性的特点。由于工农业生产有季节性的特点，因此物流需求也有季节性的波动。特别是水果、蔬菜等农产品的物流需求，季节性十分明显。由于物流产品无法储存，物流市场供需平衡较难实现。

(4)物流市场容易形成垄断

物流市场容易形成垄断的特征表现在两个方面：一方面，物流业发展到一定阶段，某种运输方式往往会在物流市场上形成较强的垄断势力，其原因在于，在自然条件和一定生产力水平下，某种运输方式具有技术上的明显优势等；另一方面，物流业具有自然垄断的特性，这使得物流市场容易形成垄断。通常把因历史原因、政策原因和需要巨大初期投资原因等使其他竞争者不易进入市场，而容易形成垄断的行业称为具有自然垄断特征的行业。物流市场上出现的市场垄断力量使物流市场偏离完全竞争市场的要求，因此各国政府都对物流市场加强了监管。

二、物流市场机制

1. 物流市场机制的概念

物流市场机制，顾名思义，就是物流市场得以运行的实现机制，是物流市场上物流服务供求关系、服务价格、物流企业间的竞争、交易双方面临的风险等因素相互联系、相互作用的机理。

2. 物流市场机制的构成与相互关系

物流市场机制包括客体系统、动力系统、方式系统和主体系统以及它们之间的相互关系，如图 5-2 所示。各个分支系统分别形成供求机制、价格机制、竞争机制与风险机制。供求机制、价格机制和竞争机制，是市场机制相对独立的构成要求，而风险机制贯穿其中，成为市场机制各个机制启动与相互作用的基础。由此可见，只要具备适当的市场环境，即使政府不介入，市场机制也会自动启动并运作起来。当物流市场环境欠佳，仅仅靠物流市场机制的自发启动，需要一个非常缓慢的过程时，为了使这个过程加速，往往就需要政府的介入。

(1)价格机制

价格机制是指在物流市场竞争的过程中，物流服务价格的变化趋势与物流服务供求关系之间的有机联系。一方面，物流市场价格机制通过物流服务价格信息反映供求关系，优化运输、仓储、流通等环节的资源配置；另一方面，物流市场价格机制可以有效调节物流市场竞争力度，改善物流服务质量。

(2)供求机制

供求机制是指通过物流服务各环节的供给和需求的动态关系来影响物流服务结构的机制。物流服务供求机制可以通过供求关系的不均衡状态调节物流市场价格，并通过物流市场价格、物流市场供求数量来调节物流企业对物流服务的供给以及工商类企业或个人对物流服务的需求，最终实现供求关系的动态平衡。

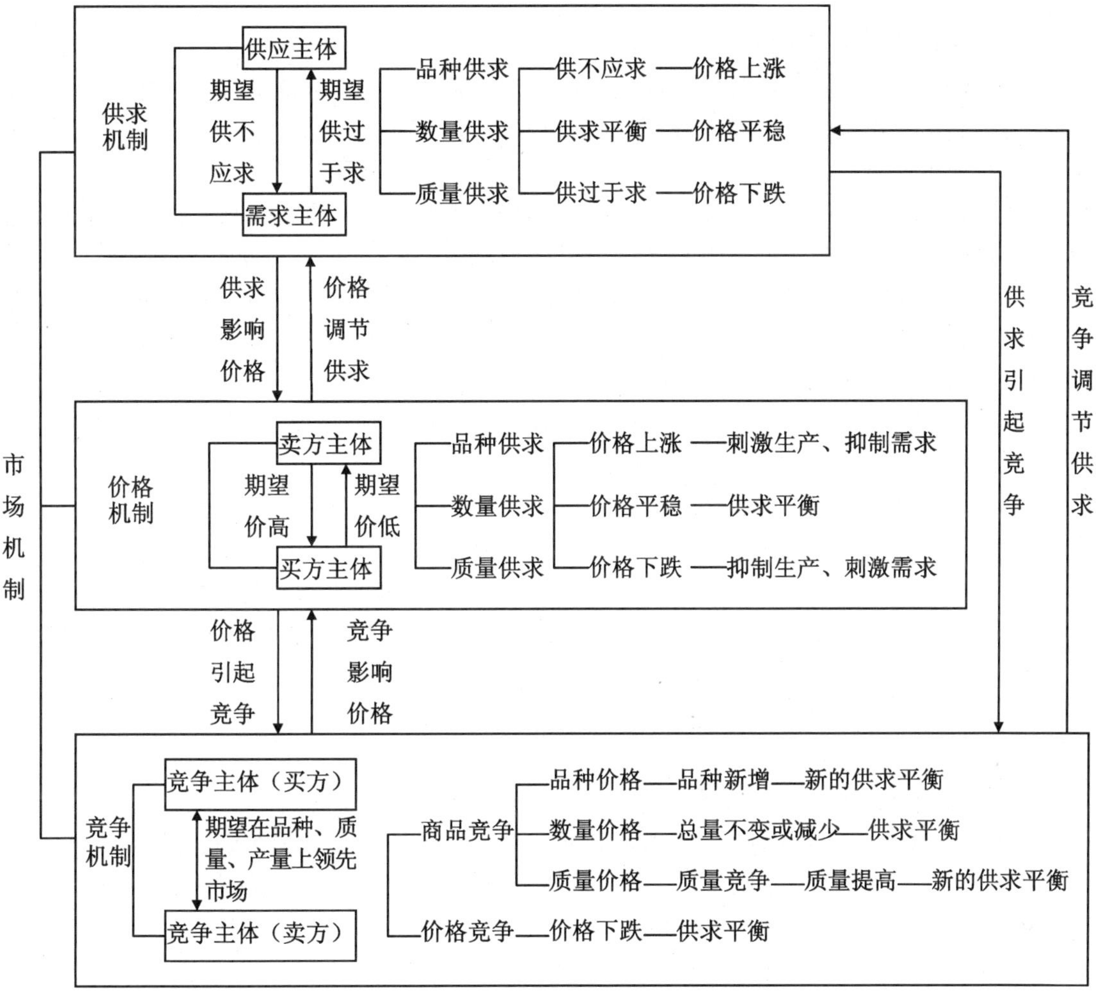

图 5-2 物流市场机制示意图

(3)竞争机制

竞争机制是指物流市场上,物流企业之间以自身利益为出发点,进行良性竞争,从而对参与物流服务的企业或个人产生的影响。物流企业竞争分为价格竞争和非价格竞争,遵循优胜劣汰的基本法则,是物流企业发展创新的外在动力,可以为物流服务的消费者提供更满意的物流服务。

(4)风险机制

风险机制是指物流市场活动同企业盈亏之间相互联系和影响的机制,与其他机制联系比较密切。一方面,物流服务的风险机制受物流市场价格机制的影响,价格的涨落会影响物流企业承担风险、追逐利润的动力;另一方面,物流服务风险机制与物流企业竞争机制和物流服务供求机制共同作用,作为一种外在压力作用于物流市场的主体,调节物流市场的供求关系及价格走势。

3. 物流市场机制运作的条件

物流市场机制的运作实际上是市场主体为了实现各自的利益形成的相互交换商品和劳务

的互动过程。

(1)规范的物流市场主体

物流市场机制的正常运作,需要规范的物流市场主体及其经营活动,包括物流企业经营者、物流行业从业者、物流服务需求者、物流领域投资者等人员的合法经营活动。

(2)完善的物流市场体系

完善的物流市场体系是物流市场机制正常运作的重要条件。物流市场体系又可细分为物流服务市场体系、物流技术市场体系、物流从业者市场体系、物流金融市场体系、物流信息市场体系等。上述市场体系的完善,有助于物流市场机制充分发挥其调节市场供求关系、优化物流资源配置的作用。

(3)规范的物流市场运营规则

物流市场机制的运作需要规范的物流市场运营规则作为理论保证。相关法律法规的制定、政策的颁布,都有利于物流市场机制的有效运作。

(4)有效的物流市场调控体系

物流市场经济体系有其自身的优点,但是在一些特定的情况下,也会存在市场机制失灵的可能,这就需要物流行业的管理者和监督者通过行政、财政税收、法律法规、优惠政策等手段对物流市场进行调控,以弥补物流市场自我调节能力的不足,保证物流市场机制的有效运作。

三、物流市场规则

1. 物流市场规则的概念与特点

物流市场规则是为了保证物流市场机制正常运行和规范市场主体经济行为的基本准则。

从本质上讲,物流市场规则就是以具有法律效力或物流行业约束能力的形式,制定的能够制约物流市场主体日常行为的物流市场运行准则,从而保证物流市场的有序化、规范化和制度化,使物流市场可以正常发挥其优化物流资源配置的作用。

物流市场规则除了具有一般服务性市场规则所具有的客观性、科学性、系统性、强制性、公平性、普遍性、广泛性、开放性的特点之外,其自身还具有以下特点。

(1)以维护公平竞争为前提

物流市场主体之间的公平竞争,又是物流市场规则运行的客观保证。经营者依法自主选择物流企业组织形式、经营范围、运作方式,也是物流市场规则维护公平竞争的基本体现之一。

(2)准入门槛适度

既要避免因为物流市场的准入门槛过高,而限制中小型物流企业的生存发展,又要防止因为物流市场的准入门槛过低,而降低物流服务的质量,扰乱物流市场的正常竞争。因此,准入门槛的确立是否适度,对于物流市场规则能否有效运作至关重要。

(3)强化物流服务供求双方的信息交流

有效的物流信息交流,既可以帮助物流企业获悉物流服务需求方的需要,明确物流企业自身定位,合理分配物流资源,又可以为对物流服务有需求的工商类企业提供物流服务外包决策的科学依据。公正、公开的信息平台的构建,可以深化物流市场规则对物流市场主体的调节、监管作用。

(4)严格市场退出规则,强化优胜劣汰

严格的市场退出规则有利于物流行业资源的清算和整合,可以避免中小型企业进出物流市场时物流资源的大量流失。优胜劣汰,可以强化物流市场自身的调节功能,净化物流市场的竞争环境,提升物流服务的整体水平,推动物流行业的快速发展。

(5)充分揭示风险,普及物流行业教育

物流市场规则有必要对物流市场存在的风险进行充分的揭示,既可以提升物流企业对于物流市场的认识,普及专业知识,又可以防止投资方向不明确的行为,减小中小型企业的资产流失。

(6)着重健全物流市场体系

物流市场规则对物流市场体系和机制的完善,有利于物流企业与金融、保险、地产等领域从业者的有效合作,为从事物流服务的企业和个人提供了公平参与物流市场竞争的条件。

(7)注重物流市场法律法规的健全

物流市场规则是物流行业监管部门对于物流市场法律法规的有效补充,完善了物流服务参与者所应当遵循的法律法规,对于物流市场上出现的暴力、垄断、不正当竞争等行为进行了控制和取缔,优化了物流市场的竞争机制,保证了物流市场的活力。

(8)监管部门充分发挥调控职能

监管部门在物流市场的运作中,应当尽量避免直接管理,要将精力放在对物流市场参与者的宏观调控上,为物流企业提供物流咨询服务,做好物流设施建设,为物流企业的发展提供有利的外部环境。

2. 物流市场规则的内容

物流市场规则包括物流市场进出规则、物流市场竞争规则、物流市场交易规则、物流市场仲裁规则。

(1)物流市场进出规则

物流市场进出规则是物流市场主体和客体(即物流服务)进入或退出物流市场时必须遵守的行为准则和规范,是保证物流市场有序运行的制度基础。

物流市场主体进出规则包括以下三个方面:

第一,物流市场主体的进入市场规则,按照物流行业监管部门的要求和物流市场主体客观上应具备的条件,物流市场主体从事物流及相关活动必须具备合法的资质;

第二,物流市场主体的属性规则,按照物流法律法规、政策的规定,物流行业经营者应当明确企业章程、组织机构、人力资源、生产要素及其组合,依法确认企业的基本属性,并明确经营范围;

第三,物流市场的退出市场规则,物流市场上的企业在处理破产、歇业、收购、兼并等环节时,要符合相关法律法规的基本程序。

物流市场客体(物流服务)进出市场规则包括以下两个方面:

第一,物流服务在客观上必须不得违反相关法律法规;

第二,物流服务的质量必须符合有关规定,物流企业在运输、流通加工等环节不得违反国家的相关规定,在仓储、包装等环节必须符合国家或消费者对于物流服务的基本要求。

(2)物流市场竞争规则

物流市场竞争规则是物流行业监管部门为维护物流市场主体间的公平竞争,根据物流市场自身的特点和要求制定的物流市场竞争行为准则与规范，是物流市场主体之间公平交易、公平竞争的制度体现。

物流市场竞争规则的作用主要包括以下三个方面：

第一，禁止物流企业之间的不正当竞争行为，严禁物流企业或对物流服务有需求的工商类企业采取欺骗、利诱、胁迫、诋毁等违背公平竞争原则的手段，通过物流服务的交易，损害竞争对手的利益；

第二，禁止限制竞争的行为，严禁物流服务的经营者滥用其拥有的市场地位和要素资源，或是多家物流企业私自设定物流服务的价格、质量、交易条件等因素，妨碍公平竞争的原则，损害竞争对手或是物流服务消费者的利益；

第三，禁止物流市场的垄断行为，严禁物流市场上的主体采取独占、兼并、独家交易、股份保有、董事兼任等手段，排斥竞争对手，操纵物流市场的价格走向。

(3)物流市场交易规则

物流市场交易规则是物流市场各主体在市场上进行物流服务的交易时必须遵守的行为准则和规范，包括物流服务交易方式的规范和交易行为的规范。

(4)物流市场仲裁规则

物流市场仲裁规则是物流行业的监管部门对物流市场的主体之间的纠纷进行仲裁时需要遵循的准则和规范。物流行业的监管部门必须建立行之有效的仲裁体系和机构，明确仲裁原则和方法。

3.物流市场规则的实现条件

(1)健全物流市场监督机制

就目前的状况而言，物流市场的监督机制比较薄弱，并且由于物流行业的交叉性和广泛性，监管部门很难明确，这也就造成了物流市场竞争的不公平，给正规合法运营的物流企业带来了不可避免的阻力和影响。因此，健全物流市场监督机制，对于实现物流市场规则至关重要。

(2)营造公平竞争的制度环境

实现物流市场规则，需要物流监管部门在金融、科技、人才引进、财政税收等领域营造出一个公平的环境，避免资源垄断、私自定价等情况出现。

(3)完善物流市场调控机制

物流市场调控机制的完善，有利于优化物流服务体系，健全物流市场主体决策机制，改善物流行业投资环境，构建物流企业管理制度框架，建立物流服务风险防范体系，从而对物流市场规则的实现产生积极的推动作用。

(4)强化金融监管

物流业与金融业密不可分，完善金融监管体系，建立金融部门与物流部门之间的协调机制，对于实现物流市场规则有着至关重要的意义。

(5)完善的物流服务定价制度

物流市场规则的实现，需要建立起与国际形势接轨的定价制度，将相对滞后的物流价格调整为适时价格，建立可以充分反映物流服务供求关系的物流服务价格机制，保障物流市场的稳定性，深化物流市场自身的调节功能。

四、物流市场监管

1. 物流市场监管体系的概念

物流市场监管体系，是指物流管理机构依据法律法规和行政规章，对物流经营者以及物流设施与设备在市场准入、经营资质、交易行为、竞争行为以及市场退出等进行全方位、全过程监督的管理体系。

2. 物流市场监管体系的构成要素

物流市场监管体系是一个系统的概念，它由若干要素构成，包括监管主体、监管客体、监管体制、监管制度、监管手段等。

物流市场监管体系可划分为三个子体系，即行政监管体系、行业自律体系与社会监督体系。

(1)行政监管体系

它主要包括物流行政管理机构，同时也包括海关、检验检疫、工商、税务、公安等其他相关管理部门。

(2)行业自律体系

它包括物流行业协会自律和物流市场主体自律两个方面，其中，物流行业协会自律监管主体主要是物流协会、船东协会、船代协会、货代协会等行业协会；物流市场主体自律即为物流经营者的自律。

(3)社会监督体系

它包括舆论监督和公众监督体系，监督主体包括新闻媒体、社会公众，尤其是广大运输消费者等。

3. 物流市场监管体系的作用

现代市场经济的重要表现之一是政府干预经济。市场经济内部固有的分散市场主体的局部利益与社会整体利益的矛盾无法解决，必须借助于市场外的而又与市场经济密切结合的监管体系进行宏观调控。具体而言，物流市场监管体系可在以下三个方面发挥作用：

(1)市场做不了的领域

它主要包括物流基础设施建设、公共服务、市场负外部性产生的环境污染治理等。

(2)市场做不好的领域

它主要包括物流市场组织、特种物流、宏观总量平衡、协调矛盾等。

(3)不宜由市场去做的领域

它主要包括物流行政处罚、物流行业发展规划、物流市场法规的制定、物流产业政策的制定、物流市场监督等。

五、物流价格管理

(一)物流价格概述

1. 物流价格的概念

物流价格是指物流服务所具有的价值的货币表现形式,主要受物流服务质量和供求关系的影响。对于物流服务的需求方来说,物流市场价格就是其购买物流服务时所支付的货币成本,是其从物流服务中所获取的效用的货币形式。对于物流企业来说,物流市场价格代表着企业通过提供物流服务所获取的收入,是企业利润的直接源泉。

2. 物流价格的特点

(1)议价过程信息不均衡

物流服务需求方由于只能获取少量信息,对物流服务的认识存在偏差,造成了交易过程中信息的不均衡性。造成这种情况的主要原因有以下两个:第一,物流产品是无形的,需求方在获取物流服务之前很难对其有明确的了解,无法对价格进行准确的判断;第二,不同的客户对于物流服务会表现出不同的需求和偏好,难以对价格进行纵向比较。

(2)易受非货币因素影响

非货币因素,包括物流服务时间、物流信息共享、便利程度及客户心理等。例如,便利程度的提升可以增加物流服务的可到达性、缩短服务时间。客户在物流服务的过程中,面临的非货币性成本越高,愿意支付物流服务的价格就越低。

(3)客户往往通过价格对物流服务质量进行预判

由于物流服务无形性和差异性的特点,人们难以对物流服务的质量进行准确的预判,也没有科学的物流服务质量检测标准,所以只能通过价格的高低来判断物流服务的质量。

(4)受限于需求方对于物流服务的认知

客户对于物流服务的认知会间接影响服务的价格。不同的物流企业提供的物流服务质量和成本均有不同,因此,客户对于物流服务的认知成为定价的重要依据,也就是我们常说的客户价值取向。

(5)直接影响供求关系

价格对于整个物流市场的供求关系起到非常重要的调节作用。由于物流服务的不可分割性,使得企业无法利用库存对供求关系进行调节,而只能依靠价格对供求关系进行调整,相比其他有形产品,物流服务价格的杠杆作用更加明显。

3. 物流价格的形式

从管理的角度划分,物流价格主要包括以下三种形式:

(1)政府定价

政府定价,是指各级政府物价部门、业务主管部门按照国家规定权限制定的物流价格标准。政府定价属指令性价格。

(2)政府指导价

政府指导价,是指政府物价部门、业务主管部门按照国家规定权限,通过规定基准价和浮动幅度、差率、利润率、最高限价和最低保护价等,指导物流企业制定价格标准。它既具有国家宏观价格计划性的特征，又具有体现企业微观价格灵活性的特征。

(3)市场调节价

市场调节价，是指物流企业自主制定，通过市场竞争形成的价格。

4. 物流价格形成条件

(1)完善的价格形成机制

价格形成机制包括价格管理权限、价格形式、价格调控方式三方面。价格管理权限规定了价格决策的主体，在物流市场上，价格决策的主体可能是物流服务交易双方的任何一方，具体情况依当时市场供求关系以及物流企业的服务质量而定；价格形式规定了物流服务价格形成的方式、途径和机理；价格调控方式规定了物流行业监管部门对物流服务价格调控的对象、目的和措施。

(2)合理的物流服务价格结构

合理的物流服务价格结构有利于物流市场对物流服务价格的调控，可以充分发挥物流市场机制和规则的调节机能。合理的物流服务价格，应当使物流服务的需求方可以轻松找到与自己的需求相匹配的物流服务，并且物流服务价格基本与物流服务质量相一致。以运输环节为例，跨省、省内跨市、市内的运费结构及浮动范围应当清晰合理。

(3)有效的物流服务价格监管制度

随着物流市场供求关系的变化，物流服务的价格会有一定的波动。当波动超出物流市场自身可以调节的范围时，就需要物流服务价格监管制度对物流服务价格进行一定的约束。当然，物流服务价格监管制度必须要与物流行业经济状况相适应，在合理的幅度内，对日益壮大的物流市场进行调控，避免过度竞争、无序竞争等情况的出现。

(4)公开的物流服务信息平台

物流服务价格的形成，需要公开高效的物流服务信息平台以及健全的运输网络体系。物流服务信息平台的构建，有助于物流服务交易双方充分了解物流服务价格走势以及物流市场供求关系的变化，为价格形成机制的有效运作提供了客观、科学的依据。

(二)物流价格管理的方法与手段

1. 物流价格管理的方法

物流价格管理的方法分为直接管理与间接管理两类。

(1)直接管理

直接管理是指由国家直接制定、调整和管理物流价格的一种行政管理方法。它主要依靠行政机构、借助行政权力下达行政命令，具有行政约束力。其特点是物流价格由中央政府、国家物价部门或物流主管部门直接制定与调整，并依靠各级政府的行政力量强制物流企业执行，物流企业基本上没有价格的制定与调整权，价格一经下达或一经确定便具有相对稳定性。这种方法是我国计划管理体制时期管理价格使用的主要方法。

(2)间接管理

间接管理是指国家各级行政部门一般不直接制定物流价格，而是通过经济政策的制定与实施，运用经济手段来影响物流企业的运价环境，诱导其定价行为的一种价格控制方法。其特点是国家通过经济杠杆、经济参数的运作去影响价格形成的相关条件，从而间接地影响物流价格的价格水平和物流企业的价格行为，使之按照国家的价格目标的要求变动。国家采用经济政策和经济手段的目的在于改变物流企业的定价环境，并不直接干预物流企业的定价权本身。这种方法是我国新型价格控制体系所采用的主要方法。

实际上，上述两种方法可以结合使用。从我国物流价格管理的实践与发展来看，应该是实行直接管理与间接管理相结合，并以间接管理为主的价格管理方法。换言之，对少数关系到国计民生的重点物资的物流价格应进行直接制定与管理，而其他大多数物流价格可由物流企业自主决定，国家主要通过经济政策和经济手段进行间接控制。

2. 物流价格管理的手段

物流价格管理的手段有经济手段、法律手段和行政手段。

(1)经济手段

经济手段，是指国家决策部门为影响物流价格的形成或运动，通过控制与价格决策系统有关的其他经济系统的活动来改善物流价格系统环境而进行的价格控制。比如，采用诸如信贷、利率、税收、财政、工资等经济政策与措施来调节物流市场供求，以达到影响和控制物流价格的目的。显然，经济手段具有间接性、利益诱导性、滞后性、组合性等特点。

(2)法律手段

法律手段，是指国家通过颁布价格法规、价格条例及管理办法等法律法规来规范物流价格行为和调整物流价格关系的一种管理方式。与其他手段不同，法律手段具有规范性、稳定性、权威性、强制性等特点。

(3)行政手段

行政手段，是指国家决策部门凭借国家政权力量，通过行政办法发布物流价格指令计划、物流价格政策等，直接干预和管理物流价格的形成和运动的一种管理方式。行政手段具有间接性、局部性、强制性等特点。

练习题

1. 单选题

(1)物流产业内部各产业的构成及其相互之间的联系和比例关系称为(　　)。

A. 物流功能结构　　B. 物流产业结构

C. 物流功能构造　　D. 物流产业构造

(2)从市场营销的角度，物流市场是指(　　)。

A. 无形的物流交易场所　　B. 物流客户集合

C. 有形的物流交易场所　　D. 各种物流活动和经济关系的总和

(3)通过财政税收手段进行物流价格管理，属于采用(　　)手段。

A. 经济　　B. 法律

C. 行政　　D. 社会

2. 多选题

(1)物流产业包括(　　)。

A. 物流基础产业　　B. 物流装备制造业

C. 物流信息业　　D. 物流服务业

(2)物流管理体系层次包括(　　)。

A. 国际层面　　B. 国家层面
C. 企业层面　　D. 功能层面

(3) 物流机制包括(　　)。

A. 供求机制　　B. 价格机制
C. 竞争机制　　D. 风险机制

3. 简答题

(1) 简述跨区域协调机构常用的管理模式。

(2) 简述物流市场的概念与构成要素。

(3) 简述物流市场规则的概念与特点。

4. 案例分析题

近年来,我国物流业快速发展,物流企业数量增长迅速,物流企业的规模也在不断扩大,呈现出国有经济与个体、私营、股份制及外商投资等多种经济成分共同发展的格局。然而,由于目前物流市场主体发育和市场规则尚不完善,市场运行秩序方面仍存在以下问题。一是市场主体过多。不少物流企业的基本条件差、经营规模小、服务水平低、管理不规范,一个门面、一张桌子、一部电话的零担货运企业占有较大比例。此外,还有不少提篮买卖的"篮子公司"、举个牌拿张纸的"流动公司"、投亲靠友的"挂靠公司"、夫妻合伙经营的"夫妻店"。二是价格无序竞争。由于物流行业准入门槛低,进入市场投入少,低端服务企业过多,从而形成了低端无序竞争的局面。三是诚信意识较差。近年来,各地不同程度地存在着拖欠货款、卷款逃跑、货物蒸发、公司消失等恶性事件。四是区域市场分割。一些地方区域封锁和地方保护现象突出。五是税源流失严重。据反映,各地一些零担货运企业,不同程度地存在着偷漏国家税收的现象。六是治安问题较多。一些物流企业相对集中的物流中心、物流园区治安纠纷时有发生。

基于此,为了贯彻落实《国务院关于印发物流业调整和振兴规划的通知》(国发〔2009〕8号),进一步做好打破行业垄断和地区封锁,依法制止滥用行政权力阻碍或限制物流业跨行业、跨地区服务行为工作,规范物流市场秩序,强化物流环节质量安全管理,2009 年 11 月,国家工商行政管理总局等六部委联合下发了《关于做好制止滥用行政权力排除限制物流业竞争规范物流市场秩序工作的通知》(工商竞争字〔2009〕226 号)。

问题分析:结合本案例,阐述政府、行业协会、企业在物流行业管理体系建设中应各自发挥哪些作用?

第六章　物流政策与法规

引导案例

国内首部地方物流立法出炉

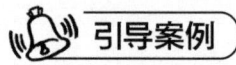

2010年9月30日,福建省第十一届人民代表大会常务委员会第十七次会议通过了《福建省促进现代物流业发展条例》(以下简称《条例》),并在2011年1月1日起正式实施,这也是我国首部物流业相关法规。该条例由总则、振兴发展、企业培育、设施建设、闽台物流合作、附则六个部分组成,规定了多条利好政策以促进物流业发展。

对于物流立法的意义和必要性,业内专家看法大相径庭。持反对意见者认为,物流业虽为朝阳行业,但在中国目前的发展状况却是问题重重,直到现在都还没有一条清晰的发展思路。所以在这种"不明确"的现状下立法充其量只能起规范作用,并不能使行业整体得到大幅度的提升。成功的、行之有效的行业立法需要在了解行业整体发展的背景下制定,这样才能达到"对症下药"解决问题的效果;而持赞成意见者认为,现今中国物流业发展的背景,一方面是整个行业都在迅猛发展,另一方面,是中国现行的市场法律规范已经不能适应物流业快速发展的需要,且完善中国的物流立法不应该在现有框架的基础上进行修补,而是应该制定专门的物流法。此前我国并没有专门的物流立法,这次福建物流法规的出台将填补这一空白,其积极作用是显而易见的。对物流企业而言,该物流法将能够维护福建省物流企业的合法权益,也能吸引更多的台湾企业来闽投资建设;对于物流行业而言,有利于对全省物流业进行统一规划、合理布局,促进物流业实现快速健康有序发展。台商在福建的投资是闽经济的重要部分,有了立法的支持保护,既有利于两岸商业的交互发展,也暗含着对台湾同胞的一份心意。而对没有地处海西这样特殊地理位置的其他地区,行业立法也有着一定的借鉴意义。

第一节　物流政策

一、物流政策概述

(一)物流政策的概念、特点与作用

1. 物流政策的概念

物流政策是指一个国家或地区为了达到某种物流发展目标,在所能实施控制或影响的范围内,以某种适宜的表现形式,对该国或地区的物流业及其活动所制定的行动指南或行为准则。

2. 物流政策的特点

物流政策除了具有强制性、普遍性、管理性、分散性、交织性、变动性等特点之外,还具有以下基本特征:

(1)整体性

整体性不仅表现在物流政策的内容与形式上,而且还表现在物流政策的执行过程中。物流政策要解决的问题是复杂的。尽管某一物流政策是针对特定问题提出的,但这些问题总是与其他问题网结为一整体,相互关联、相互影响。孤立地解决某一问题,往往是不成功的。人们经常讲,政策要配套,是指由众多数量、类型不一的政策,组成政策体系,强化政策的整体功能。

(2)超前性

物流政策的超前性,不仅是保证政策稳定的必要条件,而且是合理分配社会利益的有力保证。那些处于最佳超前度的政策,必将对社会产生强大的吸引力和推动力。

物流政策的超前性,不是脱离实际的空想,而是建立在科学预测与对客观事物发展规律充分认识基础上的必然结果。

(3)层次性

按照权力主体来划分,可划分为中央物流政策和地方物流政策。

从内容上看,物流政策体系中的各项政策,可划分为总体物流政策、基本物流政策、具体物流政策等。

从物流政策体系的纵向分析,高层次政策对低层次政策起支配作用,但高层次的物流政策内容都是概括性强的原则性规定,难以直接规范人们的行为。

(4)合法性

对于一个法制化的国家来说,物流政策的合法性是极其重要的政治要求。因为它首先表现在内容上,不能与宪法、法律相抵触,其次还表现在程序上要严格守法。这充分体现了对法律的尊重,有利于民主政治的培育与发展。

(5)复合性

所谓复合产业,指既具有局部的独立产业形态,又在整体上具有以共同使用的技术为媒介的多个产业交叉和融合的特殊产业形态。

物流业既具有从提供服务的经营角度的独立产业特点,又具有从产销企业内部经营管理角度的非独立产业形态,还具有因物流技术的使用而通过产销企业物流服务外部化的供应链管理的一体化趋势所体现的经济利益共享现象。

物流业作为复合产业,国家在制定物流发展政策时,应在物流的不同领域中充分考虑其发展中与相关领域的协调和配合,而不是单纯地以自我为中心考虑发展政策,从而达到共同提高物流效率与效益的目的。

3. 物流政策的作用

总体而言,物流政策具有以下作用:

(1)导向功能;

(2)协调功能;

(3)控制功能;

(4)激励功能;

(5)再分配功能;

(6)提高物流效率、降低物流成本功能。

现代物流是一国经济发展和社会进步的重要基础性产业,物流系统的基础性、先导性、准公共性、规模经济、范围经济以及社会公益性等属性特征,决定了物流业的发展必须充分发挥政府和市场的作用。纵观发达国家物流业发展的实践经验,作为政府引导、规制物流业发展的重要因素,物流政策对于物流业有序发展发挥着至关重要的作用。

随着我国市场经济的逐步完善,未来物流业的健康发展也将更多地依赖物流政策的手段来调节引导,因此,从政策的科学性、系统性角度出发,进行物流政策体系设计,形成一套系统完整的物流政策来指导我国物流业的发展,不仅十分迫切而且意义重大。

(二)物流政策的主体与客体

1. 物流政策的主体

物流政策的主体是指物流政策的制定者与实施者,即代表社会公共利益的社会公共机构。作为物流政策主体的社会公共机构主要由三部分构成,即立法机构、司法机构与行政机构。

(1)立法机构

立法机构不仅是物流政策的主体,而且是最有权威性的物流政策主体。之所以说立法机构是最有权威性的物流政策主体,是因为立法机构所制定的政策(法律)要比其他政策主体所制定的政策具有更大的使用范围与调整强度。

(2)司法机构

在我国,司法机构是公安局、检察院与法院系统,以及其他具有部分执法权的行政部门,如工商行政管理、物价管理、环境保护机构等,它是执行立法机构所制定的有关物流的法律、法规的机构。

(3)行政机构

政府机构虽然没有立法权,但是政府有权制定并颁布有关物流的行政命令(条例、通知等)、行政指导。这些行政命令、行政指导也是对全社会物流活动的公开介入和干预,从而也是物流政策的重要内容。

2. 物流政策的客体

物流政策的客体,是指物流政策所发生作用的对象,包括政策所要处理的物流问题(事)和所要发生作用的物流相关参与者(人)两个方面。

(三)物流政策的目的与手段

1. 物流政策的目的

(1)在制定物流政策的过程中,政府应利用行政权力为物流市场的运行、发展创造种种必要的条件,提供多方位的服务。

(2)政府也要依法对物流市场进行管理和监督,通过调剂和协调全社会物流活动中的各种社会经济关系等,达到发展物流促进国家经济发展的目的。

2. 物流政策的手段

(1)行政手段

这是指依靠行政组织的权威,采用行政命令、指示、规定及规章制度等行政方式,按照行政系统、行政层次和行政区划分来制定与调整物流政策的一种方法。

运用行政手段制定物流政策具有权威性、强制性、对象的有限性和时效性等特点。

(2)法律手段

这是指通过各种法律、法令、法规、司法、仲裁工作,特别是通过行政立法和司法方式来制定与调整物流政策的一种方法。

运用法律手段制定物流政策具有权威性、强制性、稳定性、规范性等特点。

(3)经济手段

这是指根据物流经济的一般规律和物质利益原则,利用各种经济杠杆、调节政策来反映执行过程中的各种不同经济利益之间的关系,以促进物流政策顺利实施的一种方法。

运用经济手段制定物流政策具有以下特点:

①降低执行成本。以市场为基础,通过改变市场信号,影响政策对象的经济利益,引导其改变行为。

②管理灵活。通过市场中介,把经济有效的改善和发展物流业的责任,从政府转交给物流业责任者。

③可有效地配置资金。以市场为基础,可有效地配置发展物流业所需资金。

(四)物流政策的表现形式与类型

1. 物流政策的表现形式

物流政策可以有很多种表现形式。它可以是国家集团(联盟)的决议,也可以是国家和省市的法律、法令、法规,或者是政府物流部门单独发布或与其他部门联合发布的公告、通告、规定、办法、规划(计划)、白皮书、方针、标准、纲要、意见、建议、措施、通知等。

(1)国际文件

这是指由相关的国际组织或国家集团(联盟)所签署的与国际物流相关的议定书、协议、备忘录等。

(2)国家文件

这是指由全国人大和国务院制定的与物流相关的法律、行政法规、决定、办法、命令、实施细则等。

(3)部门文件

这是指由国务院相关部委(发展与改革委员会、商务部、交通运输部等)制定的与物流相关的行政法规、决定、办法、命令、实施细则等。

(4)地方性文件

这是指由省、自治区、直辖市及较大的市的地方人大和相关政府部门制定的与物流相关的行政法规、决定、办法、命令、实施细则等。

(5)专家级文件

这是指政府决策部门委托的专家组编制的报告等。

2. 物流政策的类型

基于不同的角度，物流政策有不同的分类。

(1)按层次划分

物流政策可分为国家政策、部门政策、地方政策等。

国家政策主要指中央政府根据国家整体规划及各经济圈的发展需要制定的物流政策，例如，国务院为了贯彻落实《国务院关于印发物流业调整和振兴规划的通知》(国发〔2009〕8 号)而颁布的《国务院办公厅关于促进物流业健康发展政策措施的意见》(国办发〔2011〕38 号)。

部门政策是指行业主管部门制定的物流政策，由于物流涉及经济生产中的多个领域，因此，部门级物流政策的制定也就涉及了交通运输部等多个部门，目前，各部门分工如下：国家发展与改革委员会主要负责根据国家发展和对外贸易的需要，制定物流行业总体发展策略；商务部主要负责制定与第三方物流相关的物流政策，推动第三方物流给制造、装配等行业提供更为柔性的物流服务；交通运输部主要负责制定有关海运、港口、公路、铁路、航空等方面的物流政策。

地方政策是指地方政府在不违背国家物流政策的总体发展方向的前提下，根据地区经济发展状况制定的物流政策，地方物流政策相比国家物流政策，要更详细、更有针对性。例如，大连市根据国家颁布的《关于实施东北地区等老工业基地振兴策略的若干意见》而提出的《大连市支持现代物流业发展的若干政策措施》。

(2)按规范程度划分

物流政策可分为法规类政策与行政类政策。

物流法规是国家立法机关为了加强物流管理而颁布的法律以及国家行政机关依照宪法和法律的有关规定制定和发布的行政法规、规章，是集政法、民法和经济法为一体的调整物流关系的法律规范的总称。在我国现行的各种法律、法规中，与物流有关的法律、法规可分为两类：一类是适用于各个部门、各个领域的，进而也适用于物流领域的法律、法规；另一类是适用于铁路、公路、水路、航空、管道等交通运输领域的法律、法规。

除法律、法规外，政府部门有关物流方面的一些“通知”、“意见”也是很重要的物流政策。这些政策往往具有较强的时效性，也很有针对性，对全社会的物流活动具有直接的干预作用。

(3)按范围划分

物流政策可分为通用政策和专用政策。

通用和专用的物流政策的最大区别就是执行政策的区域不同，通用物流政策普及度较高，可能会涉及国内全部或大多地区；反之，专用物流政策的辐射范围则较为有限，可能仅仅针对某一地区或经济圈。例如，《国务院关于推进天津滨海新区开发开放有关问题的意见》(国发〔2006〕20 号)中对于滨海新区物流政策和行业规范的建议。

(4)按性质划分

物流政策可分为经济政策和社会政策。

经济政策通常包括市场准入与退出政策、费率政策、服务水平规范、补贴等；社会政策通常包括安全管制、环境保护。

(五)制定物流政策应考虑的因素

物流政策的影响因素主要是指政府及物流主管部门在制定物流政策时需要重点考虑的因

素,具体可分为如下三点:

1. 涉及的政策优惠主体

物流政策涉及的优惠主体包括国家级地方政府、国家各部委(尤其是涉及口岸、港口、运输、商务、生产、存储、信息、外贸等方面的部门)、物流企业等。因此,物流政策应当考虑到各方面的利益,做到相对的公平公正,使各方面均衡发展。

2. 物流政策带来的利益的表现形式

物流政策的制定机构和执行部门应当充分认识物流政策所能带来的实际利益的表现形式,根据各企业实际需求不同和发展的制约因素,颁布有针对性的优惠政策。一般来讲,物流政策具有资源、资金、资质、心理等表现形式,每种表现形式又有现有利益和长远利益两种方式。

3. 优惠政策价值标准体系

物流政策主体极其多样,所持有的价值观也各有不同,对于物流政策所能带来的直接或间接利益的度量也就有所差异。相关部门在确定物流政策价值标准体系的时候,需要充分了解各个物流政策收益主体的利益需求,同时注意物流政策直接体系中的横向领域划分和纵向层次划分。

二、物流政策体系

(一)物流政策体系的概念与构成要素及相互关系

1. 物流政策体系的概念

物流政策体系是指各项政策在时间和空间上的排列顺序和组合方式,这种排列顺序和组合方式决定了各项政策相互联系、相互作用,从而形成物流政策的整体合力。

2. 物流政策构成要素及相互关系

物流政策是由一系列政策要素所构成的具有一定内在结构的有机整体。由于物流政策涉及对象的复杂性以及物流与其他经济活动密不可分的性质,物流政策的元素之间、元素与结构之间以及结构与环境之间的复杂与协调特性十分明显,因此,物流政策体系必然是由各项具体政策所构成的一个有机整体。各项具体政策是构成交通运输政策体系的元素,在各自的范围内相对独立地发挥对物流的导向、约束和协调功能。

(二)物流政策体系结构

物流政策整体效果的发挥是以一定的结构为基础的,因此,物流政策体系可以从纵向子系统和横向分系统两个角度划分。所谓子系统,是指构成物流政策体系的要素,包括总政策、基本政策、具体政策三个等级,它说明了政策之间的纵向关系。所谓分系统,是指各物流政策子系统按具体内容划分的有关领域,包括投融资政策、市场规制政策、技术促进政策、安全政策等,它说明了物流政策之间的横向关系。

1. 纵向结构

物流政策系统的纵向结构为一种塔形结构,包括总政策、基本政策、具体政策三个层次,它们构成物流政策体系的三级子系统。

(1)总政策

总政策是物流政策的制定主体在一定历史阶段为实现一定的物流发展任务而规定的指导全局的总原则。其构成要素主要包括总目标和实现总目标的途径与保证。

①总目标的内容不是单一的,而是表现为多个方面,这几个方面构成物流总政策的若干重心。总政策的内容具有高度的概括性和综合性,因此在实际贯彻过程中,需要把总政策的要素逐步分解,在空间上分解为各个领域的目标和原则,在时间上分解为若干发展阶段。

②总政策处于政策体系的最高级,是基本政策和具体政策制定和运行的基础,具有提纲挈领、总揽全局的指导地位和较长历史时期内的稳定性。

(2)基本政策

基本政策是政策主体用于指导某一领域或某一方面工作的指导原则,它是总政策在某一领域或某一方面的具体化,构成物流政策的主轴。总政策是跨领域的、指导全局的综合性政策,在一定历史阶段内是稳定不变的,而基本政策则只有局部性和阶段性的特点。局部性是指基本政策的效力领域仅限于某一方面,阶段性是指基本政策会根据总政策的目标在不同的时间段有不同的重点。

(3)具体政策

具体政策是物流政策主体针对某一具体问题而制定的具体措施、准则,界限性规定等。具体政策是基本政策的具体化,体现为政策主体为实施某一基本政策而制定的实施细则或针对某一特殊问题而制定的行为准则,一些地方和部门为实施上级政策或为解决所属区域的具体物流问题而制定的具体规定、实施办法、政策界限等也被纳入到具体政策的范畴内。总政策、基本政策的内容最终要靠各个具体政策得到体现、落实,具体政策数量较多、涉及面广,都是较为具体的问题,因此在政策目标、政策对象、行为界限等方面的规定必须是明确、具体、易操作的。

2. 横向结构

物流政策体系的横向结构是指政策体系内各分系统之间的关系,物流政策的不同领域和方面都是相互联系、相互作用的,它们各有不同的调控对象,功能各异。在实际运行过程中,应当彼此协调、相互配合、形成合力,才能促进整个物流体系的协调发展。各分系统政策之间的协调、配合关系主要表现在以下三个方面:

(1)目标的协调

各分系统政策目标应是按照物流政策的总目标在各个领域分解而形成的,分系统政策所规划问题的未来解决程度,必须从总目标出发而不能与之相悖。各分系统目标之间也应彼此相互协调,并与更低等级的政策目标相互配合。

(2)功能的配合

政策功能是指由物流政策的行为规范性质所决定的解决问题的方式。各分系统的政策在实际运作过程中具有不同的功能,因此在解决某一物流问题时,要辨别问题的复杂性,使各分系统政策的功能相互配合。不仅各分系统政策的功能要相互配合,一个分系统内政策的功能也要相互配合。

(3)主次的配合

在一定时期内,各项物流政策分系统必然存在当期解决的重点,当主要政策制定和实施时,也不能忽视相关次要政策的制定和实施,必须统筹兼顾、综合平衡。

（三）物流政策体系的基本内容

物流政策体系包括三个层面的内容，即宏观层面政策、中观层面政策和微观层面政策（参见图 6-1）。

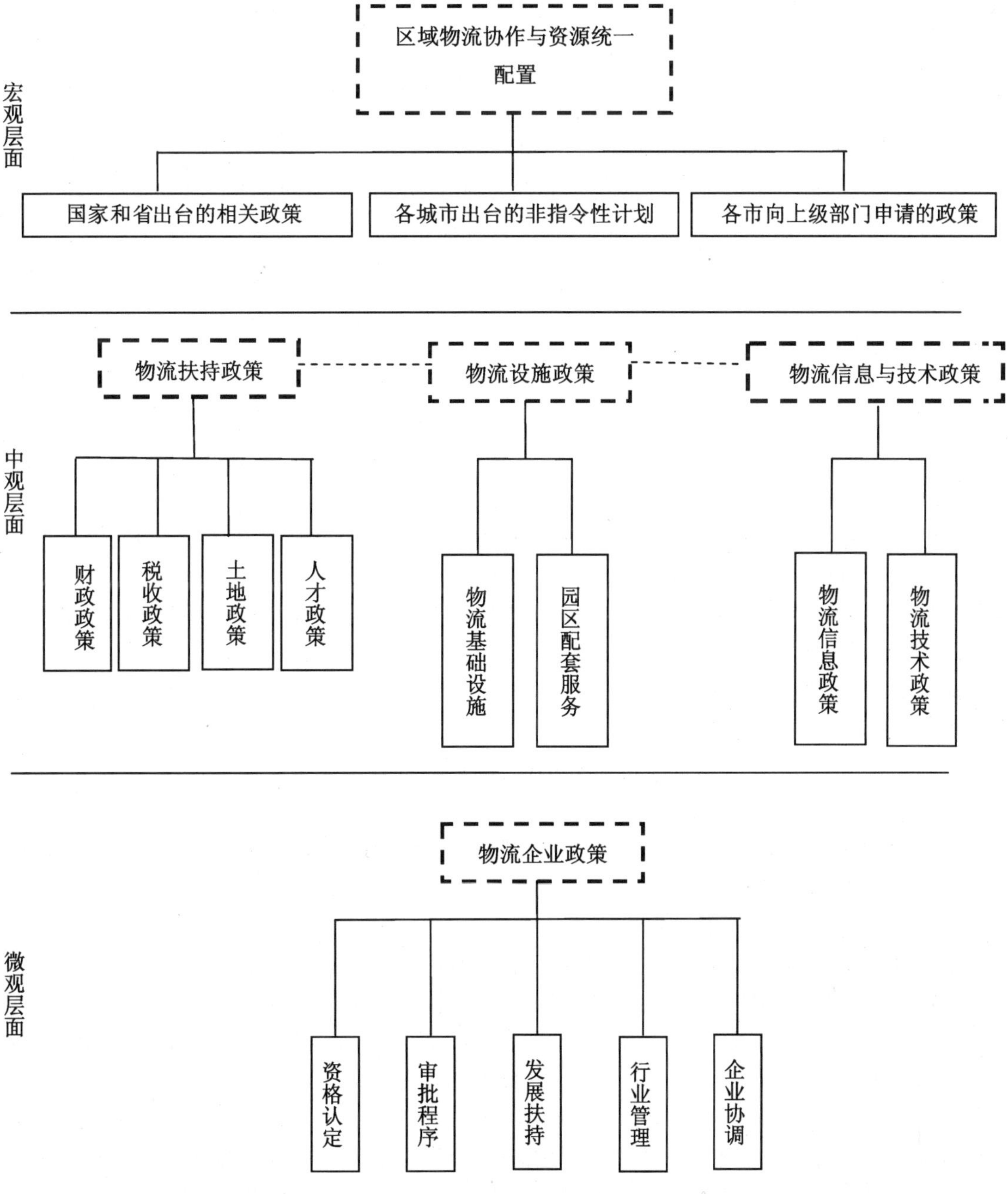

图 6-1　物流政策体系示意图

（1）宏观层面政策的功能取向是实现区域物流之间协作与资源统一配置。

（2）中观层面政策的功能取向是推动物流扶持政策、物流设施政策和物流信息与技术政策的搭建。

(3)微观层面政策的功能取向是规制与引导物流行业和企业的市场行为,扶持物流企业、相关社会中介机构的健康发展。

(四)物流政策体系建设

1. 目标

根据我国物流行业实际发展情况,我国国家及各级政府颁布的物流政策的目标可概括为以下几点:

(1)在国民经济方面,物流政策需要合理使用现有社会物流及相关资源,提升物流网络的运行效率,实现运输、仓储、配送、包装、装卸、流通加工等多个环节的高效性和安全性;

(2)在促进地区交流方面,物流政策需要通过相应的优惠,增进该区域与周边地区的合作和交流,促进周边资金向该区域的流入;

(3)在环境方面,物流政策应当致力于保护环境、抑制生态破坏、消除交通运输危害、减缓温室效应,具体可以优化物流技术、更新物流设备等。

(4)在调节物流服务供求关系方面,通过合理高效的供给政策,能够在短时期内缓解物流服务的供求矛盾,促进供求结构平衡,逐步消除物流服务对于社会经济发展的制约。

(5)在物流基础设施建设方面,逐步提升物流基础设施建设、运营、维护和管理的效率,形成政府和市场在物流基础设施资源配置与管理上的合理分工。

(6)在协调各区域发展方面,要解决长期以来物流行业的投融资管理模式,以及由于市场化程度不同而导致的各区域之间物流发展不平衡的问题。

(7)在推进现代物流技术方面,实现客运高速化、货运物流化的智能型物流体系,从国家规划的层面激励、引导和保障技术进步的水平、速度以及应用的效率,并将这种科技进一步延伸到物流产业的规划、建设、运营和管理等环节。

2. 原则

为实现上述目标,在构建我国物流政策体系时,应遵循以下原则:

(1)符合市场经济原则

无论是对现行物流政策的清理、调整与完善,还是制定新的政策,都必须以是否符合市场经济的原则为衡量与取舍标准。

(2)适应全球经济一体化原则

按入世的有关承诺,建立一套符合国际惯例并与国际接轨的物流政策体系。

(3)充分体现现代物流的特点,提高物流政策的系统性与综合调整能力

在制定物流政策时,既要考虑物流环节的有关政策,更要注意各物流环节有关政策之间的相互协调与相互促进,尤其要避免各种政策之间的相互矛盾。

(4)效率、社会与环境目标相互兼顾,有利于可持续发展

世界各国的物流政策不仅注重全社会物流效率的提高,更重视对环境的保护。我国在构建物流政策体系时,也应该坚持效率、社会与环境目标相兼顾的原则,当上述目标存在冲突时,应该优先考虑社会与环境目标。

(5)合理借鉴国内外经验

我国现行的物流政策虽然存在许多问题,但是,仍有许多政策可以作为新政策的起点,况

且我国各部门、各地区多年，特别是近年来制定政策的一些经验与教训，更是制定新政策的宝贵财富，因此，应该尽最大可能地吸收、保留原有的实际可行的政策。同时，我们还要积极学习、参考、借鉴国外物流政策的历史与现状，启发与开阔政策思路与视野，丰富政策内容。

(6)符合国情与区情

虽然在原则上要符合全球经济一体化的要求，但是还应该充分考虑到我国的实际情况，制定适合我国国情的物流政策。同时，各个地区在制定物流政策时也要充分考虑到本地区的经济发展水平、产业结构、比较优势，制定符合本地实际情况的地方性物流政策，避免盲目移植与照搬。

3. 建设重点

(1)物流供给政策

有效供给是未来很长一段时间内我国物流发展的重要任务。通过合理高效的供给政策，能够在短时期内缓解物流基础设施的总量供需矛盾，促进供需结构平衡，逐步消除物流制约经济社会发展的瓶颈，同时提高物流基础设施的建设、运营与维护效率，逐步形成政府和市场在物流基础设施资源配置与管理上的合理分工。

(2)物流协调发展政策

协调发展是我国物流政策的重点，要解决长期以来按运输方式投融资管理模式，以及各种运输方式市场化程度不同直接导致的各方式之间发展不平衡的问题，逐步协调物流体系与区域经济发展、国家社会经济不同发展阶段的适应状况，充分发挥物流系统的总体效率。

(3)物流市场政策

市场规制与竞争是按照 WTO 规则和市场经济规律的要求，在物流运营领域合理引入的政府规制和市场竞争，这同时也是我国建立完善的社会主义物流市场机制的客观要求；要结合我国物流体系发展与改革的实践，充分发挥市场经济在物流资源配置中的基础性作用，加快市场结构的优化和高效微观主体的培育，逐步规范物流市场准入与开放政策，建立健全合理的价格形成机制。

(4)物流技术政策

技术进步是物流发展的重要推动力，是实现智能物流体系这一长远战略目标的保证。要从国家规划的层面激励、引导和保障技术进步的水平、速度以及应用的效率，并将这种科技进步延伸到包括物流的规划、建设、运营和管理在内的物流的全过程，最终促进物流业与我国社会经济的协调发展。

(5)物流环境政策

可持续发展是在我国当前以及未来资源约束和环境承载的巨大压力下物流发展政策的必然。要通过建立可持续的物流体系，在实现物流自身可持续发展的基础上，逐步实现物流与经济、社会和环境三方面的协调发展。

第二节　物流法规

一、物流国际公约

物流国际公约涉及货物销售、保险、通关、检验检疫、包装、装卸搬运、运输等多个方面，限于篇幅，以下简要介绍与货物运输相关的国际公约。

1. 与国际海上货物有关的国际公约

目前，已生效的国际海上货物运输公约共有三个：《海牙规则》、《维斯比规则》和《汉堡规则》。2008 年联合国大会正式通过了《联合国全程或部分海上国际货物运输合同公约》（简称《鹿特丹规则》）。它是继《海牙规则》、《维斯比规则》和《汉堡规则》之后第四个关于国际海上货物运输合同的国际公约。

（1）《海牙规则》（the Hague Rules）

《海牙规则》的全称为《统一提单的若干法律规定的国际公约》，该公约之所以简称为《海牙规则》，是因为该公约是在 1921 年 5 月由国际法协会在海牙制定的一项不具有法律强制力的有关统一提单法律方面的建议性规则（简称《1921 年海牙规则》）的基础上，经过 1922 年 10 月、1923 年 10 月两次修订后，于 1924 年 8 月 25 日在比利时布鲁塞尔通过的，故为与《1921 年海牙规则》相区别，也称为《1924 年海牙规则》。该公约于 1963 年 6 月 2 日正式生效，欧美许多国家都加入了这个公约。有的国家还通过国内立法使之国内法化；有的国家则根据这一公约的精神，另行制定相应的国内法；还有些国家虽然没有加入这一公约，但他们的一些船公司的提单条款也采用这一公约的精神。所以，该公约是海上货物运输中有关提单的最重要的和目前仍普遍被采用的国际公约。1936 年，美国也以该公约作为国内法的基础制定了《1936 年美国海上货物运输法》。

（2）《维斯比规则》（the Visby Rules）

《维斯比规则》的全称是《关于修订统一提单若干法律规定的国际公约议定书》，于 1968 年 2 月 23 日在比利时布鲁塞尔召开的外交会议上通过，简称为《1968 年布鲁塞尔议定书》。由于会议期间会议代表曾前往 15 世纪有名的海法《维斯比海法》编纂地的维斯比城参观，所以该议定书又被称为《维斯比规则》。也有的基于该议定书仅是对原《海牙规则》中明显不合理或不明确的条款做了修订，并未能对《海牙规则》做根本性修改之故，也称之为《海牙—维斯比规则》。该公约于 1977 年 6 月生效，目前已有英、法、新加坡、瑞典等 20 多个国家或地区加入了这一公约。

《维斯比规则》是针对《海牙规则》所存在的诸如较多地维护承运人利益、在风险分担上很不均衡、对某些条款缺乏统一的解释、未能考虑集装箱运输形式的需要、赔偿责任限额太低以及诉讼时效太短等问题，经过代表货主利益国家与代表航运利益国家双方代表的协商，仅对有关提单的证据效力、赔偿责任限额、侵权行为请求的权利、诉讼时效以及规则的适用范围等做了适当的修改和补充。

（3）《汉堡规则》（the Hamburg Rules）

《汉堡规则》的全称为《1978 年联合国海上货物运输公约》，该公约于 1978 年 3 月 31 日在联合国海上货物运输外交会议上通过，由于此次会议是在汉堡召开的，所以该公约又被简称为《汉堡规则》。该公约于 1992 年 11 月 1 日正式生效，但加入国都是非主要航运国家。

《汉堡规则》除了保留《维斯比规则》对《海牙规则》修改的内容外，对《海牙规则》做了根本的修改，彻底纠正了运输关系中承运人与货主权利义务有失公允的倾向。它扩大了承运人的责任期间，提高了赔偿责任限额，增加了延迟交货的责任，改变了承运人的责任基础，明确了保函的法律效力，放宽了收货人的提赔期限，并将诉讼时效延长为两年，将活动物和甲板货列入公约所指的货物范围内，并对其运输做了规定，进一步扩大了公约在地域方面的适用范围，进一步完善了有关非合同索赔的规定，增加了承运人与实际承运人的赔偿关系、托运人的保证责任以及有关仲裁地和诉讼法院的规定等。

(4)《鹿特丹规则》(the Rotterdam Rules)

为了重新平衡船货双方的利益，统一国际海上货物运输立法，并对航运和贸易实践中出现的新事物、新问题加以规定，以利于航运及贸易的顺利进行，促进其发展，国际社会于 20 世纪 90 年代中期决定重新制定一部新的公约，以取代上述三部航运公约。经过十余年的艰苦努力，最终，在 2008 年 12 月 11 日联合国大会第 63 届会议第 67 次全体会议上，审议通过了《联合国全程或部分海上国际货物运输合同公约》(United Nations Convention on Contracts for the International Carriage of Goods Wholly or Partly by Sea)。2009 年 9 月 23 日，该公约的签字仪式在荷兰鹿特丹举行，因此，该公约又被称为《鹿特丹规则》。9 月 23 日，该公约在荷兰鹿特丹获得了 16 个成员国的签署，并在之后又取得了其他 5 个国家的签约，这样，签署国目前已达到了 21 个。不过，尽管该公约将在 20 个国家递交批准书的一年后生效，但包括中国在内的世界航运大国、强国都还未加入《鹿特丹规则》。

《鹿特丹规则》相比于当前实施的《海牙规则》、《海牙—维斯比规则》、《汉堡规则》三个国际航运公约，有相当大的变化：从内容上看，《鹿特丹规则》是当前国际海上货物运输规则之集大成者，不仅涉及包括航运在内的多式联运、在船货两方的权利义务之间寻求新的平衡点，而且还引入了如电子运输单据、批量合同、控制权等新的内容，此外公约还特别增设了管辖权和仲裁的内容。从公约条文数量上看，公约共有 96 条，实质性条文为 88 条，是《海牙规则》的 9 倍，《汉堡规则》的 3.5 倍。因此，该公约被称为一部“教科书”式的国际公约。

2. 与国际铁路联运有关的国际公约

(1)《国际货约》

1890 年欧洲各国铁路代表在瑞士的伯尔尼举行的会议上，制定了《国际铁路货物运送规则》，自 1893 年 1 月 1 日施行。1924 年、1933 年两次修改，在 1934 年伯尔尼会议上重新修订时改称为《国际铁路货物运送公约》(International Convention Concerning the Carriage of Goods by Rail, CIM)，并于 1938 年 10 月 1 日开始施行。1980 年 5 月 9 日再次对该公约进行修订，形成新的《国际铁路货物运送公约》(Convention Concerning International Carriage of Goods by Rail, COTIF)。目前《国际货约》正式成员国共有 49 个，仍以欧洲国家为主，但已有部分中亚和北非国家加入。

(2)《国际货协》

《国际铁路货物联运协定》(Agreement on International Railroad Through Transport of Goods)，简称《国际货协》，是于 1951 年 11 月由苏联、捷克、罗马尼亚、东德等 8 个国家共同签订的一项铁路货运协定。1954 年 1 月我国加入，其后，朝鲜、越南、蒙古也陆续加入，现有 25

国加入了《国际货协》。

随着各国铁路的不断完善以及国际运输物流业的快速发展，出现了一些新情况和新问题。为此，铁路合作组织对《国际货协》进行了重大修改补充，并于2014年6月在立陶宛举行的第42届部长会议上通过，决定在2015年7月1日正式实施。虽然新规实施已有数月，但企业在实际操作中仍面临很多问题，相关业者只有充分把握新规中的变化，才能更好地服务于丝绸之路经济带基础设施互联互通的发展需要。

2015年新版《国际货协》主要体现以下变化：一是对原《国际货协》的结构进行了重大调整。将原货协文本中的8章、41条和199项，调整成4章、60条和174项。将原货协的第2章运输合同的缔结，第3章运输合同的履行，第4章运输合同的变更，第5章铁路的责任，第6章赔偿请求、诉讼，赔偿请求和诉讼时效，第7章各铁路间的清算等六章的内容归纳为新货协的第2章运输合同，并与第1章总则一起，构成了新《国际货协》的基本内容和主要规定，二是新货协中增加了关于"作为运输工具的非承运人所属车辆的使用"的规定，以适应独联体国家和欧盟国家的自备车辆相互使用情况。三是引入"承运人"概念，用其代替各国铁路，以便能满足各国铁路实际的需求。四是取消了原《国际货协》中不准运送物品的"属于应当参加运送铁路的任何一国邮政专运的物品，包括各种信件、汇票、邮政包裹和印刷品，具有信件性质的物品"的规定，即新版《国际货协》允许使用国际铁路联运发运邮政物品。

3. 与国际公路运输有关的国际公约

(1)《国际公路货物运输合同公约》

为了统一公路运输所使用的单证和承运人的责任，联合国所属欧洲经济委员会负责草拟了《国际公路货物运输合同公约》(Convention on the Contract for the International Carriage of Goods by Road, CMR)，简称《CMR公约》，1956年5月19日在日内瓦欧洲17个国家参加的会议上通过，1961年7月2日起生效。《CMR公约》旨在统一公路运输所使用的单证和承运人的责任。该公约共8章51条，其主要内容包括：序言；第1章，适用范围(1－2条)；第2章，承运人负责的对象(3条)；第3章，运输合同的签订和履行(4－16条)；第4章，承运人的责任(17－29条)；第5章，索赔和诉讼(30－33条)；第6章，连续承运人履行运输合同的规定(34－40条)；第7章，违反公约的规定无效(41条)；第8章，最终条款(42－51条)。目前，我国虽没有参加此公约，但由于《CMR公约》在欧洲30多个国家有效，加之蒙古及俄罗斯、哈萨克斯坦等中亚国家也加入了该公约，因此，我国从业人员仍有必要了解该公约的内容。

(2)TIR公约

为了有利于开展集装箱联合运输，使集装箱能原封不动地通过经由国，联合国所属欧洲经济委员会成员国之间于1956年缔结了关于集装箱的关税协定。协定的宗旨是相互间允许集装箱免税过境，在这个协定的基础上，根据欧洲经济委员会倡议，缔结了《国际公路车辆运输协定》(Transport International Routier, TIR)，根据规则规定，对集装箱的公路运输承运人，如持有TIR手册，允许其由发运地到达目的地，在海关签封下，中途可不受检查、不支付关税，也可不提供押金。这种TIR手册由有关国家政府批准的运输团体发行，这些团体大都是参加国际公路联合会的成员，它们必须保证监督其所属运输企业遵守海关法规和其他规则。该协定的正式名称是《关于在国际公路手册担保下的国际货运海关公约》(Customs Convention on the International Transport of Goods under Cover of TIR Carnets)。

TIR成为目前国际上比较通用的一种国际公路运输制度，遵循此制度的车辆，车头面板上都要挂蓝底白字的 TIR 标记。目前已覆盖了整个欧洲、美洲大部分、中东及北非地区，缔约方达到 64 个，可以实施 TIR 制度的国家达到 54 个。在与我国接壤或相邻的周边国家中，俄罗斯、哈萨克斯坦、塔吉克斯坦、乌兹别克斯坦、吉尔吉斯斯坦、土库曼斯坦、蒙古、阿富汗、韩国、日本都已经加入了 TIR 公约，并相应开展了 TIR 证运输，印度、巴基斯坦正在进行加入的最后程序工作。

4. 与国际航空运输有关的公约与协定

目前，有关国际航空货物运输方面的国际公约，有《华沙公约》、《海牙议定书》、《瓜达拉哈拉公约》、《危地马拉公约》、《蒙特利尔第 1 号附加议定书》、《蒙特利尔第 2 号附加议定书》、《蒙特利尔第 3 号附加议定书》、《蒙特利尔第 4 号附加议定书》和《1999 年蒙特利尔公约》等 9 个公约，其中前 8 个公约统称为华沙公约体系。其中已生效的仅为《华沙公约》、《海牙议定书》、《瓜达拉哈拉公约》、《蒙特利尔第 4 号附加议定书》4 个公约，其他公约尚未生效。

(1)《华沙公约》(The Warsaw Convention)

《华沙公约》的全称是《统一有关国际航空运输某些规则的公约》，签订于 1929 年 10 月 12 日，并于 1933 年 2 月 18 日生效。我国于 1958 年 7 月 20 日加入该公约，该公约于同年 10 月 18 日开始对我国生效。截至 1995 年，世界上已有 130 个国家加入该公约。

(2)《海牙议定书》(The Hague Protocol)

《海牙议定书》的全称是《修改 1929 年 10 月 12 日在华沙签订的统一国际航空运输某些规则的公约的议定书》，1955 年 9 月 28 日订立于海牙，1963 年 8 月 1 日生效，至 1994 年已有 112 个成员国加入。我国于 1975 年 8 月 20 日加入该公约，同年 11 月 18 日对我国生效。

(3)《瓜达拉哈拉公约》(The Guadalajara Convention)

《瓜达拉哈拉公约》的全称是《统一非缔约承运人所办国际航空运输某些规则以补充华沙公约的公约》，1961 年 9 月 18 日在墨西哥瓜达拉哈拉签订，1964 年 5 月 1 日生效。该公约专门解决《华沙公约》未能包括的有关非契约承运人(即与货方无合同关系的实际承运人)所办国际航空运输的问题。我国没有加入该公约，但颁布的《民用航空法》实际上采纳了该公约中的相关规定。

(4)《危地马拉公约》(The Guatemala City Protocol)

《危地马拉公约》的全称是《修改经 1955 年 9 月 28 日在海牙签订的议定书所做修改的 1929 年 10 月 12 日在华沙签订的统一国际航空运输某些规则的公约的议定书》，它于 1971 年 3 月 8 日在危地马拉共和国首都危地马拉签订，但尚未生效。该议定书仅修改了旅客和行李运输的规定，主要涉及大幅度提高《华沙公约》的责任限额和其他技术性问题，但并未涉及货物运输与邮政运输的修改。

(5)《蒙特利尔第 1 号附加议定书》

《蒙特利尔第 1 号附加议定书》的全称是《修改经 1929 年 10 月 12 日在华沙签订的统一国际航空运输某些规则的公约的第 1 号附加议定书》，它于 1975 年 9 月 25 日在蒙特利尔签订，但尚未生效。该议定书仅是将《华沙公约》中的责任限额的计量单位由法郎改为特别提款权，对其限额并未更改。

(6)《蒙特利尔第 2 号附加议定书》

《蒙特利尔第 2 号附加议定书》的全称是《修改经 1955 年 9 月 28 日在海牙签订的议定书所做修改的 1929 年 10 月 12 日在华沙签订的统一国际航空运输某些规则的公约的第 2 号附

加议定书》,它于1975年9月25日在蒙特利尔签订,但尚未生效。该议定书仅是将《海牙议定书》中的责任限额的计量单位由法郎改为特别提款权,对其限额并未更改。

(7)《蒙特利尔第3号附加议定书》

《蒙特利尔第3号附加议定书》的全称是《修改经1955年9月28日在海牙签订的议定书所做修改的1929年10月12日在华沙签订的统一国际航空运输某些规则的公约的第3号附加议定书》,它于1975年9月25日在蒙特利尔签订,但尚未生效。该议定书仅是将《危地马拉公约》中的责任限额的计量单位由法郎改为特别提款权,对其限额并未更改。

(8)《蒙特利尔第4号附加议定书》

《蒙特利尔第4号附加议定书》的全称是《修改经1955年9月28日在海牙签订的议定书所做修改的1929年10月12日在华沙签订的统一国际航空运输某些规则的公约的第4号附加议定书》,它于1975年9月25日在蒙特利尔签订。该议定书仅是补充《危地马拉公约》中未涉及的对货物运输和邮政运输部分的修改。该议定书在货运方面的修改主要有:简化货物运输凭证,对航空货物运输实行严格责任制,责任限额的计量单位以特别提款权代替法郎等。该议定书已于1998年6月开始生效,目前作为航空大国的美国,其国会已批准加入该议定书,该议定书的生效将对21世纪国际航空货运业产生重要的影响。

除了《华沙公约》外,其他7个文件都是先后对《华沙公约》所做的修改或补充,为了方便,国际上把以上8个文件统称为"华沙体系"。该体系对国际航空运输凭证,承运人、旅客和托运人相互之间的权利与义务,特别是承运人的责任限额,以及诉讼管辖权等方面做了具体规定,是国际航空私法的一个重要体系。

(9)《1999年蒙特利尔公约》

1999年5月11日至28日,"航空法国际会议"外交大会在加拿大的蒙特利尔召开,121个国际民航组织的缔约国、1个非缔约国的代表和11个国际组织的观察员出席了会议,大会于5月28日通过了新的《统一有关国际航空运输某些规则的公约》(简称《1999年蒙特利尔公约》)。为了区别于1929年《华沙公约》,业界将《1999年蒙特利尔公约》称为《新华沙公约》。

《1999年蒙特利尔公约》对国际航空运输规则和承运人责任制度进行了重大修正,就国际航空货运而言,该公约所确立的新规则主要集中在非契约承运人、运输凭证、严格责任制原则和仲裁规则4个方面。尽管该公约尚未生效,但美国、英国、中国等航空大国均已签署了该公约,因此,该公约必将对未来国际航空货物运输业产生重要的影响。

5. 与国际多式联运有关的公约与规则

从20世纪50年代到70年代末,一些国际公约已考虑了国际货物多式联运问题,目前比较有影响的国际公约和规则主要包括以下三个:

(1)《联合运输单证统一规则》(Uniform Rules for a Combined Transport Document)

该规则是由国际商会(ICC)于1973年制定、1975年修订的最早的国际多式联运规则。作为民间规则,其适用不具有强制性,需由当事人在多式联运合同中自愿采纳。

(2)《联合国国际货物多式联运公约》(United Nations Convention on International Multi-modal Transport of Goods)(以下简称《联合国多式联运公约》)

该公约于1980年5月24日获得通过,但迄今未满足公约规定的"公约在30个国家批准或加入后12个月开始生效"的条件,因而尚未生效。不过,尽管该公约至今仍未生效,但对各国有关多式联运的法律及其后的国际惯例都产生了重大的影响。

(3)1991 年联合国贸易和发展会议/国际商会(UNCTAD/ICC)多式联运单证规则

20 世纪 90 年代,鉴于《联合国多式联运公约》迟迟未能生效,既担心因多式联运经营人的抵触心理而使它永远不能生效,也想证实所谓多式联运公约在理论上不会带来严重后果的论点是否属实,国际商会建议把《联合运输单证统一规则》和《联合国多式联运公约》合并,制定新的规则,使之在《联合国多式联运公约》生效之前,供当事人在多式联运合同中自愿选用,以暂时弥补适用公约的空缺。为此,联合国贸易和发展会议(UNCTAD)会同国际商会(ICC)在对《联合运输单证统一规则》做出修订的基础上,共同制定了 1991 年联合国贸易和发展会议/国际商会(UNCTAD/ICC)《多式联运单证规则》(以下简称 1991 年《多式联运单证规则》)。该规则作为民间规则,其适用不具有强制性,需由当事人在多式联运合同中自愿采纳。

二、物流法律法规

1. 合同法

《合同法》于 1999 年 3 月 15 日在全国人民代表大会上通过,并于 1999 年 10 月 1 日起实施,该法在第 17 章"运输合同"中对客货运输合同做了专门的规定,此外,"委托合同"等章节也适用于运输代理企业签订委托代理合同。

2. 水路运输法律法规

水路运输适用的国内法律、法规主要有《中华人民共和国海商法》、《中华人民共和国合同法运输合同分章》、《中华人民共和国海运条例及实施细则》,国内《水路货物运输规则》、《水路危险货物运输规则》、《集装箱运输规则》等。

(1)中国海商法

我国《海商法》于 1992 年 11 月 7 日通过,该法在第 4 章、第 6 章分别对海上货物运输合同和船舶租用合同做了具体的规定,其中,"海上货物运输合同"一章是以《维斯比规则》为基础,吸收了《汉堡规则》若干符合国际航运立法发展趋势的条款,"船舶租用合同"一章则参照了目前通行的标准合同范本或国际通行实践。具体而言,《海商法》中关于承运人适航责任,妥善和谨慎管理货物的责任,不得不合理绕航责任以及承运人免责、责任限额的规定与《维斯比规则》相一致;承运人责任期间、活动物和甲板货运输、货物迟延交付等事项则参照了《汉堡规则》。

(2)中华人民共和国国际海运条例

《中华人民共和国国际海运条例》于 2003 年 3 月 1 日起施行,它包括 7 章 61 条。第一章总则,说明条例宗旨和适用范围。第二章国际海上运输及其辅助性业务的经营者,规定经营国际船舶运输业务、经营无船承运人业务、经营国际船舶代理业务、经营国际船舶管理业务的资质、具备条件、申请筹建和开业的许可、登记手续。第三章国际海上运输及其辅助性业务经营活动,规定从事四种国际海运业务的经营者在取得经营资格后,从事业务活动的内容和应遵守的规定,尤其对从事国际班轮运输业务的经营者等提供的审核材料实行登记、备案制度。第四章为外商投资经营国际海上运输及其辅助性业务的特别规定。第五章调查与处理,涉及中国港口的班轮公会协议、运营协议、运价协议联营体,对其承运份额持续 1 年超过某航线总运量的 30% 进行调查。第六章法律责任,规定了对违反本条例的经营者的处置内容和对执法人员违法的处罚方式。第七章附则,是对香港、澳门以及台湾的管理办法。

3. 陆路运输法律法规

主要包括《中华人民共和国铁路法》、《铁路货物运输管理规则》、《铁路危险货物运输规则》、《中华人民共和国公路法》、《汽车货物运输规则》、《集装箱汽车运输规则》、《汽车危险货物运输规则》等。

4. 航空运输法律法规

主要包括《中华人民共和国航空法》、《中国民用航空货物国际运输规则》、《中国国际航空公司关于货物的国内运输总条件》、《中国民用航空危险品运输管理规定》等。

5. 运输代理法律法规

主要包括《中华人民共和国国际货物运输代理行业管理规定》、《中国民用航空运输销售代理资质认可办法》、《中华人民共和国水路运输服务业管理规定》等。

6. 与商品检验与通关有关的法律法规

主要包括《进出口商品检验法及实施细则》、《进出境动植物检疫法》、《进出境集装箱检验检疫管理办法》、《国境卫生检疫法》、《海关法》等。

三、物流国际公约与法律法规的适用

1. 在未特殊约定的情况下国际公约高于国内法律法规

除非有特殊约定，多边协定高于双边协定、双边协定高于国内规章。

1986 年《民法通则》第 142 条规定：中华人民共和国缔结或者参加的国际条约同中华人民共和国的民事法律有不同规定的，适用国际条约的规定，但中华人民共和国声明保留的条款除外。中华人民共和国法律和中华人民共和国缔结或者参加的国际条约没有规定的，可以适用国际惯例。

2. 特别法高于普通法

《合同法》是一部关于合同的基本法律，它对各类运输合同的共性问题做了规定，是普通法。根据《合同法》第 123 条的规定，其他法律对合同另有规定的，依照其规定。

以《海商法》为例，如果对国际海上货物运输合同中的问题在《海商法》中有规定的，就应该依照《海商法》的规定处理；《海商法》没有规定或者只有有限的规定，这些没有规定或者规定不清楚的地方，都需要依据作为普通法的《合同法》进行补充、解释和完善。

3. 法律高于行政法规、地方性法规和部门规章

（1）法律。根据制定机关的不同，法律可以分为两类，即基本法律和其他法律。基本法律是由全国人民代表大会制定的，其他法律是由全国人大常委会制定的，但是两者的效力都一样。在全国人大闭会期间，全国人大常委会也有权对全国人大制定的法律在不同该法律的基本原则相冲突的前提下进行部分补充和修改。法律的效力低于宪法，不能同宪法相抵触。

（2）行政法规。它是指国务院制定颁布的规范性文件，其法律地位和效力仅次于宪法和法律，不得同宪法和法律相抵触。全国人大常委会有权撤销国务院制定的同宪法、法律相抵触的行政法规、决定和命令。

（3）地方性法规。地方性法规的制定机关有两类，一是由省、自治区、直辖市的人大和人大常委会制定；二是由省会所在地的市以及国务院批准的较大的市的人大及其常委会制定，但同时应报省一级人大常委会批准，还要报全国人大常委会备案。地方性法规的效力低于宪法、法律和行政法规。

(4)部门规章。根据制定机关的不同,规章可以分为两类:一是由国务院的组成部门和直属机构在它们的职权范围内制定的规范性文件,不须经国务院批准,这是行政规章,或者称为部门规章。行政规章要服从宪法、法律和行政法规,其与地方性法规处于一个级别。另一种规章是地方行政规章,由省、自治区和直辖市人民政府,以及省人民政府所在地的市的人民政府和国务院批准的较大的市的人民政府制定的规范性文件。地方政府规章除了服从宪法、法律和行政法规外,还要服从地方性法规。

练习题

1. 单选题

(1)由国务院相关部委制定的物流法规属于(　　)。

A. 国家文件　　B. 部门文件

C. 地方性文件　　D. 专家级文件

(2)物流设施政策所处的层面属于(　　)。

A. 宏观层面　　B. 中观层面

C. 微观层面　　D. 其他层面

(3)在通常情况下具有最高效力的是(　　)。

A. 国际公约　　B. 法律

C. 行政法规　　D. 地方政策

2. 多选题

(1)物流政策的特征包括(　　)。

A. 复合性　　B. 整体性

C. 层次性　　D. 滞后性

(2)物流政策的手段包括(　　)。

A. 行政手段　　B. 计划手段

C. 经济手段　　D. 法律手段

(3)物流政策体系建设包括(　　)。

A. 物流供给政策　　B. 物流协调发展政策

C. 物流市场政策　　D. 物流技术政策

E. 物流环境政策

3. 简答题

(1)简述物流政策体系的基本内容。

(2)简述我国现有物流政策存在的主要问题。

(3)简述构建我国物流政策体系的目标与原则。

4. 案例分析题

日本物流政策的启示

日本是物流大国,围绕现代制造业和现代流通业以及城市管理和运行的各个环节,从国际海运到住宅配送，日本的物流无处不在。物流渗透到日本社会经济的各个角落，存在于国民生活的每个细节。

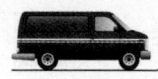

国际物流“绿色覆盖计划”。国际物流在日本物流业中的地位十分重要，这与日本是资源输入国和外贸大国有关。在运输量上，海运占据了几乎百分之百的份额。由于国际采购和跨国生产的需要，日本与各贸易伙伴国家之间的物流合作与日俱增。日本物流企业实行了所谓的“绿色覆盖计划”，即物流企业在国内的合作伙伴将工厂或者商店开到哪个国家，物流企业便跟着把物流服务的网络铺设到哪里。如日本的日通、近铁、山九、佐川急便等著名物流企业，都在中国开设了独资或者合资的物流企业，服务对象基本上是日资企业。

物流推进政策 P—D—C—A。日本政府对国家物流发展给予高度关注，制定了明确的推进政策。为了有效地实施物流政策，日本政府成立了由国土交通省等相关政府部门组成的综合物流施策推进会议，实施综合性、一体化的物流推进计划，具体分为 Plan、Do、Check、Action 四个环节。“Plan”是指由综合物流施策推进会议所制定的具体措施，“Do”是促进物流业者联合的总体要求，“Check”提出了建立综合物流发展的指标体系的要求，“Action”旨在实施定期评价并不断完善充实。

日本综合物流对策的实施，使城市物流变得更加顺畅、有序，效率也更高。日本的物流体现了以人为本、和谐、便利的服务理念。在酒店、机场，甚至是海鲜超市和 7－11 店，人们都可以看到“宅急便”快运的收货点，保证你托运的货物按时送达；你去打高尔夫球或者去玩帆板，物流公司会帮助你将设备送到酒店或者球场，保证耽误不了你预订的运动时间；无论是丰田汽车还是卖寿司的小店，原材料和产成品都有物流业者提供周到的即时服务。物流可以说是日本经济和社会维持正常运行的最基本的保障条件之一。

由于对发展综合物流的重视，以及建立了完善的推进机制，采取了系统的推进政策，日本物流得以迅速发展，成为世界上物流比较发达的国家之一。

问题分析：日本政府的物流政策，对我国制定物流政策有哪些借鉴之处？

第七章 物流标准化

引导案例

标准化:为中国物流保驾护航

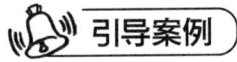

物流标准化是事关中国物流长远发展的根本保证,是中国物流业与国际接轨的坚强基石。随着国家科技部的《物流配送系统关键标准研究》项目的深入进行,中国已初步构建了自己的物流标准化规范。

物流标准化总体规范:物流标准化的导航明灯。物流标准化总体规范是在研究国际物流标准化发展的基础上,结合我国的实际情况,对物流所涉及的概念和术语、物流系统、现代物流管理、物流作业、物流信息技术和物流服务等方面的标准化进行的总体规范。物流标准化总体规范在整个物流标准体系中处于主导和支配作用,是物流各关键标准的指导性标准。物流标准化总体规范的制定直接影响着我国企业内部和企业之间的采购、生产、销售、储存、运输配送等各个业务环节的运作,在我国大力发展物流的情况下,制定我国的物流标准化总体规范无疑能大大推动物流发展的标准化、合理化和现代化。尤其随着全球经济一体化和物流国际化的发展,物流标准化和规范化愈来愈重要,这对于促进我国现代物流发展,提高物流服务质量和效率具有重要意义。

物流标准体系表:描绘物流标准化的蓝图。物流标准体系表是一种现有和预计应发展标准的全面规划,是指导标准制定的依据和基础。通过标准体系表可以找出同国外标准的差距和自己体系中的空白处,明确标准化工作的主攻方向和工作重点。因此,编制物流标准体系表的目的就是按照体系表内的全部标准项目,有计划地积极稳妥地制定标准,并通过贯彻标准取得实效,深入开发标准化的市场竞争价值,提高标准化在国内外市场中的竞争地位和市场利益,逐步建立完善的标准体系。

第一节 概 述

一、物流标准化的概念与特点

1. 物流标准化的概念

物流标准化,是指以物流系统为研究对象,围绕仓储、运输、装卸搬运、流通加工、信息处理等物流活动,制定、颁布、实施有关技术和工作方面的标准,并按照技术和工作方面的标准的要求，统一整个物流系统标准的过程。

物流标准化包括以下三个方面的含义：

(1)从物流系统的整体出发，制定其各子系统的设施、设备、专用工具等的技术标准，以及业务工作标准。

(2)研究各子系统技术标准和业务工作标准的配合性，按配合性要求，统一整个物流系统的标准。

(3)研究物流系统与相关其他系统的配合性，谋求物流大系统的标准统一。

以上三个方面是分别从不同的物流层次上考虑使物流实现标准化。要实现物流系统与其他相关系统的沟通和交流，在物流系统和其他系统之间建立通用的标准，首先要在物流系统内部建立物流系统自身的标准，而整个物流系统的标准的建立又必然包括物流各个子系统的标准。因此，物流要实现最终的标准化必然要实现以上三个方面的标准化。

2. 物流标准化的特点

物流标准化的主要特点有以下几方面：

(1)涉及面广

和一般标准化系统不同，物流系统的标准化涉及面更为广泛，其对象也不像一般标准化系统那样单一，而是包括了机电、建筑、工具、工作方法等许多种类。虽然处于一个大系统中，但缺乏共性，从而造成标准种类繁多、内容复杂，也给标准的统一性及配合性带来很大困难。

(2)物流标准化系统属于二次系统，或称后标准化系统

这是由于物流及物流管理思想诞生较晚，组成物流大系统的各个分系统，过去在没有归入物流系统之前，早已分别实现了本系统的标准化。并且经过多年的应用，不断发展和巩固，已很难改变。在推行物流标准化时，必须以此为依据，个别情况虽然可将有关旧标准化体系推翻，按物流系统所提出的要求重建新的标准化体系，但通常还是在各个分系统标准化的基础上建立物流标准化系统。这就必然从适应及协调角度建立新的物流标准化系统，而不可能全部创新。

(3)物流标准化更要求体现科学性、民主性和经济性

科学性、民主性和经济性，是标准的“三性”，由于物流标准化的特殊性，必须非常突出地体现这三性，才能搞好这一标准化。

科学性的要求，是要体现现代科技成果，以科学试验为基础，在物流中，则还要求与物流的现代化(包括现代技术及管理)相适应，要求能将现代科技成果联结成物流大系统。否则，尽管各种具体的硬技术标准化水平要求颇高，十分先进，但如果不能与系统协调，单项技术再高也是空的，甚至还起相反作用。所以，这种科学性不但反映本身的科学技术水平，还表现在协调与适应的能力方面，使综合的科技水平最优。

民主性标准的制定，采用协商一致的办法，广泛考虑各种现实条件，广泛听取意见，而不能过分偏重某一个国家，使标准更具权威、减少阻力，易于贯彻执行。物流标准化由于涉及面广，要想达到协调和适应，民主决定问题，不过分偏向某个方面意见，使各分系统都能采纳接受，就更具有重要性。

经济性是标准化的主要目的之一，也是标准化生命力如何的决定因素，物流过程不像深加工那样引起产品的大幅度增值，即使通过流通加工等方式，增值也是有限的。所以，物流费用多一分，就要影响到一分效益，但是，物流过程又必须大量投入消耗，如不注重标准的经济性，

片面强调反映现代科学水平,片面顺从物流习惯及现状,引起物流成本的增加,自然会使标准失去生命力。

(4)物流标准化有非常强的国际性

由于经济全球化的趋势所带来的国际交往大幅度增加,而所有的国际贸易又最终靠国际物流来完成,各个国家都很重视本国物流与国际物流的衔接,在本国物流管理发展初期就力求使本国物流标准与国际物流标准化体系一致,若不如此,不但会加大国际交往的技术难度,更重要的是在本来就很高的关税及运费基础上又增加了因标准化系统不统一所造成的效益损失,使外贸成本增加。因此,物流标准化的国际性也是其不同于一般产品标准的重要特点。

二、物流标准化的形式与种类

1. 物流标准化的形式

制定物流标准化要具有以下的形式:

(1)简化

简化是指在一定范围内缩减物流标准化对象的类型数目,使之在一定时间内满足一般需要。如果对产品生产的多样化趋势不加限制地任其发展,就会出现多余、无用和低功能产品品种,造成社会资源和生产力的极大浪费。

(2)统一

统一化是指把同类事物的若干表现形式归并为一种或限定在一个范围内。统一化的目的是消除混乱。物流标准化要求对各种编码、符号、代号、标志、名称、单位、包装运输中机具的品种规格系列和使用特性等实现统一。

(3)系列化

系列化是指按照用途和结构把同类型产品归并在一起,使产品品种典型化;又把同类型产品的主要参数、尺寸,按优先数理论合理分级,以协调同类产品和配套产品及包装之间的关系。系列化是使某一类产品的系统结构、功能标准化形成最佳形式。系列化是改善物流、促进物流技术发展最为明智而有效的方法。比如按 ISO 标准制造的集装箱系列,可广泛适用于各类货物,不仅大大提高了运输能力,还为计算船舶载运量、港口码头吞吐量和公路与桥梁的载荷能力等提供了依据。

(4)通用化

通用化是指在互相独立的系统中,选择与确定具有功能互换性或尺寸互换性的子系统或功能单元的标准化形式,互换性是通用化的前提。通用程度越高,对市场的适应性就越强。

(5)组合化

组合化是按照标准化原则,设计制造若干组通用性较强的单元,再根据需要进行合拼的标准化形式。对于物品编码系统和相应的计算机程序,同样可通过组合化使之更加合理。

2. 物流标准化的种类

根据物流系统的构成要素及功能,物流标准化大致可分为三大类:

(1)基础标准

基础标准是制定其他物流标准应遵循的、全国统一的标准,是制定物流标准必须遵循的技术基础与方法指南。这些标准主要有:

①专业计量单位标准；
②物流基础模数尺寸标准；
③集装基础模数尺寸；
④物流建筑基础模数尺寸；
⑤物流专业术语标准；
⑥物流核算、统计的标准；
⑦标志、图示和识别标准。

(2)分系统技术标准

大的物流系统又分为许多子系统，子系统中也要制定一定的技术标准。主要有：
①运输车船标准；
②作业车辆标准；
③传输机具标准；
④仓库技术标准；
⑤站台技术标准；
⑥包装、托盘、集装箱标准；
⑦货架、储罐标准。

(3)工作标准及作业规范

物流工作标准是对各项物流工作制定的统一要求和规范化制度，主要包括：各岗位的职责及权限范围；完成各项任务的程序和方法以及与相关岗位的协调、信息传递方式，物流设施、建筑的检查验收规范；货车和配送车辆运行时刻表、运行速度限制以及异常情况的处理方法等。

物流作业标准是指在物流作业过程中，物流设备运行标准，作业程序、作业要求等标准，这是实现作业规范化、效率化以及保证作业质量的基础。

三、物流标准化的地位与作用

物流标准化正是现代物流发展的必备手段，它可以统一物流概念、规范物流运作、提高物流效率，是物流一体化的基础。

1. 物流标准化是实现物流管理现代化的重要手段之一

从技术和管理的角度来看，要使整个物流系统形成一个统一的有机整体，物流标准化起着纽带性关键作用。只有在物流系统的各个环节制定标准，并严格贯彻执行，才能实现整个物流系统的高度协调统一，提高物流系统的管理水平。

2. 物流标准化是物流产品的质量保证，可以规范物流企业

物流标准化对运输、包装、装卸、搬运、仓储、配送等各个子系统都制定相应标准，形成物流的质量保证体系，只要严格执行这些标准，就能将合格的物资送到用户手中。同时，建立与物流业相关的国家标准，可以对已进入物流市场和即将进入物流市场的企业进行规范化、标准化管理，确保物流业稳步发展。

3. 物流标准化是消除贸易壁垒，促进国际贸易发展的重要保障

在国际经济交往中，各国或地区标准不一，重要的技术贸易壁垒，严重影响国家进出口贸易的发展。因此，要使国际贸易更快发展，必须在运输工具、包装、装卸、仓储、信息，甚至资金结算等方面采用国际标准,实现国际物流标准统一化。例如,集装箱的尺寸规格应与国际上一致,只有与国际物流设施、设备、机具相配套,才能使整个物流活动顺畅运行。

4. 物流标准化是降低物流成本、提高物流效率的有效措施

物流的高度标准化可以加快物流过程中运输、装卸、搬运的速度,降低储存费用,减少中间损失,提高工作效率,因而可获得直接或间接的物流效益。

5. 物流标准化是物流企业进军国内、国际物流市场的通行证

物流标准化已成为全球物流企业提高国际竞争力的有力武器。物流标准化可以改变目前物流市场的"软、小、散"等薄弱状况,进一步规范物流市场、规范物流企业、降低物流成本、提高物流效率,使我国物流业与国际接轨,进而推动我国物流业的快速发展。

第二节 物流标准化的原则与方法

一、物流标准化的原则

物流标准化工作应遵循下述原则:

1. 确定标准化的基点

物流是一个非常复杂的系统,涉及的面又很宽泛,构成物流这个大系统的许多组成部分在过去也并非完全没有搞标准化,但是往往只形成局部标准化或与物流某一局部有关的横向系统的标准化。从物流系统来看,这些局部的标准化之间缺乏配合性,不能形成纵向的标准化体系。要形成整个物流体系的标准化,必须在这个局部中寻找一个共同的关键的基点,这个基点能贯穿物流全过程,形成物流标准化工作的核心,这个基点的标准化成了衡量物流全系统的基准和各个局部的标准化的准绳。

为了确定这个基点,人们将进入物流领域的产品(货物)分成了三类,即零杂货物、散装货物与集装货物。这三类的标准化难易程度是不同的:

零杂货物及散装货物在物流的结节点上,例如在换载、装卸时,都必然发生组合数量及包装形式的变化,因此,要想在这些结点上实现操作及处理的标准化,那是相当困难的。

集装货物在物流过程的始终都是以一个集装体为基本单位,其包装形态在装卸、输送及保管的各个阶段基本上都不会发生变化,也就是说,集装货物在结点上容易实现标准化的处理。至于零杂货物的未来,一部分可向集装靠拢,向标准包装尺寸靠拢;另一部分还会保持其多样化的形态而难以实现标准化。

所以,不论是国际物流还是国内物流,都可以肯定地讲:集装系统是使物流全过程贯通而形成的体系,是保持物流各环节上使用的设备、装置及机械之间整体性及配合性的核心,所以,集装系统是使物流过程连贯而建立标准化体系的基点。

2. 体系的配合性

配合性是建立物流标准化体系必须体现的要求,是衡量物流系统标准化体系成败的重要标志。配合性不好,直接影响到物流效率、经济效果。具体来讲,以集装系统为物流标准化的基点,这个基点的作用之一,就是以此为准来解决各个环节之间的配合性。就物流系统而言,下述范围的配合性是很重要的:

(1)集装与生产企业最后工序(也是物流活动的初始环节)——包装的配合性。包装尺寸和集装尺寸的关系应当是:集装是包装尺寸的倍数系列,而包装是集装尺寸的分割系列。

(2)集装与装卸机具、装卸场所、装卸小工具(如吊索、跳板等)的配合性。

(3)集装与仓库站台、货架、搬运机械、保管设施乃至仓库建筑(净高度、门高、门宽、通路宽度等)的配合性。

(4)集装与保管条件、工具、操作方式的配合性。

(5)集装与运输设备、设施,如运输设备的载重、有效空间尺寸等的配合性。在以集装为基本物流单位的物流系统中,经常有许多基本集装单位进一步组合成大集装单位或输送保管单位的情况。例如,将集装托盘货载放入大型集装箱或国际集装箱,就组成了以大型集装箱或国际集装箱为整体的更大的集装单位;将集装托盘货载或小型集装箱放入卡车车厢、货车车厢,就组成了一个大的运输单位等。如果形成了倍数系列的尺寸关系,就能提高装运的密度和形成坚实的货垛。

(6)集装与末端物流的配合性。随着整个经济活动越来越以消费者(再生产者)的需要为转移,消费者的地位越来越强固,质量管理、生产管理、成本管理等经济管理活动都确立了"用户第一"的基本观念,这种观念在物流活动中的反映,就是末端物流越来越受到重视。末端物流是送达给消费者的物流,因此是以消费者的旨趣为转移的。一般说来,占消费者中大多数的零星消费者的要求,是逆规格化方向而行的,消费者追求多样化,这就使多样化的末端物流与简单化的主体物流(集装系统)的配合性出现困难。集装物流转变为末端物流,要对简单化的集装进行多样化的分割,以解决集装的简单化与末端物流多样化要求的矛盾。衔接消费者的"分割系列"与衔接生产者的"倍数系列"有时是有矛盾的,标准化要解决的就是要选择最优。

(7)集装与国际物流的配合性。从国际经济交往来讲,由于我国是"后发性"国家,以国际标准为主体和国际标准接轨是我们集装标准化应该做的事情。其中最重要的是和国际海运集装箱接轨。这个接轨可以使国际海运集装箱通过我国的铁路和公路运输直达内地,从而充分发挥集装箱联运"门到门"的优势。

3. 传统、习惯与经济性的统一

物流活动是和产品生产系统,车辆、设备制造系统,消费使用系统等密切联系的。早在物流的系统思想建立之前,这些与物流密切联系的系统就已经建立起各自的标准体系,或者形成了一定的习惯。在这种情况下,物流标准体系的建立,单考虑本系统的要求是不行的,还必须适应这些既成事实,或者改变这些既成事实。这就势必与早已实现标准化的各个系统、与长期形成的习惯及社会的认识产生矛盾,这些矛盾涉及人的看法、习惯,也涉及宏观及微观的经济效果。

由此可见,单从技术角度来研究个别标准的配合性虽然是必要的,但最后不一定以研究的结论作为定论。因为上述问题涉及物流系统标准化经济效果的计算问题。如上所述,由于物流系统标准化往往牵动其他系统,所以标准化经济效果的计算是十分复杂而困难的事情。目前,物流系统标准化工作进展较快的日本等国,也正在研究经济效果的计算,但还没有一套成熟的方法。

4. 与环境、社会的适应性

物流对环境的影响在近些年来表现出尖锐化和异常突出的倾向,主要原因是物流量加大,物流速度的增加,物流设施及工具大型化之后,使环境受到影响。对环境影响主要表现在噪声对人精神、情绪、健康的影响，废气对空气、水的污染，运输车辆对人身的伤害等。这些影响与物流标准化有关，尤其是在推行标准化过程中，只重视设施、设备、工具、车辆技术标准等内在标准的研究，而忽视物流对环境及社会影响，强化了上述矛盾，这是有悖于物流标准化的宗旨的。

所以，在推行物流标准化时，必须将物流对环境的影响放在标准化重要位置上，除了有反映设备能力、效率、性质的技术标准外，还要对安全标准、噪声标准、排放标准、车速标准等做出具体的规定，否则，再高的标准化水平因不被社会接受，甚至受到居民及社会的抵制也很难发挥作用。

5. 贯彻安全与保险的原则

物流安全问题也是近些年来非常突出的问题，一个安全事故往往会令一个公司损失殆尽，几十万吨的超级油船、货轮遭受灭顶损失的事例也并不乏见。当然，除了经济方面的损失外，人身伤害也是物流中经常出现的，如交通事故的伤害，物品对人的碰撞伤害，危险品的爆炸、腐蚀、毒害的伤害等。所以，物流标准化的另一个特点是在物流标准中对物流安全性、可靠性的规定和为安全性、可靠性统一技术标准、工作标准。

物流保险的规定也是与安全性、可靠性标准有关的标准化内容。在物流中，尤其在国际物流中，都有世界公认的保险险别与保险条款，虽然许多规定并不是以标准化形式出现的，而是以立法形式出现的，但是，其共同约定、共同遵循的性质是通用的，是具有标准化内含的，其中不少手续、申报、文件等都有具体的标准化规定，保险费用等的计算也受标准规定的约束，因而物流保险的相关标准化工作，也是物流标准化的重要内容。

二、物流标准化的方法

物流标准化的重点在于通过制定标准规格尺寸来实现全物流系统的贯通，取得提高物流效率的效果。

1. 确定物流基础模数尺寸

物流基础模数尺寸一旦确定，设备的制造、设施的建设、物流系统中各环节的配合协调、物流系统与其他系统各个环节的配合就以其为依据。

由于物流标准化系统较之其他标准化系统建立较晚，所以，确定基础模数尺寸主要考虑了目前对物流系统影响最大而又最难改变的事物，即输送设备。采取“逆推法”，由输送设备的尺寸来推算最佳的基础模数。当然，在确定基础模数尺寸时也考虑到了现在已通行的包装模数和已使用的集装设备，并从行为科学的角度研究了人及社会的影响。

目前国际标准化组织（ISO）中央秘书处及欧洲各国已基本认定 600 × 400（mm）为基础模数尺寸。

2. 确定物流模数

物流模数即集装基础模数尺寸。前面已提到，物流标准化的基点应建立在集装的基础上，所以，在基础模数尺寸之上，还要确定集装的基础模数尺寸（即最小的集装尺寸）。

集装基础模数尺寸可以从 600 × 400（mm）按倍数系列推导出来，如图 7-1 所示。

集装基础模数尺寸也可以在满足 600 × 400（mm）的基础模数的前提下，从卡车或大型集装箱的分割系列推导出来。比如，日本在确定物流模数尺寸时，就是采用后一种方法，以卡车

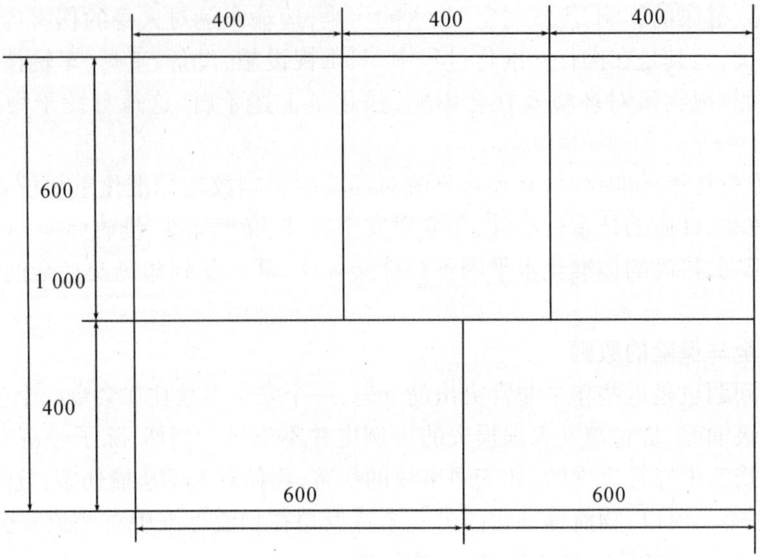

图 7-1　模数尺寸配合关系

的车厢宽度为确定物流模数的起点，推导出集装基础模数尺寸，如图 7-2 所示。

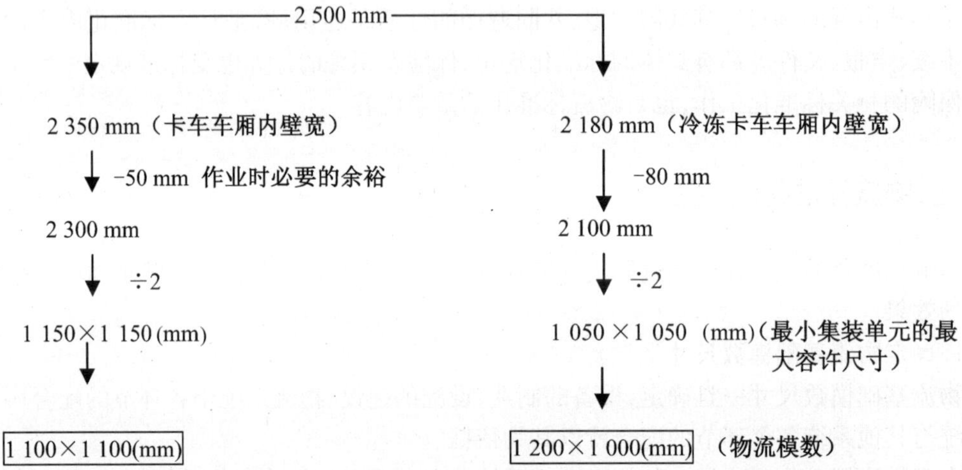

图 7-2　以卡车车厢宽度为起点推导集装基础模数尺寸过程图

3. 确定物流系列尺寸

物流模数作为物流系统各环节的标准化的核心，是形成系列化的基础。依据物流模数进一步确定有关系列的大小及尺寸，再从中选择全部或部分，确定为定型的生产制造尺寸，从而确定包装容器、运输装卸设备、保管器具等系列尺寸。如图 7-3 所示，根据物流模数可以推导出大量的物流系列尺寸。

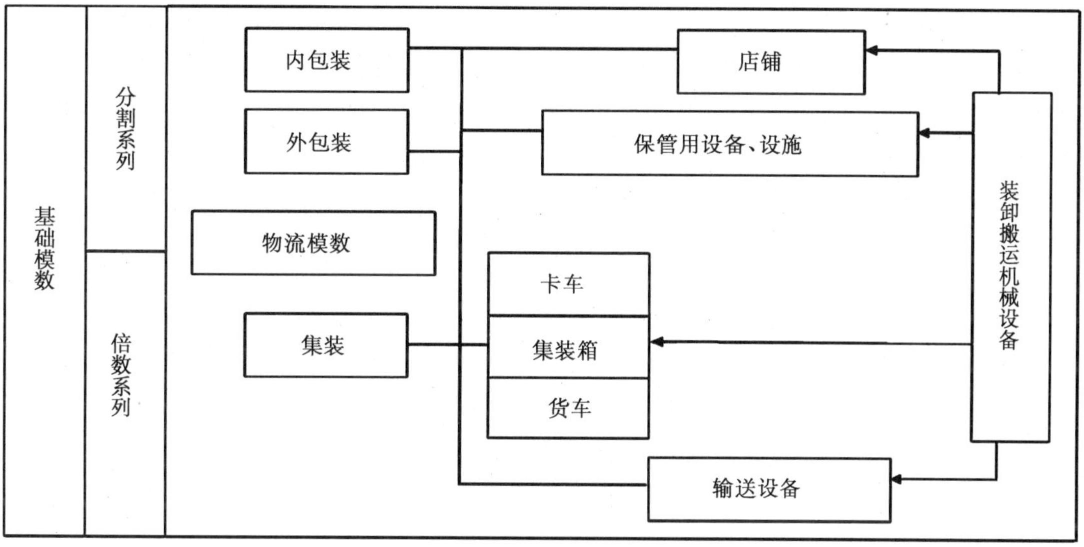

图 7-3　物流系列尺寸推导示意图

第三节　物流标准化建设

一、国外物流标准化建设现状

1. 国际标准

随着贸易的国际化，标准也日趋国际化。以国际标准为基础制定本国标准，已经成为WTO 对各成员的要求。目前，世界上约有 300 个国际和区域性组织制定了标准和技术规则。其中最大的是国际标准化组织（ISO）、国际电工委员会（IEC）、国际电信联盟（ITU）、国际物品编码协会（EAN）与美国统一代码委员会（UCC）联盟等，它们创立的 ISO、IEC、ITU、EAN. UCC 均为国际标准。

（1）ISO

目前，ISO/IEC 下设了多个物流标准化的技术委员会负责全球的物流相关标准的制修订工作。已经制定了 200 多项与物流设施、运作模式与管理、基础模数、物流标识、数据信息交换相关的标准。

ISO 与联合国欧洲经济委员会（UN/ECE）共同承担电子数据交换（EDI）标准的制定，ISO 负责语法规则和数据标准的制定，UN/ECE 负责报文标准的制定。

在 ISO 现有的标准体系中，与物流相关的标准有 2 000 条左右，其中运输 181 条、包装 42 条、流通 2 条、仓储 93 条、配送 53 条、信息 1 605 条。

（2）EAN. UCC

物流标准化的很重要的一个方面就是物流信息的标准化，其包括物流信息标识标准化、物流信息自动采集标准化、物流信息自动交换标准化等。

EAN 就是管理除北美以外的对货物、运输、服务和位置进行唯一有效编码并推动其应用的国际组织，是国际上从事物流信息标准化的重要国际组织。而美国统一代码委员会(UCC)是北美地区与EAN对应的组织。近两年来，两个组织加强合作，达成了EAN.UCC联盟，以共同管理和推广EAN.UCC系统，意在全球范围内推广物流信息标准化。其中推广商品条码技术是其系统的核心，它为商品提供了用标准条码表示的有效的、标准的编码，而且商品编码的唯一性使得它们可以在世界范围内被跟踪。

EAN开发的对物流单元和物流结点的编码，可以用确定的报文格式通信，国际化的EAN.UCC标准是EDI的保证，是电子商务的前提，也是物流现代化的基础。

2. 美国

美国作为北大西洋公约组织成员之一，参加了北大西洋公约组织的物流标准制定工作，制定出了物流结构、基本词汇、定义、物流技术规范、海上多国部队物流、物流信息识别系统等标准。美国国防部建立了军用和民用物流的数据记录、信息管理等方面的标准规范。美国国家标准协会(ANSI)积极推进物流的运输、供应链、配送、仓储、EDI和进出口等方面的标准化工作。

美国与物流相关的标准约有1 200条，其中运输91条、包装314条、装卸8条、流通33条、仓储487条、配送121条、信息123条。

在参加国际标准化活动方面，美国积极加入ISO/TC104，在其国内设立了相应的第一分委会(负责普通多用途集装箱)、第二分委会(负责特殊用途集装箱)和第四分委会(识别和通信)。美国还加入了ISO/TC122、ISO/TC154管理、商业及工业中的文件和数据元素等委员会。美国参加了ISO/TC204技术委员会并由美国智能运输系统协会(ITS AMERICA)作为其美国技术咨询委员会，负责召集所有制定智能运输系统相关标准的机构成员共同制定美国国内的ITS标准。

美国统一代码委员会(UCC)为给供应商和零售商提供一种标准化的库存单元(SKU)数据，早在1996年就发布了UPC数据通信指导性文件，美国标准协会也于同年制定了装运单元和运输包装的标签标准，用于物流单元的发货、收货、跟踪及分拣，规定了如何在标签上应用条码技术，通过标签来传递各种信息，实现了EDI报文的传递，即所谓的“纸面EDI”，做到了物流和信息流的统一。

3. 欧盟

欧洲标准化委员会(CEN)是1961年由欧盟16国成立的标准化组织。该组织目前设立了第320技术委员会，负责运输、物流和服务(TRANSPORT-LOGISTICS AND SERVICES)的标准化工作，相关的还设立了第278技术委员会，负责道路交通和运输的信息化，分14个工作组进行与ISO/TC204内容大致相同的标准制定工作。另外还有第119技术委员会和第296技术委员会。这些委员会共同推进物流标准化进程，在标准制定过程中，进行多方面的联系与合作。

在英国现有的标准体系中，与物流相关的标准约有2 500条，其中运输733条、包装432条、装卸51条、流通51条、仓储400条、配送400条、信息400条。德国也形成了较为完善的物流标准体系，该体系包含与物流相关的标准约有2 480条，其中运输788条、包装40条、流通124条、仓储500条、配送499条、信息499条。

4. 日本

日本是对物流标准化比较重视的国家之一，标准化的速度也很快。日本在标准体系研究中注重与美国和欧洲进行合作，将重点放在标准的国际通用性上。

日本政府工业技术院委托日本物流管理协会花费四年时间对物流机械、设备的标准化进行调查研究。目前已经提出日本工业标准(JIS)关于物流方面的若干草案,它们包括物流模数体系、集装的基本尺寸、物流用语、物流设施的设备基准、输送用包装的系列尺寸(包装模数)、包装用语、大型集装箱、塑料制通用箱、平托盘、卡车车厢内壁尺寸等。

在日本现有的标准体系中,与物流相关的标准有400多条,其中运输24条、包装29条、流通4条、仓储38条、配送20条、信息302条。

二、我国物流标准化建设现状与存在问题

1. 我国物流标准化建设现状

从我国物流标准化工作现状来看,随着物流业发展和我国市场不断融入国际市场的需求,我国相关部门制定的物流相关技术标准无论在产业衔接性还是应用性方面都有了一定程度的进展。

(1)国务院和各地方政府重视并支持物流标准化工作

2003年9月,在国家发改委、商务部、交通部、铁道部、信息产业部等有关部门的支持下,国家标准委批准成立了全国物流标准化技术委员会,目的就是打破各个产业部门之间的界限,使物流标准在制定过程中加强整体性、协调性和科学性。

(2)推进物流标准化已经列入国家促进物流业发展的产业政策

2004年8月5日,经国务院批准,国家发改委、商务部等九部委联合印发了《关于促进我国现代物流业发展的意见》,其中明确提出:要建立和完善物流技术标准化体系,加快制定和推进物流基础设施、技术装备、管理流程、信息网络的技术标准,尽快形成协调统一的现代物流技术标准化体系。值得提出的是,在九部委文件中,重点列出了发展现代物流的四项基础性工作,物流标准化列为这四项基础工作的首位。

(3)大企业、大集团参与物流标准研究和制定的积极性越来越高

发达国家的经验表明,标准化的参与和实施的主体是企业,标准的直接推动力来自市场的需求,目前中远、中外运、中储、宝供、中邮物流、中铁快运等企业对物流标准体系研制表现了很高的热情,这其中还包括马士基、美集、UPS等一批著名的外资专业物流企业。这为我国的物流标准化工作加快与国际接轨,加快市场化步伐展示了良好的前景。

(4)全国物流标准发展战略规划和一批基础性、通用性的物流标准正在加紧制定

在国家标准委直接领导下,物流标委会研制物流标准战略发展规划工作取得了很大进展。全国物流标准战略发展规划以物流标准体系表为核心,与国家“十一五”计划相衔接,初步规定了我国未来五年内物流标准化的指导思想和物流标准制修订的总体框架,将基本解决物流相关产业的标准缺乏有效衔接,标准的制修订体制过于分散等阻碍物流业发展的瓶颈问题。

(5)物流标准制修订从产品标准向服务性和管理性标准重点推进

为解决社会急需,围绕信息化和市场化,物流标委会重点抓了一批物流服务和物流管理标准的制修订工作。如在物流信息技术服务方面,公布了国家标准《大宗商品电子交易规范》、《数码仓库应用系统规范》。在物流通用设备服务方面,制定了《散装水泥输送车卸料管快速接头》、《货运汽车厢体规范与安全》等标准。

(6)物流标准学术研究活动取得重要成果

围绕物流标准化问题,我国的政府部门、科研院校、行业组织、企事业单位的广大理论工作者和实际工作者进行了多方面的学术理论探讨,宝供等一批物流骨干企业先后多次召开物流标准化专题研讨会,以研讨物流标准体系表为核心,物流标委会组织了六次大型的专家研讨活动,这些都大大地促进了物流标准化工作的发展,为物流标准化活动进一步深入开展奠定了坚实的理论基础。

(7)初步形成了协调、顺畅的物流标准化工作机制

全国物流标准化技术委员会成立后,虽然秘书处设在中国物流与采购联合会,但是委员会由国家标准化管理委员会直接管理,成员包括经贸、商务、交通、铁路、民航、邮政、贸易、信息技术等物流相关产业的政府管理部门、标准化研究机构、标准化技术机构、各种类型的物流企业,其职能是全面组织和推动物流领域的标准化技术工作。

(8)编制了《全国物流标准专项规划》

2010年10月,国家标准化管理委员会联合国家发展和改革委员会等部委共同编制了《全国物流标准专项规划》。该规划提出了物流技术、物流信息、物流服务、道路运输、铁路运输、国际货运代理、仓储、粮食物流、冷链物流、医药物流、汽车和零部(配)件物流、邮政(含快递)物流、应急物流等13个重点领域的标准制修订任务。同时也指出,水路、航空运输,钢铁、煤炭、铁矿石等重要矿产品,石油石化、建材、棉花等大宗物品物流,也是物流标准化工作的重点领域。

2. 物流标准化建设存在的主要问题

(1)部门、地区条块分割管理,缺乏统一性和协调性

现行的标准化体系以部门为主,制约了物流各相关产业标准化之间的统一性和协调性。目前,我国物流管理部门除了国家统一的标准管理机构,还有交通、铁路、民航、信息产业等代表政府的行业部门。而物流行业涉及的各个产业技术组织、科研机构,则分散在各个政府部门、各个行业中,标准运作之间的政府部门缺乏协调机构,标准化技术组织与科研机构按照传统的分工在各自的产业领域进行标准化工作,相互之间难以交流和配合,形不成统一的规划。由于统一标准短期内会触动一些部门和行业的既得利益,因此现有的管理体制增加了标准协调的工作量和管理难度,难以形成统一的管理体系,阻碍了物流标准化的推进。同时,这种落后的标准化管理体制,也造成物流标准化对政府部门依靠程度高,标准技术组织与行业协会不能充分发挥应有作用,造成一些物流标准化的具体问题被提出来以后,往往长期得不到解决。

(2)企业对物流标准化的需求不强烈

以《储运单元条码》为例,国家颁布标准储运单元条码后,实际运用率不足15%。物流市场实际需求的不足,直接影响到物流标准化的应用与推广。当然,已经制定的物流标准不完善,有些与企业实际脱节,不能满足企业实际操作需要,企业置换成本太高等,也是企业对物流标准化的需求不足的重要原因。

(3)物流设施设备缺乏统一规范

我国的物流包装标准,以及物流设施标准之间都缺乏有效的衔接。这对各种运输工具的装载率、装卸设备的荷载率、仓储设施空间利用率方面的影响很大。

(4)信息化标准严重滞后

目前许多部门和单位都在建立自己的物流信息数据库,形成一个一个"信息孤岛"。如果

有一个统一可参照的标准,目前我国企业的信息系统开发费用可以大大降低,将各系统连接起来的成本也可以大幅度减少,从而避免大量的低水平重复开发。

三、我国物流标准化建设的重点及对策

1. 重点任务

(1)建立健全物流标准体系

物流标准体系由物流基础、物流技术、物流信息、物流管理和物流服务五个子体系组成。考虑到与物流服务方式的一致性,其又可进一步分为公共类物流和专业类物流两个子体系。公共类物流标准包括道路、铁路、水路、航空运输,多式联运,货运代理,仓储等方面,这类标准适用于多个物流行业,为规范物流各环节运作及相互衔接提供技术依据。专业类物流标准是根据物流服务对象的专业化发展需要制定的标准,适用于相关专业领域,为促进专业物流发展提供技术支撑。

(2)建立标准化服务平台

建立物流服务业标准化服务平台,宣传物流标准化建设的方针政策,介绍企业物流标准化建设的工作亮点,总结物流标准化建设典型经验,促进政府、部门、企业之间的沟通和交流。建设集工作动态、标准查询、标准制修订信息、标准化专家服务、在线问答等为一体的标准化服务平台,向社会和企业提供高效、便捷、准确、先进的标准化动态信息和技术服务。

(3)开展物流服务标准化试点

积极借鉴全省服务标准化示范单位建设的成功经验,在全省物流园区、企业和项目中,选择符合条件的企业创建省级服务业标准化试点示范单位,发挥示范单位带头作用,促进全市物流标准化的全面发展。

(4)创建物流服务品牌

推进物流服务品牌建设,建立服务品牌培育机制,培育、促进物流企业创建服务名牌。

(5)开展管理体系认证

鼓励物流企业逐步实施 ISO 9001 系列标准,并积极开展管理体系认证。

(6)建立专家服务平台

逐步建立物流标准化专家库,吸引、组织物流专家和学者参与物流标准化工作,引进、消化和吸收其他地区先进的标准化运营管理经验,指导物流企业的标准化工作。

(7)积极参与国际、国内标准化活动

一是积极承担、参与物流标准化专业技术委员会工作。二是鼓励物流企业积极参与专业技术委员会工作,在参与中提升企业物流标准化能力。三是积极参与国家标准、行业标准和地方标准的制定、修订,争取行业话语权,提高物流企业在业内的影响力和竞争力。

2. 基本对策

(1)充分发挥政府部门的组织和协调作用

建议实行联席会议制度,明确责任人,对物流标准化工作进行协调推进。

(2)加大物流标准化重要性的宣传和培训

通过加大物流标准化重要性的宣传和培训,让企业转变观念,自觉参与标准化的工作。

(3)加大财政政策扶持力度

政府可以出台各种政策和措施引导和鼓励企业参与物流标准化工作。除了效仿国外在立法和政府采购中引用标准,还可以通过经费资助、税收减免、银行贷款优惠等多种方式鼓励企业积极参与物流标准化制定与执行。

(4)积极推广物流技术和设备标准

对于物流标准化的研究成果,首先应用于一些企业的实践中,待取得良好效果之后,再进行全面推广。

(5)提供技术服务

各级标准化技术机构要向社会和企业提供高效、便捷、准确、先进的标准化动态信息和技术服务,及时为试点单位提供标准查询、标准制修订信息等。

练习题

1. 单选题

(1)物流标准化的研究对象是(　　)。

A. 物流活动　　B. 物流设施

C. 物流系统　　D. 物流产品

(2)物流专业术语标准是(　　)。

A. 基础标准　　B. 分系统技术标准

C. 工作标准及作业规范　　D. 产品规格标准

(3)物流标准化体系的基点是(　　)。

A. 集装系统　　B. 散装系统

C. 运输系统　　D. 装卸系统

2. 多选题

(1)物流标准化的主要特点有(　　)。

A. 涉及面广　　B. 属于二次系统

C. 要求体现科学性、民主性和经济性　　D. 具有非常强的国际性

(2)根据物流系统的构成要素及功能,物流标准大致可分为(　　)。

A. 基础标准　　B. 分系统技术标准

C. 工作标准及作业规范　　D. 产品规格标准

(3)物流基础标准化包括(　　)。

A. 物流基础模数尺寸标准　　B. 物流专业术语标准

C. 运输车船标准　　D. 第三方物流作业规范

3. 简答题

(1)简述物流标准化的作用。

(2)简述物流标准化的方法。

(3)简述我国物流标准体系建设的重点及对策。

4. 案例分析题

风神物流:推动物流生产方式标准化

广州风神物流有限公司(以下简称“风神物流”)是中港合资的专业汽车物流企业,自2002年9月成立以来,风神物流现已拥有广州、上海、武汉、郑州四大物流中心,两个子公司,为东风日产、郑州日产、东风乘用车、东风商用车等100多家客户提供专业物流服务。服务内容涉及调达物流、VMI、流通加工、PDI、物流包装、整车物流、保税物流、备件物流等汽车物流领域。

对一个企业而言,过程目标有很多,但终极目标是创造利润、维持企业再生产和扩大再生产。风神物流认为,物流行业需要一个能令人信服的物流生产方式,物流生产方式的根本目的也是通过生产方式的标准化,使消耗的物化劳动和活劳动得到节约,提高整体业务的效率,实现以尽可能少的资源投入,为公司创造出尽可能多的财富。因此,风神物流学习借鉴国内外先进物流生产方式,结合中国实际不断实践、创新、提炼,创造出引领中国汽车物流行业的标准生产方式——风神物流生产方式(FPW),并于2009年正式启动。

据介绍,作为对公司生产运作的整理提炼,风神物流生产方式已应用到实际运作中指导作业和提高公司的生产和管理水平,在公司内部广泛推广并不断完善,以率先在行业内树立典范,扩大品牌的影响力。

问题分析:结合此案例并参照本章所学的物流标准化理论知识,阐述物流标准化在企业管理中的地位与作用。

第八章 物流信息化

引导案例

工业4.0时代智能物流将独领风骚

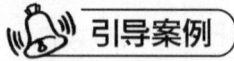

自2013年德国提出“工业4.0”概念以来，以“工业4.0”为代表的智能制造潮流席卷全球。智能物流是“工业4.0”核心组成部分，是降低社会仓储物流成本的终极方案：在“工业4.0”的智能工厂框架中，智能物流仓储位于后端，是连接制造端和客户端的核心环节。与美国、日本等发达国家相比，单位GDP中我国的仓储成本占比是其他国家的2～3倍，并且这一差值近些年来呈现逐步扩大的趋势，而智能物流仓储系统具备劳动力成本的节约、对租金成本的节约、管理效率的提升等方面优势，是降低社会仓储物流成本的终极解决方案。

针对更为复杂的国际物流体系，智能化物流系统的研发和体系的建立将越来越成为今后电商和物流业竞争的关键。阿里巴巴、复星、顺丰等先行者已全面布局智能物流体系，以期解决物流各环节出现的复杂问题。

第一节 概 述

一、物流信息化的概念与特点

1.物流信息化的概念及其构成要素

物流信息化，是指在国家统一规划和组织下，在物流活动中全面运用现代信息和通信技术，充分利用信息流调控和主导物流，有效配置物流资源，创新物流管理方法，使物流活动具有更好的业务处理能力、客户反应能力和产业链协同能力，提高物流效率，促进现代物流的发展。

上述物流信息化的定义包括了四层含义：

①现代物流的发展离不开信息化，信息化也要服务于现代物流；

②物流信息化建设应统一规划、统一组织；

③物流的各个环节广泛应用现代信息技术，深入开发利用信息资源；

④物流信息化是一个不断发展的过程。

物流信息化体系包括信息技术应用、信息资源、信息网络、信息技术和产业、信息化人才、信息化政策法规和标准规范六个要素，这六个要素按照图8-1所示的关系构成了一个有机的整体。

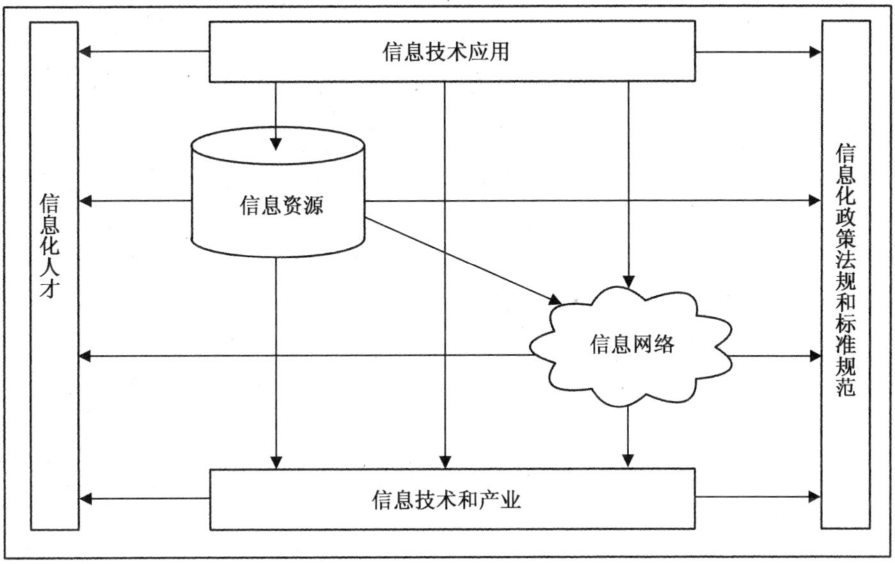

图 8-1 物流信息化体系六要素关系图

(1)物流信息技术应用

物流信息技术应用是指把信息技术广泛应用于物流的各个活动领域。物流信息技术应用是物流信息化体系六要素中的龙头,是物流信息化建设的主阵地,集中体现了物流信息化建设的需求和效益。物流信息技术应用向其他五个要素提出需求,而其他五个要素又反过来支持物流信息技术应用。

(2)物流信息资源

物流信息资源的开发利用是物流信息化的核心任务,是物流信息化建设取得实效的关键,也是我国物流信息化的薄弱环节。物流信息资源开发和利用的程度是衡量国家物流信息化水平的一个重要标志。物流信息资源在满足物流信息技术应用提出的需求的同时,对其他四个要素提出需求。

(3)物流信息网络

物流信息网络是物流信息资源开发利用和物流信息技术应用的基础,是物流信息传输、交换和共享的必要手段。只有建设先进的物流信息网络,才能充分发挥物流信息化的整体效益。物流信息网络是现代化国家的重要基础设施。物流信息网络在满足物流信息技术应用和物流信息资源分布处理所需的传输与通信功能的同时,对其他三个要素提出需求。

(4)物流信息技术和产业

物流信息技术和产业是我国进行物流信息化建设的基础。只有大力发展自主的物流信息产业,才能满足物流信息技术应用、物流信息资源开发利用和物流信息网络建设的需求。

(5)物流信息化人才

物流信息化人才是物流信息化成功之本,对其他各要素的发展速度和质量有着决定性的影响,是物流信息化建设的关键。只有尽快建立结构合理、高素质的研究、开发、生产、应用和管理队伍,才能适应物流信息化建设的需要。

(6)物流信息化政策法规和标准规范

物流信息化政策法规和标准规范用于规范和协调物流信息化体系各要素之间的关系,是物流信息化快速、持续、有序、健康发展的根本保障。

2. 物流信息化的特点

近年来,我国物流信息化建设伴随着物流市场的发展取得了显著成效,并已经成为我国信息化最受关注的领域之一,物流信息化的发展现状呈现以下几个特点:

(1)信息化需求多层次化

第一个层次以解决基础信息化目的为主,即完成信息的采集、传输、共享等环节,最后成为决策的依据,此类应用占80%左右。

第二个层次涉及优化,主要是对流程的改造和操作的智能化,其运行模式包括不同程度的计算机智能化决策,此类应用占15%左右。

第三个层次是供应链物流,涉及物流以外的领域,如采购与供应商管理、分销管理与市场预测等,整合优化的范围包括供应链的上下游企业,此类应用占5%左右。

(2)信息系统供应商多样化

信息系统供应商可分为四类:国际著名的管理软件商或物流软件商、国内的大型管理软件商、国内物流软件专业供应商和小型软件企业。总的来看,这些供应商将随着物流业的发展而整合。因此,如何应对这样一个整合的趋势,应该成为发展规划考虑的问题。

(3)公共信息服务平台需求迫切

目前,对公共信息服务平台需求迫切,并已经开展了一些有益的实践。平台建设的难度不在于技术,而在于商业模式,在于公共服务平台的运行能否实现自我良性循环,能否突破条块分割的体制实现服务功能的整合。

(4)信息化项目的实施要遵循一定的原则

许多信息化项目投资巨大,但效果并不理想。我国的物流信息化处于刚刚起步阶段,培养需求、培养人才、培养管理基础都需要一个过程,不可能一蹴而就。

二、物流信息化发展的原因与作用

1. 物流信息化发展的原因

近年来,现代物流信息化在我国得以迅速发展的原因主要有三个方面:

(1)信息技术、网络技术的普及和发展,特别是互联网技术解决了信息共享、信息传输的标准和成本问题,使信息更广泛地成为控制、决策的依据和基础。在这个层面,信息系统为决策提供及时准确的信息。

(2)企业在利益的驱动下,不断追求降低成本和加快资金周转,将系统论和优化技术用于物流的流程设计和改造,融入新的管理制度之中。在这个层面,信息系统是固化管理和优化操作的有效途径。

(3)供应链管理的作用不断扩大,如何提高整个供应链的效率和竞争力成为关键。要解决这一问题,必须通过上下游企业的信息反馈来实现。在这个层面,信息系统是实现互惠互利的手段。

2. 物流信息化发展的作用

当前,物流信息化已成为社会经济健康快速发展的必然要求和国家信息化建设的重要组成部分。信息技术在物流业的创新应用,使物流面貌日益改观。国内外实践表明,物流信息化改变了物流业态,降低了物流成本,提升了行业效率,促进了区域发展。

(1)信息化已经成为现代物流的核心特征和时代特征。随着通信、计算机软件等信息技术的发展和广泛应用,以及互联网的日益普及,信息化成为现代物流的普遍特征,信息化操作和管理是整个物流行业发展对物流企业提出的必然要求,成为重要的支撑和保证。可以说没有信息化,就没有现代物流。

(2)经济全球化、生产敏捷化和需求个性化使现代物流服务日趋复杂化,通过信息化提升传统物流,是物流业适应经济社会发展要求的必由之路。

(3)通过提高物流行业的信息化水平,可以有效解决我国物流行业长期面临的行业分割、专业水平低、规模效益差和成本高等问题,促进行业健康发展。

(4)提高物流信息化水平有助于促进物流企业间以及物流业与制造业间的协同联动,提高我国制造业的国际竞争能力,是应对当前全球性经济危机、适应经济全球化发展的战略选择。

三、国内外物流信息化发展现状

(一)国外物流信息化发展现状

1. 美国

美国物流信息化的最大特点,是能够将先进的信息技术有效地应用于现实的物流业务运作之中。

首先,由于互联网的发展,特别是相关安全控件和技术设备的发展,建设起了物流信息平台;其次,形成比较标准化的物流运作流程优化软件,为物流信息系统的建设提供技术保障;再次,物流公共信息平台(公共信息平台是向各类用户提供信息交换与共享服务的开放式的网络信息系统。物流公共信息平台主要包括用于政府对物流监管的物流电子政务平台、用于网上物流商务活动的物流电子商务平台、用于对特定货物的运输流转过程进行实时跟踪监控的物流电子监控平台)的发展,为企业间的信息沟通和信息化成本的降低创造了条件。

2. 日本

日本从 1985 年开始做 EDI 电子数据交换,物流信息化的发展已经有了很长的历史,在世界居领先水平。日本市场经济法律环境良好,企业间数据共享障碍少,在日本有很多的跨国公司和大型制造业企业,它们对物流的需求有效地拉动了日本的物流现代化与国际化。

日本物流领域实现了高度的机械化、自动化和计算机化:在企业的物流作业中,铲车、叉车、升降机、传送带等机械的应用程度较高,计算机管理系统也被普遍应用;配送中心的分拣设施部分已经采用数码分拣系统,提高了物流企业的工作效率和精确度;EDI 电子数据交换被广泛使用,提高了信息传输的速度和准确性,使企业降低了差错成本、人工成本、单据处理成本和库存成本,改善了企业和顾客的关系,提高了企业的国际竞争力。日本对高科技的应用与发展,是其国内物流企业跨上新台阶的重要手段。

（二）国内物流信息化发展现状

1. 发展历程

（1）单项应用阶段（具有一定的普遍性）

单一职能信息化（如财务、订单处理等）。

（2）局部集成阶段（当前主要的推进过程）

单层次跨环节信息化整合（如管理系统、作业系统等）。

（3）综合集成阶段（已有成功案例）

跨层次全环节信息化整合（如管控一体化系统等）。

（4）融合发展阶段（刚刚尝试）

多主体跨领域信息化整合（如供应链管理、共用平台、物联网等）。

2. 取得的成就

2009年国家出台的《物流业调整和振兴规划》明确要求，要大力提高物流信息化水平，积极推进企业物流管理信息化，促进信息技术的广泛应用。该规划还将物流公共信息平台工程列为九大重点工程之一，要求加快建设有利于信息资源共享的行业和区域物流公共信息平台项目，扶持一批物流信息服务企业成长。随后，工业和信息化部组织制定了《物流信息化发展规划（2010—2015）》，对物流信息化建设提出了更加具体的要求。

（1）政府物流监管和电子口岸

与物流监管和服务相关的电子政务系统和电子口岸建设基础良好，物流信息资源也比较丰富，具备了较强的监管和服务能力。

（2）跨行业和军民共建

不同运输方式间的物流信息交换受到广泛重视，电子单证应用与货物追踪服务等已经开始起步。物流信息化的军民共建互促工作取得了一定进展，在重大灾害和突发事件的应急物流保障中发挥了较大作用。

（3）重点物流行业和区域物流

重点物流行业是指如铁路、公路、水运、航空、邮政等行业，它们的信息化建设发展迅速，基本上已经实施了信息化管理，并在各自系统内部形成了有特色的信息服务体系。同时，区域性物流信息化的推进工作也开始起步。

（4）物流企业和企业物流

物流企业和企业物流的信息化应用蓬勃发展。部分大中型物流企业普遍实现了运营管理等领域的单项信息化应用，少数先进的物流企业初步实现了综合集成。大部分规模以上制造企业和商贸企业开展了物流环节的信息化工作。

（5）设施、设备和物品管理

物流设施、设备和物品管理的信息化水平显著提高，智能交通和仓储自动化发展迅速，信息通信技术在物品信息化管理中的应用日趋广泛。

（6）物流信息化标准体系

物流信息化标准体系初步形成，物品编码与标识、物流信息采集、物流单证以及信息交换等各层次标准制定和实施工作已经逐步展开。

（7）信息服务业

随着物流信息服务业的快速成长，涌现出一批专业性物流信息服务企业。物流信息技术不断创新并高速发展，在物流领域中取得了积极的进展。

（8）物流信息化环境

物流信息化发展环境在不断改善，国家出台了一系列鼓励现代物流和物流信息化发展的政策措施，《物流业调整和振兴规划》（国发〔2009〕8 号）的第 8 项主要任务就是提高物流信息化水平，并将物流公共信息平台建设作为一项重点工程，同时还要逐年加大财政和金融支持力度，逐步拓宽社会投入渠道，不断加强国际合作，加快形成人才培养机制。

3. 存在的问题

（1）政务系统

电子政务系统中物流信息资源的开发利用和开放水平亟待进一步提高。

（2）重点物流行业

重点物流行业的信息资源开发利用不足，信息采集和交换水平较低。

（3）不同运输方式间和军民结合

不同运输方式间的信息交流不畅，制约着物流协同运作水平和多式联运水平的提高。军民结合物流信息化的资源共享、互促互补的范围还较小。

（4）物流企业和企业物流

物流企业和企业物流的信息化发展不平衡，我国绝大部分企业，尤其是中小型企业，仍然处于信息技术应用的初级阶段，很少有物流企业能够做到综合性的物流服务，不能有效支持现有的供应链管理，难以为客户提供专业化的物流服务。

（5）设施、设备与物品

物流设施、设备的自动化、智能化程度和物品管理的信息化水平还较低。

（6）信息标准

物流信息标准制定和宣贯的整体水平亟待提高，一些关键的基础性标准制定工作滞后。

（7）技术创新

物流信息平台的商业模式尚不成熟。先进信息技术在物流行业的转化、应用和推广水平较低，自主创新和产业支撑能力不强。

（8）投资与人才等

全社会对物流信息化的认识有待提高，多元化的投入机制尚未建立，国际合作尚需深化，高端物流信息化人才缺乏。

第二节 物流信息平台与技术

一、物流信息平台

1. 物流信息平台的概念

物流信息平台是由与物流等有关的宏观管理层、部门管理层、物流企业层参与者通过通信网络平台连成的网络体系。它包括整个物流活动过程中各个领域的信息，由计算机、应用软件通过全球通信网络连接起来的系统。同时还与物流相关的其他系统对接,构成统一的物流信息管理平台。

2. 物流信息平台功能要求

物流信息平台的建设目的主要在于满足物流系统中各个环节的不同层次的信息需求和功能需求,这就要求信息平台不仅要满足货主、物流企业等对物流过程的查询、设计、监控等直接需求,还要满足他们对来自于政府管理部门、政府职能部门、工商企业等与自身物流过程直接相关的信息需求。

物流信息平台在通过对物流公共数据的采集、处理和公共信息交换为企业物流信息系统完成各类功能提供支撑的同时,还起到为政府相关职能部门进行信息沟通的枢纽作用,从而为政府的宏观规划与决策提供信息支持。

一个有效集成的物流信息平台,应该能够为物流服务提供商、货主/制造商、交通、银行及海关、税务等政府相关部门提供一个统一、高效的沟通界面,为客户提供完整、综合的供应链解决方案。因此,有必要建立一个区域性甚至全国性的物流公共信息平台,并且该平台应该具有综合信息服务、异构数据交换、物流业务交易支持、货物跟踪、行业应用托管服务等相关功能。

3. 物流信息平台架构

根据全国和区域性物流公共信息平台架构的构建原则,构建一个以政府监管为指导,以税务、交通、银行、海关等为支撑的多层级体系架构。

物流信息平台整体上相对独立,各层相互提供信息和数据交换服务,平台与支撑平台之间通过统一规范的接口进行数据交换;支撑平台在各级政府的监管下为整个平台提供相应服务。

(1)国家级物流公共信息平台

国家级物流公共信息网络处于整个公共物流信息平台的顶层,通过标准接口或网络与国外物流公共信息平台相连,进行相互间的数据交换。

①国家级物流公共信息平台是国家政策支撑信息和国际物流需求的平台。

②汇集和发布中央级政府监管的信息。

③国际物流需求信息,可以根据物流量有针对性地建立通往美国、欧洲、澳洲等物流中心的频道,以便有效地利用国际物流的海、陆、空通道,协调国际间、国内各区域间的物流资源。

(2)区域级物流公共信息平台

区域级物流公共信息平台是国家对区域内地方平台的协调和地方性信息的处理平台,从应用角度来讲,应该与国家级物流信息平台的角色类似,只是范围要小些,但管理上不由各具体的机构来直接管理,可以考虑由区域内省市联合管理。具体功能包括以下内容:

①区域内各省市政府监管的信息。

②区域内物流需求信息。

③可以有针对性地建立东北、华北、华南、西北、华东等物流频道,各区域物流频道负责协调相应区域内的物流资源。

④相关商业化开发和增值服务。

(3)省级物流公共信息平台

省级物流公共信息平台负责提供:

①省市政府监管的信息。

②省内各大物流园区和企业用户之间的物流资源和信息,如地方政府的通关信息、口岸信

息、企业诚信信息等及跨省市的联运信息，真正能为社会提供一个权威的物流信息基本平台。

③相关商业化开发和增值服务。

(4)行业物流公共信息平台

行业物流公共信息平台的功能基本上与区域和省级物流公共信息平台类似，主要负责提供具有行业特点的物流监管、供求信息以及相关的商业化开发和增值服务。

(5)企业级和园区物流公共信息平台

企业级物流公共信息平台为物流主体，即最终客户(货主)、代理、分拨和仓储物流企业，是现代物流公共信息管理系统的终端。

各个园区物流信息平台、加工区物流平台汇集园区内企业集团的物流信息，同省级物流信息公共平台相连，交换信息，提供本园区内企业的仓储、装卸、加工、包装、客户等物流信息。

(6)税务、银行、海关、交通等

税务、银行、海关、公路、水路、航空等各相关企事业单位在政府的监管下为物流信息平台提供电子政务和电子商务所涉及的信息和服务接口，以统一的服务规范来服务统一的物流平台，提高物流平台的整体运行效率。

4. 物流信息平台的分类

物流信息平台基本上分为两大类，即政府化的公共服务平台和市场化的交易平台。

(1)政府化的公共服务平台

目前，不少地方交通运输主管部门已将行业物流公共信息平台建设作为推进物流业发展的灵魂工程进行打造，部分行业信息平台建设已初见成效。其中较为典型的有浙江省交通运输物流公共信息共享平台、河南省“八挂来网”、湖北省交通运输物流公共信息平台、福建省交通运输物流公共信息平台等。这些平台的建设发展得到了当地交通运输行业主管部门的大力支持，平台普遍采用以政府为主导的建设运营模式，以政务信息服务和商务信息服务为功能依托，以开放的数据交换中心为纽带，致力于为各级行业管理部门、生产制造企业、工商企业、物流企业以及社会大众提供综合性物流相关信息服务。

此外，中国海关的电子口岸 H2000 系统、中国检验检疫局的国检 CIQ2000 系统，属于行政命令强行推广使用。

图 8-2 系厦门物流信息平台，它实际上是将海港 EDI 平台、空港 EDI 平台、电子商务中心 EDI 平台统一整合构建为一个物流信息平台，并在该平台上建设运行“运输作业数据交换联动系统”、“通关数据支持系统”、“物流公共信息服务系统”等三大应用系统。

(2)市场化的交易平台

除了由行业主管部门牵头建设外，我国更多的物流公共信息平台是由企业或物流信息服务商自主建设和运营的。这类平台可分为两类：

一类是企业自主建设和运营的平台。如中远集团建设的“中远物流信息系统”、海尔集团建设的“海尔物流信息系统”、四川亿博集团建设的“成都物流公共信息平台”等。

另一类是物流信息服务商自主建设和运营的平台。目前，锦程物流网、中国国际海运网、万联网等资讯、订舱平台比较成功，八挂来网、汇通天下、湖南天骄等车货交易平台成功运行并盈利。

这些平台在促进企业间物流信息沟通、降低物流成本等方面做出了巨大贡献。但这些平台由于缺乏政府指导和支持，往往只能在某一区域内或单一供应链上提供相关物流信息服务，

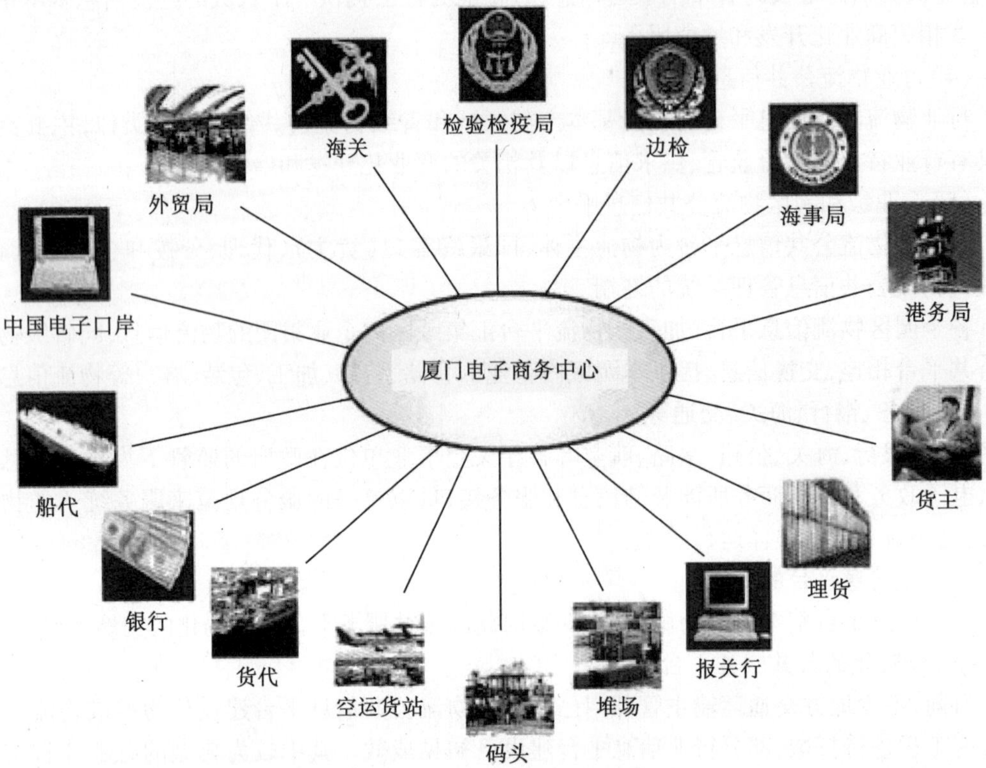

图 8-2　厦门物流信息平台示意图

无法面向全社会用户提供综合性、公共性的物流信息服务，难以满足市场多样化的需求。

5. 物流信息平台的应用情况

目前，我国各地纷纷开展物流公共信息平台的建设，涌现出多种形式的物流公共信息平台。其中，浙江“交通物流公共信息系统”和河南“八挂来网”的发展最具特色，是行业内具有代表性的信息平台。

(1) 浙江“交通物流公共信息系统”

2008 年，在交通运输部指导下，以浙江省物流信息公共平台为基础，全国 16 个省份道路运输管理部门联合启动了省际物流公共信息共享平台建设，为交通运输物流公共信息共享平台奠定了基础；2009 年，交通运输部、浙江省人民政府签署了《共同促进浙江交通物流发展的会谈纪要》，使本平台成为交通运输部和浙江省“部省”共建试点示范项目；2011 年交通运输部明确提出在试点示范基础上，建设国家交通物流信息共享平台。

浙江“交通物流公共信息系统”定位于推动企业信息化建设和为行业提供公共信息交换服务。首先，以物流通用软件开发为切入点，开发小件快运、普通运输、站场类等通用软件并在企业中进行推广，提高企业信息化水平，推动物流信息化标准形成；其次，在通用软件推广基础上，打通信息孤岛，以企业之间、企业和平台间物流数据互联为切入点，建设行业物流公共信息共享平台，为行业提供标准、交换等公共应用服务，实现企业平台和公共平台的有机整合，以提高行业信息化水平和行业管理水平。

(2)河南省“八挂来网”

河南省物流公共信息平台电子商务系统——“八挂来网”,自2006年8月在安阳市建成以来,为安阳和周边地区的运输业户提供了大量的货物配载信息服务,取得了良好的效果。“八挂来网”目前已经建成以网络数据库为基础,集网站信息撮合、客户端、手机WAP、手机短信、集成型GPS卫星定位系统和网络通话六大功能模块为一体,以提供货源、车源信息发布为主要服务功能的网站。

2009年“八挂来网”与河南移动公司合作开发了“手机物流通”增值服务功能,实现了物流信息服务、物流安全认证服务、手机定位服务三大服务功能。通过手机物流通服务,司机能够以手机短信的方式查询货源信息、发布车源信息,企业能够根据“手机物流通”的手机定位服务功能对运输车辆进行位置跟踪和查询。

6. 物流信息平台的发展方向

我国现有行业物流公共信息平台存在各自为政、独立开发、分散建设等问题,各地平台在功能、结构、标准等方面存在较大差异,缺乏行业层面的有效整合,距离行业平台发展目标还有较大差距。因此,为了实现平台发展目标,需要建设一个强有力的样本和典范,在统一的平台建设发展框架下指导各级行业平台全面的发展,将现有和拟建的平台打造成一个有机整体,实现物流公共信息平台共同发展的目标。

未来,物流公共信息平台发展重点主要集中在三方面:

(1)数据交换是核心

在物流公共信息平台的建设过程中,信息资源整合是必然。而在实现各类信息资源整合的过程中,数据交换是核心。数据交换以为社会提供公共服务为出发点,是实现各相关系统业务、数据、流程整合的关键。只有完成数据交换中心的建设,才能够保证各类型的物流信息能够在各个系统之间有序的流通,保证各类型关联信息能够充分结合,发挥综合服务的优势,提升物流公共信息平台总体服务效果。

(2)建设标准是基础

物流公共信息平台若要实现数据交换,前提是物流信息标准的制定,物流信息标准是一切工作开展的基础。物流活动涉及多个环节与多种行业,物流信息平台像纽带一样将各个节点连成一个有机的整体。这就要求在系统建设方面必须实现标准化,以消除供应链上不同环节的企业间信息沟通障碍,消除“信息孤岛”,提升信息流通效率,为信息数据交换奠定坚实的基础。

(3)广泛应用是关键

物流公共信息平台依托其商务系统、政务系统面向社会提供各类信息服务,这决定了适应需求的应用服务是其生存的保障,广泛的应用范围是其生存的关键。物流公共信息平台,尤其是其商务系统需要及时地、深入地了解市场信息,根据市场的变化及时对自身的服务功能进行调整,保持其服务功能的市场贴合度,满足客户需求,扩大应用范围。同时充分借助已扩展的市场范围,构建服务网络,形成马太效应,进一步提升服务品质,促进现代物流业的健康发展。

二、物流信息技术

物流信息技术是指现代信息技术在物流各个环节中的应用。根据物流的功能以及特点,物流信息技术包括诸如 POS 系统、条码技术、射频识别技术（RFID）、电子数据交换（EDI）、地理信息系统（GIS）、全球卫星定位（GPS）、智能运输系统（ITS）、物联网（IOT）等。

1. POS 系统

POS（Point of Sales）的中文意思是"销售点"，全称为销售点信息管理系统，它是指通过自动读取设备（如收银机）在销售商品时直接读取商品销售信息（如商品名、单价、销售数量、销售时间、销售店铺、购买顾客等），并通过通信网络和计算机系统传送至有关部门进行分析加工以提高经营效率的系统。POS 系统最早应用于零售业，以后逐渐扩展至其他如金融、旅馆等服务行业，利用 POS 系统的范围也从企业内部扩展到整个供应链。

图 8-3 是手持 POS 机终端在蔬菜水果配送系统中的应用。它主要是用来完成对货物自动识别、自动数据采集和卫星定位，从而达到提高物流效率、节约成本及完整掌控信息的目的。

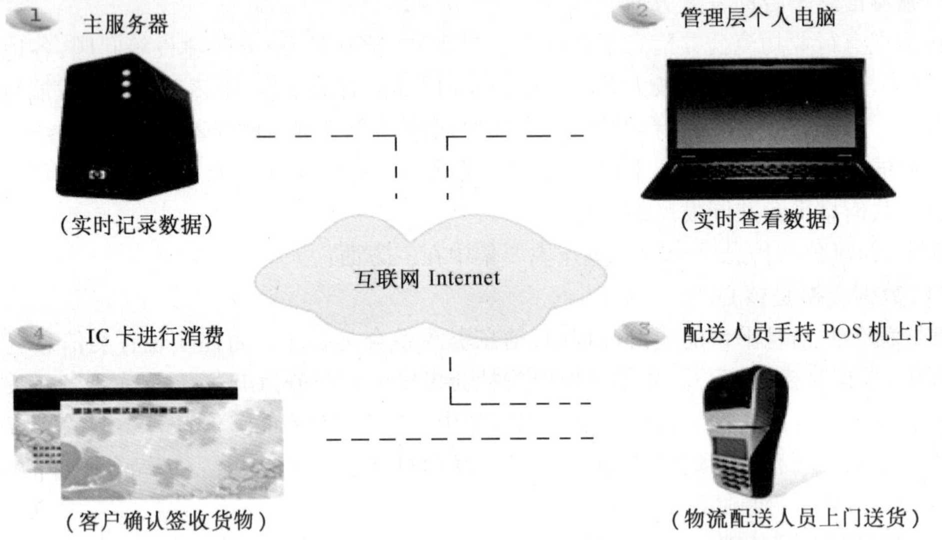

图 8-3　手持 POS 机终端在蔬菜水果配送系统中的应用

一般而言，POS 系统具有以下功效：

（1）基础信息采集

这是 POS 系统的主要功能，它能够即时地从源头采集整个物流活动的基础信息，可以说是物流信息的最基本的工作。

（2）提高数据采集效率

这个系统由于采用了自动读取的设备进行数据的采集和读入，可以使工作效率大大提高，尤其是在数据量比较大时，这个系统的数据采集的优势就更加突出。它可以在瞬间对复杂的数据进行读取和采集。

（3）提高管理水平

采用这个系统，可以使管理工作从分类管理上升到单品管理，尤其对精细物流系统而言，后续的仓位管理、自动存取货物的管理等都要以这种单品的信息采集为基础。

（4）提高统计效率

通过计算机网络，利用智能化的信息处理手段，可以使非常烦琐的统计工作、统计分析工作通过计算机自动生成。这样一来就使过去物流过程中经常容易出现差错和造成时间延误的环节变得准确而通畅。

(5)将管理领域延伸

采用 POS 系统,在对物流对象管理的同时,还能实现对物流环节和工作人员的管理。

2. 条码技术

条形码由一组黑白相间、粗细不同的条状符号组成,其中隐含着数字信息、字母信息、标志信息、符号信息,主要用以表示对象物(商店销售的商品、进入物流领域的货物)的名称、产地、价格、种类等。

物流条码是供应链中用以标识物流领域中具体实物的一种特殊代码,是整个供应链过程,包括生产厂家、配销业、运输业、消费者等环节的共享数据。它贯穿整个贸易过程,并通过物流条码数据的采集、反馈,提高整个物流系统的经济效益。物流条码与商品条码的区别如表 8-1 所示。

表 8-1 物流条码与商品条码的区别

	数字位数	包装方式	适用对象	适用领域
物流条码	14 位	集合包装	物流作业中的商品	运输、仓储、分拣、出入库管理
商品条码	13 位	单个包装	销售给顾客的商品	库存查询、POS 系统、订货管理

条码技术是利用光电扫描阅读设备来实现将条码数据输入计算机,再由计算机根据数据库信息进行快速信息处理的一种技术。

条码技术是在计算机的应用实践中产生和发展起来的一种自动识别技术。图 8-4 显示了条码技术在物流中的运用。条码技术在物流中的应用领域体现在以下方面:

(1)库存管理领域

图 8-5 显示了条码在仓储管理中的应用。通过对条形码的识别,掌握入库、出库、库存数量、库内位置的信息,以支持库存管理和库内作业。在条码技术的支持下,使库存自动预警成为了可能:当产品数量低于安全库存时,可以及时地进行补货;当产品数量即将达到库存容量时,可以做调库的准备。另外,通过条码技术还可以实现货物损毁情况的实时统计,以及对不同产品做出有针对性的管理等。

(2)重点管理领域

根据条形码信息,可以通过相关软件自动生成 ABC 的分类,从而支持了重点管理。

(3)配送领域

在进行配送工作时,根据条形码所提供信息进行拣选或分货,实现配货作业。

(4)电子数据交换

作为电子数据交换系统的基础数据。

3. 射频识别技术

射频识别技术(Radio Frequency Identification,RFID),又称电子标签、无线射频识别,是一种通信技术,可通过无线电讯号识别特定目标并读写相关数据,而无需识别系统与特定目标之间建立机械或光学接触。

目前,物流管理系统通常使用条码标签或是人工单据等方式支持自有的物流各环节的管理,但是条码的易复制、不防污、不防潮等缺点,以及人工书写单据的烦琐性,容易造成人为损失,使得现在国内的物流管理尤其仓储始终存在着缺陷。无线射频电子标签这一最新科技产

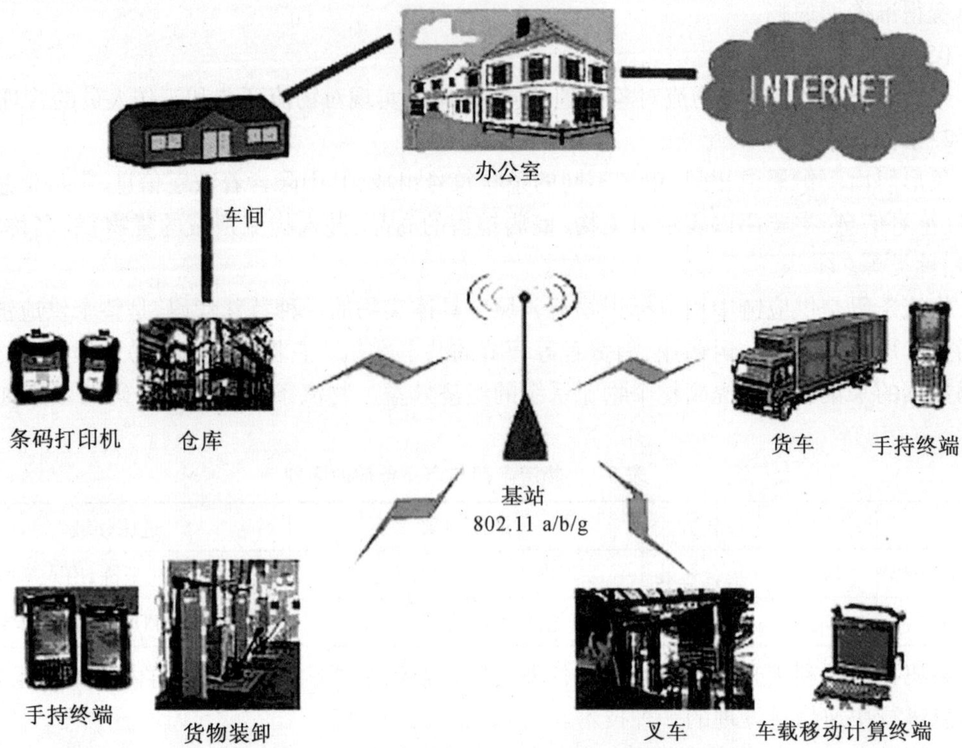

图 8-4　条码技术在物流中运用示意图

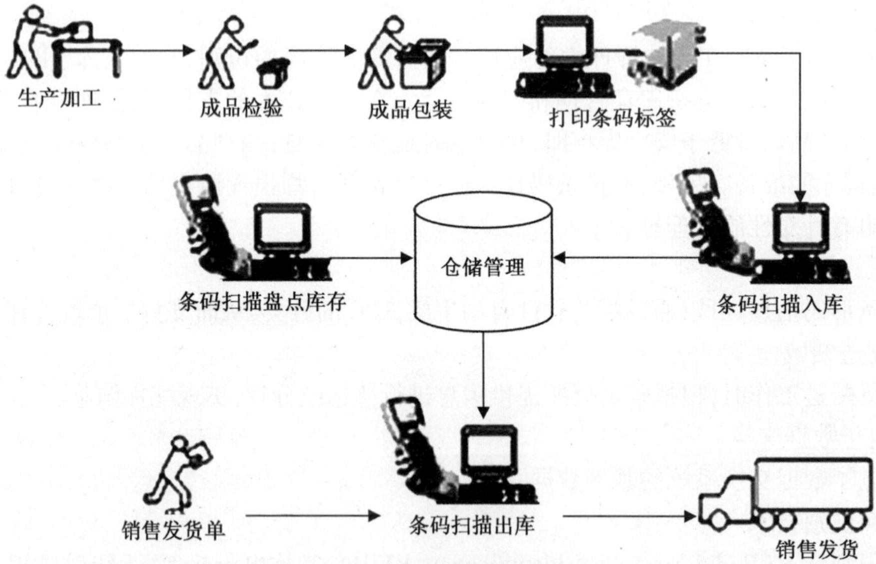

图 8-5　条码在仓储管理中应用示意图

品的投入应用,可以从根本上解决上述问题。

射频识别技术是 20 世纪 90 年代开始兴起的一种非接触式的自动识别技术,它通过射频信号自动识别目标对象来获取相关数据。它由以下三部分组成:

（1）RFID 标签

RFID 标签，其中的芯片将存储唯一标识以及其他更新信息，从外观上看，标签也可以有各种不同的包装形式。

（2）RFID 读卡器

RFID 读卡器肩负着如何实时读取监控范围之内任何 RFID 标签的重要责任，并通过适当网络负责将读到的信息传递到后台的软件系统。

（3）RFID 中间件

RFID 中间件，是整个系统的“心脏”，获取前端标签的各种实时信息，并根据客户需求进行实时处理。

由于 RFID 标签具有可读写能力，对于需要频繁改变数据内容的场合尤为适用，它发挥的作用是数据采集和系统指令的传达，广泛用于供应链上的仓库管理、运输管理、生产管理、物料跟踪、运载工具和货架识别等场合。图 8-6 显示了 RFID 技术在仓储物流行业的应用。

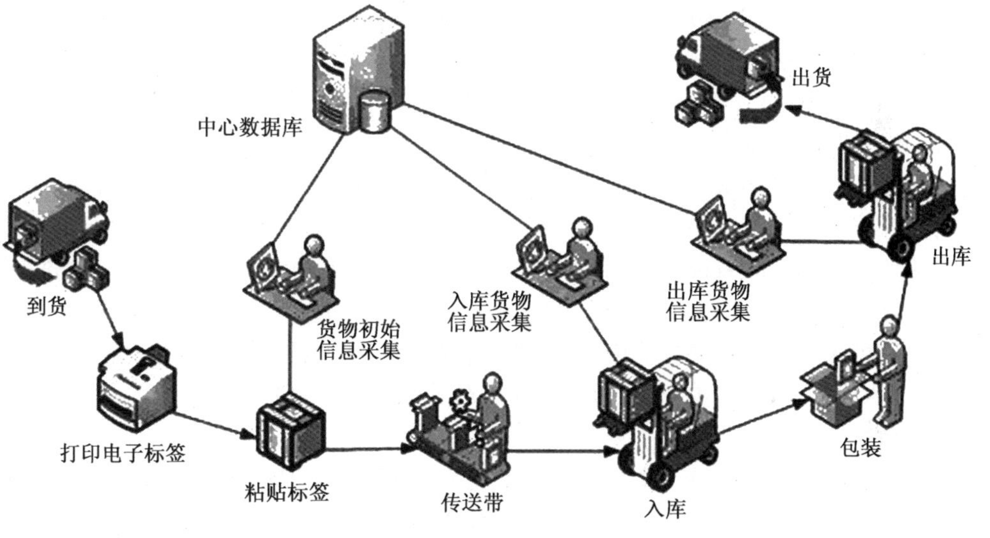

图 8-6　RFID 技术在仓储物流行业的应用

（1）零售环节

RFID 可以改进零售商的库存管理，实现适时补货，有效跟踪运输与库存，提高效率，减少出错。同时，智能标签能对某些时效性强的商品的有效期限进行监控；商店还能利用 RFID 系统在付款台实现自动扫描和计费，从而取代人工收款。

RFID 标签在供应链终端的销售环节，特别是在超市中，免除了跟踪过程中的人工干预，并能够生成 100% 准确的业务数据，因而具有巨大的吸引力。

（2）存储环节

在仓库里，射频技术广泛应用于存取货物与库存盘点，它能实现自动化的存货和取货等操作。在整个仓库管理中，将供应链计划系统制订的收货计划、取货计划、装运计划等与射频识别技术相结合，能够高效地完成各种业务操作，如指定堆放区域、上架取货和补货等。这样，增强了作业的准确性和快捷性，提高了服务质量，降低了成本，节省了劳动力和库存空间，同时减少了整个物流中由于商品误置、送错、偷窃、损害和库存、出货错误等造成的损耗。

RFID 技术的另一个好处在于在库存盘点时减少人力。RFID 的设计就是要让商品的登记自动化,盘点时不需要人工检查或扫描条码,更加快速准确,并且减少了损耗。RFID 解决方案可提供有关库存情况的准确信息,管理人员可由此快速识别并纠正低效率运作情况,从而实现快速供货,并最大限度地减少储存成本。

(3)运输环节

在运输管理中,在途运输的货物和车辆贴上 RFID 标签,在运输线的一些检查点上安装上 RFID 接收转发装置,接收装置收到 RFID 标签信息后,连同接收地的位置信息上传至通信卫星,再由卫星传送给运输调度中心,送入数据库中。

(4)配送/分销环节

在配送环节,采用射频技术能大大加快配送的速度和提高拣选与分发过程的效率与准确率,并能减少人工、降低配送成本。

如果到达中央配送中心的所有商品都贴有 RFID 标签,在进入中央配送中心时,托盘通过一个阅读器,读取托盘上所有货箱上的标签内容。系统将这些信息与发货记录进行核对,以检测出可能的错误,然后将 RFID 标签更新为最新的商品存放地点和状态。这样就确保了精确的库存控制,甚至可确切了解目前有多少货箱处于转运途中、转运的始发地和目的地,以及预期的到达时间等信息。

(5)生产环节

在生产制造环节应用 RFID 技术,可以完成自动化生产线运作,实现在整个生产线上对原材料、零部件、半成品和产成品的识别与跟踪,减少人工识别成本和出错率,提高效率和效益。特别是在采用 JIT(Just-in-Time)准时制生产方式的流水线上,原材料与零部件必须准时送到工位上。采用了 RFID 技术之后,就能通过识别电子标签来快速从品类繁多的库存中准确地找出工位所需的原材料和零部件。RFID 技术还能帮助管理人员及时根据生产进度发出补货信息,实现流水线均衡、稳步生产,同时也加强了对质量的控制与追踪。

4. 电子数据交换

国际数据交换协会(IDEA)对于电子数据交换(Electronic Data Interchange,EDI)的定义是:通过电子方式,采用约定的报文标准,从一台计算机向另一台计算机进行结构化数据传输的计算机网络系统。

电子数据交换系统有三个主要类别:

(1)国家专设的 EDI 系统。这是全国电子协会同八个部委确立的作为我国电子数据交换平台的系统,英文名称是 CHINA-EDI。采用这种方式,协议用户之间通过数据交换中心进行间接连接,由于交换中心可以提供增值的信息服务,这种连接方式又称作通过增值网络连接方式,即 VAN(Value-Added Network)方式。

(2)基于 Internet 的 EDI 系统。也就是说在互联网上运行电子数据交换。由于互联网的开放性,可以使很多用户方便地介入到电子数据交换系统,也有利于电子数据交换系统在不同范畴广泛地应用。同时由于互联网广泛联结,电子数据交换系统的覆盖面可以大大扩展,运行成本大大降低。也正是由于互联网的开放性,所以基于 Internet 的 EDI 系统的用户,应当是对于数据安全性、保密性没有特殊要求的用户。这种方式可以实现协议用户直接联结传递 EDI 信息,所以,可以进行点对点(PTP)的数据传递。

(3)通过专线的点对点电子数据交换系统。可以通过租用信息基础平台的数据传输专线、电话专线或自己铺设的专线进行电子数据交换。这种电子数据交换系统封闭性较强,因为是专线系统，所以成本很高。

通过 EDI 技术，组成供应链的各方可以共享基于标准化信息格式和处理方法的信息，EDI 将各个物流技术系统连接起来，是在计算机网络、通信网络、物流结点信息之间搭建物流信息平台不可缺少的基础性技术。

EDI 最初由美国企业应用在企业间的订货业务活动中，其后 EDI 的应用范围从订货业务向其他业务扩展，如 POS 销售信息传送业务、库存管理业务、发货送货信息和支付信息的传送业务等。近年 EDI 在物流中广泛应用，被称为物流 EDI。

图 8-7 显示了 EDI 工作示意图。所谓物流 EDI，是指货主、承运业主以及其他相关的单位之间，通过 EDI 系统进行物流数据交换，并以此为基础实施物流作业活动的方法。物流 EDI 参与单位有货主（如生产厂家、贸易商、批发商、零售商等）、承运业主（如独立的物流承运企业等）、实际运送货物的交通运输企业（如铁路企业、水运企业、航空企业、公路运输企业等）、协助单位（政府有关部门、金融企业等）和其他的物流相关单位（如仓库业者、专业报送业者等）。

目前，在集装箱物流领域，EDI 技术的应用已经为港口码头、船公司船代、集疏运场站、理货、货主及代理和监管职能部门提供了高效、便利、快捷、准确、经济的电子数据交换服务。

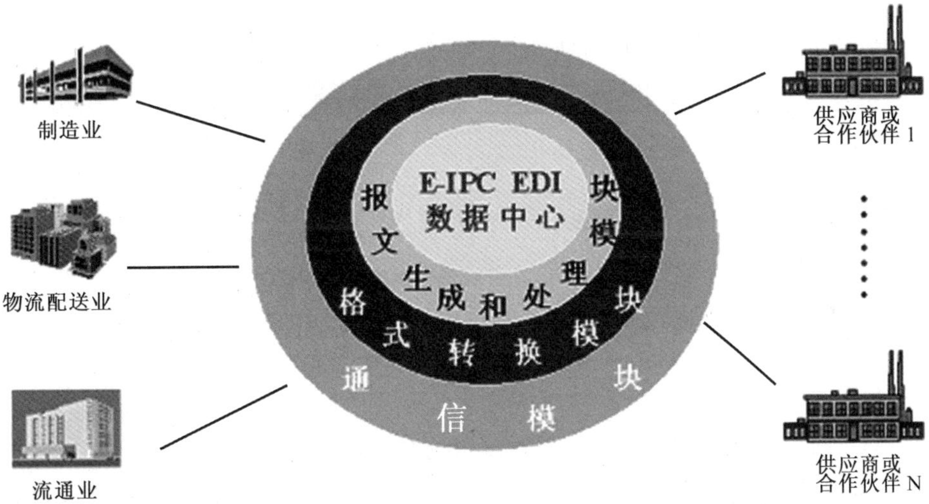

图 8-7 EDI 工作示意图

5. 地理信息系统

地理信息系统（Geographic Information System，GIS），是指面向空间相关信息，采集、存储、检查、操作、分析和显示地理数据的系统。

图 8-8 显示了 GIS 在公路交通运输中的应用。地理信息系统区别于其他信息系统之处在于具有空间分析功能。公路交通运输活动离不开特定的地理环境，地理信息系统具有将地理环境信息可视化的功能，这极大地推动了公路交通运输活动完善其后勤保障能力。同时将地理信息系统中的空间分析功能恰当地应用到公路交通运输活动的各个环节，为实现信息化条件下公路交通运输精确保障提供了重要的定量基础。

地理信息系统的主要应用领域有以下几方面：

(1)电子地图

借助于计算机和数据库应用，电子地图可以比一般地图有几百、几千倍的信息容量，通过

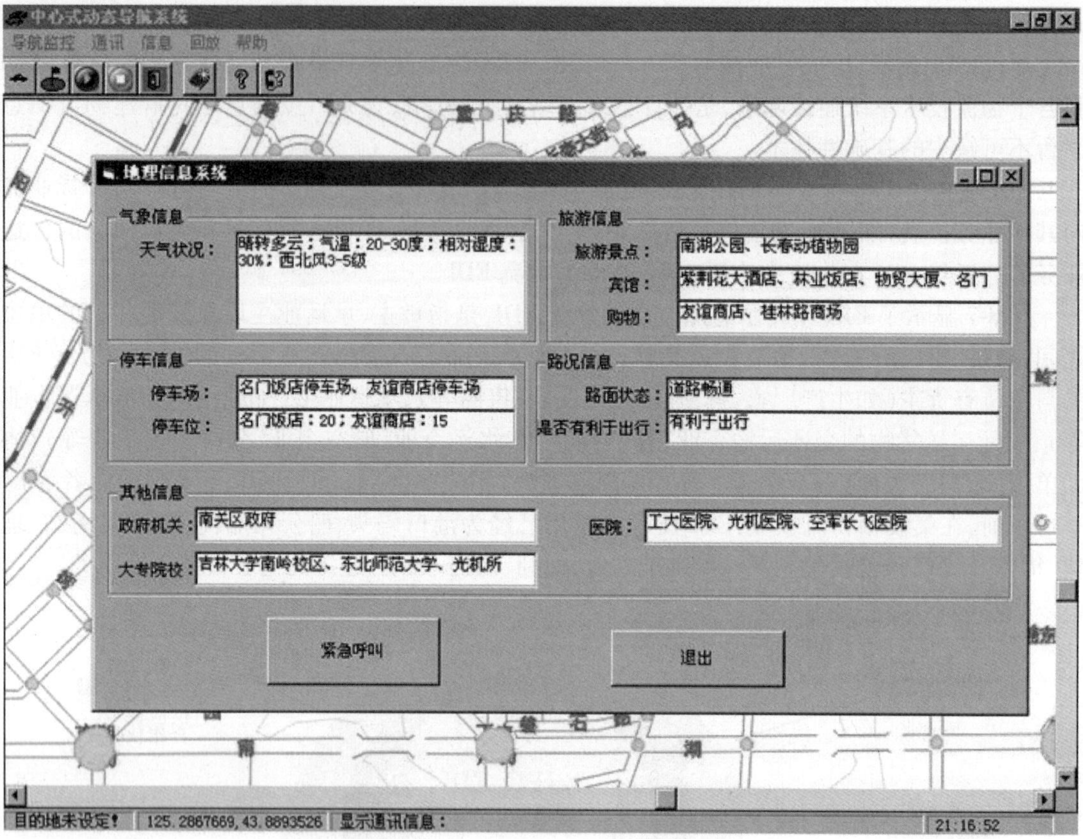

图 8-8　GIS 在公路交通运输中的应用

电子地图可以提供一种新的按地理位置进行检索的方法，以获取相关的社会、经济、文化等方面的信息。

(2)辅助规划

地理信息系统可以辅助仓库、站场等基础设施的规划。它可以用地理坐标、图标方式，直观地反映这些基础设施的基本情况和布局情况，以进一步分析布局是否合理，从而对规划起到支持的作用。

(3)交通管理

和全球卫星定位系统相结合，可以及时反映车辆运行情况、交通路段情况、交通设施运行情况等，从而支持有效的交通管理。

(4)军事应用

地理信息系统对于军事后勤仓库的分布、库存物资的分布、仓库物资的调用、储备的分布规划等领域的决策，都有提供信息、进行分析和辅助决策作用。

6. 全球卫星定位系统

全球卫星定位系统(Global Positioning System，GPS)，是指利用多颗通信卫星对地面目标的状况进行精确测定的系统。可以实现运行车辆的全程跟踪监视，并通过相关的数据和输入的其他系统相关数据进行交通管理。

如图 8-9 所示，由于在物流信息管理中，80% 的商业数据都会涉及地理和位置，因此，GPS

和 GIS 技术迅速得到了物流企业的重视。在现代物流运作中,GPS 和 GIS 的结合使用实现了车辆调度、最佳运输路径导航、货物及车辆实时跟踪等符合物流发展需求的服务,并可以为客户提供目标定位、监控、调度、报警、信息沟通和车辆管理。

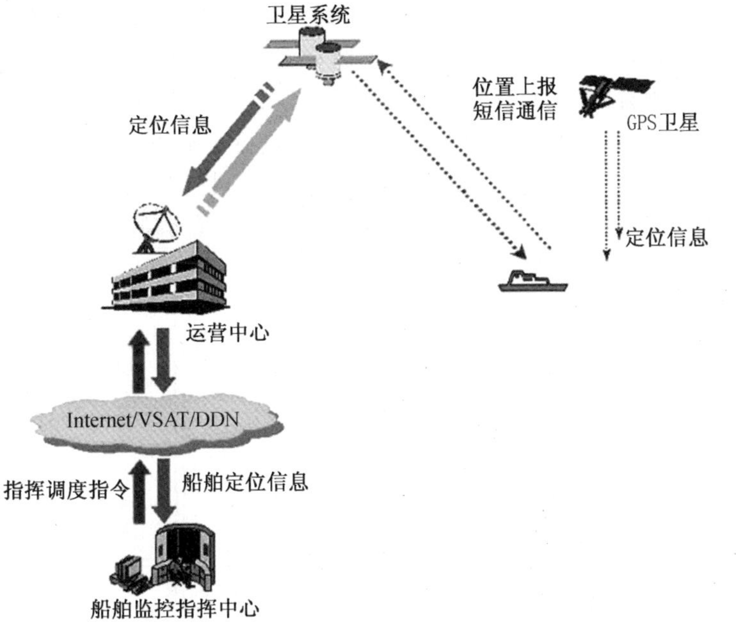

图 8-9 GPS 船舶监控系统

(1)进行车辆、船舶的跟踪

可以通过地面计算机终端,实时显示出车辆、船舶的实际位置,位置精度以"m"计量。对于重要的车辆和船舶,必须随时掌握其动态,目前只能依靠这个系统来解决。

(2)信息传递和查询

可以实施双向的信息交流,可以向车辆、船舶提供相关的气象、交通、指挥等信息,同时可以将运行中的车辆、船舶的信息传递给管理中心。

(3)及时报警

通过全球卫星定位系统,掌握运输装备的异常情况,接收求助讯息和报警信息,将其迅速传递到管理中心实施紧急救援。

(4)支持管理

根据这两个系统所提供的信息,可以实施运输指挥、实施监控、路线规划和选择、向用户发出到货预报等,可以有效支持大跨度物流系统管理。

地理信息系统还可以应用于物流设计和物流分析,例如优化车辆行驶线路、优化物流网络和物流网点布局等。

7. 智能运输系统

智能运输系统(Intelligent Transportation System,ITS),是将先进的人工智能技术、自动控制技术、计算机技术、信息与通信技术及电子传感器技术等有效集成,并应用于整个地面交通管理系统而建立的一种在大范围内、全方位发挥作用的实时、准确、高效的综合交通运输管理系统。即 ITS 将采集的各种信息经交通管理中心集中处理后,传输给公路运输系统的用户,出行者可实时选择交通方式和路线;交通管理部门可自动进行合理的交通疏导、控制和事故处理,提高交通运输系统的整体效率。ITS 的关键技术主要包括定位技术、通信技术、数据处理、共享技术及人工智能技术等。

在物流运作中,ITS 主要应用于货物运输与配送活动,通过提高运输效率和安全性实现物流的最优化。比如,以 ITS 中的先进交通管理系统(ATMS)为例(参见图 8-10),ATMS 可为物流企业管理者提供车辆监控,为客户提供可视化货物信息。利用地理信息系统(GIS)、全球定位系统(GPS)和遥感(RS)等技术,车辆监控系统可以进行车辆跟踪与定位,从而对车辆与货物进行实时监控,为配送中心制订配送计划、生产企业制订生产计划,以及客户确定仓库补给策略等提供决策依据。此外,当在途车辆或货物出现意外情况时,物流企业管理者可根据监测信息迅速进行决策,使物流损失降至最低。物流企业的客户亦可以通过该系统获取可视化货物信息,了解货物在途情况。

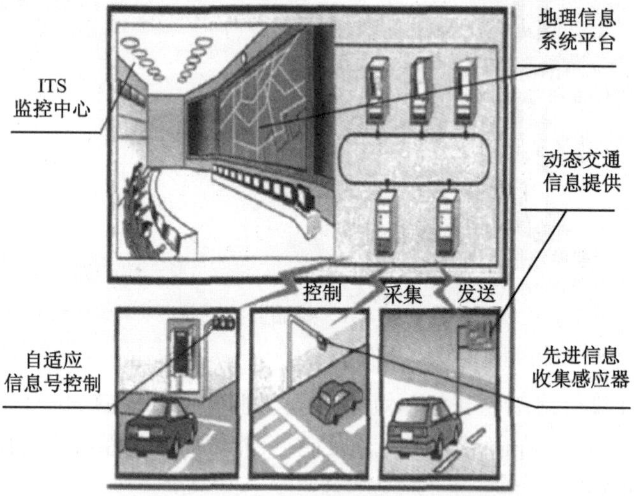

图 8-10　先进交通管理系统(ATMS)原理

8. 物联网

如图 8-11 所示,物联网(The Internet of Things,IOT),在我国也称为传感网。通俗地讲,物联网就是"物物相连的互联网",是将各种信息传感设备通过互联网把物品与物品结合起来而形成的一个巨大网络。它包含两层意思:第一,物联网是互联网的延伸和扩展,其核心和基础仍然是互联网;第二,其用户端不仅仅是个人,还包括任何物品。

物联网是现代信息技术的集成创新,物联网的应用是逐步深入和广泛的。目前物流行业物联网应用正处在快速发展的起点。物流行业局部的物联网应用,独立的物联网体系也需要进一步发展,需要互联互通、互相融合、更广泛的网络覆盖、更深入的全面感知和更智慧的物流管理。

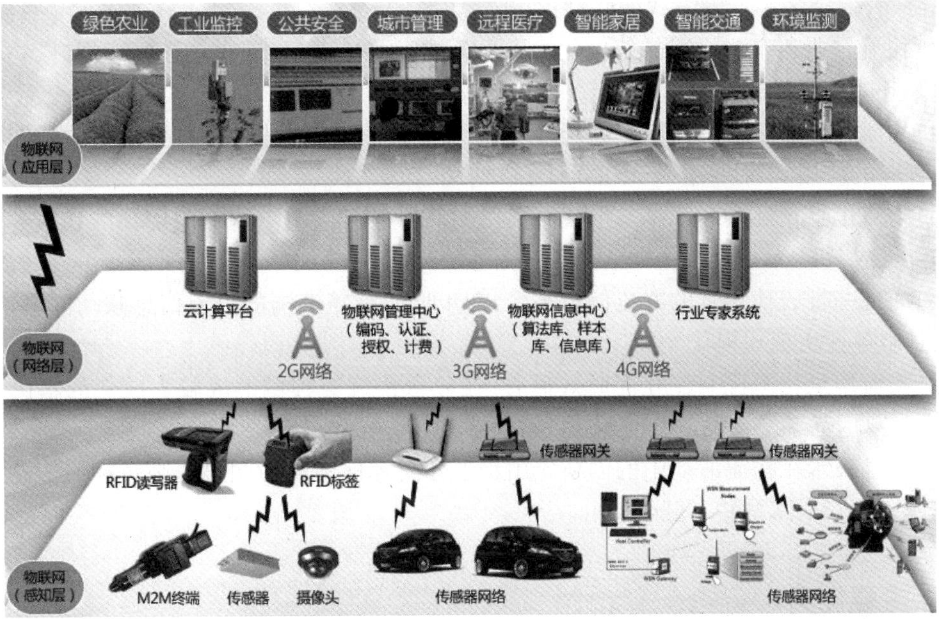

图 8-11 物联网拓扑图

第三节 物流信息化建设

一、发展目标

1. 总目标——实现四个层面的信息化

(1)监管层面

电子政务系统中的物流信息开发利用水平得到显著提高，重点领域、区域、特殊商品和危险品的物流信息监管能力全面加强。

(2)产业层面

专用物流领域基本实现物流信息协同联动，企业物流和物流企业的信息化水平大幅提升，物流社会化服务能力显著增强，扶持一批物流信息服务类企业的创新和发展。

(3)基础层面

各类物流信息服务平台和技术创新服务平台具备运营能力。

(4)环境层面

物流信息化的法律法规、标准规范和安全体系基本健全。

2. 具体目标

(1)电子政务系统中的物流信息开发利用水平得到显著提高，铁路、公路、水运、邮政、航空、海关、检验检疫、食品药品、烟草、安全监管、工商、税务、公安、商务等政府部门的物流信息服务和监管能力全面加强。

(2)铁路、公路、水运、航空和邮政等重点物流行业的电子单证得到广泛应用，基本实现物流信息协同，促进多种运输方式的联动。

（3）物流企业和企业物流的信息化水平显著提高，供应链管理水平大幅度提升，物流全程可视化服务能力明显提高，社会化服务能力显著增强。

（4）物流设施、设备的自动化、智能化和网络化水平大幅度提高，物品全生命周期管理得到较为普遍的应用。

（5）物流信息化标准体系基本形成，关键的基础性标准、重点行业应用标准和服务规范的制定和宣贯成效显著。

（6）涌现一批成功运营的物流信息平台，初步形成覆盖全国的物流信息联动网络；专业化物流信息服务业实现规模化发展。

（7）物流信息化军民共建互促成效显著，在应急物流等领域形成较为成熟的军民合作模式，形成典型示范。

（8）信息技术在物流活动中的创新应用水平和支撑保障能力明显提高。物流信息化的法律法规体系和安全体系基本健全。

二、主要任务

1. 提高全社会物流信息资源开发利用的水平

（1）推动相关政府部门、重点物流行业、企业、军队等主体不断提高物流信息资源开发利用水平。

（2）运用好行政机制、市场机制和公益机制，促进物流信息的科学采集、安全管理、有效利用、深度开发和有序交换。

（3）全面推进物流信息采集的标准化、无纸化、电子化、自动化和智能化，确保信息的及时、准确和完整。

（4）全面推进各主体加强物流信息资源的集成应用。

（5）推进相关联主体的物流信息资源开放互联，以价值链为依托，以标准为支撑，处理好安全与协同的关系，鼓励采取多种方式，实现物流信息的互通交换，贯通信息链条，促进物流联动和协同，提高物流的效率效益和服务水平。

2. 提高政府的物流服务和监管水平

（1）推进铁路、公路、海运、内河航运、邮政、航空、海关、检验检疫、食品药品、烟草、安全监管、工商、税务、公安、商务等部门电子政务系统中物流相关服务与监管职能的建设和完善。

（2）促进系统间必要的互联互通。

（3）进一步完善电子口岸等跨部门物流监管和服务平台的建设，着力实现跨国境、跨区域、跨行业、跨部门、跨企业的数据交换，提高协同服务和监管水平。

（4）加快建设和完善全国统一的公路、航道、运输业户、营运车辆、营业性驾驶员、身份信息和化学危险品等基础数据库，按照公平、公正、公开的原则，规范信息资源的社会开放服务，提高社会化、市场化开发利用水平，促进诚信体系建设，为政府部门、企业和社会公众提供更好的决策支持和信息服务。

3. 提高重点物流行业和区域物流的信息化水平

（1）加快推动全国性的铁路、公路、海运、内河航运、航空和邮政货运等多种运输方式的企业物流信息系统、行业物流信息平台的建设。

(2)推进跨行业物流信息的互联互通,着力促进多式联运和国际物流发展。

(3)推进全国各物流区域、节点城市、交通枢纽、物流园区和经济园区的物流信息平台建设,促进物流信息的跨区域开放、交换和有效利用。

4. 提高物流企业和企业物流的信息化水平

(1)发挥核心物流企业的行业资源整合能力,打通物流信息链,推进全程透明可视化管理,提高专业化物流服务水平。

(2)发挥重点龙头企业的拉动作用,利用信息化提升企业物流的作业和管理水平,提高企业物流的及时响应能力,支持精益生产和服务,构建高效率低成本的供应链体系。

(3)推动制造、商贸企业与物流企业信息互通、联动发展,增强企业专业化能力,提高物流社会化服务水平,提高产业链运作效率,推动供应链金融等衍生服务创新。

(4)推进面向中小企业的物流信息化服务体系建设。

5. 提高物流设施、设备和物品管理的信息化水平

(1)提高铁路、公路、海运、内河航运、航空、管道运输和仓储基础设施及港口、机场、货运站场等交通枢纽的信息化水平,支撑物流基础设施的高效运行。

(2)提高物品拣选、传送、识别和储存设备的自动化水平,提高各种交通运输工具和集装箱、托盘等运输设备的智能化水平。

(3)推进自动识别等各类先进适用技术的应用,提高物品管理的信息化水平。促进物流设施、设备和物品各层次间信息的有效衔接。

6. 加快物流信息化标准规范体系建设

(1)加快研究和制定物流信息技术、服务、编码、安全和管理标准,促进数据层、应用层和交换层等物流信息化标准的衔接,推动物流信息化标准体系建设。

(2)急用先行,推进关键的基础性标准和重点专业、行业标准的制定与宣贯。

(3)积极借鉴有关的国际标准,充分运用市场机制,支持行业协会、重点龙头企业、物流信息服务企业、高等院校、科研机构参与物流信息标准的制定和宣贯工作。

7. 加快物流信息化军民结合体系建设

(1)结合军事物流和民用物流的优势与特点,探索物流信息化军民共建互促机制。

(2)借鉴军事物流物品统一编码的成熟经验,促进整体物品编目体系建设和实施工作。

(3)提高物流信息共享水平,合理配置物流资源,探索军民结合的多式联运模式。

(4)建立联动机制,发挥军事物流的快速响应优势,提升社会应急物流的运行效率。

(5)通过共建互补,在物流信息采集、处理和利用以及物流监管领域有效提升技术和管理水平。

8. 推进物流相关信息业和信息技术创新与发展

(1)以应用带动技术创新和产业发展,通过政策和资金支持,带动信息服务企业、电子商务企业、通信运营商、软硬件厂商和系统集成企业积极参与物流信息化建设。

(2)重点支持一批物流信息服务企业创业、创新和做大做强。

(3)积极推进物联网、云计算等新技术在物流领域的应用。

(4)重点支持电子标识、自动识别、信息交换、智能交通、物流经营管理、移动信息服务、可视化服务和位置服务等先进适用技术的研发和应用。

(5)加强研究和建设物流信息化安全体系。

三、重点工程

1. 物流信息平台建设试点示范工程

重点支持有实际需求、具备可持续发展前景的物流信息平台建设:

(1)推动电子口岸、道路运输危险品监管平台和邮政业监管信息平台等公共信息平台建设,提高相关政府部门的物流服务和监管能力。

(2)推动铁路、公路、水运、航空货运、仓储等行业性物流信息平台建设,支持跨行业综合物流信息平台建设。

(3)推动面向全国各经济区域、物流结点城市或交通枢纽的区域性物流信息服务平台建设。

(4)支持面向中小企业的社会化物流管理和信息服务平台建设。

2. 主制造商供应链信息化提升试点示范工程

(1)在原材料、装备、消费品和电子等重点行业,选择若干有影响力的主制造商,带动产业链上下游协同联动,提升供应链物流信息化发展水平,增强整个供应链的管理和运作能力。

(2)促进产品全生命周期信息化管理,提升从研发设计、生产制造、采购供应、分销配送、售后服务、再制造直至报废回收的管理水平。

(3)通过供应链全程管理优化,缩短物流响应时间,提高物品可得率和资金周转率,降低平均库存水平和物流总成本,提高客户满意率和供应链的整体竞争能力。

3. 重点领域物流信息化提升试点示范工程

(1)在石化、钢铁、煤炭、矿产品、汽车及零部件、重大装备、农资和农产品、粮食、棉花、食盐、烟草等重点领域,开展物流信息化提升试点,提高采购、生产、营销和质量保障水平。

(2)开展危险化学品等重点领域物流的跨部门联动与监管信息化建设试点,有效实施流向跟踪、状态监控和来源追溯,规范危险品安全管理,提高对危险化学品等重点领域物流的联合监管能力。

(3)提升农产品、食品、药品等事关广大人民群众生命安全的重点领域物流信息化水平,提高生产、流通和物流企业的及时响应能力,提高冷链物流信息管理和质量保证水平。

(4)提高政府部门应急信息处理和资源调度能力,促进重点生产、运输和流通行业与政府应急信息的互联互通,提高应急物流保障能力。

4. 电子商务与物流服务集成建设试点工程

(1)推进煤炭、钢铁、粮食等行业性电子商务平台与物流信息化集成健康发展,重点依托工农业商品集散市场,促进现代流通体系建设。

(2)在服装、出版物、小家电等一般消费品领域,开展网络购物与物流配送一体化服务建设试点,提高零售业电子商务与物流服务集成发展的水平。

(3)面向农业种养殖和农产品营销,开展农业电子商务和物流服务集成试点,提高农产品流通和农资采购的效率和效益水平。

5. 集装箱多式联运信息化试点示范工程

(1)以政府推动、市场化运作、大企业参与、重点区域和重要通道突破、信息平台支撑的整体思路，实现“一票到底”、“无缝衔接”的集装箱多式联运全程信息服务，促进铁路、公路、水运、航空等不同运输方式的连接。

(2)推进集装箱多式联运的可视化和智能化管理，提高物品流动的定位、跟踪、过程控制等管理和服务水平。

6. 军民物流信息化体系融合试点示范工程

(1)借鉴军事物流信息标准化建设经验，军民共建物品编目体系，共同制定相关技术标准。

(2)发挥军事物流协同联动、快速反应等优势，优化配置公路、铁路、海运、内河航运、航空和邮政等物流资源，开展军民结合多式联运试点。

(3)建立健全军民结合物流信息共享机制，提高应对战争、灾害、重大疫情等突发性事件的物流保障能力，选择基础较好的地区或城市，开展应急物流平台和物流监管平台的军民共建试点。

7. 重点物流信息化标准规范研制宣贯工程

(1)研究推广产品与服务分类代码、物流单元编码、托盘编码等物流信息分类编码标准，物流数据元、物流单证等物流信息基础标准，条码和射频识别等物流信息采集标准，信息系统接口、信息交换规范等物流信息交换标准，物流业务流程等物流信息管理标准。

(2)重点研究基于 XML 的报文标准的应用。研究推广条码、射频识别等技术在仓储、配送、集装箱和冷链等业务中的应用标准。

(3)推进汽车及零部件、食品、药品、纺织品、农资和农产品等重点行业物流信息化应用标准体系逐步完善。

8. 物流信息技术创新应用试点示范工程

(1)支持重点企业开展第三代移动通信(3G)、3S(GNSS、GIS、RS)、机器到机器(M2M)、RFID 等现代信息和通信技术在物流领域的创新与应用。

(2)大力支持 TD－SCDMA 等移动通信技术和北斗导航等全球导航技术在物流管理中的应用。

(3)支持利用软件即服务(SaaS)、平台即服务(PaaS)、云计算等技术，开展物流信息技术服务平台建设试点，提高物流信息化关键共性技术研发、推广和应用水平。

(4)在装备制造、食品、药品、危险化学品、烟草等具有高附加值或需重点监管的行业，开展物联网应用试点。

(5)支持智能交通系统(ITS)、物流基地综合管理系统、智能集装箱管理系统、物流信息管理系统(LMS)以及海关特殊监管区域信息化管理系统等的开发和应用。

(6)支持以信息化带动供应链金融等应用创新。

(7)加强信息安全技术创新和应用，研究和实施物流信息安全管理办法，开展物流信息安全体系建设。

(8)支持制造企业、物流企业、信息服务企业、高等学校和科研机构加强产学研合作，建设一批物流信息化促进中心，提高自主创新发展能力。

练习题

1. **单选题**

(1)物流公共平台建设的核心是(　　)。

A. 数据交换　　B. 建设标准

C. 广泛应用　　D. 资金充足

(2)集中体现了物流信息化建设的需求和效益的要素是(　　)。

A. 物流信息网络　　B. 物流信息资源

C. 物流信息技术应用　　D. 物流信息化人才

(3)地理信息系统的英文缩写是(　　)。

A. EDI　　B. GIS

C. IOT　　D. RFID

2. **多选题**

(1)物流信息化的特点包括(　　)。

A. 信息化项目的实施要遵循一定的原则　　B. 公共信息服务平台需求迫切

C. 信息系统供应商多样化　　D. 信息化需求多层次化

(2)我国具有代表性的物流信息平台包括(　　)。

A. 浙江"交通物流公共信息系统"　　B. "华夏交通在线"

C. 河南"八挂来网"　　D. "亚之桥全国货运信息服务网"

(3)物流信息化的总目标是实现(　　)层面的信息化。

A. 监管　　B. 产业

C. 基础　　D. 环境

3. **简答题**

(1)简述物流信息化的定义。

(2)简述物流信息平台的功能要求。

(3)简述主要的物流信息技术。

(4)简述物流信息化建设的主要任务。

4. **案例分析题**

苏宁易购:做中国的智慧电商

2012 年 4 月 23 日,苏宁易购总部奠基仪式在南京举行,苏宁科技转型的步伐再次提速,朝着"智慧电商"的目标迈进。

十亿元的投资,承载着苏宁打造世界级电子商务总部、做中国的智慧电商的梦想。电商,本身就包括电子和商务两个部分,从商务出发,以物流现代化为核心的电子商务则是苏宁长远发展的中心和根本定位选择。苏宁易购总部基地至少包括全球智能管理、全球综合采购、开放平台运营、全国云数据运维、用户体验优化、物流控制、在线客服、电子商务人才孵化八大运营职能。

为了打造智慧电商,应从企业内部、供应商、消费者三个层面入手。对于企业内部来说,从组织架构到系统架构，使用全球专业的整合手段，通过共享品牌，专业共享内部平台，实现内部服务外包，实现对通信资源、人力资源、系统资源的统一管理；对于供应商，苏宁的开放平台要上线，企业的消费者数据，苏宁易购上的展示平台，社会服务的对接等都是完全开放的。苏宁将通过服务结构开放，引导更多社会化资源参与到苏宁流量的转化形成过程，建立开放式的内容和增值服务体系；在消费者层面，未来服务模式将基于互联网、物联网，基于软件硬件和系统集成的一揽子“云服务”智慧解决方案。传统的产品销售，只是企业发展的一个环节，苏宁跟消费者长期联系的维护，通过互联网的门户提供应用、内容和各种服务应用来实现。

苏宁易购总部将于2014年建成，届时将依托江苏省和南京市密集的高校、科研院所、国家级科研和产业基地等资源和政策支持，构建云运营服务、云资源存储、云技术研发的三大云平台，支撑万亿元电商规模，有力推动苏宁科技转型，打造具有标杆意义的中国“智慧电商”示范基地。

问题分析：物流信息化已成为企业提高效率与效益以及竞争力的重要手段之一，也是企业在经济全球化的背景下今后的发展方向。试结合此案例阐述物流信息化发展的原因与作用。

运作篇

第九章　物流系统

引导案例

天津东疆首创"迷你集装箱"

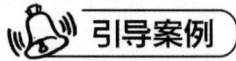

2011 年 1 月 20 日，在天津东疆保税港区天津松昌货运自有仓库将装有青花瓷瓶的两个迷你箱（TDIU 6010022、TDIU 6010017）套装进入 ASIAN ACE V. 0016W MB/L: MOLU11000716723 HB/L: SC15BUEA0915 项下的 MOTU 0539390 集装箱内，标志着全国首创"迷你集装箱"拼箱正式投入运营和拼箱业务全新运输方式的诞生。

青花瓷瓶是高值易碎的高档货品，贸易成交量一般以零担拼箱为主，历来是运输上的难题，类似青花瓷瓶这样的拼箱货曾经使众多的运输商一筹莫展。东疆首创的迷你集装箱完成首单青花瓷瓶拼箱业务，解决了高值易碎物品难以进行海运拼箱的难题。

随着东疆国际中转、配送、分拨、采购等功能不断拓展，一些国际上被列为准空运货物的高值货品、易碎货品、高值裸装货品等也希望通过海运方式从东疆中转、分拨，节省运输成本。针对高值货品、易碎货品、高档服装挂衣、高值裸装货品、小型高密度机床设备和模具、各类异形货物、精品钢琴、高档玩具等准空运货物成交量偏小、出运批量偏小的特点，注册在东疆保税港区的松昌货运公司设计出了迷你集装箱。

相比标准集装箱的 20 英尺大小，迷你集装箱只有 6 英尺，既可作为商品强化的外包装，确保货物在各种承载工具运输途中的安全，降低货物的残损率，又可作为运输工具，直接用于长途转运，方便交货。通过运输方式和装载方式的改变，可以实现门到门的免拆箱运输服务，可以承接海铁联运、海空联运的模式，实现拼箱货物内陆点的交货。此外，通过迷你箱拼箱运输的货物可在新港实现独立监管，过境货和非过境货拼箱混装，解决了过境货物不能拆箱的问题。

据测算，高值易损货品（如首单业务中装配的青花瓷瓶）通过东疆保税港区以海运拼箱方式送往目的地，运输成本可降低 50%。

总之，这种新的拼箱模式打破了传统思维的模式，达到了快速分拨、快速折转、节省包装、安全准确、高效便捷、低碳环保、降低运输成本的目的和效果。可以预期，未来的市场前景将十分广阔。

第一节 概 述

一、物流系统的概念与特点

1. 物流系统的概念

物流系统(Logistics System)是在一定的时间和空间里,由所需位移的物料、包装设备、装卸搬运设备、运输设施、仓储设备、相关人员以及通信联系等若干相互制约的动态要素构成的具有特定功能的有机整体。

物流系统的目的是实现物资的空间效益和时间效益,在保证社会再生产顺利进行的前提下,实现各种物流环节的合理衔接,并取得最佳的经济效益。为此,物流系统具体要实现“5S”目标:

(1)优质服务(Service),即无缺货、无损坏和丢失现象,且费用便宜;

(2)迅速及时(Speed),即按用户指定的时间和地点迅速送达;

(3)节约空间(Space Saving),即发展立体设施和有关的物流机械,以充分利用空间和面积,缓解城市土地紧缺的问题;

(4)规模适当(Scale Optimization),即物流网点的优化布局、合理的物流设施规模以及自动化和机械化程度;

(5)合理库存(Stock Control),即合理的库存策略,合理控制库存量。

2. 物流系统的特点

物流系统具有一般系统所共有的特点,即整体性、相关性、目的性、环境适应性,同时还具有规模庞大、结构复杂、目标众多等大系统所具有的特征。

(1)物流系统是一个“人机系统”

物流系统是由人和形成劳动手段的设备、工具所组成的。它表现为物流劳动者运用运输设备、装卸搬运机械、仓库、港口、车站等设施,作用于物资的一系列生产活动。在这一系列的物流活动中,人是系统的主体。因此,在研究物流系统的各个方面问题时,应把人和物有机地结合起来,作为不可分割的整体加以考察和分析,而且始终把如何发挥人的主观能动作用放在首位。

(2)物流系统是一个大跨度系统

这反映在两个方面:一是地域跨度大,在现代经济社会中,企业间物流经常会跨越不同地域,国际物流的地域跨度更大;二是时间跨度大,通常采取储存的方式解决产需之间的时间矛盾,这样时间跨度往往也很大。大跨度系统带来的主要问题是管理难度较大,对信息的依赖程度较高。

(3)物流系统是一个可分系统

无论物流系统规模多么庞大,都可以分解成若干个相互联系的子系统。这些子系统的多少和层次的阶数,是随着人们对物流的认识和研究的深入而不断扩充的。系统与子系统之间、子系统与子系统之间,存在着时间和空间上及资源利用方面的联系;也存在着总的目标、总的费用以及总的运行结果等方面的相互联系。因此,对物流系统的分析,既要从宏观方面去研究物流系统运行的全过程,也要从微观方面对物流系统的某一环节(或称之为子系统)加以分析。

(4)物流系统是一个动态系统

一般的物流系统总是联结多个生产企业和用户,随需求、供应、渠道、价格的变化,系统内的要素及系统的运行也经常发生变化。这就是说,社会物资的生产状况,社会物资的需求变化、资源变化,企业间的合作关系,都随时随地地影响着物流,物流受到社会生产和社会需求的广泛制约。物流系统是一个具有满足社会需要、适应经常变化的环境能力的动态系统,人们必须对物流系统的各个组成部分经常不断地修改、完善,这就要求物流系统具有足够的灵活性与可改变性。在有较大的社会变化情况下,物流系统要重新进行系统的设计。

(5)物流系统是一个复杂的系统

物流系统的边界是广阔的,其范围横跨生产、流通、消费三大领域。这一庞大的范围,给物流组织系统带来了很大的困难,而且随着科学技术的进步、生产的发展及物流技术的提高,物流系统的边界范围还将不断地向内深化,向外扩张。

物流系统运行对象——"物"遍及全部社会物质资源,资源的大量化和多样化带来了物流的复杂化。从物资资源上看,品种成千上万,数量极大;从从事物流活动的人员上看,需要数以百万计的庞大队伍;从资金占用上看,占用着大量的流动资金;从物资供应点上看,遍及全国城乡各地。这些人力、物力、财力资源的组织和合理利用,是一个非常复杂的问题。

在物流活动的全过程中,始终贯穿着大量的物流信息。物流系统要通过这些信息把子系统有机地联系起来。如何把信息收集全、处理好,并使之指导物流活动,亦是非常复杂的事情。

(6)物流系统是一个多目标系统

物流系统的多目标常常表现出"目标背反"。通常,对物流数量,希望最大;对物流时间,希望最短;对服务质量,希望最好;对物流成本,希望最低。显然,要满足上述所有要求是很难办到的。例如,在储存子系统中,站在保证供应、方便生产的角度,人们会提出储存物资的大数量、多品种问题,而站在加速资金周转、减少资金占用的角度,人们则会提出减少库存。又如,现在最快的运输方式为航空运输,但运输成本高,时间效用虽好,经济效益却不一定最佳;而选择水路运输,则情况相反。所有这些相互矛盾的问题,在物流系统中广泛存在。而物流系统又恰恰要求在这些矛盾中运行,要使物流系统在各方面满足人们的要求,显然要建立物流多目标函数,并在多目标中求得物流的最佳效果。

二、物流系统的构成要素

物流是一个复杂而巨大的系统工程,如图 9-1 所示。物流系统由一般要素、功能要素、物质基础要素、支撑要素组成。

1. 一般要素

一般要素,又称资源要素,包括人、财、物、信息等。

(1)劳动者要素。它是现代物流系统的核心要素和第一要素。提高劳动者的素质,是建立一个合理化的物流系统并使它有效运转的根本。

(2)资金要素。交换是以货币为媒介的。实现交换的国际物流过程,实际也是资金的运动过程。同时,国际物流服务本身也需要以货币为媒介,物流系统建设是资本投入的一大领

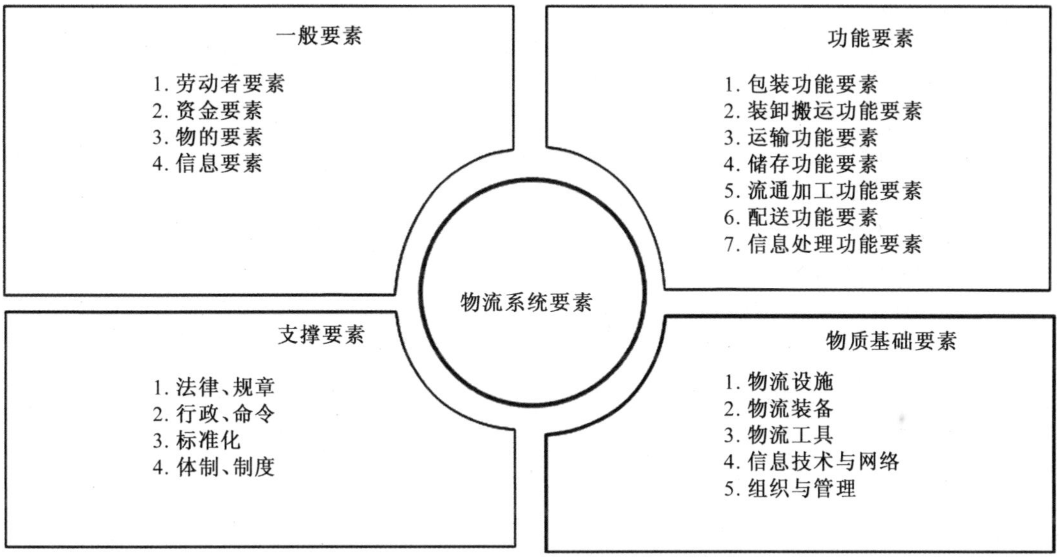

图 9-1 物流系统的构成要素

域,离开资金这一要素,物流就不可能实现。

(3)物的要素。物的要素首先包括国际物流系统的劳动对象,即各种实物。缺少物的物流系统便成了无本之木;此外,物的要素还包括劳动工具、劳动手段,如各种物流设施、工具等。

(4)信息要素。信息要素包括物流过程中的数据、资料、指令等。

2. 功能要素

物流系统的功能要素指的是物流系统所具有的基本能力,这些基本能力有效地组合、联结在一起,形成了物流系统的总功能,由此,便能合理、有效地实现物流系统的总目的,实现其自身的时间和空间效益,满足贸易活动和企业经营的要求。

如前所述,物流系统的功能要素包括运输、储存、装卸搬运、包装、流通加工、配送、信息处理等,这七大功能要素也相应地形成各自的一个子系统。

3. 物质基础要素

物流系统的建立和运行,需要有大量的技术装备手段,这些手段的有机联系对物流系统的运行具有决定意义。这些要素对实现物流和某一方面的功能也是必不可少的。具体而言,物质基础要素主要有:

(1)物流设施。它是组织物流系统运行的基础物质条件,包括物流场站、仓库、物流线路等。

(2)物流装备。它是保证物流系统运行的必要条件,包括仓库货架、进出库设备、加工设备、运输设备、装卸机械等。

(3)物流工具。它是物流系统运行的物质条件,包括包装工具、维护保养工具、办公设备等。

(4)信息技术与网络。它是掌握和传递物流信息的手段,根据所需信息水平的不同,包括通信设备及线路、传真设备、计算机及网络设备等。

(5)组织与管理。它是物流网络的“软件”,起着联结、调运、统筹、协调、指挥其他各要素以保障物流系统目的的实现等作用。

4. **支撑要素**

物流系统的运行需要有许多支撑手段，尤其是处于复杂的社会经济系统中，要确定物流系统的地位，要协调与其他系统的关系，这些要素就更加必不可少。它们主要包括：

(1)法律、规章——物流系统的运行都不可避免地涉及企业或人的权益问题，法律、规章一方面限制和规范物流系统的活动，使之与更大系统协调，另一方面是给予保障。

(2)行政、命令——物流系统和一般系统的不同之处在于，物流系统关系到国家军事和经济命脉。所以，行政、命令手段也常常是物流系统正常运转的重要支撑要素。

(3)标准化——是保证物流环节协调运行，保证物流系统与其他系统在技术上实现联结的重要支撑条件。

(4)体制、制度——物流系统的体制、制度决定物流系统的结构、组织、领导、管理方式，国家对其控制、指挥、管理方式以及这个系统的地位、范畴，是物流系统的重要保障。

三、物流系统的结构与模式

1. **物流系统的结构**

物流系统的结构是指构成物流系统的要素或子系统间相互联系的方式。物流系统是一个既有静态，也有动态，既有时间，也有空间多重结构的复杂系统，因此，物流系统结构形式最重要的是质态结构、量态结构、空间结构和时间结构这四种结构。

(1)质态结构。质态是指物流实体要素以技术性质上的相互适应性而发生联系的作用方式。质态结构的目标是追求全面发挥各要素的潜在能量，实现物流系统的最大功效。国际物流系统中质态结构主要表现在物流组织者与载体的组合、载体与线路的组合、流体与载体的组合、载体与载体的组合等这样的组合之中。

(2)量态结构。量态结构是指物流实体要素以相互协调的数量比例关系而发挥作用的连接方式。量态结构不仅表现在实体要素的组织者与载体、载体与载体、流体与载体的组合中，而且还表现在运输与储存、运输与装卸搬运等不同物流环节的连接中。

(3)空间结构。空间结构是指物流实体要素之间、不同环节之间在空间地域上分布的关联状态。空间结构的要求主要体现在流体流动的起点、终点与线路分布、物流网点的布置和物体与载体的空间位置组合之中。

(4)时间结构。时间结构是指运输、包装、装卸搬运、储存、流通加工、配送、检验检疫与通关等不同环节(子系统)根据不同需要而形成的先后时间次序的状态。时间结构的基本功效就是把物流系统的不同环节形成在时间上先后有序、上下衔接紧密的时序过程，使其具有更高的效率和效益。时间结构的表现形式有超前型、依次继起型、同步并行型和滞后型。

如图 9-2 所示，物流系统是由多立体型的子系统连接而成的具有时空序列型的总系统。运输、包装、装卸搬运、储存、流通加工、配送、检验检疫与通关等环节都是由组织者、流体、载体、路线等实体要素结合成的具有特定功能的立体子系统，这些立体型的子系统又按照不同的具体需要连接成先后有序的总系统。尽管物流系统的四种结构是互相并列、彼此独立的，各自具有自身的性能和作用，不能互相代替，然而，只有它们之间相互依存、共同发挥作用，形成一种合力，才能达到系统的最优化。

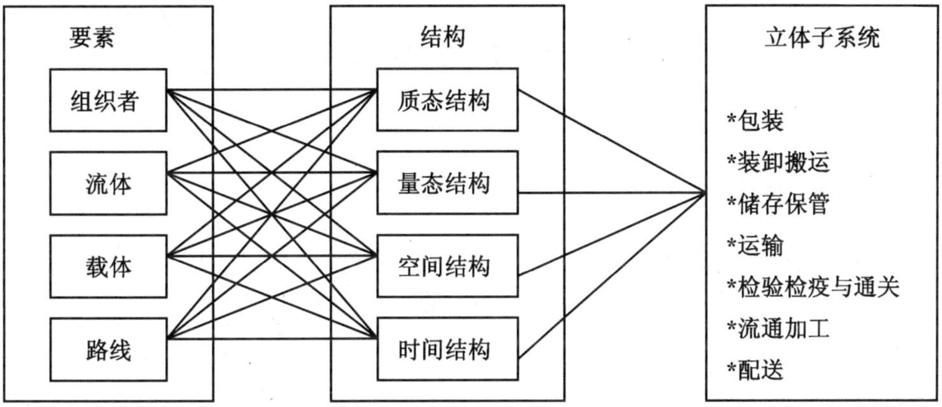

图 9-2　物流系统结构状态示意图

2. 物流系统的模式

任何物流系统都具有输入、转换及输出三大功能,通过输入和输出使系统与社会环境进行交换,使系统和环境相互依存,只不过其具体内容更为复杂而已。

图 9-3 显示了国际物流系统模式(出口)。显然,国际物流涉及出口、进口和转口等贸易活动,而且贸易方式和环节多种多样,是一个极其复杂和高度开放的物流系统。

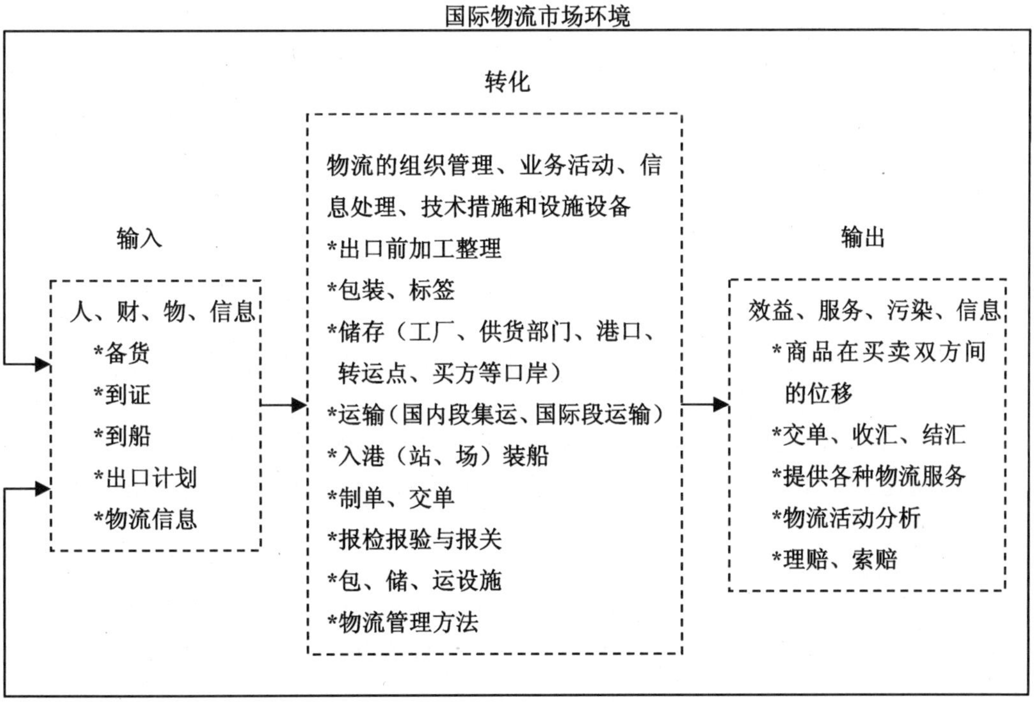

图 9-3　国际物流系统模式(出口)

第二节　物流设备系统

一、物流设备概述

1. 物流设备的概念与类型

物流设备是指进行各项物流活动所必需的各种设备与工具。

物流设备的分类方法很多,可以根据不同的需要,从不同的角度划分。一般常见的是按照物流设备所完成的物流作业来划分。

(1)包装机械设备;

(2)集装化设备与器具;

(3)装卸搬运设备;

(4)运输机械设备;

(5)仓储机械设备;

(6)流通加工机械设备;

(7)配送机械设备;

(8)物流信息与电子设备。

2. 物流设备的发展趋势

随着现代物流的发展,物流设备作为其物质基础表现出了以下几个方面的发展趋势:

(1)大型化和高速化

大型化指设备的容量、规模、能力越来越大。高速化指设备的运转速度、运行速度、识别速度、运算速度大大加快。

(2)实用化和轻型化

由于仓储物流设备是在通用的场合使用,工作并不很繁重,因此好用、易维护、易操作,具有耐久性、无故障性和良好的经济性,以及较高的安全性、可靠性和环保性。

(3)专用化和通用化

随着物流的多样性,物流设备的品种越来越多且不断更新。物流活动的系统性、一致性、经济性、机动性、快速化,要求一些设备向专门化方向发展,又有一些设备向通用化、标准化方向发展。

(4)自动化和智能化

将机械技术和电子技术相结合,将先进的微电子技术、电力电子技术、光缆技术、液压技术、模糊控制技术应用到机械的驱动和控制系统,实现物流设备的自动化和智能化将是今后的发展方向。

(5)成套化和系统化

只有当组成物流系统的设备成套、匹配时,物流系统才是最有效、最经济的。在物流设备单机自动化的基础上,通过计算机把各种物流设备组成一个集成系统,通过中央控制室的控制,与物流系统协调配合,形成不同机种的最佳匹配和组合,将会取长补短,发挥最佳效用。

(6)绿色化

“绿色”就是要达到环保要求,这涉及两个方面:一是与牵引动力的发展以及制造、辅助材料等有关;二是与使用有关。

二、集装箱

(一)集装箱的概念、标准与分类

1. 集装箱的概念

集装箱(Container),在中国南方及香港被称为“货柜”或“货箱”,重箱(Loaded Container)也称“重柜”,空箱(Empty Container)也称“吉柜”。目前,中国、日本、美国、法国等世界有关国家,都全面地引进了国际标准化组织(ISO)的定义。国际标准化组织(ISO)认为集装箱是“一种运输设备”,应满足下列要求:

(1)具有足够的强度,可长期反复使用;

(2)适于一种或多种运输方式运送,途中转运时,箱内货物无须换装;

(3)具有快速装卸和搬运的装置,特别便于从一种运输方式转移到另一种运输方式;

(4)便于货物装满或卸空;

(5)具有1立方米及以上的容积。集装箱这一术语不包括车辆和一般包装。

由此可见,集装箱作为一定强度、刚度和规格专供周转使用的大型装货容器,其本身并不是包装容器,而是一种运输设备。它是进行货物运输、便于机械装卸的一种成组工具。在特定的情况下,它又是一种货物。也就是说,当货物用集装箱装载进出口时,集装箱箱体就作为一种运输设备;当一个企业购买进口或销售出口集装箱时,集装箱箱体又与普通的进出口货物一样了。因此,集装箱既是一种运输设备,又是一种货物。

2. 集装箱的标准

集装箱标准按使用范围分,有国际标准、国家标准、地区标准和公司标准四种。

(1)国际标准集装箱

1961年6月国际标准化组织集装箱技术委员会成立后,开始着手制定国际集装箱标准。目前使用的国际集装箱规格尺寸主要是ISO/TC104制定的第一系列的四种箱型,即A型、B型、C型、D型。其中,1A型是业务中常见的40 ft集装箱(FEU),最多可载货66~67立方米,最大可载重26公吨;1C型是业务中常见的20 ft集装箱(TEU),最多可载货33立方米,最大可载重21公吨。1AAA和1BBB是两种超高箱型,俗称高柜(H. D. C)。从载货容积与重量数可知,40 ft箱型适用于轻泡货,20 ft箱型适用于重货。

(2)国家标准集装箱

除了国际标准集装箱外,各国还有一些国内和地区标准集装箱,如我国国家标准中,就有两种适合于国内使用的标准集装箱(5D和10D)。

我国系列1集装箱国家标准为GB/T 1413—1998《系列1集装箱分类、尺寸和额定质量》和GB/T 1413—2008《系列1集装箱分类、尺寸和额定质量》(参见表9-1)。后者与前者相比,其主要技术差异如下:一是增加了公称长度为45 ft集装箱的相关内容和具体的技术数据;二是将集装箱定义第1条中的“可长期反复使用”改为“在有效使用期内可以反复使用”,使之更符合安全作业的原则;三是标准中1BBB、1BB、1B、1BX、1CC、1C和1CX型集装箱的最大额定质量由原来的24 000 kg、25 400 kg统一修订为30 480 kg(参见表9-1);四是标准中1BBB、1BB、1B、1BX型集装箱长度公差由原来的0～3/16修订为0～3/8 in。

表9-1　GB/T 1413—2008《系列1集装箱分类尺寸和额定质量》

	mm	ft in	mm	ft	mm	ft in	kg	lb
1EEE	13 716	45′	2 438	8′	2 896	9′6″	30 480	67 200
1EE					2 591	8′6″		
1AAA	12 192	40′	2 438	8′	2 896	9′6″	30 480	67 200
1AA					2 591	8′6″		
1A					2 438	8′		
1AX					<2 438	<8′		
1BBB	9 125	29′11″1/4	2 438	8′	2 896	9′6″	30 480	67 200
1BB					2 591	8′6″		
1B					2 438	8′		
1BX					<2 438	<8′		
1CC	6 058	19′10″1/2	2 438	8′	2 591	8′6″	30 480	67 200
1C					2 438	8′		
1CX					<2 438	<8′		
1D	2 991	9′9″3/4	2 438	8′	2 438	8′	10 160	22 400
DX					<2 438	<8′		

注:省略了集装箱长度、高度、高度的允许公差。

(3)地区标准集装箱

此类集装箱标准,是由地区组织根据该地区的特殊情况制定的,此类集装箱仅适用于该地区。如根据欧洲国际铁路联盟(VIC)所制定的集装箱标准而建造的集装箱。

(4)公司标准集装箱

某些大型集装箱船公司,根据本公司的具体情况和条件而制定集装箱船公司标准,这类集装箱主要在该公司运输范围内使用。如美国海陆公司的35 ft集装箱。

此外,目前世界上还有不少非标准集装箱。如非标准长度集装箱,有美国海陆公司的35 ft集装箱、总统轮船公司的45 ft及48 ft集装箱;非标准高度集装箱,主要有9 ft和9.5 ft两种高度集装箱;非标准宽度集装箱,有8.2 ft宽度集装箱等。由于经济效益的驱动,目前世界上20 ft集装箱总重达24 ft的越来越多,而且普遍受到欢迎。

为了便于计算集装箱数量,以20英尺的集装箱作为换算标准箱(Twenty-feet Equivalent Units,TEU),并以此作为集装箱船载箱量、港口集装箱吞吐量等的计量单位。故存在下列换算关系:40 ft = 2TEU,30 ft = 1.5TEU,20 ft = 1TEU,10 ft = 0.5TEU。

3.集装箱的分类

基于不同角度,集装箱可有不同的分类,比如,按所装货物种类分,有杂货集装箱、散货集装箱、液体货集装箱、冷藏箱集装箱等;按制造材料分,有钢集装箱、铝合金集装箱、玻璃钢集装箱、不锈钢集装箱等;按结构分,有折叠式集装箱、固定式集装箱等,在固定式集装箱中还可分密闭集装箱、开顶集装箱、板架集装箱等;按总重分,有 30 t、20 t、10 t 集装箱等;按运输方式分,有铁路集装箱、水路集装箱、航空集装箱等。

(二)集装箱的标记识别

为了便于对集装箱在流通和使用中识别和管理,便于单据编制和信息传输,国际标准化组织制定了集装箱标记,此标记即《集装箱的代号、识别和标记》(ISO6346-1981(E))。

国际标准化组织规定的标记有必备标记和自选标记两类,每一类标记中又分识别标记和作业标记。具体来说,集装箱上有箱主代号,箱号或顺序号、核对号,集装箱尺寸及类型代号等。

1. 必备标记

(1)识别标记

它包括箱主代号、顺序号和核对数字。比如,COSU800563 [1]

①箱主代号,由 4 位大写的拉丁字母表示,前 3 位表示箱主代号,第 4 位字母 U 表示海运集装箱代号。比如, COSU 表示中国远洋运输(集团)公司,TBJU 表示中国铁道部的集装箱。

②顺序号,又称箱号,由 6 位阿拉伯数字组成。如有效数字不是 6 位时,则在有效数字前用“0”补足 6 位。如“053842”。

③核对数字。核对数字用于核对箱主代号和顺序号的记录是否准确。它位于箱号后,以一位阿拉伯数字加一方框表示。

(2)作业标记

①额定重量和自定重量标记。额定重量(MAX. GROSS)即集装箱总重,是指自重(TARE)与载重(PAYLOAD)之和。自重即集装箱空箱质量(或空箱重量),ISO688 规定应以公斤(kg)和磅(lb)同时表示。此外,还应标记出箱的容积(CUBE)。

②空陆水联运集装箱标记。由于该集装箱的强度仅能堆码两层,因而国际标准化组织对该集装箱规定了特殊的标志,该标记为黑色,位于侧壁和端壁的左上角,并规定标记的最小尺寸为:高 127 mm,长 355 mm,字母标记的字体高度至少为 76 mm。

③登箱顶触电警告标记。该标记为黄色底各色三角形,一般设在罐式集装箱和位于登顶箱顶的扶梯处,以警告登箱者有触电危险。

2. 自选标记

(1)识别标记

它主要包括国家和地区代号及尺寸和类型代号两部分:

①国家和地区代号,如中国用 CN,美国用 US。

②尺寸和类型代号(箱型代码)。比如,45G1,其中 45 为尺寸代码,表示集装箱的外形尺寸,G1 为箱型代码,表示集装箱的箱型及其特征。45 表示 1AAA 型箱,G1 表示货物上部空间设有透气孔的通用集装箱。外形尺寸与箱型代码都可查询国际标准相应表得知,这里就不一一列出了。

(2)作业标记

它主要包括超高标记及国际铁路联盟标记两部分:

①超高标记。该标记为在黄色底上标出黑色数字和边框,贴在集装箱每侧的左下角,距箱底约0.6 m处,同时应该贴在集装箱主要标记的下方。凡高度超过2.6 m(8 ft 6 in)的集装箱都应贴上此标记。

②国际铁路联盟标记。为简化铁路集装箱运输手续,特制定了《国际铁路联盟条例》。凡符合《国际铁路联盟条例》规定的集装箱,可以获得此标记。该标记是在欧洲铁路上运输集装箱的必要通行标记。

此外,集装箱在运输过程中要能顺利地通过或进入他国国境,箱上必须贴有按规定要求的各种通行标记,主要有:国际集装箱安全公约(CSC)安全合格牌照、集装箱批准牌照、检验合格徽、防虫处理板等;对于装有危险货物的集装箱,还应有规格不小于250 mm×250 mm的至少4幅《海运危规》类别标志,并贴于外部明显的地方。

三、运输工具

运输工具是指在物流运输线路上或具有相似性能的几何体上,用于装载货物并使它发生水平位移的各种设备。物流运输工具根据其从事运送活动的独立程度可以分为三类:

(1)没有装载货物容器,只提供原动机的运输工具,如铁路机车、拖船、牵引车等;

(2)没有原动机,只有货物容器的从动运输工具,如车辆、挂车、驳船等;

(3)既有装载货物的容器,又有原动机的独立运输工具,如轮船、汽车、飞机等。

管道运输是一种相对特殊的运输方式,其运行方式有别于其他四种运输方式,它的载货容器与原动机的组合较为特殊,载货容器为干管,原动机为泵(热)站,这些设备总是固定在特定的空间内,不像其他运输工具那样凭自身的移动带着货物发生位移。从这个角度看,可以将泵(热)站视为运输工具,甚至把干管都视为运输工具。

1. 铁路运输工具

(1)铁路机车

铁路机车是列车的动力来源,因此机车的台数与牵引力大小均会影响列车的行驶速度与服务质量。理想的机车除了能够提供足够的马力之外,在维修保养方面也须具有方便性,只有这样,才可以提高营运效率。

根据原动力的不同,机车可分为蒸汽机车、内燃机车、电力机车三种形式。目前世界各国铁路几乎均使用电力机车和内燃机车。

(2)铁路货车

铁路货车是铁路运输系统运送货物的运载工具。目前,我国铁路货车数为客车的10余倍,为机车的20余倍,而且货车与客车的配属管理也不相同。我国铁路货车除了少量的窄轨货车、宽轨货车、机械保温车及指定用途的专用车外,一般不配属给铁路局和车辆段,而是在全路范围内流动,卸车后不需返回原装车站。

铁路货车的分类很多,比如,按车种分为棚车、敞车、平车、罐车、保温车以及其他专用车等,其中棚车、敞车、平车属于比较通用的车种,而罐车、保温车是具有专用性的车种;按标记载重吨位可分为30 t、40 t、50 t、60 t、75 t、90 t车等,现以制造60 t车为主。

(3)铁路货物列车

铁路货物列车是铁路上运送货物的列车。铁路货物列车的种类较多,比如,按其编成地点、用途和货车运用方式分类,可以分为始发直达列车、技术直达列车、直通货物列车、区段货物列车、摘挂列车和小运转列车等。

2. 水路运输工具

目前专门从事水上货物运输的船舶,主要有普通货船、液货船、集装箱船、滚装船、载驳船等种类。

(1)干散货船。干散货船即散装货船,用来装载无包装的大宗货物。因为所运载的物品无须成捆、成包、成箱包装,不怕挤压,便于装卸,所以散货船一般都是单甲板船。运输粮食、煤等一般用干散货船。

(2)杂货船。杂货船即普通货船,一般载重量不是很大,为了理货方便而设有两三层甲板,通常装有起货设备(如吊杆或液压旋转吊),许多万吨级的杂货船,常设有深舱。杂货船的运输速度不是很高。杂货船主要用于装载一般包装、袋装、箱装及桶装的什杂货物。新型的杂货船一般为多用途船,既能运载普通什杂货物,也能运载散货、大件货、冷藏货与集装箱。

(3)冷藏船。冷藏船是指冷藏并运输肉、鱼、蛋、鲜奶、水果、蔬菜等物品的船舶。多数食品类物品在常温条件下长时间运输、保管会发生腐烂变质,而冷藏船最大的特点就在于其货舱实际上是一个大型冷藏库,可提供货物久藏所需的温度。因为不同种类的货物所要求的温度不同,所以冷藏船又据此分为保温运输船(主要用于运输水果、蔬菜)和冷冻船(用于运输肉、鱼等冷冻性货物)。

(4)木材船。木材船是专门用来装载木材或原木的船舶。这种船的特点是舱口大,船舱和甲板上都可装载木材。

(5)原油船。原油船是专门载运原油的船舶,这种船舶的载重量很大。

(6)成品油船。成品油船是专门运输汽油、柴油等石油制品的船舶,有很高的防火、防爆要求。

(7)集装箱船。集装箱船是专门运载集装箱的船舶,又称箱装船或货箱船。集装箱船的全部或大部分船舱都用来装载集装箱。集装箱船货仓的尺寸都按载箱的要求规格化。集装箱船装卸效率高,有效地缩短了在港时间。这种船的航速一般较高。集装箱船又有部分集装箱船、可变换集装箱船和全集装箱船之分。

(8)滚装船。这种船主要用来装载、运输汽车和集装箱,在船侧或船首、尾有开口斜坡与码头连接。它的优点主要是不依赖码头的装卸设备,装卸速度快,可加速船舶周转。

(9)液化气运输船。液化气运输船是专门运输液化气体的船舶。这些液化气体主要包括液化天然气、液化石油气、氨水、乙烯和液氯。

(10)载驳船。这是一种专门载运货驳的母子船。采用这种船的运输业务流程是先把物品装上方形货驳,再把货驳装上载驳船,运送到目的港后,把货驳卸下,用拖船把货物分送各自目的地。这种船装卸效率高,适宜于海河联运。

3. 公路运输工具

物流企业用到的公路运输工具可分为普通货车、特种货车、载货列车三类。

(1)普通货车

普通货车具有标准的栏板式货箱,根据总质量的大小,可分为微型货车(1.8 t 以下)、轻型货车(1.8 ~6 t)、中型货车(6 ~14 t)和重型货车(14 t 以上)。

(2)特种货车

特种货车一般是普通货车的变型,具有特殊的货箱,以适应某种特种货物的装运。典型的有厢式货车和罐式货车。此外,还有无车厢的敞车、自卸车等。自卸车是为运输砂石、矿物等散装物料而设计的具有自卸机构的货车,其货箱倾斜方式有后倾式、双侧倾式和三面倾斜式三种。

(3)载货列车

由一辆汽车(货车或牵引车)与一辆或一辆以上挂车组合而成的汽车运输单元称为载货列车。

牵引车,也称拖车,一般没有装载货物的容积,它是专门用以拖挂或牵引挂车的。牵引车可分全挂式和半挂式(鞍式)两种,半挂式牵引车与半挂车一起使用,半挂车的部分重量由牵引车的底盘承受。全挂式牵引车与全挂车一起使用,其车架较短,除了牵引车外,一般的载货汽车也可作为全挂式牵引车使用。

挂车本身没有发动机驱动,而是通过杆式或架式拖挂装置,由牵引车或其他汽车牵引。

在汽车列车的组合形式中,全挂式汽车列车和半挂式汽车列车是两种较为常用的形式。

4. 航空运输工具

用于物流领域的航空运输工具主要有货机和客货机两类。货机是指运输各种货物的民用运输机。货机舱内设有装卸货物和集装箱的辅助设备,如起重、滑动装置和货物固定设备。货机有较大的载运能力和良好的经济性,它与客机往往可以根据需要相互改装而成。

四、装卸搬运设备

1. 装卸搬运设备的特点

装卸搬运设备的性能和作业效率对整个物流的作业效率影响很大,其工作特点主要有:

(1)工作能力强;

(2)适应性强;

(3)安全性要求高;

(4)机动性较差;

(5)工作忙闲不均。

2. 装卸搬运设备的分类

(1)按主要用途或结构特征分类

装卸搬运设备可分为起重设备、装卸搬运车辆、输送设备、专用装卸搬运设备。其中,专用装卸搬运设备是指带有专用取物装置的装卸搬运设备,如托盘专用装卸搬运设备、集装箱专用装卸搬运设备、船舶专用装卸搬运设备等。

(2)按装卸搬运货物的种类分类

装卸搬运设备可分为集装箱货物的装卸搬运设备、长大笨重货物的装卸搬运设备、成件包装货物的装卸搬运设备、散装货物的装卸搬运设备。

(3)按作业性质分类

装卸搬运设备可分为装卸设备、搬运设备及装卸搬运设备三大类。单一装卸功能的设备有固定式起重机等;单一搬运功能设备主要有各种搬运车等;装卸、搬运两种功能兼有的设备有叉车、跨运车、车站用的龙门起重机等。

(4)按传动类型分类

装卸搬运设备可分为电传动装卸搬运设备、机械传动装卸搬运设备。

(5)按动力类型分类

装卸搬运设备可分为电动式装卸搬运设备和内燃动力式装卸搬运设备。

第三节 物流网络系统

如图 9-4 所示,物流网络系统,是由多个收发货的结点和它们之间的连线所构成的物流抽象网络以及与之相伴随的信息流动网络的集合。

所谓物流网络结构,是指由执行物流运动使命的线路和执行物流停顿使命的结点两种基本元素所组成的网络结构。全部物流活动是在线路和结点进行的。其中,在线路上进行的活动主要是运输,包括集货运输、干线运输、配送运输等。物流功能要素中的其他所有功能要素,如包装、装卸、保管、分货、配货、流通加工等,都是在结点上完成的。

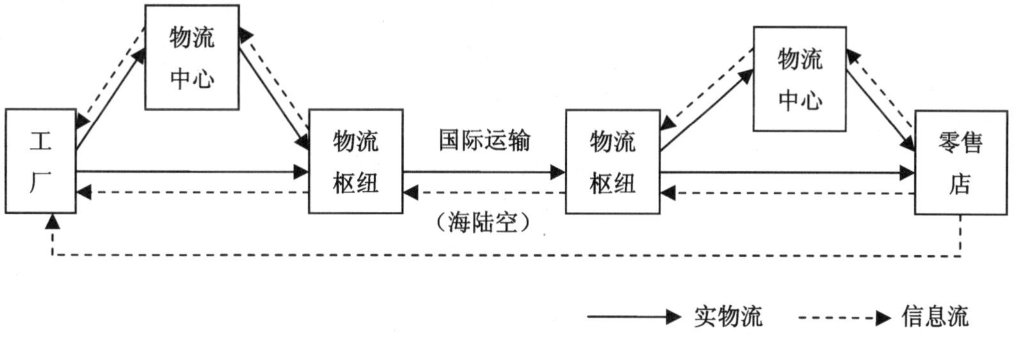

图 9-4 物流网络结构示意图

一、物流结点

(一)物流结点概述

1. 物流结点的概念与功能

物流结点,又叫物流结点,是指物流网络中物流线路的衔接、交汇的场所或组织。

在实践中,物流结点在不同线路上结点的名称也各异,这是受物流学科形成之前,交通运输、外贸、商业等领域各自发展影响而形成的行业性叫法。比如,在铁路运输领域,结点的称谓有货运站、专用线货站、货场、转运站、编组站等。在公路运输领域,结点的称谓有货场、车站、转运站、枢纽等。在航空运输领域,结点的称谓有货运机场、航空港等。在商贸领域,结点的称谓有流通仓库、储备仓库、转运仓库、配送中心、分货中心等。

物流结点具有以下功能:

(1)衔接功能

物流结点将各个物流线路联结成一个系统,使各个线路通过结点变得更为贯通而不是互不相干,这种作用称之为衔接作用。

物流结点的衔接作用可以通过多种方法实现,主要有:

①通过转换运输方式衔接不同运输手段;

②通过加工衔接干线物流及配送物流;

③通过储存衔接不同时间的供应物流和需求物流;

④通过集装箱、托盘等集装处理衔接整个"门到门"运输,使之成为一体。

(2)信息功能

物流结点是整个物流系统或与结点相接物流的信息传递、收集、处理、发送的集中地,这种信息作用在现代物流系统中起着非常重要的作用,也是复杂物流储存单元能联结成有机整体的重要保证。

在现代物流系统中,每一个结点都是物流信息的一个点,若干个这种类型的信息点和物流系统的信息中心结合起来,便成了指挥、管理、调度整个物流系统的信息网络,这是一个物流系统建立的前提条件。

(3)管理功能

物流系统的管理设施和指挥机构往往集中设置于物流结点之中,实际上,物流结点大都是集管理、指挥、调度、信息、衔接及货物处理为一体的物流综合设施。整个物流系统的运转的有序化和正常化,整个物流系统的效率和水平取决于物流结点的管理职能实现的情况。

2. 物流结点的分类

基于不同的角度,物流结点有不同的分类,根据其作用可分成以下四类:

(1)转运型结点

以接连不同运输方式为主要职能的结点,各种运输场站都属于此类结点。一般而言,由于这种结点处于运输线上,又以转运为主,所以货物在这种结点上停滞的时间较短。

(2)储存型结点

以存放货物为主要职能的结点,货物在这种结点上停滞时间较长。在物流系统中,储备仓库、营业仓库、中转仓库、货栈等都是属于此种类型的结点。

(3)流通型结点

以组织物资在系统中运动为主要职能的结点,在社会系统中则是组织物资流通为主要职能的结点。现代物流中常提到的流通仓库、流通中心、配送中心就属于这类结点。

(4)综合性结点

在物流系统中集中于一个结点中全面实现两种以上主要功能,并且在结点中并非独立完成各自功能,而是将若干功能有机结合于一体,有完善设施、有效衔接和协调工艺的集约型结点。这种结点是适应物流大量化和复杂化,适应物流更为精密准确,在一个结点中要求实现多种转化而使物流系统简化、高效的要求出现的,是现代物流系统中结点发展的方向之一。

（二）主要物流结点

1. 仓库

仓库是车船换装的地方，也是货物的集散地。出口货物需要在港站聚集成批等候装船；进口货物检查、分类或包装，等候散发转运。因此，港站必须具有足够容量的仓库与堆场，以保证港站的吞吐能力。

按其主要功能分类，仓库可分为生产储存仓库、流通储存仓库、口岸仓库、中转仓库、加工仓库、通用仓库、专用仓库、特种仓库、自用仓库、公用仓库等。

2. 运输港站

运输港站是指处于运输线路上的结点，是货物的集散地，是各种运输工具的衔接点，是办理运输业务和运输工具作业的场所，也是对运输工具进行保养和维修的基础。其主要有铁路车站、汽车站（场）、航空港和管道站等。

良好的场站应具备地点适中、设备优良齐全、交通便利、自然气候条件良好、场地宽大等条件。

（1）铁路车站

铁路车站，俗称火车站，是铁路部门办理客、货运输和列车技术作业的场所。车站是铁路运输的基本生产单位，它集中了与运输有关的各项技术设备，并参与整个运输过程的各个作业环节。一般车站以一项业务或一项作业为主，兼办其他业务和作业，有的同时办理几项主要业务和作业。铁路车站发展的总趋势是集中作业，实现车站设备和作业过程的现代化和自动化，采用适应现代化和自动化作业的合理布置图形。

基于不同的角度，将车站划分为几个种类。比如，按技术作业内容的不同，车站可分为编组站、区段站和中间站，其中，编组站和中间站总称为技术站；按办理的运输业务性质划分，车站可分为货运站、客运站和客货运站。货运站是指专门办理货物装卸作业、联运或换装的车站。货运站可分为综合性货运站和专业性货运站两种。其中，铁路集装箱办理站是最重要的专业性货运站，有关此内容，将在后面专门介绍。

（2）港口

港口是指具有船舶进出、停泊、靠泊，旅客上下，货物装卸、驳运、储存等功能，具有相应的码头设施，由一定范围的水域和陆域组成的区域。

港口通常是由人工建筑而成的，具有完备的船舶航行、靠泊条件和一定的客货运设施的区域，它的范围包括水域和陆域两部分。一般设有航道、港池、锚地、码头、仓库货场、后方运输设备、修理设备和必要的管理、服务设施等。

按不同目的要求，港口可以有多种分类。比如，按用途可分为商港、工业港、军港、渔港、避风港等；按所在的地理位置可分为河口港、海岸港、礁湖港、水库港、湖港和内河港等；按业务性质可分为定期船港、不定期船港和专业港等；按贸易性质可分为国际贸易港和国内贸易港，或者开放港口和非开放港口；按水域在寒天是否冻结可分为冻港和不冻港；按进口外国货物是否办理报关手续，分为报关港和自由港；按港务经营管理方式可分为国有港、地方港、私有港等。

（3）航空港

用于飞机起飞、着陆、滑行、停放、维修等活动的场地，国际通例称为空港或航空港，而在我国习惯上将大型的民用机场称为空港，小型的称为航站。由此可见，航空港和机场并非是两个含义相同的概念，但在民用航空中往往混用。

航空港一般由飞行区、客货运输服务区、机场维修与保障供应区三个部分组成。

整个航空港的布局以跑道位置的安排为基础。根据跑道位置布置滑行道、客机坪、货坪、维修机坪以及其他飞机活动场所。客货运输服务区是旅客、货物、邮件运输服务设施所在区域。区内设施包括登机机坪、候机楼、停车场、旅行社、银行、公共汽车站、进港道路系统等。此外，货运量较大的航空港还设有专门的货运站。在客机坪附近设有管线加油系统。客货运输服务区的位置通常位于连接城市交通网并紧邻飞行区的地方。

(4)集装箱场站

集装箱场站是指集装箱货物的装箱、拆箱以及集装箱转运堆存、清洗、修理和办理集装箱及货物交接等业务的场所。

根据各自的服务特色，集装箱场站也往往被冠以不同的称谓，比如，集装箱货运站、内陆集装箱中转站、集装箱内陆站、铁路集装箱办理站、集装箱内陆港/干港等。所有这些规模范围大大小小的集装箱堆场都是通过铁路、公路等运输模式与码头相连。

①集装箱堆场(Container Yard，CY)。集装箱堆场，有些地方也称为场站，是指集装箱码头办理集装箱重箱或空箱装卸、转运、保管、交接的场所。

②集装箱货运站(Container Freight Station，CFS)。集装箱货运站通常是指码头内或周边的集装箱货运站，也称为口岸货运站。其主要任务是承担收货、交货、拆箱和装箱作业，并对货物进行分类保管。设在集装箱码头内的货运站，一般是整个集装箱码头的有机组成部分，通常与集装箱码头无法分割；设在集装箱码头附近的货运站，虽然不是码头的一个组成部分，但在实际工作中与集装箱码头的联系十分密切，业务往来也很多。

③公路集装箱中转站或内陆站(Container Depot，CD or Inland Container Depot，ICD)。它也称为内陆集装箱货运站，是指具有集装箱中转运输与门到门运输和集装箱货物的拆箱、装箱、仓储和接取、送达、装卸、堆存的场所。公路集装箱中转站包括集装箱码头的市区中转站、内陆城市及内河港口的内陆站等。公路集装箱中转站通常具有码头货运站和码头堆场的双重功能，既接受托运人交付托运的整箱货与拼箱货，也负责办理空箱的发放和回收。比如，托运人以整箱货托运出口，则可向内陆货运站提取空箱，如整箱进口，收货人也可以在自己的工厂或仓库卸空集装箱后，随即将空箱送回内陆货运站，它还办理集装箱拆装箱业务及代办有关海关手续等业务。

④铁路集装箱办理站。铁路集装箱办理站是专门处理铁路集装箱运输业务的车站。按照其在路网中的地位、作用及规模，可分为集装箱中心站、集装箱专门办理站和集装箱代办站三类。根据铁道部的发展规划，未来将形成以18个集装箱中心站为枢纽、40个专办站为结点、100个代办站为喂给，班列线为通道，辐射全国的铁路集装箱运输支撑体系。

3. 物流中心

根据2006年新修订的中华人民共和国国家标准《物流术语》(GB/T 18354)，物流中心(Logistics Center)，是指从事物流活动的具有完善信息网络的场所或组织。物流中心应符合下列要求：主要面向社会服务；物流功能健全；完善的信息网络；辐射范围大；少品种、大批量；存储、吞吐能力强；物流业务统一经营、管理。

物流中心的主要功能是大规模集结、吞吐货物，因此，物流中心必须具备运输、储存、保管、分拣、装卸、搬运、配载、包装、加工、单证处理、信息传递、结算等主要功能，以及贸易、展示、货运代理、报关检验、物流方案设计等一系列延伸功能。

值得注意的是,配送中心也属于典型的物流作业场所或组织,根据2006年新修订的中华人民共和国国家标准《物流术语》(GB/T 18354),配送中心(Distribution Center,DC),是指从事配送业务的物流场所和组织。配送中心应符合的要求:主要为特定的用户服务;配送功能健全;完善的信息网络;辐射范围小;多品种、小批量;以配送为主,储存为辅。

由此可见,理论上,物流中心与配送中心在主要服务对象、辐射范围和规模大小等方面存在一定差别(参见表9-2),但在实践中,二者往往混用,可以相互替代。

表9-2 物流中心与配送中心异同比较

	物流中心	配送中心
服务对象	主要面向社会服务	主要为特定的用户服务
服务功能	物流功能健全	配送功能健全
信息网络	完善的信息网络	完善的信息网络
辐射范围	大	小
货物品种批量	少品种、大批量	多品种、小批量
业务特点	存储、吞吐能力强	以配送为主,储存为辅
管理特点	物流业务统一经营、管理	缺乏统一经营与管理

根据不同的标准,物流中心可以划分为不同的类型,以下为几种主要的划分方式:

(1)根据机能划分

作为物流中心,其主要的机能有周转、分拣、保管、在库管理和流通加工等,根据其侧重点不同,可以分为不同类型的物流中心。具体讲,主要有TC、DC、SC、PC等四种类型。

①TC(Transfer Center):不具有商品保管、在库管理等机能,而是单纯从事商品周转、分拣业务的物流中心。

②DC(Distribution Center):拥有商品保管、在库管理等机能,同时又进行商品周转、分拣业务的物流中心。

③SC(Stock Center):单一从事商品保管机能的物流中心。

④PC(Process Center):从事流通加工机能的物流中心。

以上各种类型物流中心的区别反映在物质流动上,则体现为物流中心内的作业内容和服务范围的差异(参见图9-5)。

从现代物流发展的趋势看,为了加速商品的运动,更好地使物流系统顺应用户需求的特点,物流中心逐渐从TC转向DC。目前在发达国家,DC的比例一般占所有物流中心的70%以上,PC的发展也非常迅速。

(2)根据不同的流通阶段划分

商品的流动是从生产地经流通渠道到消费地的过程,亦即整个商品流通渠道的流动过程。根据物流中心在这种流通渠道中所处的地位和作用来划分,可以有多种物流中心形式。

①处于生产地附近属于制造商的物资送达或产品存放的物流中心;

②处于生产地与消费地之间,居于广域厂商或批发商的流通中心;

③处于消费地附近,隶属于批发商或零售商的旨在为零售店铺服务的商品中心;

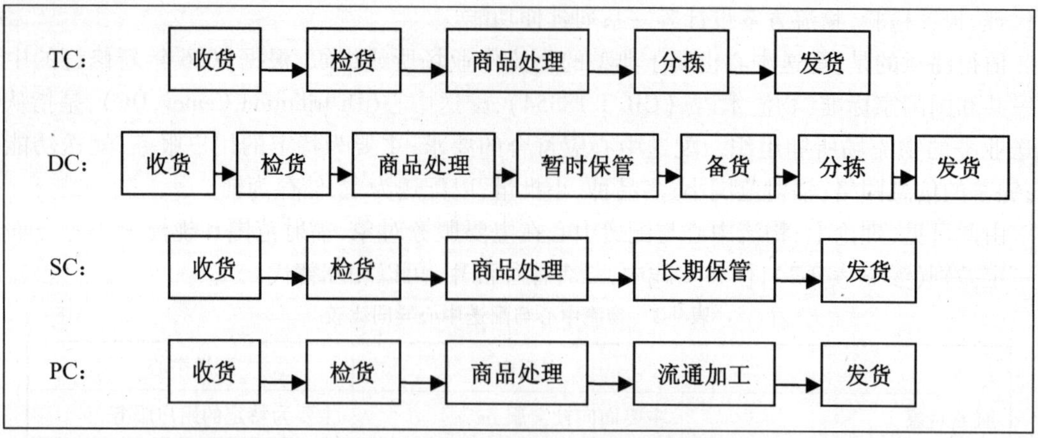

图 9-5　不同类型物流中心内的物质流动

④面向不特定多数消费者，从事商品配送功能的配送中心。

(3)根据货物的分类属性划分

在《GB/T 24358—2009 物流中心分类与基本要求》中，根据货物的分类属性将物流中心划分为专业型物流中心、通用型物流中心和综合型物流中心；每种类型又可根据其服务功能侧重点不同再细分。

①专业型物流中心

专业型物流中心是指需专门配置专用设施设备以满足某一行业领域内的专业货物运作要求的物流中心，包括保温冷藏类物流中心、冷冻类物流中心、散装类物流中心等。

②通用型物流中心

通用型物流中心是指不需专门配置专用设施设备即可满足覆盖多个行业领域的普通货物运作要求的物流中心。根据不同的服务功能侧重点，通用型物流中心可分为仓储类物流中心、集散类物流中心和其他类物流中心。

仓储类物流中心：以储存业态为主，货物储存量大、储存时间长；可为工商业企业提供分拨、配送或其他增值服务；具有完善的信息处理功能和先进的管理水平。

集散类物流中心：以大批量物品集散及配送业态为主；大量货物整进整出或批量零出，在中心周转周期短；具有完善的信息集聚和交互功能。

③综合型物流中心

综合型物流中心是指既有专业货物又有普通货物的物流中心。

4. 物流园区

物流园区(Logistics Park)最早出现在日本东京，又称物流团地。在欧洲，物流园区被称为货运村(Freight Village)。

在 2006 年新修订的中华人民共和国国家标准《物流术语》(GB/T 18354)中，物流园区是指为了实现物流设施集约化和物流运作共同化，或者出于城市物流设施空间布局合理化的目的而在城市周边等各区域，集中建设的物流设施群与众多物流业者在地域上的物理集结地。

物流园区是物流中心发展到一定阶段的产物，是多个物流中心的空间集聚载体。物流园区具有以下特点：

(1)多模式运输手段的集合。多模式运输方式即多式联运，以海运—铁路、公路—铁路、海运—公路等多种方式联合运输为基本手段发展国际国内的中转物流，物流园区也因此呈现一体化枢纽功能。

(2)多状态作业方式的集约。物流园区的物流组织和服务功能不同于单一任务的配送中心或具有一定专业性的物流中心，其功能特性体现在多种作业方式的综合、集约等特点，包括仓储、配送、货物集散、集拼箱、包装、加工以及商品的交易和展示等诸多方面。同时也体现在技术、设备、规模管理等方面的集约。

(3)多方面运行系统的协调。运行系统的协调表现为对线路和进出量的调节。物流园区的这一功能体现为其指挥、管理和信息中心功能，通过信息的传递、集中和调配，使多种运行系统协调共同为园区各物流中心服务。

(4)多角度城市需求的选择。物流园区与城市发展呈现互动关系，物流园区如何协助城市理顺功能，满足城市需求是物流园区的又一功能特征。物流园区的配置应着眼于其服务区域的辐射方向、中心城市的发展速度，从而保证物流园区的生命周期和城市发展协调统一。

(5)多体系服务手段的配套。物流园区应具备综合的服务性功能，如结算功能、需求预测功能、物流系统设计咨询功能、专业教育与培训功能、共同配送功能等。多种服务手段的配套是物流组织和物流服务的重要功能特征。

在《GB/T 21334—2008 物流园区分类与基本要求》中，根据物流园区的依托对象来划分物流园区类型。

(1)货运服务型

货运枢纽型物流园区应符合以下要求：

①依托空运或海运或陆运枢纽而规划，至少有两种不同的运输形式衔接；

②提供大批量货物转换的配套设施，实现不同运输形式的有效衔接；

③主要服务于国际性或区域性物流运输及转换。

注1：空港物流园区依托机场，以空运、快运为主，衔接航空与公路转运；

注2：海港物流园区依托港口，衔接海运与内河、铁路、公路转运；

注3：陆港物流园区依托公路或铁路枢纽，以公路干线运输为主，衔接公路与铁路转运。

(2)生产服务型

生产服务型物流园区应符合以下要求：

①依托经济开发区、高新技术园区等制造产业园区而规划；

②提供制造型企业一体化物流服务；

③主要服务于生产制造业物料供应与产品销售。

(3)商贸服务型

商贸服务型物流园区应符合以下要求：

①依托各类大型商品贸易现货市场、专业市场而规划，为商贸市场服务；

②提供商品的集散、运输、配送、仓储、信息处理、流通加工等物流服务；

③主要服务于商贸流通业商品集散。

(4)综合服务型

综合服务型物流园区应符合以下要求：

①依托城市配送、生产制造业、商贸流通业等多元对象而规划；

②位于城市交通运输主要节点，提供综合物流功能服务；

③主要服务于城市配送与区域运输。

5. 海关特殊监管区

海关特殊监管区域是经国务院批准，设立在中华人民共和国海关境内，赋予承接国际产业转移、联接国内国际两个市场的特殊功能和政策，以海关为主实施封闭监管的特定经济功能区域。

海关特殊监管区域的主要功能包括：

保税加工：重点发展现代制造业，延伸产业价值链，提高产品附加值，提升自主创新能力。

保税物流：大力发展现代物流业，延伸物流供应链，建立物流中心。

保税贸易：开展保税条件下的货物贸易，建立采购中心和分销中心。

服务贸易：主要开展生产性服务贸易，如研发设计、产品测试、售后维修、设备租赁等，和流通性服务贸易，如贸易、结算、期货、金融等。

目前，我国已形成"以保税区和海港区港联动为龙头，以保税物流中心（A型、B型）为枢纽，以优化后的出口监管仓库和公共型、自用型保税仓库为网点"的三个层次、六种监管模式的多元化保税仓库物流监管体系的整体思路和改革方案，从而形成全国范围内的保税物流网络，以满足不同地区、不同层次的国际物流发展需要。

（1）保税仓库

保税仓库，是指经海关批准设立的专门存放保税货物及其他未办结海关手续货物的仓库。

（2）出口监管仓库

出口监管仓库是指经海关批准设立，对已办结海关出口手续的货物进行存储、保税物流配送，提供流通性增值服务的海关专用监管仓库。

出口监管仓库分为出口配送型仓库和国内结转型仓库。出口配送型仓库是指存储以实际离境为目的的出口货物的仓库。国内结转型仓库是指存储用于国内结转的出口货物的仓库。

（3）保税物流中心

保税物流中心是指经海关批准，由中国境内企业法人经营，专门从事保税仓储物流业务的海关监管场所。

保税物流中心分为A型和B型两种模式：

保税物流中心（A型），是指经海关批准，由中国境内企业法人经营、专门从事保税仓储物流业务的海关监管场所。按照服务范围分为公用型物流中心（A型）和自用型物流中心（A型）。公用型物流中心是指由专门从事仓储物流业务的中国境内企业法人经营，向社会提供保税仓储物流综合服务的海关监管场所。自用型物流中心是指由中国境内企业法人经营，仅向本企业或者本企业集团内部成员提供保税仓储物流服务的海关监管场所。

保税物流中心（B型），是指经海关批准，由中国境内一家企业法人经营，多家企业进入并从事保税仓储物流业务的海关集中监管场所。

（4）保税区

保税区由国务院批准，1990年开始设立，是包含保税仓储、国际贸易（含转口贸易）、出口加工和商品展示等四项功能的特定区域。

保税区的政策：境外入区仓储及加工货物保税；区内货物可自由流转以及对保税区与境外之间进出的货物，除实行出口被动配额外，不实行进出口配额、许可证管理等政策。

(5)保税物流园区

保税物流园区是指经国务院批准,在保税区规划面积或者毗邻保税区的特定港区内设立的、专门发展现代国际物流业的海关特殊监管区域。

保税物流园区是在整合保税区的政策优势和港口的区位优势,在保税区和港区之间开辟直通通道,拓展港区功能的基础上建立起来的。

保税物流园区具备国际采购和分拨配送、国际中转和转口贸易、简单加工的口岸功能,享受入区出口退税优惠。

(6)出口加工区

出口加工区是指专为制造、加工、装配出口商品而设定的特殊区域,其目的是为促进加工贸易发展,规范加工贸易管理,将加工贸易从分散型向相对集中型管理转变,给企业提供更宽松的经营环境。

在出口加工区内,企业生产的产品全部或大部分出口,原料进口和产品出口免缴关税,国内货物入区视同出口,享受退税政策,外资企业所得利润可自由汇出,不受所在地外汇管制的限制。

2009 年 1 月,在昆山、重庆等 7 家出口加工区开展功能拓展试点两年的基础上,在全国出口加工区范围内,全面拓展了保税物流等功能。拓展功能是指出口加工区在原有单一保税加工制造功能上增加保税物流和研发、检测、维修功能。入区企业的经营范围相应扩大,从原来只允许加工制造企业进入,扩大至允许保税仓储、设计研发、国际采购、国际配送、检测维修等企业入区经营;从原来只允许加工制造企业销售经实质性加工的产品,扩大至允许加工制造企业进行简单加工以及零配件采购和销售。

(7)跨境工业园区

跨境工业园区作为口岸开放的又一新形式,一种新类型的海关特殊监管区,区域地理位置横跨两个国家或地区。

2006 年 12 月 8 日,我国首个跨境工业园区——珠澳跨境工业园区正式启用。作为粤澳之间合作的重要平台和基地,珠澳跨境工业区集合了行政特区与经济特区、自由港与保税区的优势和政策资源,进行优势互补、资源共享、互利共赢的合作,对大珠三角乃至泛珠三角的发展带来深远影响。

跨境工业园区实行保税区政策,与中华人民共和国海关境内的其他地区(简称“区外”)之间进出货物在税收方面实行出口加工区政策。

跨境工业园区的主要功能:出口加工、保税仓储物流、国际贸易。珠海跨境工业园区的主要政策:进口税收政策同保税区,国内入区货物退税,区内交易不征增值税、消费税。除海关外,该区域由于跨国(边)境,边防部队还对出入境的人员进行管理。

(8)保税港区

保税港区是指经国务院批准,设立在国家对外开放的口岸港区和与之相连的特定区域内,具有口岸、物流、加工等功能的海关特殊监管区域。

保税港区具备港口、物流、加工等综合性功能,全面发展口岸通关、保税加工、保税物流、进出口贸易、国际采购分销配送、国际中转、售后服务、检测维修、展示展览、金融服务、科技研发等业务。

(9)综合保税区

综合保税区是经国务院批准,在内陆城市的特定区域内建立的集物流和加工为一体,具有口岸功能的海关特殊监管区域。

综合保税区是具有口岸、物流、加工等功能的海关特殊监管区域,其功能、政策与保税港区类似,被称为“内陆保税港区”,两者均是中国开放层次最高的特殊开放区域。它与保税港区享受的政策和业务功能基本一致,区别在于保税港区设立在国家对外开放的口岸港区和与之相连的特定区域,而综合保税区设立在没有港口条件的内陆地区。

根据国家设立海关特殊监管区域和海关保税监管场所的条件,目前在内陆城市只能设立保税仓库、出口监管仓库、保税物流中心(A型、B型)和综合保税区等。

6. 物流枢纽

物流枢纽是依托综合交通运输枢纽,承担区域间主要物流中转、交换、衔接功能,所形成的相互间紧密协作、合理分工,拥有便捷运输联系的物流设施群综合体。

物流枢纽具有以下特点:

(1)空间布局:物流枢纽通常位于物流中心城市,个别也可位于重要物流结点城市,依托综合交通运输枢纽,伴随着枢纽港口、机场、铁路货运站场、公路运输主枢纽进行布局,或直接与运输枢纽合二为一,最大限度地利用运输组织枢纽在货源集中和运输便利上的优势,衔接两种及以上交通运输方式,以便降低运输成本和减少迂回运输。

(2)服务功能:物流枢纽是城市物流系统的骨架,一般不具备终端配送功能,而且协同、整合的能力强,构成物流枢纽的物流结点设施进行协调与整合,提供满足区域经济社会发展需要的物流服务。因此,物流枢纽主要承担区域物流交换、衔接和中转功能(参见图9-6)。

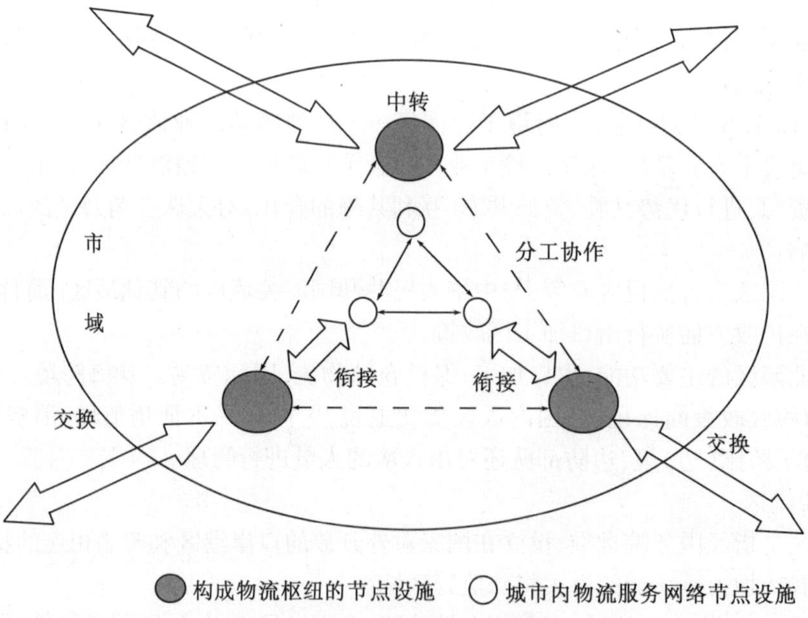

图9-6　物流枢纽服务功能示意图

(3)组成:物流枢纽组成比较复杂,是集中多种运输方式衔接和物流服务功能的设施群。它包括两类物理实体:一类是相互间有紧密的作业联系、合理的业务分工协作、便捷的运输联系的物流结点设施，主要指物流园区和某些专业的物流中心；另一类是货运枢纽，包括铁路的货运站和编组站、航空货运枢纽、公路货运站场（一级），以及港口、泊位和码头。

（4）载体：相互间通常能组织直达班列（轮）运输，主要包括铁路直达班列、水运直达班轮、民航直达航班、公路直达班线。

（5）规模：物流枢纽一般包括一个或多个物流园区、重要的专业物流中心以及货运枢纽，是各种设施的空间集聚体，故其规模比较大。

（6）功效：物流枢纽一般能够协调衔接两种或两种以上运输方式，通过对构成枢纽的各项物流设施合理分工、密切协调，通过信息共享和规模化管理，能够在区域范围实现强大的集约互补功能及效率和效益的最大化。

在一个城市范围内，将城市局部放大，主要涉及物流枢纽、物流园区、物流中心、配送中心、货运场站等层次。

不同层次物流网络节点设施所具有的服务功能，通常具有自上而下的兼容性。在同一空间范围内布局的不同层次物流网络节点设施，其数量、规模、选址建设条件要求、服务功能等，都有显著的区别和差异。通常，层次越高者设置数量越少、规模越大、选址建设条件越复杂、服务功能越综合齐全。

（1）物流枢纽处于物流园区的上一层次，在物流网络系统中具有特殊、重要的地位和作用，它是物流网络中货流的重要集散中心，是保证物流网络畅通、实施宏观调控的关键，同时又是物流网络中各节点设施相互联系、相互配合的重要环节和支持经济、社会发展的重要基础设施。

（2）物流园区介于物流枢纽和物流中心之间，它包含多个具有不同功能和服务范围的物流中心，集约了多种物流设施，相对集中地管理货物的集散，是综合性非常强的物流结点。

（3）物流中心处于中间层次，主要作为物流网络上城市之间货物及其信息交流的枢纽，是向下一级物流结点发送货物的源头，是保障货物在供应链上有效衔接的设施和机构，一般应建立在城市货物进出的主要方向上的城市边缘地区且有高速度、大通行能力的运输通道，区域范围的物流网络上物流中心的数量不宜太多。

（4）配送中心属第四层次的物流结点，上游是物流园区或物流中心，下游是零售店或货运场站，其辐射范围较小，主要职能是联络物流中心，实现物流中心与城市内企业、居民消费区之间的小批量、多批次、多品种的货物配送。其数量较多、规模较小，更接近于所服务的区域及对象。

（5）货运场站处于物流网络最底层，是物流网络的一般节点，功能比较单一，设施设备配置比较简单，主要为物流中心集货和配送中心末端配送服务，主要具备提供货物集结、交付、装卸、中转、换装及其他配套服务等与货物运输相关的服务功能。其数量较多，分布于城市各区域和村镇等处所。

二、物流线路

1. 物流线路的概念

物流线路，实际上指的是运输线路。物流线路广义是指所有可以行驶和航行的陆上、水上、空中路线，狭义仅指已经开辟的，可以按规定进行物流经营的路线和航线。

物流线路是供运输工具定向移动的通道,是运输工具赖以运行的物质基础。

2. **物流线路的分类**

在现代物流系统中,主要的运输线路包括铁路、公路、航线(路)和管道。其中,铁路和公路为陆上运输线路,需承受运输工具及其装载物或人的质量,并主要地或部分地引导运输工具的行进方向;航线(路)分为水运航线(道)和航空航线(路),主要起引导运输工具定位定向行驶的作用,不必承受来自运输工具及其装载物或人的质量,船舶等浮动器和飞机等航空器及其装载物或人的质量由水和空气的浮力来支撑;管道是一种相对特殊的运输线路,由于其严密的封闭性,使之部分承担了运输工具的功能。

3. **物流线路的选择**

良好的线路应具备安全可靠、建造及维护费用低、便于迅速通行及运转、不受自然气候及地理条件影响、使用寿命长、距离短等条件。

练习题

1. **单选题**

(1)资金要素属于物流系统构成要素中的(　　)。

A. 一般要素　　B. 功能要素

C. 物质基础要素　　D. 支撑要素

(2)物流线路上进行的活动是(　　)。

A. 流通加工　　B. 运输

C. 装卸　　D. 分货

(3)拥有商品的保管、在库管理、周转、分拣业务的物流中心是(　　)。

A. TC(Transfer Center)　　B. DC(Distribution Center)

C. SC(Stock Center)　　D. PC(Process Center)

2. **多选题**

(1)从一般意义上讲,集装箱可以被视为(　　)。

A. 运输设备　　B. 运输结点

C. 货物　　D. 包装容器

(2)转运型结点包括(　　)。

A. 集装箱货运站　　B. 铁路车站

C. 大型超市　　D. 大型港口

(3)根据依托对象不同,可将物流园区划分为(　　)。

A. 货运服务型　　B. 生产服务型

C. 商贸服务型　　D. 综合服务型

3. **简答题**

(1)简述物流系统的构成要素。

(2)简述物流结点的构成与层次划分。

(3)简述物流中心与配送中心的异同。

4. **案例分析题**

长春一汽国际物流中心成立于1997年7月，是中国第一汽车集团进出口公司的全资子公司，是中国第一汽车集团进出口货物的物流集散地，同时也是中国东北地区最大的零部件拆散中心和筐式配送中心。物流中心地处吉林省长春市，交通便利，地理位置优越，占地26万平方米，年吞吐能力为10万吨，拥有铁路专用线750延长米，拥有现代先进的集装箱物流管理系统，还拥有世界上最先进的专业物流作业设备，以及全天候的海关监管功能。

长春一汽国际物流中心主要提供以下服务：(1)集装箱业务。集装箱业务是物流中心的业务本体，肩负着一汽集团进出口货物集散任务。(2)产前、产中配送业务。它是物流中心近几年迅速崛起的业绩增长点，凭借一支具有丰富的专业知识和服务资质的物流人才队伍，打造出了东北最大的汽车零部件拆散中心和筐式配送中心。(3)预装配业务。随着国际汽车产业的迅猛发展，原有的平台化生产方式正在慢慢被模块化生产方式所替代。物流中心也顺应发展要求，建立具有先进的分装设备及专业化的人才队伍，为一汽大众等公司百余种零件进行装配。(4)出口包装业务。物流中心充分利用自身零配件齐全的优势结合本中心的熏蒸、报关、报检的能力，从点到面拓展国际市场，面向俄罗斯、墨西哥、巴基斯坦、越南等45个国家和地区进行整套出口业务服务。(5)保税业务。中国第一汽车集团公司保税区和保税仓库是经中国海关总署批准成立的，由长春一汽国际物流中心负责运营和管理。保税区和保税仓库成为一汽集团掌控全球采购资源的重要手段，成为国际供应链成本管理中心的核心环节。

问题分析：(1)作为物流中心，长春一汽国际物流中心属于何种类型的物流中心？(2)作为海关特殊监管区，长春一汽国际物流中心属于何种类型的海关特殊监管区？

第十章 物流企业

引导案例

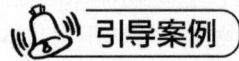

美国第三方物流公司业务拓展新方向——财政与金融服务

从包装到储存,从回收到维修,第三方物流公司似乎在不断地扩大其服务范围,这不仅仅是为了竞争,更重要的是为了满足日益增长的顾客需求。然而,现在美国许多公司关注的不仅仅是仓储和运输效率,而且开始关注第三方物流公司所提供的财政与金融服务:运费支付处理业务和保理业务。施耐德物流公司和万络环球(Menlo)公司是提供运费支付处理业务的两家美国第三方物流公司。相比之下,CASS 信息系统公司是美国一家专门提供运费支付服务的物流公司。UPS 融资公司(UPS Capital)自称是"第一家完整的供应链金融公司",通过其下属的全球贸易融资股份有限公司(Global Trade Finance)提供保理业务。

运费支付处理业务,是指运费支付服务商(不管他们是否是与运输有关的第三方物流公司)处理并支付承运人的票据。举例来说,在典型的应付账款(A/P)体系中,公司应付账款1 000美元,如果支付了这 1 000 美元,公司将会做相应的财务记录。而运费支付服务商则首先是对所获得的数据分解,以便真正有益于运营。例如,一个食品生产商可能想掌握他所生产的食品的每一种原料的运费是多少,运费支付处理业务就是把运费分解成用户所要求的、尽可能小的多种成本,同时每一种成本都将记录到总分类账上。通常企业本身不擅长于票据的审核工作。而且,大多数运费支付是不定期的,且数量非常多。所以,若由企业自己处理是很不划算的,而由专业的第三方物流公司来处理则将收到显著的规模效益。可见,外包运费支付业务对于客户集中精力发展核心业务是非常划算的。

保理业务,是指在信用销售的情况下,保理商为"卖方"提供商业资信调查、信用风险担保、贸易融资、应收账款管理及追收为一体的综合性服务。通常情况下,用户不是不付款,而是尽可能地拖延时间付款,以更好地利用现金流。保理公司或者第三方物流公司的保理业务有助于解决这个问题。保理业务是一项集贸易融资、商业资信调查、应收账款管理及信用风险担保于一体的新兴综合性金融服务。近年来随着赊销的日益盛行,保理业务在世界各地发展迅速。

第一节 概 述

一、现代物流企业与传统物流企业的比较

(一)现代物流企业的概念与特点

根据我国国家标准《物流术语》(GB/T 18354—2006)的规定,物流企业(Logistics Enterprise),是指从事运输(含运输代理、货运快递)或仓储等业务,并能够按照客户物流需求对运输、储存、装卸、搬运、包装、流通加工、配送等进行组织和管理,具有与自身业务相适应的信息管理系统,实行独立核算、独立承担民事责任的经济组织。

基于以上概念,不难看出,现代物流企业是根据客户的需要,将运输、储存、装卸、搬运、包装、流通加工、配送、信息处理等基本功能有机结合,以提供一体化的服务,因此,现代物流企业具有以下基本特征:

(1)是适应经济的全球化,全球采购、全球生产、全球流通、全球消费而出现的一种新的产业分工。

(2)是将供应商、生产商、分销商直到最终用户连成一个整体的运作模式,实施供应链集成,达到共赢。

(3)以物流资源的优化整合为手段,实现多功能一体化运作。

(4)以信息网络技术为支撑,实现物流运作全程信息化。

(5)第三方物流公司的出现,成为专业物流服务提供商。

(6)全球物流市场的形成,物流业作为生产性服务业已成为全球与各国经济稳定发展的有力支撑。

(二)传统物流企业的概念与构成

传统物流企业是指专门从事运输(含运输代理、货运快递)或仓储等业务,实行独立核算、独立承担民事责任的经济组织。

根据服务对象和性质划分,传统物流业可以分成运输经营业和与运输相关的辅助性经营业(参见图10-1)。

1. 运输经营业

运输经营业,是运输服务的供给者,它是指以运输货物为服务对象,直接向运输服务需求者提供运输劳务并收取运费的行业。运输经营业由各种运输方式的供应商,即通常所称的运输企业组成。比如,汽车运输企业、船舶运输企业、航空公司、铁路局(集团公司)等。运输企业既包括利用自身运输工具开展运输经营的所有人,也包括利用长期租赁(即期租和光租)的运输工具开展运输经营的经营人。

在法律上,作为运输服务供给者的运输企业则被称为承运人,有时为了同本身不拥有运输工具但却以承运人身份开展运输经营的契约承运人或无船承运人相区别,这类承运人也称为实际承运人。在多式联运中,它们也称为区段承运人。区段承运人与多式联运经营人签订协

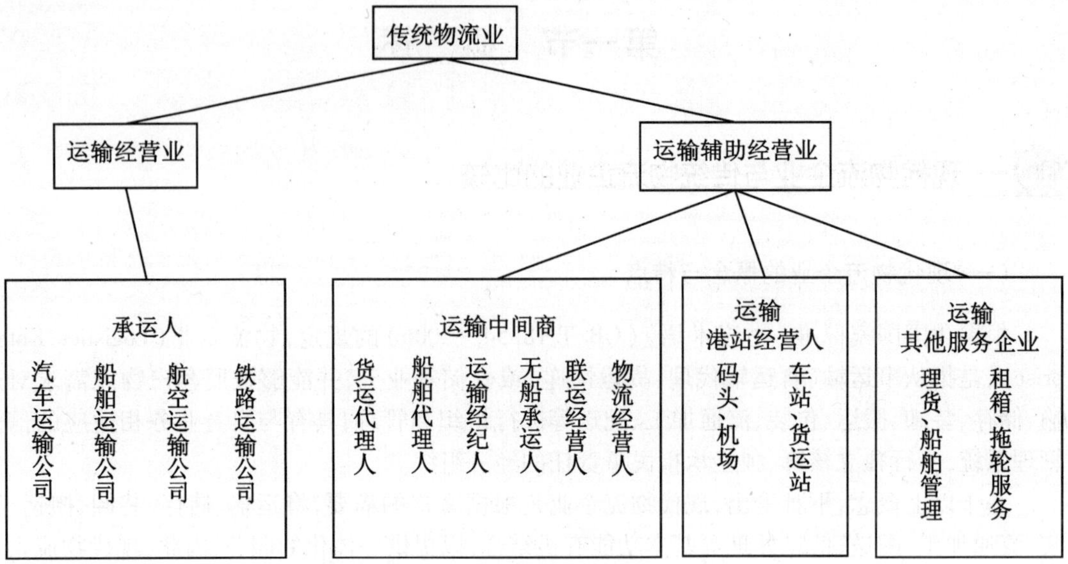

图 10-1　传统物流业的构成示意图

议，完成整个运输过程中的一段或几段运输，根据功能的不同可以分成以下几部分：

（1）海上干线运输企业。海上班轮公司从事海上干线运输，是多式联运的核心部分，采用固定的船期和船舶，往返于枢纽港之间，其主要功能是实现大批量集装箱货物的跨海（洋）运输。海上班轮公司多配备大型化甚至超大型化的专业集装箱船，装箱量高，船速快，周转时间短。

（2）内陆集疏运企业，其功能实现了海上干线运输的延伸和扩展，为海上干线运输提供集运和疏运服务，最终实现门到门的运输服务。按照运输方式的不同，内陆集疏运可以分成沿海运输企业、内河运输企业、公路运输企业、铁路运输部门等。其中集装箱公路运输是公认的最灵活、最快捷的运输方式，对于中短距离运输有优势。

2. 辅助经营业

与运输相关的辅助性经营业是指专门从事与运输经营相关的辅助性经营活动并收取报酬的行业。与运输相关的辅助性经营业可细分为以下三大类：

（1）运输中间商

运输中间商，是指介于运输需求者与运输供给者之间，为它们提供中介服务，促进运输交易行为实现的中介组织。运输中间商具有双重性，既具有运输供给者的特点，又具有运输需求者的特点。它是实现运输市场交换行业的中介组织，是运输供给主体实现市场营销活动的有效渠道之一。

目前，常见的运输中间商主要包括以下五类：

①货运代理人，是指接受托运人或发货人的委托，为其代办货物运输及其相关业务并收取报酬的经济组织。

②船舶代理人，是指接受海上承运人的委托，为其揽货或为其在港船舶办理各项业务和手续并收取报酬的经济组织。在陆运与空运中，这类代理人通常称为销售代理人。

③运输经纪人，是指以中间人的身份代办洽谈业务，促使交易成交并收取报酬的经济组

织,常见的有租船经纪人、船舶买卖经纪人。

④契约承运人,是指以承运人身份接受托运人的货载,签发自己的运输单证,向托运人收取运费,通过拥有或控制运输工具的实际承运人完成货物运输,承担承运人责任的经济组织。在海上运输中,契约承运人被称为无船承运人。

⑤多式联运经营人,是指本人或者委托他人以本人名义与托运人订立一项多式联运合同,并以承运人身份承担完成此项合同责任的经济组织。

值得注意的是,以上货运代理人、船舶代理人、运输经纪人的定义仍局限于传统的范畴,即仍将其性质定义为代理人或居间人。实际上,目前很多货运代理人、船舶代理人和运输经纪人已突破传统的代理人、居间人的界限,成为契约承运人或多式联运经营人。

(2)运输港站经营人

运输港站经营人(Operator of Transport Terminals),是指接受货主、承运人或其他有关方的委托,在其所控制的或有权使用的场地或仓库上,负责接管运输货物,并对这些货物提供或安排包括堆存、仓储、装载、卸载、积载、平舱、隔垫和绑扎等与货物运输有关的服务的人。

运输港站经营人包括拥有或有权使用场所进行货物装卸作业、储存、包装和分拨,准备货物拆装及修理、短距离货物搬运与加工的航空港、海港、内河港、铁路和公路车站的经营人,以及与货物运输有关业务的仓库、仓储公司、货运站、装卸公司等。

大型场站设施,如港口、机场、车站等是国民经济的基础设施、先行工程,具有较强的社会公共性,这些港站经营人既带有营利的企业性质,同时也带有为地区公众服务的事业性质。

(3)其他运输服务企业

除了以上行业之外,还包括提供外轮理货业务、运输工具租赁与买卖、运输工具管理、船员劳务、运输工具修理、燃料物料供应、道路维护、运输信息等服务的其他运输服务行业。

在我国,铁路运输仍然实行"网运合一"模式,即运输企业与港站企业混业经营,而公路、水路、航空运输则实行"站(港)运分离"模式,即运输企业与港站企业分业独立经营。

值得注意的是,随着运输市场需求多样化以及市场竞争日趋激烈,很多大型的运输企业、仓储企业都力图向多功能、多元化方向发展,以适应现代物流业的需要。比如,中国远洋运输集团就是以国际航运为主业,集船务代理、货运代理、空运代理、码头仓储、内陆集运、贸易、工业、金融、保险、房地产开发、旅游、劳务输出、院校教育等业务于一体的综合物流企业。

(三)现代物流企业与传统物流企业的区别

如前所述,现代物流业是一个新兴产业,不同于传统的运输业或者仓储业。现代物流企业可以拥有也可以不拥有一般运输业、仓储业的资产,而是主要依靠现代化信息系统及其所掌握的有关数据库,运用成熟技术和先进物流设备,通过多种物流方案的评估选优,为客户提供长期的、最经济的、最有效的物流服务。而传统物流业主要达到两个目的,一是商品地理位置的转移,二是商品储存时间的转移。传统物流企业一般指产品出厂后的包装、运输、装卸、仓储,主要提供临时性的物资运输或保管业务,因而,传统的运输与仓储业与现代物流业有本质的区别(参见表10-1)。

表 10-1　现代物流企业与传统物流企业的区别

对比指标	传统物流企业	现代物流企业
功能	单一功能服务	整合一个以上物流功能,专业化服务
仓储	保存货物	物流服务供应商一般不保存货物
设备	拥有设备	不一定拥有设备,但控制设备
目标	单项业务的最优	强调整个供应链的优化

综上所述,一方面,应明确现代物流业与传统的运输业或者仓储业有本质上的区别;另一方面,讲“现代”并不否定“传统”,运输与仓储仍然是物流的基础,是物流业的核心部分,因而,现代物流业与运输业、仓储业应融合发展和一体化发展。

二、物流企业的类型

实践中,可以基于不同的角度,对物流企业进行分类。

(一)按来源分类

1. 由传统的运输和仓储企业转型而来的物流企业

传统储运企业提供的存储和运输服务是物流服务重要的一部分,一些大型的国有企业所拥有的全国性的经营网络、各种运输工具和仓储资产将发挥重要作用,成为提供物流服务的保证。这些企业可获得一定的政策倾斜和政府扶持,还可以利用以前的客户资源和良好的客户关系,为客户继续提供服务,基于这些优势,这种类型的企业占据了物流市场的半壁江山。不过,这些企业也或多或少存在着一些弊端,因为有些企业只是在公司名称或是表面层次的转型,而其最根本的内部组织结构和运作机制并没有根本性的转变,所以企业的效率比较低下,冗余人员的比例较高。同时以前传统储运根深蒂固的经营思想和企业文化,对企业经营思想转变和业务开展形成一定的障碍。

2. 新兴的物流公司

这些公司成立的时间不长,是在第三方物流概念引入和发展的过程中诞生的,占据了中国第三方物流市场的25%左右。此类公司大多是民营或者合资企业,其业务地域、服务和客户相对集中。由于这些公司的根基不深,经营规模不大,它们只能在有限的区域内集中利用自己的资源,提供高质量的物流服务。由于新型的组织结构、进取向上的企业文化、先进的管理理念,这类企业的效率相对较高,发展速度很快,它们一般都拥有先进的管理信息系统和经营理念,机制灵活,管理成本较低,是物流企业中最具活力的第三方物流企业。同样,这类企业也存在着一些弊端,由于是民营或合资企业,规模不大,固定资产十分有限,不能为众多的不同客户提供大范围的个性化的物流服务。第三方物流的概念引入不长,银行机构及一些投资人对这类企业的前景还持怀疑和观望态度,所以这类第三方物流企业很难在社会上获得广泛的财务支持。虽然这些企业的观念比较新,但由于成立不久,欠缺企业运作的经验,对其发展有一定影响。

3. 企业内部物流公司

这些新办的国有或国有控股的新型物流企业,是现代企业改革的产物。由于担心外包物流给其他公司,可能会使企业自身失去对物流的部分控制,所以有许多企业都是自办物流。但由于现代企业制度的改革,以及市场竞争的加剧,企业要在市场中生存,必须进行资产重组和资产优化,将以前自办的物流部分从企业剥离出去成为一个独立核算、自主经营的公司。由于历史的原因,这种类型的物流公司主要为内部客户服务,经过长时间的合作,熟悉原公司业务,在为原公司提供物流方面具有专长。企业为了专注于其核心竞争力的形成,放弃了自己的物流部门,而这些物流企业将在一段时间内难以适应市场激烈的竞争。但是这些企业可以利用原公司的客户资源来发展自己的客户网络,在为原公司服务的同时也向其他公司提供第三方物流服务。

4. 国外的物流公司

这些物流公司由于长期从事物流服务,拥有十分丰富的行业知识、运营经验、先进的理论和完善的设施,不仅资产庞大,还有完善的海外网络。他们因其与国际物流客户的良好关系,已成为国际跨国公司进入中国市场的首选物流服务商。当然,这些国外的物流服务商在中国缺少网络资源和运输资产,而要建立自己的网络需要大量的投资,并且承担一定的风险。因此,他们大多是通过与内地物流企业合作的方式经营其业务,这样会使他们在中国提供物流服务的成本增加。

(二)按照物流业务范围和功能分类

物流企业可分为综合性物流企业和功能性物流企业。功能性物流企业,也可叫单一物流企业,即它仅仅承担和完成某一项或几项物流功能,而综合性物流企业能够完成和承担多项甚至所有的物流功能。综合性物流企业一般规模较大、资金雄厚,并且有着良好的物流服务信誉。综合性物流企业和功能性物流企业也可以具体分为以下四种(参见图 10-2)。

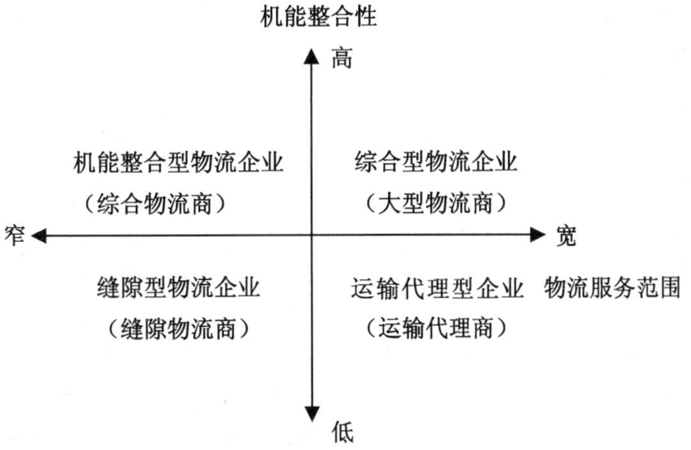

图 10-2 物流企业分类示意图

(1)综合型物流企业,比如中远集团、中外运集团等。综合型物流企业的业务范围往往是全国或世界,它能对应货主企业的全球化经营从事国际物流。这种物流企业具有机能整合度高、物流服务范围广、综合实力强大、能为客户提供全方位综合物流服务的特点。

(2)机能整合型物流企业,比如中国邮政速递服务公司(EMS)、中铁快运有限公司(CRE)、中国航空快递有限责任公司(CAE)等。机能整合型物流企业是以对象货物为核心,导入系统化的物流，通过推进货物分拣，追踪提供输送服务。这类企业能自己承担从集货到配送等物流活动，可以高度实现机能结合。由于企业服务的是特定的货物，所以其服务的范围受到限制。

(3)运输代理型企业。这类企业机能整合度低，但服务范围广，通常自身不拥有运送手段，而是以综合运用铁路、航空、船舶、汽车运输等各种手段，开展货物混载代理业务。它们具有把不同的物流服务项目组合以满足客户需求的能力。目前，运输代理型企业正在向第三方物流企业发展，即迈向提供物流交易双方的部分或全部物流功能的外部服务提供者。

(4)缝隙型物流企业。这类企业表现为机能整合度低、物流服务范围较窄，它主要向局部市场的特定顾客提供物流服务。这类企业通常开展一些见缝插针的物流服务，如一些小的搬家公司、仓储公司、汽运公司等。

(三)按照以某项服务功能为主要特征分类

在《物流企业分类与评估指标》(GB/T 19680—2005)中，根据物流企业以某项服务功能为主要特征，并向物流服务其他功能延伸的不同状况，将物流企业分为以下三类：

1. 运输型物流企业

运输型物流企业应同时符合以下要求：

(1)以从事货物运输业务为主，包括货物快递服务或运输代理服务，具有一定规模；

(2)可以提供门到门运输、门到站运输、站到门运输、站到站运输服务和其他物流服务；

(3)企业自有一定数量的运输设备；

(4)具备网络化信息服务功能，应用信息系统可对运输货场进行状态查询、监控。

2. 仓储型物流企业

仓储型物流企业应同时符合以下要求：

(1)以从事仓储业务为主，为客户提供货物储存、保管、中转等仓储服务，具有一定规模；

(2)企业能为客户提供配送服务以及商品经销、流通加工等其他服务；

(3)企业自有一定规模的仓储设施、设备，自有或租用必要的货运车辆；

(4)具备网络化信息服务功能，应用信息系统可对货物进行状态查询、监控。

3. 综合服务型物流企业

综合服务型物流企业应同时符合以下要求：

(1)从事多种物流服务业务，可以为客户提供运输、货运代理、仓储、配送等多种物流服务，具备一定规模；

(2)根据客户的需求，为客户制订整合物流资源的运作方案，为客户提供契约性的综合物流服务；

(3)按照业务要求，企业自有或租用必要的运输设备、仓储设施及设备；

(4)企业具有一定运营范围的货物集散、分拨网络；

(5)企业配置专门的机构和人员，建立完备的客户服务体系，能及时、有效地提供客户服务；

(6)具备网络化信息服务功能，应用信息系统可对物流服务全过程进行状态查询和监控。

(四)按从事物流活动的主体分类

物流企业可分为第一方物流、第二方物流、第三方物流和第四方物流。有关此部分具体内容将在下面专门介绍。

三、物流企业的服务内容与范围

1. 服务内容

一般而言，现代物流企业可以提供包括采购原料、商品生产或加工地点、原料或产成品的储存保管、装卸、包装、租船、订舱、配载、制单、报价、报关、集港、疏港、运输、结汇、跟踪物流位置，直至货物到达指定目的地的最终用户手中的一系列服务（参见图10-3）。但就具体物流企业而言，其业务内容与企业资产实力、资金实力、资源整合能力、信息技术能力等有关。从物流企业提供的业务模式分析，物流企业可分为四种不同层次或类型的物流服务：

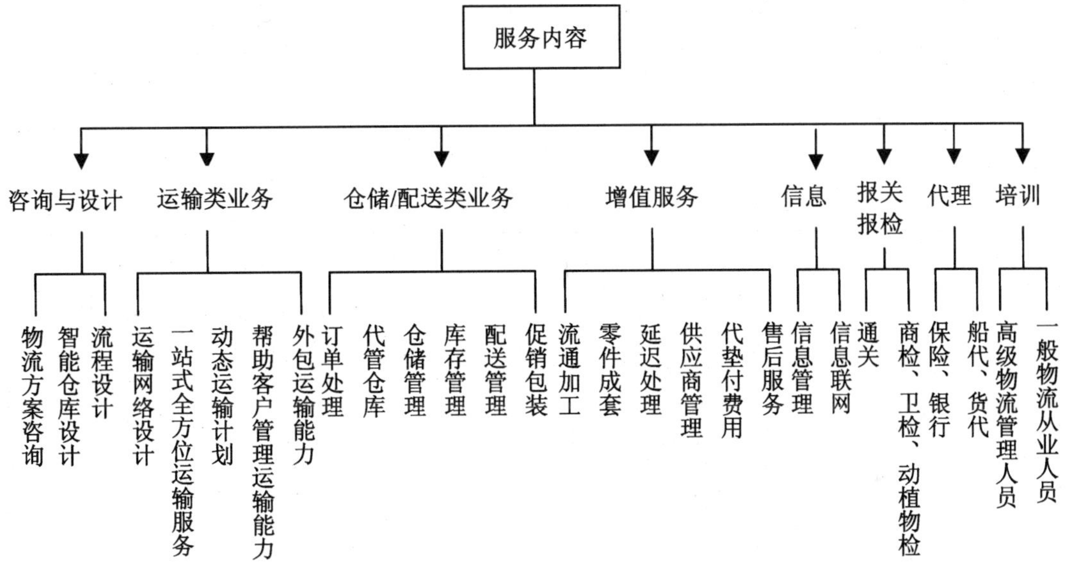

图10-3 物流企业服务内容

（1）功能型物流服务

功能型物流服务，是指企业提供诸如货代、运输、仓储、配送中的某一项或几项服务。他们的竞争力在于充分有效利用自有资源，在此基础上提高功能物流服务的经营效率，达到比自营物流更高效、更低成本的运作，传统的运输、仓储企业实际上就是提供这种服务的。

这一服务层次以一次性服务为特点，不一定建立在长期物流合同基础上，一般不要求提供很多的协调服务。大部分营业性物流企业的公共物流业务基本上都属于这一服务层次，可以看作是物流服务的初级形式。

（2）增值型物流服务

增值型物流服务（Value-added Logistics Service），是指在完成物流基本功能的基础上，根据客户需求提供的各种延伸业务。比如，根据货主企业的要求在保证单一物流功能低成本运作的基础上，进行货物拆拼箱、重新贴签/重新包装、包装/分类/拼货/零部件配套、产品退货管理、组装/配件组装、测试和修理等服务。

一般而言，增值性的物流服务主要包括以下几个方面：

一是增加便利性。即为客户提供简化手续、简化操作的服务。具体来说，就是原来需要用户自己做的一些事情，现在由物流提供方，以各种方式代替用户做了，从而使这种服务变得简单。如提供一条龙门到门的运输服务，原来需要客户自己把货物送到车站或物流部门，现在由车站或物流部门直接上门收货，对客户来说就提供了便利。

二是加快反应速度。在市场快速反应的情况下，要求流通过程加快，这就要求物流的提供方能优化生产和流通系统的中心网络，或重新设计适合生产和流通需要的流通渠道，减少物流环节，简化物流过程，提高物流系统的快速反应能力。

三是降低成本。越来越多的企业特别是电子商务经营者，要求物流服务商采用比较适用但投资较少的物流技术和设施设备，或推行物流管理技术提高物流的效率和效益，降低物流成本。这部分业务如果由专门的物流服务企业来做，相当于为客户提供了更多的价值，从而降低了物流服务接受方的物流成本。

四是延伸服务。物流增值服务向前可以延伸到市场调查与预测、采购及订单处理，向后可延伸到配送、物流管理咨询、物流方案的选择与规划、库存控制决策建议、货款回收与结算、教育培训、物流系统设计等。

值得注意的是，增值性物流服务没有固定的组成要素，不同的行业、不同的客户所需的增值服务也不尽相同。表 10-2 显示了不同类型的物流企业可提供的增值服务项目。

表 10-2　不同类型的物流企业可提供的增值服务项目

	主要增值服务项目
运输型增值服务	(1)从收货到递送的货物全程追踪服务；电话预约当天收货；车辆租赁服务；对时间敏感的产品提供快速可靠的服务(含相关记录报告)； (2)对温度敏感的产品提供快速可靠的服务，如冷藏、冷冻运输(含相关记录报告)； (3)配合产品制造或装配的零部件、在制品及时交付； (4)被客户退回的商品回收运输服务； (5)运输设备的清洁或消毒等卫生服务； (6)为客户提供承运人的评估选择、运输合同管理服务等
仓储型增值服务	(1)材料及零部件的到货检验；材料及零部件的安装制造；提供全天候收货和发货窗口；配合客户营销计划进行制成品的重新包装和组合：如不同产品捆绑促销时提供商品的再包装服务； (2)满足客户销售需要而提供的成品标记服务：如为商品打价格标签或条形码； (3)便利服务：如为成衣销售提供开箱加挂衣架重新包装的服务，对于超市型客户而言，这种服务很有市场；商品退回的存放并协助处理追踪服务； (4)为食品、药品类客户提供低温冷藏服务，并负责先进先出，最大限度地方便商家，是一项前景很好的增值服务
货运代理型增值服务	(1)订舱、租船、包机、包舱、托运、仓储、包装； (2)货物的监装、装卸、集装箱拼装拆箱、分拨、中转及相关的短途运输服务； (3)报关、报验、报检、保险；内向运输与外向运输的组合；多式联运、集运(含集装箱拼箱)
信息型增值服务	以信息技术为优势的物流服务商可以把信息技术融入物流作业安排当中。例如：向供应商下订单，并提供相关财务报告；接受客户的订单，并提供相关财务报告；利用对数据的积累和整理，对客户的需求预测，提供咨询支持；运用网络技术向客户提供在线的数据查询和在线帮助服务

(3)基于管理活动的物流服务

它是指建立在物流管理合同基础上，增加了诸如运输管理、库存控制、货物跟踪、需求预测、网络管理、供应链 IT 支持、物流行政管理,甚至将某些仓库及车队交给物流企业管理的服务。这种模式需要一定的信息系统集成、业务流程重组和经营组织变革,是物流服务中需要管理咨询、系统集成、虚拟经营等电脑和技术支持的一种典型形式。

(4)基于集成方案的物流服务

它是指物流企业能够把供应链上的一段(如分销物流)或者整个供应链的物流活动高度集成、有效衔接,进行运作、管理和优化,能为客户提供一种长期的、专业的、高效的物流服务。提供系统咨询与设计的物流企业不仅具备运营和管理整个供应链的能力,而且能够利用专业、科学的物流知识为客户量身进行物流体系的规划、设计、整合和改进,全面提升运作效率与效益,提高客户服务水平和快速反应能力,更好地支持和服务客户的可持续发展战略。这是物流企业整合内外部资源,提供商流、物流、信息流和资金流一体化运作的集成供应链管理形式。

在美国的物流企业所提供的服务项目中,相同部分最多的物流服务项目有:配送战略与系统的研制、运用 EDI 能力、物流运作绩效报告、信息管理、仓储、货物集散,诸如取货拼装、选择服务提供者(包括运输者、货运代理、通关经纪人)、信息管理、仓储、运费支付服务、运费谈判协商等与运输直接相关的业务。此外还有:保税仓储、库存管理、定货服务、取货和送货、货运账单审计;出口作业、进口作业;产品修饰,产品返修、装配和修理,以及包装等。相同部分最少的是国际物流活动,主要有:海外采购、国际电子通信、出口许可证、信用证交易等。

欧洲的物流企业最经常采用的物流服务主要是:联运、仓库管理、车队管理、产品回收、搬运作业、再包装/贴标签、物流信息系统、订单履行、产品装配/安装、估价谈判、库存补充、订单处理、客户备用零件和其他。

中国仓储协会组织的我国工商企业物流任务“外包”情况调查表明,当前国内生产企业的外包物流主要集中在干线运输,其次是市内配送和仓储,再次是包装;商业企业的外包物流在市内配送、仓储和干线发运方面比例大致均等,说明生产企业和商业企业利用外包物流的侧重点不同。从这里也可以看出,我国物流的服务内容大都集中于传统意义上的运输、仓储范畴之内,运输、仓储企业对这些服务内容有着比较深刻的理解,对每个单项的服务内容都有一定的经验,关键是如何根据客户需求细化服务项目,并将这些单项的服务内容有机地组合、整合起来,提供集成物流的整体方案。

2. 服务范围

物流企业服务范围是指物流企业所服务的行业范围。有些企业服务范围相对较窄、较集中,仅为单一或者少数行业提供服务,另外一些企业服务范围很广,可以为多个行业提供服务。在成熟的物流市场上,第三方物流企业为了建立自己的竞争优势,一般将主营业务定位在特定的一个或几个行业,因为不同的行业其物流运作模式是不同的,专注于特定行业可以形成行业优势,增强自身的竞争能力。

在实际运作中,即使同一物流企业,也会设定不同的服务内容与服务范围,比如,既有稳定的长期客户,也有阶段性的客户;既有基于实物的物流服务,也有基于管理的物流服务。

第二节 第三方物流与第四方物流

一、第三方物流

(一)第三方物流的概念与特点

1. 概念

第三方物流是为了区别于第一方物流和第二方物流而引入的概念。

(1)第一方物流

第一方物流,是指商品的供应者自身对产品和物品进行的物流活动。

(2)第二方物流

第二方物流,是指商品需求者对其商品进行的物流活动。

无论是第一方物流还是第二方物流,均可分为企业自营物流和专业子公司物流。企业自营物流是指企业自备车队、仓库、场地、人员,以自给自足的方式经营企业的物流业务。专业子公司物流一般是指从企业传统物流运作功能中脱离出来,成为一个独立运作的专业化实体。它与母公司(或集团)之间的关系是服务与被服务的关系。它以专业化的工具、人员、管理流程和服务收单为母公司提供专业化的物流服务。

(3)第三方物流

广义的第三方物流,可以定义为提供部分和全部企业物流服务的外部提供者。这一广义的定义可以把提供运输、仓储、销售物流、财务等服务的提供者都包括在内。广义的第三方物流的概念没有将传统的运输、仓储业务与现代物流服务进行区别,概念太宽,不利于研究和认识现代物流。

根据我国国家标准《物流术语》(GB/T 18354—2006)的规定,第三方物流(Third Party Logistics,TPL 或 3PL),是指独立于供需双方为客户提供专项或全面的物流系统设计或系统运营的物流服务模式。显然,这是指狭义上的第三方物流。

2. 特点

如图 10-4 所示,狭义上的第三方物流企业与传统物流企业有本质的差别,具有自己鲜明的特征,其突出表现在以下五个方面:

(1)个性化

随着经济的发展,市场需求呈现个性化和多样化的发展趋势,导致物流外包者对服务需求的专业化和个性化趋势更加明显。第三方物流提供商为了提供满意的客户服务,对客户需求的多样性应做出快速反应,并按照客户企业的业务流程来制定服务项目。它不仅提供基础的物流服务,而且为客户提供细节服务、特色服务、特殊服务、灵活服务、自选服务等,其服务范围涉及整个供应链。

(2)信息化

第三方物流要有信息技术基础设施的提供和支持。第三方物流提供商投资建立的信息网络,其信息资源与客户企业共享,通过与客户的信息系统对接,形成以供应链为基础的高效、便

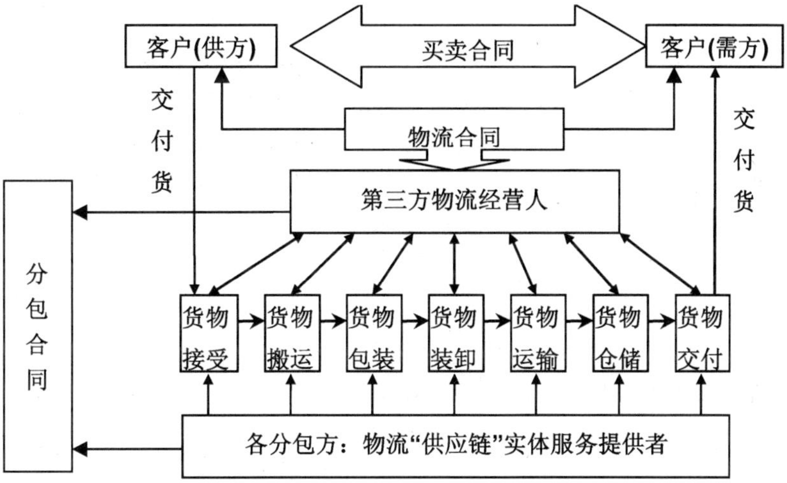

图10-4 第三方物流企业与物流功能提供者的关系

捷的信息平台，提高整个供应链的竞争力。

(3)专业化

第三方物流熟悉物流市场的情况和物流活动的运作，具有专业化的物流设施和信息手段，固定的客户关系网和专业的物流人才。所以第三方物流企业提供的服务是专业化的服务，它们用专业知识技能为客户选择最佳的运输工具、最佳的运输路线、最好的存储方案，使客户在物流业务中投入最低的成本，得到最大的收益。

(4)合同化

第三方物流为企业提供的不是一次性的运输或配送服务，而是一种具有长期契约性质的综合物流服务，最终职能是保证客户物流体系的高效运作和不断优化供应链系统。第三方物流有别于传统的外协，外协只限于一项或一系列分散的物流功能，而第三方物流根据合同条款的规定，不是根据临时需求或要求，提供多功能甚至全方位的物流服务。

综上所述，狭义上的第三方物流是为客户提供以合同为约束、以结盟为基础的系列化、个性化、信息化的物流服务，因此，又称为合同物流(Contract Logistics)、物流外包(Logistics Outsourcing)、物流联盟(Logistics Alliance)等。

(二)第三方物流的优势与产生的原因

1. 第三方物流的优势

与一般物流企业相比，第三方物流具有以下优势：

(1)信息优势

第三方物流企业，尤其是非资产型第三方物流企业，它的运作主要靠信息，只有具备信息的优势，第三方物流才可以比货主在了解市场、了解物流平台的情况、了解灵活运用物流资源、了解价格、了解制度和政策方面更有优势。同时，第三方物流的信息优势还来自于由他组织和运作的物流系统，这是偶尔进入这一领域的物流服务需求者所不可能具备的。当然，对于货主来讲，如果有长期的、稳定的物流渠道，也完全可以形成自己的信息优势，而不一定依靠第三方物流。第三方物流信息优势主要是针对客户的变换的需求，客户不会就每一项临时的物流需求来建立自己的有效的信息优势，所以，依靠第三方物流，有时是唯一的选择。

(2)专业优势

第三方物流企业的核心竞争能力,除了信息之外,就是物流领域的专业化运作,专业化运作是降低成本、提高物流水平的运作方式,这一点在工业化时期已经在各个领域得到了证明。绝大部分物流客户核心竞争能力都不是物流。对制造企业而言,核心竞争能力是设计、制造和新产品开发;对商业企业而言,核心竞争能力是商业营销。能够把物流作为自己核心竞争能力的,也只有如沃尔玛这样的超大型企业,所以,相对于有物流服务需求的客户而言,第三方物流更具有专业优势。

(3)规模优势

第三方物流企业的规模优势来自于它的地位可以组织若干个客户的共同物流,这对于不能形成规模优势的单独的客户而言,将业务外包给第三方物流企业,可以通过多个客户所形成的规模来降低成本。有了规模,就可以有效地实施供应链、配送等先进的物流系统,进一步保障物流服务水平的提高。

(4)服务优势

一方面,第三方物流企业和客户之间的关系,不是竞争关系,而是具有共同利益的共赢关系,这是形成服务优势的重要条件。另一方面,第三方物流整个企业的构建和组织,都是基于物流服务这一要求,这是货主物流企业和一般的承运企业所不具备的。第三方物流服务优势还来自于信息优势、专业优势,应该说服务优势实际上是其他优势的综合表现。

2. 产生的原因

第三方物流是物流专业化的重要形式,是物流业发展到一定阶段的必然产物。

(1)第三方物流产生是社会分工的结果

在企业资源基础理论和核心能力理论等新型管理理念的影响下,各企业为增强市场竞争力,而将企业的资金、人力、物力投入到其核心业务上去,寻求社会化分工协作带来的效率和效益的最大化。专业化分工的结果导致许多非核心业务从企业生产经营活动中分离出来,其中包括物流业务。企业将物流业务委托给第三方专业物流公司负责,可降低物流成本,完善物流活动的服务功能。

(2)第三方物流的产生是新型管理理念的要求

进入20世纪90年代后,信息技术特别是计算机技术的高速发展与社会分工的进一步细化,推动着管理技术和思想的迅速更新,由此产生了供应链、虚拟企业等一系列强调外部协调和合作的新型管理理念,既增加了物流活动的复杂性,又对物流活动提出了零库存、准时制、快速反应、有效的顾客反应等更高的要求,使一般企业很难承担此类业务,由此产生了专业化物流服务的需求。第三方物流的思想正是为了满足这种需求而产生的。它的出现一方面迎合了个性需求时代企业间专业合作(资源配置)不断变化的要求,另一方面实现了进出物流的整合,提高了物流服务质量,加强了对供应链的全面控制和协调,促进供应链达到整体最优。

(3)市场竞争促进了第三方物流的产生

从需求的角度来看,产品市场竞争的焦点由早期的关注成本,发展到既关注成本又关注质量,到后来既关注成本、质量,还关注服务。而产品的成本、质量与服务都与物流活动密切相关,企业逐渐认识到改善物流管理可以提高企业竞争力,要使物流活动得到系统改善,外包给专业物流企业是一个很好的解决办法。

从供给的角度来看,提供简单物流服务(如运输、仓储)的企业数量日益激增,市场竞争日益激烈,利润越来越薄,要生存和发展,物流企业必须不断地拓展服务内涵和外延,从而导致第三方物流提供者的出现。

(4)信息技术发展促进了第三方物流的发展

第三方物流的逐步完善是与信息技术的广泛应用分不开的。信息技术所起的关键作用,推动了第三方物流的发展。

第一,信息技术推动了物流专业化发展。信息技术的参与,使物流行业的专业性增强,最终促使其从企业其他业务中成功地分离出来。一方面,在各类信息技术尤其是目前新兴的网络技术的支持下,各企业间的商务合作可以通过网络磋商、协调、交易和结算,原材料、零部件的供应地、生产地和消费地三者分离已很普遍,多方参与同一项生产的同时又要求尽量减少库存,使物流活动难度增加,专业性增强。另一方面,信息技术大量应用于物流领域,推动了物流活动向信息化、自动化、网络化、智能化和柔性化方向发展,大大提高了物流行业的专业化水平,从而降低了企业自己管理物流业务的必要性。

第二,信息技术的发展促进了第三方物流与客户企业的沟通和合作。信息技术的介入支持第三方物流与供应链中其他环节的沟通与信息共享,并根据物流需求方的工作进展及意向调整物流计划,提供最优的物流方案。许多原来不可能实现的管理思想,如零库存、准时制、快速反应等,在信息技术条件成熟后,使其实现成为可能,保证了作为服务方的第三方物流的高质量工作,促进了整个供应链的高度集成,使物流网络真正实现增值网的功能。

第三,信息技术的应用有利于第三方物流加强管理和控制。第三方物流通过与供应商、制造商、分销商、用户等建立 EDI 联系,应用条形码,实行货物实时跟踪,来获得需求可见性和资产可见性,据此提出简洁、高效、符合各方需求的物流方案,进而控制第三方物流的活动进程,对整个供应链条的补给和供应加以调整,从而达到从原材料的供应到商品消费前整个物流过程的高效率和低成本的目的。

可见,第三方物流是在信息技术的支持下成长起来的,如果没有小批量生产、精益生产、柔性加工、敏捷制造等现代生产方式,第三方物流根本没有存在的必要,没有现代信息技术,第三方物流也无法满足这类现代生产方式的要求。

(三)第三方物流的类型

1. 按拥有资产的多少分类

(1)资产型第三方物流

资产型第三方物流,是指利用自身拥有的部分或全部物流设施设备进行综合性物流服务的供应商。它区别于物流基础服务业的特征是更加具有服务的全面性、综合性,利用但不限于公司现有资产进行服务,有时也利用母公司的资产进行服务。例如:联邦快递物流利用母公司的航空运输所拥有的资产进行服务,并整合其他公司的公路运输资产,为客户提供门到门的服务。

资产型第三方物流企业主要来源于大型运输或仓储企业。其优点是以自有的资产为客户服务,可以提供高质量、可靠的并且稳定性好的服务,资产的可见性,对客户有较高的吸引力。其缺点是需要投资巨大的物流系统,而且其维持和运营的费用也非常高,同时该物流系统具有较强的客户依赖性,特别是在服务大客户时,往往会因大客户的损失而造成自身全面亏损的结果。

(2)管理型第三方物流

管理型第三方物流,是指通过信息系统和咨询服务进行综合物流服务的供应商。由于自身不拥有物流资产,因而,更易于为客户提供量身定做的物流服务方案,但缺点是资信度不高,对客户的吸引力不高。

管理型第三方物流企业,主要来源于货代企业。货代企业转型为第三方物流企业,主要是在协调原有的信息服务和货运过程的基础上,通过向运输环节、仓储环节的服务延伸,以实现为客户提供一体化物流服务的目的。另一类管理型第三方物流企业是从大型货主企业的物流组织演变而来的,这类物流服务提供商一般具有管理母公司物流的经验,因而具有较强的物流组织和管理能力。

(3)综合型第三方物流

综合型第三方物流,是指综合具备资产型与管理型特点的第三方物流企业,它们既拥有一定的资产,还具有在信息系统以及物流组织管理上的优势。这类企业重视物流资产的优化使用,提供服务时并不局限于使用自有资产,常常与其他拥有资产的物流提供商进行合作,因此,综合型第三方物流,也称为优化型第三方物流。

上述第三方物流的特点如表 10-3 所示。

表 10-3 不同类型第三方物流的比较

资产型	运输型	主要的优势在于能利用母公司的运输资产(有时也会应用其他运输企业的资产完成),扩展其运输功能,提供更为综合性的物流服务
	仓储/配送型	除了提供传统的仓储业务之外,还广泛介入存货管理、仓储与配送等物流活动。也包括很多从较大的企业物流组织蜕变而来的第三方物流企业
管理型	货运代理型	从当前的货运中间人角色转变为更广范围的第三方物流服务商,其优势在于具有把不同物流服务项目组合,以满足客户需求的能力
	财务型	主要优势在于能提供包括运费支付与审计、成本计算与控制以及监督、跟踪、管理存货等物流管理业务
	信息型	以因特网为基础,通过网络平台,集合世界范围的托运人和承运人,使他们以最有效率和最富成效的方式就其物流的计划与执行进行协作
综合型		是以上两种基本类型的物流公司的综合体。通常从属于资产基础型公司,专门协调母公司内部、母公司与外部承包商之间或外部各承包商之间的物流管理服务与实体物流服务

2. 根据其客户数量和服务内容集成度高低分类

实践表明,服务内容集成度的高低与客户数量的多少有逆向相关关系。例如第三方物流企业的基本规模和能力相同,则提供服务内容集成度越高,能够服务的客户越少;而提供服务内容集成度越低,能够服务的客户越多。这主要是因为服务的集成度越高,物流活动的个性化越强,物流活动中可以共享的资源就越少,这种资源的不可共享性限制了其物流企业拓展新客户的能力。

因此,根据其客户数量和服务内容集成度高低,第三方物流可以分为四类(参见图 10-5)。

(1)为较少的客户提供低集成度的物流服务

该类物流服务有两种情况:第一种是作为成长的阶段性存在,例如在物流公司的发展初期,客户资源有限,且服务能力处于不完善阶段,能够提供的物流服务集成度有限;第二种是物流公司的市场定位就是低集成度的物流服务;这些服务商由于自身的规模和能力限制,不具备提供高集成度物流的能力,并且投资能力有限,只能为很有限的客户提供物流服务。

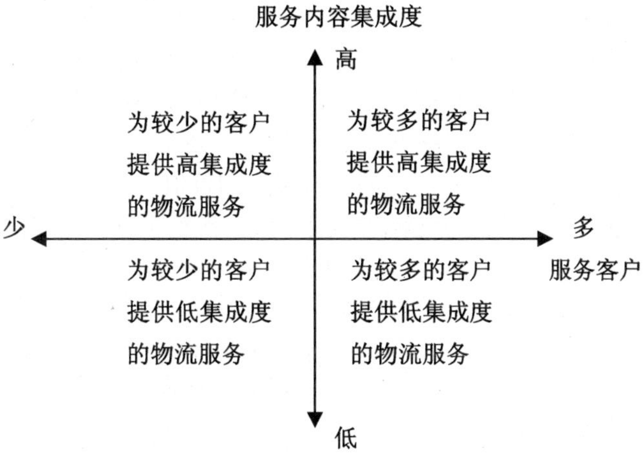

图 10-5 国际物流企业分类示意图

(2)为较多的客户提供低集成度的物流服务

目前,我国第三方物流企业基本上属于这种情况。比如,宝供物流最初的客户有 50 多个,但提供的服务多是仓储、运输等环节,一般不涉及库存计划等高端物流服务。

(3)为较少的客户提供高集成度的物流服务

这是国外第三方物流企业的主要服务模式。在国外,很多第三方物流企业,专门为特定客户提供高集成度物流服务,在具体操作时,采用与客户共同投资新的物流公司的方式,全面管理客户的物流业务。

(4)为较多的客户提供高集成度的物流服务

这类物流服务操作难度较大,即使在西方发达国家,能同时为很多客户提供高集成度物流服务的公司,也很少见。究其原因可能有如下几种:

①高集成度的物流服务不适合大规模运作。这种物流服务需要个性化定制,资源无法在不同客户中共享,运作成本比较高,不适合大规模运作。

②高集成度的物流服务需求市场也不广阔。高集成度物流是完全外包的,客户面临的风险巨大,因此,大多数客户对高集成度物流持谨慎态度。

③高集成度的物流服务具有强烈的排他性。这种物流服务深入客户内部的战略、计划和管理,与客户是亲密无间的战略合作伙伴关系,因此合作具有排他性,降低了物流服务提供商为同类客户提供服务的可能性。

④高集成度的物流服务的供应能力不足。从全国的发展来看,这样的物流服务企业还处在发展初期,不具备同时为多家客户提供高集成度的物流服务能力。

二、第四方物流

1. 第四方物流的概念与特点

第四方物流(Fourth Party Logistics)是 1998 年美国埃森哲咨询公司率先提出的,它是指专门为第一方、第二方和第三方提供物流规划、咨询、物流信息系统、供应链管理等活动的企业。

第四方物流具有以下特点:

(1)第四方物流是个集成商

第四方物流不承担具体的物流运作活动。它是一个供应链的集成商,是供需双方及第三方物流的领导力量,对公司内部和具有互补性的服务供应商所拥有的不同资源、能力和技术进行整合和管理,提供一整套供应链解决方案,以此获取一定的利润。

(2)第四方物流通过整个供应链产生的影响来增加价值

第四方物流服务商可以通过物流运作的流程再造,使整个物流系统的流程更合理、效率更高,让供应链的各环节之间都可以受益,以实现其对整个供应链价值所起的贡献作用。

(3)第四方物流应具备一定的内外部条件

首先,第四方物流企业需要在行业内处于领导地位,在行业内部和相关行业内具有绝对影响力,能获得参与各方的高度信任,并已经有稳定的客户群体。

其次,第四方物流要有良好的信息共享平台,在物流参与者之间实现信息共享,要整合社会物流资源,需要有各参与者都可以共享的信息平台,才能高效利用各参与者的物流资源。

最后,要有足够的供应链管理能力,在集成供应链技术、设计业务流程、多供应商管理方面有大批供应链管理的专业人员。

(4)第四方物流对人才素质要求较高

由于第四方物流服务商在实体上主要是提供技术服务的咨询型公司,所需的人力资源不仅要有丰富的现代物流管理技术,还要对环境的变化有超前的预见能力及应变能力。因此,需要培养的是物流复合型人才。

2. 第四方物流与第三方物流的比较

如图 10-6 所示,第四方物流是一种新的物流运作模式,它与第三方物流应协调、合作、共同发展。第四方物流对供应链提出的解决方案和对社会物流资源整合的效果直接受第三方物流所进行的实际物流操作效果的影响。同时,第三方物流运作效率又受到第四方物流提出的供应链解决方案水平的影响,两者相互制约、相互促进。

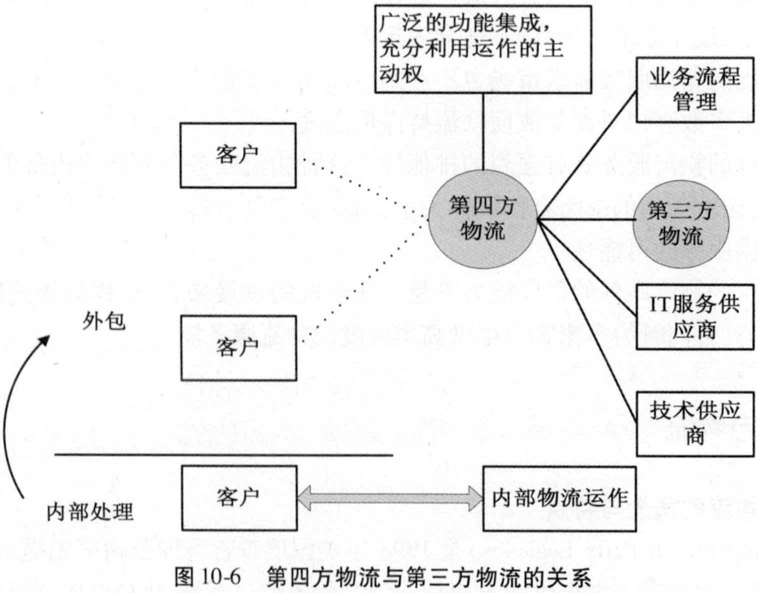

图 10-6　第四方物流与第三方物流的关系

(1)软硬件

第三方物流发展历史长,理论与实践经验比较成熟,并且一般拥有固定资产和设备。相对于第三方物流的这些软硬件条件而言,第四方物流发展历史较短,这就使其必须走出一条截取供应链上顶端资源组合的高起点路线,即要将客户企业需要、第三方物流提供商、信息技术供应商和业务的可用资源以及业务过程管理等资源组合起来,创造更高的效率和收益。这就使第四方物流具有了高起点、高技术含量的特点。

(2)组织职能

第三方物流侧重于实际的物流运作以及面对客户需求的一系列信息化服务,它通过将供应链上每一环节的信息进行比较和整合,力求达到跟踪满足客户需求的目标,而第四方物流则侧重于从宏观上对供应链进行优化管理,其优势在于管理理念的创新和变革管理能力,它的目标在于将一定区域内甚至全球范围内的物流资源根据客户的需要进行优化配置。第四方物流比第三方物流的涵盖面要广,技巧更复杂,对供应链的整合程度更高。

(3)运作过程

相对于单一的第三方物流运作模式而言,第四方物流运作过程更加简化,企业只需要和一家第四方物流服务商协作,就能提供一整套全面物流解决方案,范围涵盖了运输、仓储、信息系统、咨询方案、金融服务等各个方面,客户可以从第四方物流得到全面的更高层次的物流服务。同时由于第四方物流并非拥有全部物流资产,而是以供应链资源整合协调者的身份出现,因此其可以更低廉的成本提供更科学、高效的解决方案,它对企业的供应链进行监控,并通过对整个供应链的影响力提供综合的供应链解决方案。第四方物流服务供应商通过第三方物流公司、IT 服务供应商等多类公司的协助完成方案。

(4)双方关系

双方既有联系又有竞争。第四方物流其实并不是对第三方物流的替代,而是在第三方物流的基础上对管理和技术等物流资源进一步整合。第四方物流起枢纽作用,它把接受到的物流任务通过系统优化分解,再分配给若干个第三方物流公司,由它们分别完成。在整个物流供应链中,第四方物流是第三方物流的管理和集成者,是在第三方物流整合社会资源的基础上再进行整合。

第四方物流要具有发展的基础,必须大力发展第三方物流企业。目前我国物流企业发展比较分散,必须大力发展第三方物流,培育大型企业集团,这样,既可以在不增加资本投入情况下,提高物流企业效益,又可以为协作企业创造“第三方利润源”。着力发展第三方物流企业,为第四方物流的发展提供基础。

3. 第四方物流的价值

(1)供应链价值

第四方物流集成了管理咨询和第三方物流服务商的能力,创造了一个使客户价值最大化的统一的技术方案的设计、实施和运用。第四方物流是具有领导力量的物流服务商,它通过对整个供应链的影响力,提供一个全方位的供应链解决方案,以满足企业的复杂需求,它关注供应链管理的各个方面,既提供不断更新和优化的技术方案,同时又能满足客户的独特需求,为客户带来更大的价值。

(2)企业价值

第四方物流能够为整条供应链的客户带来利益,它通过供应链一体化的思想,改善了影响股东利益的四个关键方面,包括收入增加、运作成本降低、营运资金减少和固定资产削减。为客户带来了利益,包括服务质量的提高、实用性的增加、物流成本的降低、运营成本的降低、工作成本的降低以及资产利用率的提高,客户通过第四方物流减少了固定资产占用率,并提高了资产利用率,使得客户通过投资研究设计、产品开发、销售与市场拓展等获得经济效益的提高。第四方物流主要通过四个途径,即增加收入、降低营运成本、减少流动资金和减少固定资产投入来实现增值。第四方物流具备的供应链管理能力和足够的业界影响力,能为客户带来效益的增长、运营成本的降低、工作成本的降低和资产利用率的提高。

(3)社会价值

第四方物流推动社会经济发展产生的社会价值表现在:首先,大幅度降低社会物流费用,一是优化第三方物流,二是提高社会物流设施的整体利用率;其次,创造社会财富,促进国民经济的快速发展;再次,打破地区封锁,促进经济体制改革,第四方物流是从整个社会物流系统的角度来运作物流的,它最大限度地整合整个地区、国家甚至全球的社会资源,建立供应链联盟,有利于整合物流管理体制,打破行业垄断,消除部门分割、地区封锁现象,促进经济体制改革,推动社会建构良好的价值创造体制,从而产生巨大的社会经济效益;最后,促进社会信息化的发展,强大的信息技术支持能力和广泛的服务网络覆盖支持能力是第四方物流开拓市场的利剑。

第三节　物流企业发展与运作模式

一、物流企业发展模式

以第四方物流企业为例,在我国,第四方物流仍处于探索、试验的阶段,因此,目前我国第四方物流企业的发展模式主要有以下四种。

1. 第三方物流企业演化成第四方物流企业

以宝供物流为例,在短短不到十年的时间内,宝供物流完成了从储运、第三方物流到第四方物流的三级跳,一跃成为国内领先的现代化物流企业集团。宝供物流的发展大致分为三个阶段:1994—1997 年,宝供从一家传统储运企业转变为提供一体化物流服务的专业公司;1997—2000 年,宝供逐步发展成为一家较为成熟的第三方物流企业;2000 年至今,则是宝供向提供供应链一体化物流服务转型的阶段,并取得了良好的效果。在完成向第三方物流的转变后,近年来,宝供物流开始向提供增值化的供应链一体化物流服务方向努力,并将物流基地的建设作为提高供应链服务能力的重要突破点。宝供建设中的物流基地,将是集采购、配送、分拣、拼装、简单加工、保税、通关、检验检疫和国际金融结算等功能为一体的一站式物流中心。利用这些基地,宝供为客户减少了大量的搬运环节,降低了物流成本,自身也通过增值服务获取了更多的利润。2002 年,宝供向外界宣称与 IBM 合作进军供应链服务领域。向供应链方向转型,意味着宝供的主要业务变成了两个方面:一是与需要服务的企业一起制订合理的供应链解决方案,不仅涉及它们的产品物流,还要将其销售、生产、采购的各个环节的物流业务做综合性的规划,提供整体优化方案;二是通过物流服务来确保这个方案的实施。

2. 政府物流信息平台演化成第四方物流企业

以宁波国际物流发展股份有限公司为例，该公司是在中国电子口岸平台上逐步建立起来的第四方物流企业。宁波国际物流发展股份有限公司由宁波市政府、宁波交通投资集团、宁波海关、宁波国检、宁波港集团、中国电子口岸数据中心宁波分中心等单位共同出资组建，注册资本 3 300 万元，旗下有宁波电子口岸和第四方物流市场两大平台。2009 年 3 月 19 日，国内首个由双运营主体组建的第四方物流交易平台——四方物流市场正式开展第四方物流实际交易与运作。第四方物流市场通过政府管理部门法律、政策、制度、环境的有力保障，应用现代化信息技术，整合港口 EDI 公共服务功能，实现电子政务与电子商务的有机结合，形成物流电子政务服务、物流电子商务、运输物流服务、信用体系、门户服务、营运管理和数据交换模块等功能，吸引货运物流市场中的各种资源要素利用信息平台进行信息发布、信息查询、信誉咨询、网上交易、网上支付等市场行为；依托数据平台，对货运市场信息进行采集和挖掘分析，实现行业主管部门在市场管理、市场服务领域的职能创新和手段延伸。同时，将政府、企业、银行相结合，创新第四方物流市场管理运营模式，优化第四方物流市场制度和流程，实现第四方物流市场的高效、安全、可控。

3. 行业物流信息化平台演化成第四方物流企业

近年来，行业物流信息平台如雨后春笋般建立起来，成为产业供应链整合的重要力量。比如，2006 年宝钢全资子公司东方钢铁电子商务有限公司在原钢铁信息门户网站的基础上，面向行业、面向社会推出了全国首家钢材电子现货交易平台——“东方钢铁在线”。“东方钢铁在线”是以 B2B 电子商务模式为基础的，联合国内主要钢厂，立足钢铁工业，面向全国、瞄准世界电子商务潮流，服务于整个钢铁行业的电子交易平台。2006 年 5 月，“东方钢铁在线”推出了第一个版本的钢材现货网上交易平台，并在 2006 年 8 月 11 日，联手上海浦东发展银行联合推出了供应链融资服务。作为我国钢铁行业首家“网上现货交易平台”，目前“东方钢铁在线”已形成以钢材现货的“在线竞价”、“网上挂牌”为主体，以供应链融资为配套，以信息资讯、网站广告为有机补充的业务发展框架。“东方钢铁在线”在未来仍将继续着眼于为钢铁贸易流通行业构建包括在线交易、在线融资、物流配送、钢铁仓储在内的全流程信息集成和服务平台。贸易商通过“东方钢铁在线”除了可以方便地买卖到钢材现货之外，还可以获得便利的银行融资服务、优惠的物流配送服务和仓储及加工服务。

4. 物流枢纽信息平台演化成第四方物流企业

以南京王家湾物流中心为例，王家湾物流中心目前业务辐射范围是南京经济圈内的 14 个城市。王家湾物流信息网络系统有效地把上游供应商、中间制造商和下游物流服务商有机地结合起来，并通过与相关政府部门及其他物流服务商的连接，为企业提供快捷通畅的信息服务。通过信息平台提供的物流信息服务对第三方物流资源加以系统整合，以道路货物运输为切入点开展服务，通过物流信息平台对物流信息的收集、处理、发布及交易，以及在此过程中各物流信息反馈，为客户提供货物采购、运输、仓储、加工、装卸配送及信息服务，将国内物流、国际物流与电子商务连接起来，成为第四方物流平台。

此外，天津港综合物流信息服务系统通过优化和整合港口、船公司、船代、检验检疫局、海关、海事局等用户的信息资源，建立“一站式”对外信息服务窗口。广州市经贸委支持建设的商务领航泛珠三角物流信息平台启用，广州市已有 300 多家大中型物流企业加盟该平台，物流企业可实施跨区域的即时管理。苏州物流中心在园区内建立信息平台，让进驻的企业共享信息。浙江传化物流基地以园区复制的模式，把成功的园区模式复制到其他区域，并开展联网经营。这些物流枢纽信息平台通过不断整合各种物流和供应链资源逐步向第四方物流演化。

第四方物流的发展必须在第三方物流行业高度发达和企业供应链业务外包极为流行的基础之上才能够真正发展起来。目前，我国第四方物流企业只是具有第四方物流的一些特征，具有第四方物流的部分功能，其发展任重而道远。

二、物流企业运作模式

物流企业运作模式是指物流企业为实现物流服务定位而建立的一整套运作体系。具体地说，就是在实现物流服务的全过程中所涉及的软、硬件等一系列环节和手段的集合。

以第三方物流企业为例，现阶段，我国第三方物流企业主要采用以下几种运作模式。

1. 基础物流服务模式

目前，我国企业对第三方物流服务的需求层次还比较低，主要仍集中在对基本常规项目的需求上。生产企业外包的服务主要集中于干线运输、市内配送和储存保管。商业企业需求服务主要集中于市内配送、储存保管、干线运输。这表明生产企业和商业企业对物流服务内容的侧重点有所不同。企业对增值性高、综合的物流服务如库存管理、物流系统设计、物流总代理等的需求还很少。因此，我国的物流企业在推进第三方物流服务时，要充分考虑到企业的现实需求，从基本的服务功能入手，从简单的服务开始，在不断巩固自身提供常规服务的能力的前提下扩展延伸服务。一开始就定位在高级形态的第三方物流运作上并不现实。不应一味追求时髦的理念与模式，舍本逐末，放弃对常规服务质量的重视。第三方物流供应商应该从区域客户的需求出发，根据企业的实际情况，首先从提供基础物流服务开始，展示他们有能力把这些服务做得最好，随后才开始提供高附加值的服务，从而逐步实现物流环节的系统化和标准化，为客户提供全方位的物流服务。

2. 行业物流模式

行业物流模式，也称集中物流模式，是指在拥有目标行业经验和对客户需求深度理解的基础上，对某一行业提供全程或部分专业化物流服务的模式。其主要特点是对这个行业进行深入的研究，掌握该行业的物流运作特性，提供具有特色的专业服务。第三方物流应依托自身优势和资源，分析目标行业物流特点，有选择地为某些行业服务。行业物流模式的特点是第三方物流企业拥有一定的资产和范围较广的物流网络，在某个领域提供集成度较低的物流服务。由于不同领域客户的物流需求千差万别，当一个物流企业能力有限时，他们就可以采取这种集中战略，力求在一个细分市场上做精做强。例如，同样是以铁路为基础的物流公司，某铁路快运公司是在全国范围内提供小件货物的快递服务，而另一物流公司则是提供大宗货物的长距离运输。由于在特定领域有自己的特色，这种第三方物流企业运作模式也是需要重点培育和发展的。

3. 综合物流模式

目前，我国物流企业在数量上，供给量大于实际能力；在质量上有所欠缺，满足不了需求的质量；物流网络资源丰富，但利用和管理水平低，缺乏有效的物流管理者。国际著名的专门从事第三方物流的企业如美国的联邦速递、日本的佐川急便，国内专业化的第三方物流企业如中国储运公司、中外运公司、EMS 等，这些公司都已经不同程度地进行了综合物流运作模式的探索实践。发展综合物流业务具体是指:不进行大的固定资产投资,低成本经营,将部分或全部物流作业委托他人处理,注重自己的销售队伍与管理网络,实行特许代理,将协作单位纳入自己的经营轨道,公司经营的核心能力就是综合物流业务的销售、采购、协调管理和组织的设计与经营,并且注重业务流程的创新和组织机构的创新,使公司经营不断产生新的增长点。简单地说,综合物流企业实际上就是有效的物流管理者。采用这种模式的第三方物流企业应该具有很强的实力,陆空俱全,同时拥有发达的网络体系,这样的企业在向物流转型时能做到综合物流代理,从而为客户提供全方位的服务。

4. 战略联盟模式

战略联盟模式就是相关物流企业、货主企业之间以契约形式结成战略联盟,相互协作形成第三方物流网络系统。从我国第三方物流企业的状况看,一方面,由于部分投资者缺乏足够的资金用于全新的基于资产的第三方物流企业的构建,迫使他们必须采用“非资产型”的第三方物流形式;另一方面,我国传统的储运企业、大型工商企业占据着我国物流的主要社会资源,他们有优越的仓库、站场设施,有自己的运输搬运设施、铁路专用线和客户网,但从全国范围来看,这些物流资源利用率不高,浪费严重。因此,从实际情况入手,整合现有物流资源,采取互补所短的联盟策略是第三方物流企业发展的可行性选择。根据实际情况,这种合作的联盟基础是资源共享,包括三个方面:一是信息共享,二是技术共享,三是业务能力共享。

5. 电子商务运作模式

电子商务作为21世纪主要商业运作模式,为第三方物流提供了广阔的发展空间,同时,第三方物流的发展又为电子商务的实现提供了现实保障,与电子商务整合,将成为第三方物流主要运作模式之一。从实际运作状况来看,第三方物流与电子商务的整合主要有以下两种方式:一是第三方物流作为电子商务组成要素,承担物流作业,完成B2B或B2C中的物流环节;二是第三方物流通过建设自己的电子商务,为商家与客户之间提供交换信息、进行交易、全程追踪的信息平台,从而实现电子商务与物流的紧密配合。在我国,表现较为突出的莫过于宝供物流企业集团。宝供早在1997年就开始建立基于Internet/Intranet的全国物流信息管理系统,又陆续完成了运输业务报表自动生成系统,与重点客户信息资源共享系统,运作成本、经营核算、结算信息系统,实现了“客户电子订单一体化运作”的电子商务初步目标,极大地简化了商务流程,提高了业务运作效率。可以说,在电子商务时代,实现业务电子化和网络化是第三方物流企业发展的必然选择。

运作模式的建立是一个逐步积累和完善的过程,它具有长期性和复杂性,其间涉及物流资源的整合、物流网络的建设、人员的配置、物流作业的确定,以及业务流程的优化等诸多环节。因此,现阶段我国物流企业要开展第三方物流服务,并不是只有一个固定的模式,上述的物流模式仅代表了五种方式。第三方物流企业在建设自己的运作模式时,先要根据市场定位做出统筹规划,规划出一个完整和清晰的运作模式的框架,才能将运作模式建设好,并使其真正推动企业的发展。

练习题

1. **单选题**

(1)船公司发展起来的第三方物流企业是(　　)。

A. 资产型第三方物流　　B. 无资产型第三方物流

C. 管理型第三方物流　　D. 综合型第三方物流

(2)港口企业属于(　　)。

A. 承运人　　B. 运输中间商

C. 运输港站经营人　　D. 其他运输服务企业

(3)在物流基本功能基础上所提供的延伸业务属于(　　)。

A. 功能型物流服务　　B. 增值性物流服务

C. 基于管理活动的物流服务　　D. 基于集成方案的物流服务

2. **多选题**

(1)与一般物流企业相比,第三方物流的优势为(　　)。

A. 信息优势　　B. 专业优势

C. 风险优势　　D. 服务优势

(2)第三方物流企业有别于传统物流企业的特征是(　　)。

A. 个性化　　B. 专业化

C. 信息化　　D. 合同化

(3)可以演化成第四方物流企业的是(　　)。

A. 第三方物流企业　　B. 行业物流信息化平台

C. 政府公共信息平台　　D. 物流枢纽信息平台

3. **简答题**

(1)简述现代物流企业与传统物流企业的区别。

(2)简述第三方物流产生的原因。

(3)简述我国第三方物流企业可行的运作模式。

(4)简述第三方物流与第四方物流的异同。

4. **案例分析题**

深圳市怡亚通供应链股份有限公司(以下简称“怡亚通”)成立于1997年。2004年4月,率先入驻外高桥保税物流园区的四家物流公司中,只有怡亚通不以集拼为主业,而是专攻“园区一日游”业务。这个选择很快给该公司带来了丰厚的回报,甚至超乎了最初的想象。2006年,怡亚通的业务量首次突破200亿元大关。短短三年之中,就由一家偏安深圳一隅的小物流公司,摇身一变成为拥有十几亿资产、全国子公司多达25家的超级供应链服务商。近十年来,它的业务量保持着约40%的高复合增长率,从2001年的20多亿元,一路攀升至2007年的217.5亿元。2007年的年报显示,其营业收入为17.97亿元,而固定资产仅占总资产的1.2%。在去年中期以前,它的平均毛利率高达60%以上,净利率高达40%。不过,若是参照传统的财务准则,它看上去又是一家极不健康的公司,其资产负债率多年来高达90%以上。

没有产品,不打品牌,更无销售。它既不是如富士康、比亚迪般精于内部管理的制造业者,也非国美、苏宁这样掌握终端渠道咽喉的零售商。它不同于 Google、思科等开发任何革命性技术,也不像麦肯锡、埃森哲靠提供咨询建议为生。近年来,业界关于怡亚通的盈利模式、利润来源有颇多争议。《怡亚通模式》一文的作者陈福把怡亚通称为类金融公司,他认为其主要利润来源于金融操作。怡亚通犹如一家小型银行,先从银行贷款,然后为客户垫付资金,在这一过程中赚取"息差"。此外,怡亚通的服务业务涉及大笔美元购汇和结汇,怡亚通利用外汇远期合约和利率掉期合约等衍生金融工具赚取收益。显然,怡亚通从银行获取的贷款成为其流动性资金的重要来源。从 2004 年到 2007 年 6 月 30 日,短期贷款金额从 13.58 亿元上涨至 30.3 亿元,平均占其总流动负债的比例在 80% 以上。由于怡亚通的物流业务采取外包,仓储大多为租赁,因而其固定资产占总资产比重极低,截至 2007 年 6 月底,这一数字只有1.23%,是典型的轻公司。而这些特点也正是其流动负债率多年来居高不下的原因。

今天的怡亚通,称自己为一站式的供应链管理服务商,它围绕企业的采购与分销提供从国际采购、进出口通关、物流加工、仓储、保税物流、代付货款、供应商库存管理、虚拟制造、协助外包等诸多服务。目前,怡亚通已经成为全国唯一一家入驻国内所有保税物流园区的企业,拥有香港、深圳、上海、北京四大运营中心及九大物流配送中心,物流结点覆盖一级、二级及主要三级城市,可以为制造商提供各区域及区域联动整合服务,便于各区域供应商集中配送,节省物流成本,提升运作效率。

问题分析:(1)简述第四方物流的内涵与特点,怡亚通的业务特点。(2)怡亚通称自己为一站式的供应链管理服务商,你认为它名副其实吗?

第十一章　企业物流

引导案例

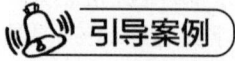

东芝公司建立综合的混合型物流运输系统

东芝作为日本电子行业的巨型企业,从1998年就开始了以供应链管理为中心的企业内部战略改革。而作为供应链载体的物流系统的改革,也就成了东芝新时期变革的中心任务。

东芝公司原有的经营体系,是在少品种、大批量生产与销售的基础上形成的。基于当前多样化的消费需求和不断变化的市场环境,东芝提出了"建立一个高效、高敏感性的商品共同体"的企业目标。东芝认识到,生产企业的物流发展越来越影响到生产企业的整体经营战略实施。因此,在物流方面,东芝从原有的重视在库数量及运输的管理体系,转向于强化流通机能的物流新体制。东芝通过货物信息系统的统合,改变传统物流理念,在维持小批量、多频度运输的服务基准的同时,克服外部物流环境与物流成本的矛盾,提出一整套物流解决方案。具体包括以下五点措施:一是按照市场需要的变化,建立柔性生产体制,加快生产与销售之间的流通速度;二是整合现有物流网点,将仓库数量从以前的194处集中到17处;加大家电产品的直送率,使直送率增加到80%以上;三是建立从原材料的采购物流到销售物流,以及包装材料的回收物流的综合的混合型物流运输系统;四是建立多频度需求与自动补货系统;五是建立全球后勤管理系统。

第一节　概　述

一、企业物流的概念

根据中华人民共和国国家标准《物流术语》,企业物流(Internal Logistics)是指企业内部的物品实体流动。换言之,企业物流是指企业生产经营过程中,物品从原材料供应,经过生产和服务加工,到产成品和服务产品的销售,以及伴随生产消费过程中所产生的废弃物的回收及再利用的完整循环活动过程。

以企业为范围、面向企业的企业物流,与以全社会为范围、面向所有企业及消费者的社会物流,既有一定的区别,也有十分密切的联系。

1. 企业物流与社会物流之间的联系

它们之间的联系是相互依存和不可分割的,也反映了微观物流与宏观物流之间的关系。

(1)从系统网络上看,如果把社会物流看作是一个物流系统网络,那么企业物流则是物流系统的一个子系统和网络上的一个节点,或称为一个物流据点。所以,只有把社会物流和企业物流联系起来看,才能构成物流系统的网络体系。

(2)从两者的物流关系上看,企业物流是社会物流的基础,而社会物流则是企业物流赖以生存的外部条件。这就是说,企业物流是社会物流之“源”,又是社会物流之“汇”,只有当企业“流”出很多产品,并流入别的企业,或者企业所需的原材料从别的企业流入时,社会物流才能运动起来。

(3)从两者物流的连续性上看,只有把社会物流同企业物流联系起来,才能理解物流在时间和空间上的连续性。物流的这种连续性保障了社会再生产循环过程的不断进行。

(4)从物流系统功能的发挥上看,社会物流像一根无形的链条,把所有的企业物流联系在一起,发挥物流系统的整体功能。或者说,企业处在社会物流的环境之中,企业物流的输入功能表现为社会物流的输出功能,而社会物流的输入功能却表现为企业物流的输出功能。

2. 企业物流与社会物流之间的区别

由于企业物流和社会物流各自有着不同的规律和特点,这就决定了它们之间的差别。

(1)从范围大小来看,企业物流仅限于一个企业的物流,属于微观物流;而社会物流在整个社会范围内,属于宏观物流。

(2)从物流所处的领域来看,虽然社会物流系统包含着企业物流,但侧重于流通领域物流;而企业物流虽处于社会物流环境之中,但侧重于生产领域里的物流研究。

(3)从与商流之间的关系来看,社会物流由于侧重于流通领域里的物流,一般来讲,社会物流是以商流为前提条件的,即没有商流就没有物流;企业物流由于侧重于企业内部,在一般的情况下只有单纯的物流,不发生物质资料所有权转移问题,因而不发生商流。

(4)从物流规律来看,社会物流涉及的面广,影响的因素多,且随机性强、变化大,而企业物流相对来讲,由于范围小,涉及因素较少,以及生产类型、生产效率相对稳定,因此,物流的规律性强、可控性强,物流网络严谨。

二、企业物流的类型

1. 按照作用分类

如图 11-1 所示,企业物流活动包括从原材料采购到产品销售等各个物流过程。按照物流所起的作用划分,企业物流可分为供应物流、生产物流、销售物流、回收物流、废弃物流。

2. 按企业性质分类

按企业性质分类,企业物流可分为工业生产企业物流、农业生产企业物流、商业企业(批发企业、零售企业)物流。

有关具体内容,将在后面予以专门介绍。

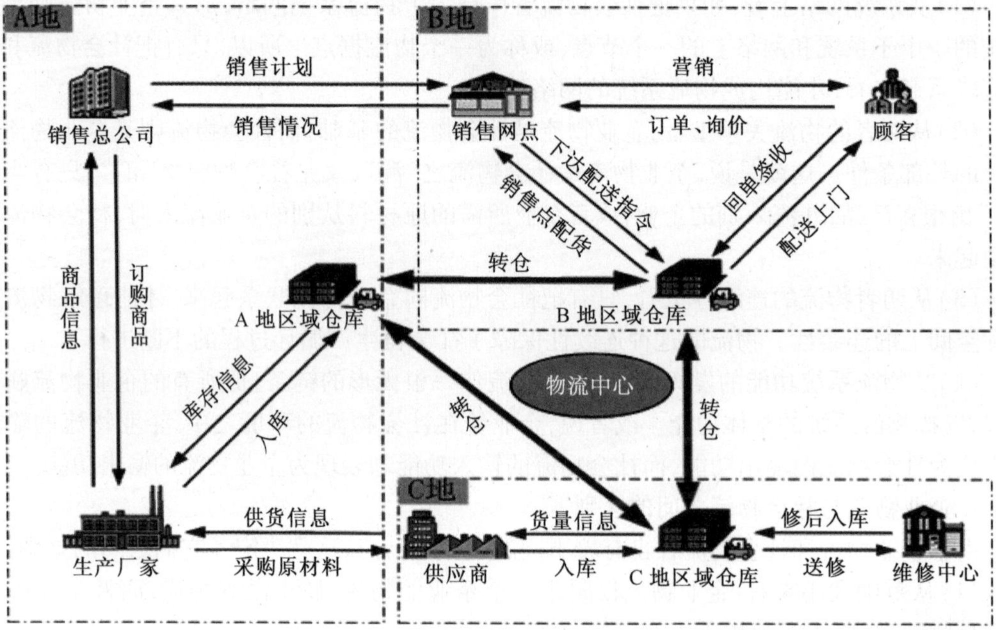

图 11-1　企业物流工作流程

三、企业物流发展阶段与趋势

1. 发展阶段

如图 11-2 所示，企业物流经历了四个发展阶段。

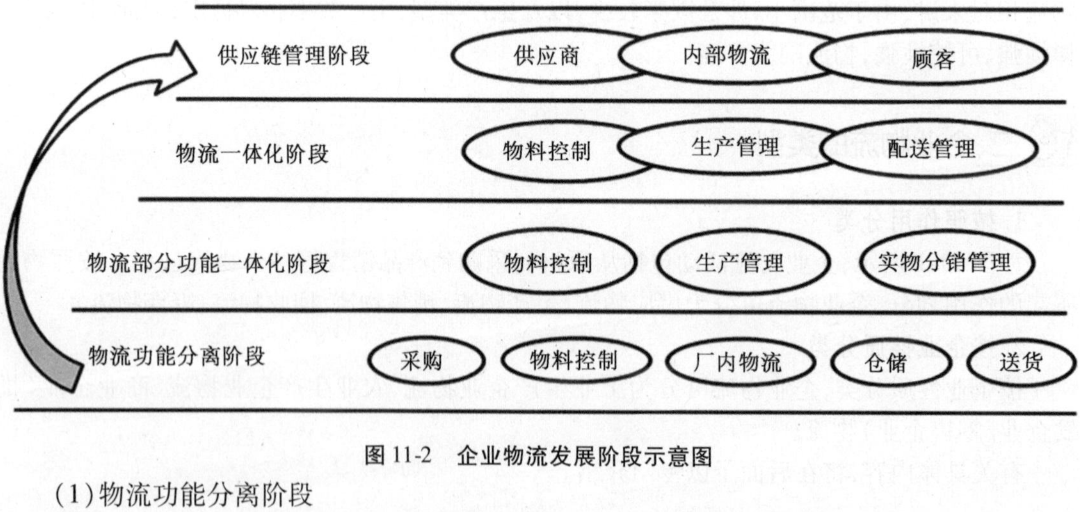

图 11-2　企业物流发展阶段示意图

(1)物流功能分离阶段

在这一阶段，物流按不同的功能和不同的场所互不联系地分别进行，只是按生产和销售部门的要求进行采购、保管和运输。

(2)物流部分功能一体化阶段

在这一阶段，物资配送和物料管理的功能独立出来，在企业中的地位也提高了。尤其是随着市场需求量逐渐加大,企业为了更快地、成本更低地做出反应,纷纷建立面向零售业的物流配送中心,这也是造成物流管理部门相对独立和地位提升的原因之一。

(3)物流一体化阶段

在这一阶段,企业试图统一物流功能和运作,实行一体化管理。企业不仅仅追求物流效率,而且已将物流作为企业竞争武器,以使企业产生最大利益。

(4)供应链管理阶段

在这个阶段,企业已经将单纯的个体企业之间的竞争上升到企业群、产品群或产业链条上不同企业所形成的供应链之间的竞争这个高度,使得企业开始把着眼点放开至物流活动的整个过程,包括原材料的供应商和制成品的分销商,进而使企业物流从综合物流阶段向供应链管理阶段发生转移。

上述四个阶段所关注的重点如表 11-1 所示。

表 11-1 企业物流不同发展阶段关注的重点

项目	功能分离阶段	部分功能一体化阶段	物流一体化阶段	供应链管理阶段
需求点	后勤保障	支持销售	满足客户需求	整体效率最大化
目标	降低储运成本以获取利润	优化渠道以销售产品	快捷市场反应以满足客户需要	构筑“四流合一”以达到效益最大化
目标范围	部分最适合	部门最适合	企业内最适合	企业群的最适合
途径与手段	确保生产供给	衔接销售终端	优化服务管理	一体化运作
管理重点	作业绩效	作业成本与顾客服务	物流战略与策略	供应链目标与方向
组织设计	功能分散	功能集中	物流功能整合	供应链系统整合

2. 发展趋势

总体而言,企业物流的发展趋势有以下四个特点:

(1)一体化

企业物流一体化就是将供应物流、生产物流、销售物流等有机地结合起来,以较低的营运成本满足顾客的货物配送和信息需求。它的核心是将供应物流、生产物流、销售物流与商流、信息流和资金流进行整合,使现代物流在商品数量、质量、种类、价格、交货时间、地点、方式、包装及物流配送信息等方面都满足顾客的要求。

(2)社会资源整合

物流社会化使企业可利用的物流资源成级数倍增长,提高了物流设施的利用率,优化了资源配置,节约了物流费用。企业可以利用各国、各地区的资源优势,分散生产和销售。企业产成品中,除了涉及核心技术的零部件是自己生产的之外,其他大多数零件、原材料、中间产品都是由供应商提供的,企业这种少库存或零库存的实现需要一个强大的物流系统,企业物流必然会延伸到上游供应商和下游消费者在内的各关联主体。例如 Dell,它每天要求美国 UPS 公司从它在奥斯汀的工厂运走 1 万台电脑,并从索尼在墨西哥的工厂运走同样数量的显示器,再由美国 UPS 公司将电脑和显示器连夜配套送交顾客,Dell 则通过网络对全程的物流服务实行即时的管理和监控。

(3)以信息和网络技术为支撑实现企业的快速反应

企业的资源、生产、销售分布在全球市场上,市场的瞬息万变要求企业提高快速反应能力,使物流信息化、网络化成为企业实现其物流管理一个必不可少的条件。物流信息系统增强了物流信息的透明度和共享性,使企业与上下游节点形成紧密的物流联盟。企业通过数字化平台及时获取并处理供应链上的各种信息,提高对顾客需求的反应速度。

(4)企业物流外包与部分功能的社会化

任何企业的资源都是有限的,不可能在生产、流通各个环节都面面俱到,因此,一方面企业将资源集中到主营的核心业务,将辅助性的物流功能部分或全部外包不失为一种战略性的选择。例如,Amazon 公司虽然目前已经拥有比较完善的物流设施,但对于"门到门"的配送业务则采用外包策略,因为这种"一公里配送"是一项极其烦琐、覆盖面极广的活动,不是其优势所在,它的这种外包既降低了物流成本,又增强了企业的核心竞争力。另一方面,企业经过资源重组、流程再造形成一个完善的现代物流体系之后,不仅可以满足本企业物流的需要,还可以将剩余生产力转向物流市场,从事社会化分拨物流,获取更丰厚的第三利润。比如海尔集团,它在完成物流资源整合之后,已经向物流企业迈进。目前,它已成为日本美宝集团的物流总代理,而且还为 ABB、雀巢等国际企业提供物流分拨业务,提高了资源利用率。

第二节 生产企业物流

一、概述

(一)生产企业物流的内容

1. 生产企业物流结构

(1)企业物流水平结构

图 11-3 显示了生产企业物流的水平结构。显然,从横向上,企业物流通常包括供应物流、生产物流、销售物流、回收物流、废弃物流。具体可以分为生产阶段的内部物流和采购、销售阶段的外部物流。内部物流包括生产过程中的库存控制、设备调度和运作质量控制等;外部物流包括客户服务、运输、库存管理、信息流动和订单处理等。

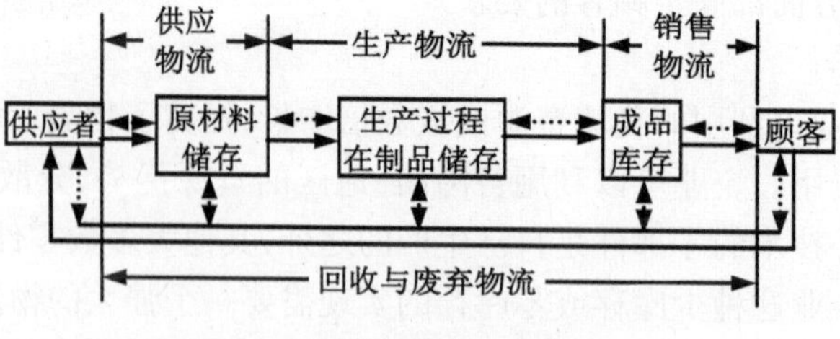

图 11-3 生产企业物流的水平结构

(2)企业物流垂直结构

图 11-4 显示了生产企业物流垂直结构。显然,从纵向上,企业物流包括管理层、控制层和作业层的物流活动。

2. 生产企业物流与其他生产与营销的关系

在生产企业,最主要的部门为生产运作、营销与物流这三大部分。其中物流部门的业务内

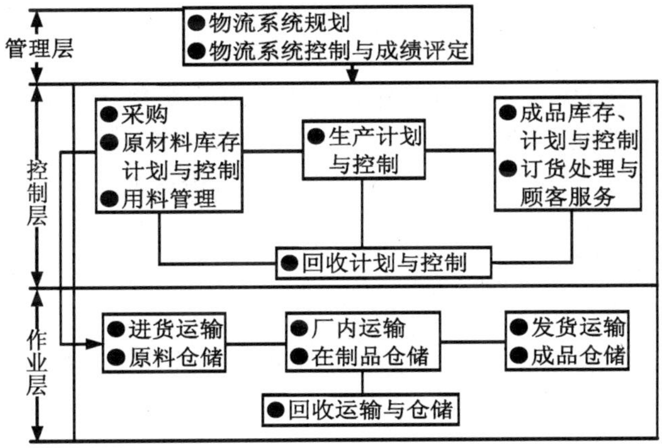

图 11-4　生产企业物流垂直结构

容受制于企业的经营战略与组织结构等。比如,有些企业决策者将企业的物流活动全部交由综合物流部门管理,而有些企业则将企业的物流活动部分交由营销部门管理,部分由生产运作部门管理。

如果把物流活动视为管理中独立的领域,物流活动与营销活动和生产运作活动的关系就如图 11-5 所示。

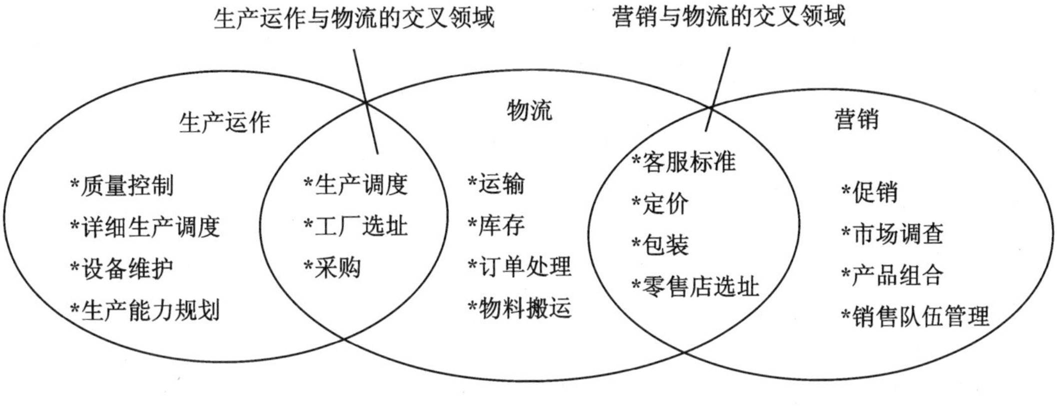

图 11-5　生产企业的生产运作、营销与物流活动关系图

图 11-5 列出了营销与物流、生产运作与物流相互交叉的一些边缘活动。边缘活动是指在一个职能部门内无法进行有效管理的活动。之所以产生边缘活动是由于人为地将企业活动分割给若干独立的组织部门。在边缘活动发生时,交叉部门就会从自身目标考虑,使企业总成本额外增加,降低企业利润空间。

(1)营销主要负责市场调查、促销、销售队伍管理和产品组合,创造产品的“占有”价值,营销所注重的是将产品或服务置于便利的分销渠道以加速交换过程。

(2)生产运作关注产品或服务的生产,创造产品的形态价值,主要职责包括质量控制、生产计划和调度、工位设计、生产能力计划、维修保养和工作评定标准。生产运作管理的概念常常也包括物流活动。例如运作管理负责实物产品及服务的生产和交付。生产运作最感兴趣的可能是那些直接影响制造及其首要目标(以最低单位成本进行生产)的活动。

(3)物流关注的是那些赋予产品或服务时间和空间价值的活动。营销与生产运作这两个基本管理部门经营目标的差异(收入最大化和成本最小化)可能导致物流活动的侧重点和责任割裂开来,同时使得物流管理活动整体缺乏协调,继而导致低水平的客户服务和高的物流成本。实际上,它们之间是相互依存、相互协作的过程。为了减少企业各部门之间的费用浪费,客观上要求企业对组织进行重新组合,使物流的职能由原来单纯的运输、仓储等操作性活动扩展到简单制造、安装、定价、订单处理、库存管理、物流系统设计等。

(二)生产企业物流的类型

1. 工业生产企业物流

工业生产企业物流种类非常多,按企业性质不同,可分为以下两种:

(1)原材料生产企业物流

原材料生产企业的物流需求主要是:原材料生产的基本原料的供应物流,原材料产品的销售物流。这种物流的主要特点是点对点的物流,物流渠道比较简单,物流批量比较大,因此较多采用自营物流,也有一些选择社会物流服务。

(2)制造企业物流

制造企业物流是为了将各种物料、零件、配件等物品从原始形态转成特定的产品形态而产生的一种物品运动方式。制造业物流中,物品形态随着生产加工的进行而不断变化,直至最后成为特定形态的产成品。制造业的物流需求主要是:零部件、原材料的配送物流,制成品的销售物流。制造业的全球化趋势发展非常快,其物流需求向精细化、高服务水平化发展,供应链就主要针对这个领域。

按物流各环节活动的特点不同,可大体分为以下四种类型:

(1)供应物流突出型

这种物流系统,供应物流组织和操作难度较大而其他物流较为简单。例如,采取外包方式生产的机械、汽车制造等工业企业便属于这种物流系统。一台机械的几个甚至几万个零部件,有时来自全国各地,甚至外国,这一供应物流范围大,难度也大,成本也高,但生产出产品(如汽车)以后,其销售物流便相对简单了。

(2)生产物流突出型

这种物流系统生产物流突出而供应、销售物流较为简单。典型的例子是冶金产品制造企业,供应的是大宗矿石,销售的是大宗冶金产品,而从原料转化为产品的生产过程及伴随的物流过程都很复杂,有些化工企业(如化肥企业)也具有这样的特点。

(3)销售物流突出型

例如很多小商品、小五金等,大宗原材料进货,加工也不复杂,但销售却要遍及全国或广大地域范围,是属于销售物流突出的制造企业物流类型。此外,如水泥、玻璃、化工危险品等,虽然生产物流也较为复杂,但其销售时物流难度更大,问题更严重,有时会出现大事故或付出大代价,因而也包含在销售物流突出的类型中。

(4)逆向物流突出型

有一些制造企业几乎没有废弃物的问题,但也有废弃物物流十分突出的企业,如制糖、选煤、造纸、印染等工业企业。废弃物物流组织的好坏几乎决定这些企业能否生存。另外,全新的资源环境观和经济观的演变,也导致逆向物流进入了突破性发展阶段。在某种意义上,逆向物流处理得如何会影响企业的竞争力。

2. 农业生产企业物流

农业生产企业中农产品加工企业的性质及对应的物流与工业企业是相同的。农业种植企业物流是农业生产企业物流的代表，这种类型企业的四个物流子系统也具有特殊性。

(1)供应物流。以组织农业生产资料(如化肥、种子、农药、农业机具)为物流的主要内容。

(2)生产物流。生产对象在种植时不发生生产过程位移，即农业种植业生产物流的对象不需要反复搬运、装卸、暂存，进行上述物流活动主要依靠的是劳动手段(如施肥、浇水、打药等)；而且种植业是一个周期性的生产物流活动，停止时间长而运动时间短。

(3)销售物流。以组织农业产品(如棉花、粮食等)的物流为主要内容，其对储存功能的需求较高，储存量大、储存时间长，很多产品(如水果、蔬菜)要求冷链物流。

(4)废弃物物流。通常以重量计，且废弃物物流重量远高于销售物流。

(三)生产企业物流特点与存在的问题

1. 生产企业物流特点

以制造企业为例，其物流具有以下特点：

(1)工厂选址将直接影响物流系统的设计，是制造业物流区别于其他产业物流的一个重要特征。

(2)制造企业物流是生产工艺的一个组成部分。企业物流过程和生产工艺过程是密不可分的，它们之间的关系有许多种，有的是在物流过程中实现生产工艺所要求的加工和制造，有的是在加工制造过程中同时完成物流，有的是通过物流对不同的加工制造环节进行链接等等。它们之间有非常强的一体化的特点，几乎不可能出现“商物分离”那样的物流活动完全独立分离和运行的状况。

(3)制造企业物流有非常强的“成本中心”的作用。在生产中，物流对资源的占用和消耗是生产成本的一个重要组成部分，由于在生产中物流活动频繁，所以对成本的影响很大，工厂物流的观念，应当主要是一个成本观念。

(4)制造企业物流是专业化很强的“定制”物流。它必须完全适应生产专业化的要求，面对特定的物流需求，而不是面对社会上的、普遍的物流需求，因此，工厂生产物流具有专门的适应性而不是普遍实用性，可以通过“定制”取得很高的效率。

(5)制造企业物流是小规模的精益物流。专用工具生产物流的规模，由于只面对特定对象，因此，物流规模较小。由于规模有限并且在一定时间内规模固定不变，这就可以实行准确、精密的策划，可以运用资源管理系统等有效的手段，使生产过程中的物流“无缝衔接”，实现物流的精益化。

(6)制造企业需求拉动生产，物流重心向下游转移。制造企业为了准确把握客户的需求，并快速满足其需求，面临着产品、市场更为细分，响应更为迅速的挑战。企业将物流重心下移，自下而上地形成企业的物流构架，就必然会凸显物流的主导作用。

2. 存在的问题

在普遍意义上讲，我国大部分企业物流仍存在很大的问题，具体表现在如下几个方面：

(1)工厂设施布局

从工厂整体布局上看，我国部分早期建成的厂矿从生产工艺上布局不大合理，工序间的衔接性差，厂内交叉物流现象比较严重，这无疑增加了生产的复杂性和生产物流成本。

(2)生产物流计划管理

生产物流计划制订缺乏基础数据和预测信息,计划的执行率偏低。企业生产计划是企业生产管理的依据,也是生产物流管理的核心内容。

(3)库存管理

大部分企业在制品和产成品库存没有合理的定额依据,在制品和产成品库存较高。

(4)生产调度

调度机构设置比较臃肿,调度手段较为落后,信息反馈不实时等。

(5)工序能力匹配

大部分生产企业生产过程中各工序生产能力不匹配现象较为严重,要么能力不足,要么能力过剩。

(6)信息系统

我国大部分企业信息系统整体上比较滞后,企业内信息孤岛现象比较严重。

知识拓展

水泥行业物流

水泥行业的物流按业务环节产生先后顺序分为供应物流、生产物流和销售物流三部分,如图 11-6 所示,其中供应物流和销售物流对水泥企业的影响最大。

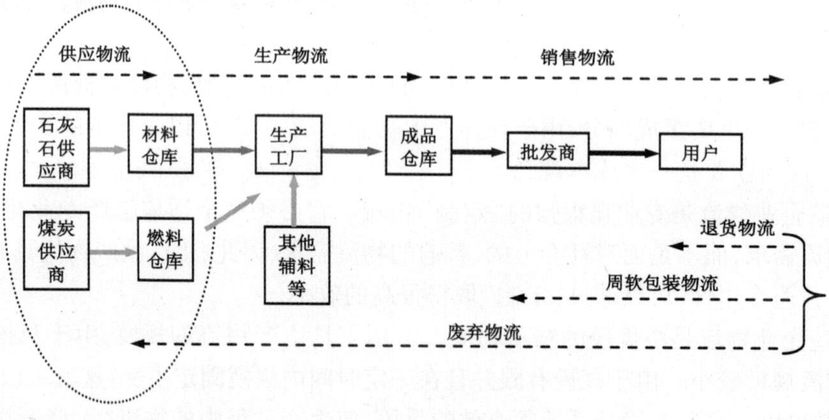

图 11-6　水泥行业物流

1. 供应物流

(1)石灰石物流:很多中、小水泥企业都没有自己的矿山,主要原材料石灰石依靠外购,可选择的条件比较差,石灰石质量难以得到保证,影响最终产品性能。而且即使质量能够得到保证,但由于运输成本不低的原因,必将带来原料成本的上升。

(2)煤炭物流:很多地区是水泥消费大省,石灰石资源也相对丰富,但煤炭资源却很匮乏。通常要从山西、陕西等省调运,不足部分还要进口,致使煤炭价格较贵。因此,水泥行业煤炭物流首先是要保证稳定质量和及时供应。

2. **销售物流**

水泥行业的销售物流主要指水泥熟料和水泥产品物流。前面已经提到若可以通过高效和低成本物流来解决跨区域运输问题，则使得跨区域销售成为可能。当企业解决了这个最大瓶颈性问题，就可以通过不断的市场渗透和品牌积累，提高对该地区水泥市场的占有率。因而，如何解决跨区域水泥产品运输问题成为关键。

(1)若能够通过水运的方式，实现跨区域水泥运输，则毫无疑问建立起了运输成本优势，在市场竞争中处于有利地位。但要注意水运交通的特殊性，比如江河截流等，会对企业的水泥运输产生极大影响。

(2)由于需要在该地区保持水泥持续供应，因此，有必要建立中转库，保持一定的水泥库存需要，同时辐射该中转库周边区域。

(3)在市场潜力比较大的区域，可以建立水泥粉磨站，来缓冲市场需求压力，可以通过水运或其他方式将水泥熟料运到水泥粉磨站进行水泥后道工序的生产。由于粉磨站拥有一定水泥熟料库存，因而能够保证一定量水泥库存，对于应对市场突发需求增长具有十分重要的意义。

二、供应物流

(一)供应物流概念与特点

1. **供应物流的概念**

中华人民共和国国家标准《物流术语》(GB/T 18354—2006)对供应物流的定义是：供应原材料、零部件或其他物料时所发生的物流活动。

换言之，供应物流是指为企业生产顺利进行，对所需一切物资(原料、燃料、备品备件、辅助材料等)的采购、进货运输、仓储、库存管理、用料管理和供应管理等活动。

如图 11-7 所示，传统上，企业向供应商订货与供应商按供货要求将物料运送到企业场内仓库，称之为采购物流；而企业物料供应部门将物料从物料仓库取货搬运或配送到各车间、生产线、工段等各工作地，以满足各生产工艺阶段对原材料、零部件、燃料、辅助材料的制造需求的物流称为供应物流。随着采购供应一体化、第三方物流分工专业化等的发展，采购物流直接扩展到了企业车间、工段，即生产所需物料可以直接由供应商送到生产第一线，从而采购物流与供应物流合二为一，统称为供应物流。

2. **供应物流的特点**

供应物流是生产系统中相对独立性较强的子系统，并且与生产系统、财务系统等生产企业各部门以及企业外部的资源市场、运输部门有着密切的联系。供应物流是企业为保证生产节奏，不断组织原材料、零部件、燃料、辅助材料供应的物流活动，这种活动对企业生产的正常、高效率进行发挥着保障作用。

(1)供应物流是企业物流过程的起始阶段，企业供应物流不仅要实现保证供应的目标，而且要在低成本、少消耗、高可靠性的限制条件下来组织供应物流活动。因而，对厂内配送的时间与地点的准确性要求较高。显然，供应物流所研究的主要问题包括企业生产的供应网络、供应方式和零库存问题等。

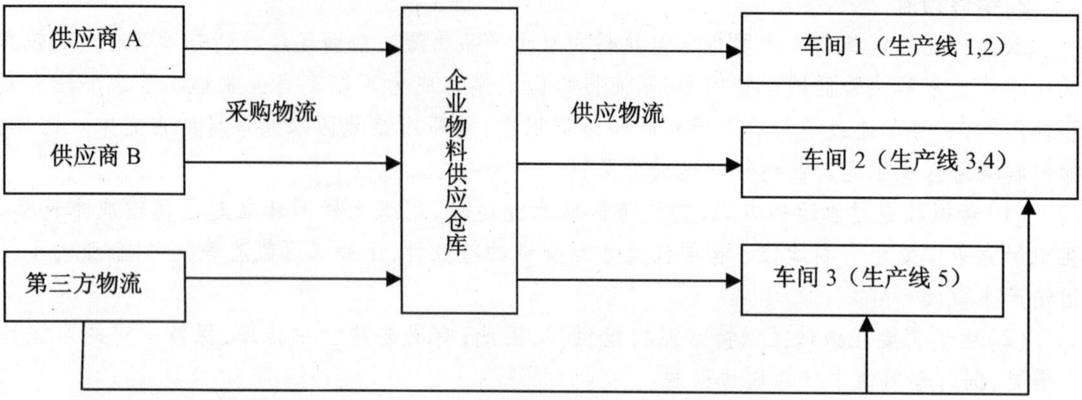

图11-7 企业采购与供应物流范畴划分示意图

(2)供应物流的研究对象主要包括原材料、零部件、燃料、辅助材料，产品种类繁多，管理难度大。

(3)企业供应物流所涉及的采购是供应商与企业之间所发生的采购过程，因而，与消费品采购有明显的区别(参见表11-2)。

表11-2 企业采购与消费品采购的区别

对比项目	企业采购	消费品采购
采购目的	保证生产	满足个人需求
采购动机	主要出于理性考虑	还带有个人喜好或冲动
采购功能	专业职能、企业行为	消费者个人行为
采购决策	多人参与、程序化过程	个人决定
产品与市场知识	系统、宽广	零散、有限
采购量	大	小
采购需求	由生产及发展驱动、波动性强	由生活所需导向、通常较稳定
采购市场价格	弹性有限	弹性相对较大
顾客	数量有限、往往地域性集中	数量很多、往往地域性分散

(4)供应物流在不同的企业里，重点有所不同。比如，在加工制造型企业，基本上是采购原材料、零部件、毛坯料，甚至有时候还是半成品。同样，企业所处的生产环境不同，其供应物流也具有不同的特点(参见表11-3)。

表11-3 不同生产环境下供应物流的特点

生产环境	按库存生产	按订单生产	按订单设计生产
作业方式	流水线	机群式	现场作业
生产特点	产品导向	工艺导向	项目或设计导向
产品特点	数量大、标准化程度高	品种多、质量要求高	单件小批量、按设计要求
竞争优势	低成本、及时交货	高质量、按时交货	专有技术及制造安装
采购特点	成批、标准化采购	分类采购与管理	技术性采购

(5)与传统供应物流管理不同，现代供应物流管理尤其强调与供应商建立战略合作伙伴

关系,实现相互协作(参见表11-4)。

表11-4 传统供应物流管理与现代供应物流管理的区别

对比项目	传统供应物流管理	现代供应物流管理
供应商/买方角色	相互对立	合作伙伴
合作关系	可变的	长期
合同期限	短	长
采购数量	大批量	小批量
运输策略	单一品种整车发运	多种物品整车发运
质量问题	检验、再检验	无须入库检验
与供应商的信息沟通	采购订单	口头发布
信息沟通频率	离散的	连续的
对库存的认识	资产	祸害
供应商数目	多,越多越好	少,甚至一个
设计流程	先设计产品后询价	供应商参与产品设计
产量	大量	少量
交货安排	每月	每周或每天
供应商地理分布	很广地域	尽可能靠近
仓库	大、自动化	小、灵活

知识拓展

(一)工程建设项目采购物流的特点

虽然在采买、催交、运输、储存四大过程中,项目采购与企业生产性物资采购有许多共性,但由于项目采购的开展是建立在工程建设要求基础之上,项目建设在同一空间位置的重复几乎为零,同一生产流程工艺上,设备、设施的简单重复也几乎为零,这种差异使得项目采购与企业生产性采购比较,具有如下特点:

(1)多数设施体积大、吨位重。这些体重庞大的设施,给物资的包装、运输、储存带来了许多困难,加大了物流过程中的风险系数。

(2)所购物资种类多、数量少、库存时间较长。建设项目采购的请购,一般均来自设计人员或设计文件,除水泥、钢筋外,其他需购物资品种多、数量少,多数设施以单件、小批量为主。建设过程中的不确定因素,还有可能导致需购物资的增减和采购计划的不断变更。为适应这种变化,采购中不得不搭建较大场地的临时性仓库来缓解矛盾,以库存来调剂,即便如此,个别设施还有可能存放在库外场所。

(3)不能有效利用已形成的专业化采购网络。项目建设周期的限制,项目采购部为临时性组织机构,它不可能有过多的时间和更多的机会来考察供应商;采购物资的不特定性,又使得项目采购在多数情况下,无法有效重复利用已有资源;市场的瞬时变化,有可能导致供应商产品的变化,供应商自身结构的变化。

(4)物流环节多而散。项目的流动性、产品的非重复性、物资的多样性,使得项目采购的交接过程点多、线长、面广、松散而无序,每一台设备都有可能存在供应商—第一承运人—中转运输—业主(或施工商)的交接过程中,物流环节的简化难以形成。

(二)煤炭企业供应物流的特点

煤炭企业的供应物流是指包括原材料、设备、零配件等一切生产物资的采购、运输、验收入库、仓储保管和配送等在内的所有物流活动。从总体上看,煤炭企业供应物流具有以下特征:

(1)物流规模大。一般大中型煤炭企业每年的采购金额大约在几亿至几十亿,日平均物资吞吐量在几百万元以上,供应物流规模大。

(2)物流结点多。煤炭企业一般由若干个分散的生产矿井构成,矿井之间相距数十里甚至上百里,物料在移动过程中要经过总库、矿仓库、区队仓库、井口仓库、井底仓库、采区仓库等多个物流结点才能投入生产。

(3)影响因素多。煤炭企业的供应物流受原煤产量、煤田地质条件、开采方式等多种因素的影响,而且随着采掘和施工的进展,生产地点经常会发生变动,使这些因素复杂多变,导致供应物流面临着诸多的不确定性。

(4)物资不构成产品实体。煤炭企业生产过程中消耗的材料、设备和工具等物资只是辅助性材料,它们参与生产过程,但并不构成最终产品实体。而且,这些物资中有一部分可以回收利用,比如未报废的设备、配件、管材、线材等。

(5)对供应商要求高。煤炭企业所消耗的各种物资虽不构成产品实体,但物资的质量和准时供应直接会影响生产的安全性、稳定性和高效性,甚至引发安全事故,因此煤炭企业对供应商的要求非常高。

(二)供应物流的基本流程与主要环节

1.供应物流的基本流程

(1)取得资源

取得资源是完成以后所有供应活动的前提条件。取得什么样的资源,是核心生产过程提出的,同时也要按照供应物流可以承受的技术条件和成本条件辅助这一决策。

(2)组织企业外物流

所取得的资源必须经过物流才能到达企业。这个物流过程是企业外部的物流过程,在物流过程中,往往要反复运用装卸、搬运、储存、运输等物流活动才能使取得的资源到达企业。

(3)组织企业内物流

如果企业外物流到达企业的"门",便以"门"作为企业内外的划分界限,例如,以企业的仓库为外部物流终点,便以仓库作为划分企业内、外物流的界限。这种从"门"和仓库开始继续到达车间或生产线的物流过程,称作供应物流的企业内物流。

传统的企业供应物流,都是以企业仓库为调节企业内外物流的一个节点。因此,企业的供应仓库在工业化时代是一个非常重要的设施。

2. 供应物流的主要环节

供应物流包括采购、仓储、库存、装卸搬运和供应等几个环节。

(1)采购

采购是供应物流与社会物流的衔接点,是依据企业生产计划所要求的供应计划制订采购计划,并选择和购买所需物品的活动,同时还要承担市场资源、供应商、市场变化、供求信息的采集和反馈任务。

(2)仓储

仓储管理是供应物流的转换点,负责生产资料的接货和发货,以及物料的日常保管和养护工作。

(3)库存

库存管理是供应物流的核心部分,其功能主要体现在依据企业生产计划的要求和库存的控制情况,制订物资采购计划、确定库存数量和结构的控制,并指导供应物流的合理运行。

(4)装卸搬运

装卸搬运工作是在原材料接货、发货、堆码时进行的操作。虽然装卸搬运是随着运输和保管而产生的作业,但却是衔接供应物流中其他活动的重要组成部分。

(5)供应

供应是供应物流与生产物流的衔接点,是依据材料供应计划及物资消耗定额进行生产资料供给的作业层。供应负责原材料消耗的控制。生产企业的供应方式有两种基本形式:一种是用料单位到供应部门领料;另一种是供应部门按时按量送料。

(三)供应物流的组织模式与服务模式

1. 供应物流的组织模式

生产企业的供应物流有三种组织方式:

(1)生产企业组织供应物流

这种模式是指企业自己完成供应物流活动,即所谓的"上门取货"。如果企业具备物流专业优势(如设备、装备、设施和人才方面),由其自身完成供应物流未尝不可,因而,对这种方式不能完全否定。其关键在于应对技术经济效果进行综合评价。

(2)销售企业组织供应物流

这种模式是指企业委托销售方完成供应物流活动,即所谓的"送货上门"。这种模式的主要优点是企业可以充分利用市场经济造就的买方市场优势,对销售方即物流的执行方进行选择和提出要求,有利于实现企业理想的供应物流设计。这种模式的主要问题是销售方的物流水平可能有所欠缺,因为销售方毕竟不是专业的物流企业,有时候很难满足企业供应物流高水平化、现代化的要求。

(3)物流企业组织供应物流

这种模式是指企业委托物流企业完成供应物流活动。这种模式的优点是使企业可享受物流企业所提供的低成本、高水平的专业服务,同时有利于满足企业供应物流的优化。

2. 供应物流的服务模式

(1)准时供应方式

准时供应方式是按照用户的要求,在计划的时间内或者在用户随时提出的时间内,实现用户所要求的供应。准时供应方式大多是双方事先约定供应的时间,互相确认时间计划,因而有利于双方做供应物流和接货的组织准备工作。

在买方市场环境下,供应物流活动的主导者是买方。购买者(用户)有极强的主动性,用户企业可以按照最理想的方式选择供应物流;而供应物流的承担者,作为提供服务的一方,必须以最优的服务才能够被用户所接受。从用户企业一方来看,准时供应方式是一种比较理想的方式。

(2)即时供应方式

即时供应方式是准时供应方式的一个特例,是完全不依靠计划时间而按照用户偶尔提出的时间要求进行准时供应的方式。这种方式一般作为应急的方式采用。

在网络经济时代,由于电子商务的广泛开展,在电子商务运行中,最基本消费者所提出的服务要求大多缺乏计划性,而又有严格的时间要求,所以,在新经济环境下,这种供应方式有被广泛采用的趋势。

需要说明的是,这种供应方式由于很难实现计划和共同配送,所以,一般成本较高。

(3)看板方式

看板方式是准时方式中的一种简单有效的方式,也称为"传票卡制度"或卡片制度,是日本丰田公司首先采用的。在企业的各工序之间,或在企业之间,或在生产企业与供应者之间,采用固定格式的卡片作为凭证,由下一环节根据自己节奏,逆生产流程方向,向上一环节指定供应,从而协调关系,做到准时同步。采用看板方式,有可能使供应库存实现零库存。

(四)供应物流的合理化

企业供应物流作为企业生产之前的准备工作和辅助作业活动,关系到企业生产的正常运行。因此,为保证企业良好的生产秩序和降低产品生产成本,合理组织供应物流,必须抓好以下几个方面的工作:

1. 构建高效的供应物流组织体系

如图 11-8 所示,传统的供应物流组织体系突出供应保障功能,将供应商开发、谈判及签约等商务功能归采购部管。这种体制导致采购部门就像灭火队,不利于供应商开发与管理,不利于生产计划、物料计划与采购业务之间的协调和沟通,往往因计划变动、物料清单(Bill of Material, BOM)更改、供应商供货不及时等问题导致扯皮,协调困难,甚至影响生产。因此,需要建立高效的物流组织体系,即实现生产计划、物料计划、物料采购业务与仓储管理功能整合,把采购商务与采购业务分离,将直接物料采购业务划归生产计划与物料控制部门,如上海大众汽车、上海通用汽车、奇瑞汽车、比亚迪汽车、上海汽车制动系统、上海延锋伟世通、重庆李尔汽车装饰件和东风康明斯汽车发动机等都采用类似的管理体制(参见图 11-9)。

2. 准确预测需求

这里所指的需求,是以工厂生产计划为依据对各类物资的需求所确定的物资供应需求量。生产计划是根据市场对产品的需求量来制订的,而供应计划则依据生产计划下达的产品品种、结构、数量、时间的需求,以及各种原材料的消耗定额和生产工艺路线来制订。供应计划要对各种原材料、零部件的需求量和供货日期做出准确需求预测,才能保证生产的正常进行,加速资金周转,提高企业经济效益。因此,制订切实可行的生产计划,确定合理的物资消耗定额,是做到准确预测需求的关键。

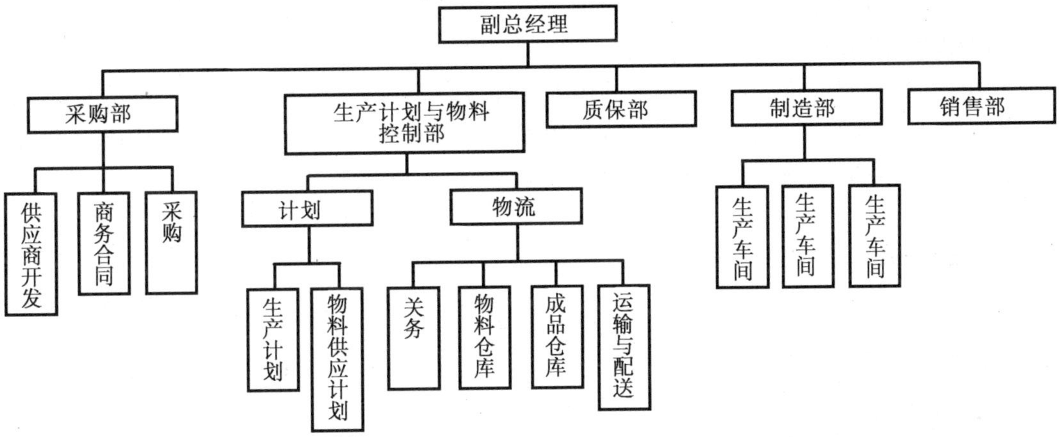

图 11-8 传统供应物流组织体系图

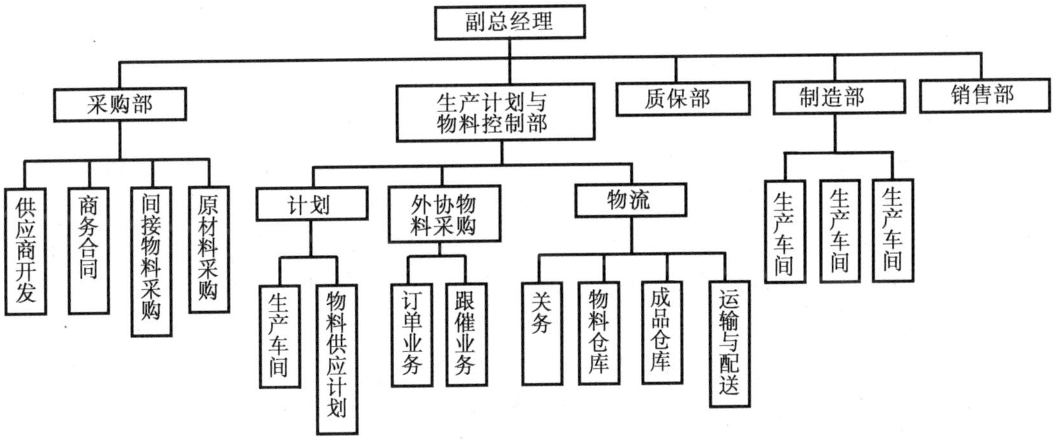

图 11-9 现代供应物流组织体系图

3. 合理控制原材料库存

供应物流一旦中断,将会使生产陷于停顿,因此,必须有一定数量的储备,以保证生产的正常进行。这种储备包括两个方面:一方面是正常储备,因为采购是批量进行的,而生产是连续进行的,二者节奏不一致,为保证生产,必须要有正常的库存;另一方面是安全库存,为了防止受意外情况和不可知因素的影响,供应活动受到阻碍,需要有安全库存,以保证生产的正常进行。库存控制是实现合理储存的重要手段,运用这种手段来解决物资供应计划中的合理数量问题,从而达到降低库存占用资金,节约物流成本的目的。

4. 科学采购

科学采购是从供应源头上对物流适时合理化管理的重要方面,其关键是做好采购决策,包括深入开展市场资源调查、对市场变化信息进行采集和反馈、选择与评估供应商以及确定进货批量、进货时间间隔等。

5. 强化供应保障

经过科学决策确定合理库存后,还应采用合理的运输方案,选择合适的运输工具,引进先进的仓储管理技术和手段,选择合适的供应模式,提高供应的方便性与可靠性,以使供应物流有效运转，保证及时供应生产。

6. 控制供应物流成本

利用先进的信息技术，并结合先进的物流管理方法，对供应物流进行综合，降低供应物流成本。例如，为了降低供应物流成本，美、日等发达国家发展了物料需求计划（MRP）、看板管理、准时制（JIT）等先进的管理模式。

三、生产物流

（一）生产物流的概念与特点

1. 生产物流的概念

生产物流（Production Logistics），也称厂内物流，企业内部物流。根据中华人民共和国国家标准《物流术语》（GB/T 18354—2006），生产物流是指："企业生产过程中发生的涉及原材料、在制品、半成品、产成品等所进行的物流活动。"

为了便于理解，以下从不同角度进一步阐述生产物流的概念。

（1）从生产工艺角度分析

生产物流是指企业在生产工艺中的物流活动（即物料不断地离开上一工序、进入下一工序，不断发生搬上搬下、向前运动、暂时停滞等活动）。这种物流活动是与整个生产工艺过程伴生的，实际上已构成了生产工艺过程的一部分。其过程大体为：原材料、燃料和外构件等物料从企业仓库或企业的"门口"开始，进入到生产线的开始端，再进一步随生产加工过程并借助一定的运输装置，一个一个环节地"流"，在"流"的过程中，本身被加工，同时产生一些废料余料，直到生产加工终结，再"流"至成品仓库。

（2）从物流的范围分析

企业生产物流的过程是原料、零部件、燃料及其他辅助材料从企业的仓库或企业的"门口"开始，被认为是进入到生产线的开始端，然后经过一个个的生产加工环节，并且本身被加工，同时产生一些废料、余料，直到生产加工的终结，到达产成品仓库，才算完成了生产物流的全过程。它贯穿生产全过程，横跨整个企业（车间、工段），其流经的范围是全厂性的、全过程的。物料投入生产后即形成物流，并随着时间进程不断改变自己的实物形态（如加工、装配、储存、搬运和等待等状态）和场所位置（各车间、工段、工作地和仓库等）。

（3）从物流属性分析

生产物流是指生产所需物料在空间和时间上的运动过程，是生产系统的动态表现。换言之，物料（原材料、辅助材料、零配件、在制品和成品等）经历生产系统各个生产阶段或工序的全部运动过程就是生产物流。

2. 生产物流的特点

（1）实现价值的特点——附加价值性

企业中生产物流是伴随加工活动而发生、运动的，是实现加工附加价值，即实现企业主要目的的活动。所以，企业生产物流的空间、时间价值不高，但加工附加价值却很高。

（2）物流过程的特点——工艺流程性

企业生产物流是一种工艺过程性物流，一旦企业生产工艺、生产装备及生产流程确定，企业物流也因而成了一种稳定性的物流，物流便成了工艺流程的重要组成部分。由于这种稳定性，企业物流的可控性、计划性便很强，一旦进入这一物流过程，选择性及可变性便很小。对物流的改进只能通过对工艺流程的优化，这与随机性很强的社会物流有着较大的区别。

(3)物流运行的特点——伴生性

企业生产物流的运行具有极强的伴生性，往往是生产过程中的一个组成部分或一个伴生部分，这决定了企业物流很难与生产过程分开而形成独立的系统。

(4)主要功能要素的特点——搬运活动

企业生产物流的主要功能要素也不同于社会物流。一般物流的主要功能要素是运输和储存，其他是作为辅助性或次要功能或强化性功能要素出现的。企业物流主要功能要素则是搬运活动。

许多生产企业的生产过程，实际上是物料不停的搬运过程，在不停的搬运过程中，物料得到了加工，改变了形态。

即使是配送企业和批发企业的企业内部物流，实际也是不断搬运的过程，通过搬运，商品完成了分货、拣选、配货工作，完成了大改小、小集大的换装工作，从而使商品形成了可配送或可批发的形态。

知识拓展

钢铁生产企业生产物流特征

现代钢铁生产物流是指原材料、在制品、成品的企业内部衔接，在制品的存储与库存管理，以及生产安排及节奏的调整等活动。钢铁企业生产物流特点体现在以下几个方面：

(1)生产物流流程繁杂。钢铁企业产品制造需要经过多分厂联合制造才能交货。因此其生产过程是多段生产、多段运输、多段存储的，物流管理是分段式(分割式)的，而且从原料投入到最终产品产出，整个物流中多数工序同时兼有物理和化学变化，是高温、高能耗工艺过程，生产物流管理的复杂性很高。

(2)生产过程中信息量大。钢铁企业的生产过程是将矿石经过复杂工艺加工成钢材的过程，生产过程环节多、流程长，且伴随着原料、燃料、辅料的信息变化，及生产过程中各物流结点之间保持物流作业衔接的大量信息。因此生产过程中信息复杂。

(3)钢铁生产所使用的都是大型生产和运输设备，且主要工艺路线和设备比较稳定，整个工艺流程有很强的连续性或分段连续性，上下环节关联性强，后道工序受前道工序的约束。各主要厂之间的生产—物流的密切联系，各种原料、半成品和成品的库存量以及运输设备的停留时间等都会对生产物流产生影响。

(4)在制品的温度和生产时间在过程中的地位比较重要。如实施连铸坯热送热装工艺的目的是提高连铸坯入加热炉的温度，其考核指标为连铸坯入炉温度和热送热装率。另外，在制品的生产时间既不能太长也不能太短，应该实现生产过程的连续性、平行性、节奏性和比例性。

(二)生产物流的类型

通常情况下，企业生产的产品产量越大，产品的品种数则越少，生产的专业化程度也越高，而物流过程的稳定性和重复性也就越大。所以生产物流类型与决定生产类型的产品产量、品种和专业化程度有着内在的联系。正因为如此,把划分生产物流的类型与划分生产类型看成是一个问题的两种说法。

1. 从物料流向的角度分类

根据物料在生产工艺过程中的特点,可以把生产物流划分为项目、连续和离散三种类型。

(1)项目型生产物流(固定式生产)——物料流凝固。即当生产系统需要的物料进入生产场地后,几乎处于停止的“凝固”状态,或者说在生产过程中物料流动性不强。其分两种状态:一种是物料进入生产场地后就被凝固在场地中和生产场地一起形成最终产品,如住宅、厂房、公路、铁路、机场和大坝等;另一种是在物料流入生产场地后,“滞留”时间很长,形成最终产品后再流出,如大型的水电设备、冶金设备、轮船和飞机等。此类物流管理的重点是按照项目的生命周期对每阶段所需的物料在质量、费用以及时间进度等方面进行严格的计划和控制。

(2)连续型生产物流(流程式生产)——物料均匀、连续地进行,不能中断;生产出的产品和使用的设备、工艺流程都是固定且标准化的;工序之间几乎没有在制品储存。此类物流管理的重点是保证连续供应物料和确保每一生产环节的正常运行。由于工艺相对稳定,有条件采用自动化装置实现对生产过程的实时监控。

(3)离散型生产物流(加工装配式生产)——产品是由许多零部件构成,各个零部件的加工过程彼此独立;制成的零件通过部件装配和总装配最后成为产品,整个产品的生产工艺是离散的,各个生产环节之间要求有一定的在制品储备。此类物流管理的重点是在保证及时供料和零件、部件的加工质量基础上,准确控制零部件的生产进度,既要减少在制品积压,又要保证生产的成套性。

以上三种生产物流的比较如表 11-5 所示。

表 11-5　不同类型生产物流的比较

	项目型生产物流	连续型生产物流	离散型生产物流
含义	在固定式生产中,当物料进入生产场地后,几乎处于停止的“凝固”状态	在流程式生产中,物料均匀、连续地流动,不能中断	在加工装配式生产中,产品生产的投入要素由许多可分离的零部件构成,各个零部件的加工过程彼此独立
特点	(1)物料采购量大,供应商多 (2)原材料、在制品占用大,无产成品占用 (3)物流在加工场地的方向不确定、加工变化极大 (4)物料需求与具体产品存在一一对应的相关需求	(1)生产出的产品和使用的设备、工艺流程固定且标准化 (2)工序之间几乎没有在制品储存	(1)制成的零件通过部件装配和总装配最后成为产品 (2)生产工艺离散 (3)各环节之间要求有一定的在制品储备
生产物流管理的重点	按照项目的生命周期对每阶段所需的物料在质量、费用及时间进度等方面进行严格的计划和控制	保证连续供应物料和确保每一生产环节的正常运行	在保证及时供料,零件、部件的加工质量的基础上,准确控制零部件的生产进度,缩短生命周期

2. 从物料流经的区域和功能角度分类

可以把生产过程中的物流细分为两部分:工厂间物流、工序间物流(车间物流)。

(1)工厂间物流,即大型企业各专业厂间运输物流或独立工厂与材料、配件供应厂之间的物流。

(2)工序间物流,也称工位间物流、车间物流,指生产过程中车间内部和车间、仓库之间各工序、工位上的物流。其内容包括:接受原材料、零部件后的储存活动;加工过程中间的在制品储存活动;成品出厂前的储存活动;仓库向生产车间运送原材料、零部件的搬运活动;各种物料在车间、工序之间的搬运活动。

3. 从物流连续性及产品需求特征角度分类

根据物流连续性特征从低到高,产品需求特征从品种多、产品少到品种少、产品多,把生产过程划分为四种类型,将与之相对应的生产物流类型也划分为四种类型。

(1)单件小批量型生产物流

单件小批量型是指需要生产的产品品种繁多但每一品种生产的数量甚少,生产重复度低的生产物流系统。

(2)多品种小批量型生产物流

多品种小批量型是指生产的产品品种繁多并且每一品种有一定的生产数量,生产的重复度中等的生产物流系统。

多品种小批量生产模式,也叫精益生产(Lean Production,LP),产生于20世纪70年代。第二次世界大战结束后,虽然以大批量生产方式获利颇丰的美国汽车工业已处于发展的顶点,但是以日本丰田公司为代表的汽车业却开始酝酿一场制造史上的革命,形成了多品种小批量的生产模式。由于企业必须按用户需求以销定产,使企业物流配送管理工作复杂化,协调采购、生产、销售物流并最大限度地降低物流费用是该生产物流系统最大的目标。

(3)单一品种大批量型生产物流

单一品种大批量型是指生产的产品品种数相对单一,而产量却相当大,生产的重复度非常高且大批量配送的生产物流系统。

由于企业面临的主要问题是如何增加产品数量,因此从物流的角度看,各种物料的计划、采购、验收、保管、发放、节约使用和综合利用贯穿了生产物流管理过程。

(4)多品种大批量型生产物流

多品种大批量型,也叫大批量定制生产(Mass Customization,MC)。它是一种以大批量生产的成本和时间,提供满足客户特定需求产品和服务的新的生产物流系统。其基本思想是:将定制产品的生产,通过产品重组和过程重组转化或部分转化为大批量生产问题。对客户而言,所得到的产品是定制的、个性化的;对生产厂家而言,该产品是采用大批量生产方式制造的成熟产品。这种生产方式目前在国外得到了较快的发展,并作为一种有效的竞争手段逐渐被企业所采纳。事实上,制造的全球化和专业化分工是促使大批量定制生产在全球范围逐步实施的动力。

按照客户不同层次的需求,可以将大批量定制生产粗略分成三种模式,即:面向订单设计(Engineering to Order,ETO);面向订单制造(Making to Order,MTO);面向订单装配(Assembly to Order,ATO)。可以看到,这三种模式都是以订单为前提的。

以上四种生产物流的特点比较如表11-6所示。

表 11-6　不同类型生产物流的特点

类型	特点
单件小批量型生产物流	(1)物料需求与具体产品制造存在一一对应的相关需求,生产的重复度低 (2)由于单件生产,产品设计和工艺设计存在重复性,因而物料的消耗定额不容易进行准确制定 (3)生产品种多样性导致在制造过程中,采购物料所需的供应商多变,外部物流较难控制
多品种小批量型生产物流	(1)物料生产的重复度介于单件生产和大量生产之间,通常是制定生产频率,采用混流生产 (2)以物料需求计划(MRP)实现物料的外部独立需求与内部的相关需求之间的平衡,以准时制生产(JIT)实现客户个性化特征对生产过程中物料、零部件、成品的拉动需求 (3)由于产品设计和工艺设计采用并行工程处理,物料的消耗定额容易准确制定,有利于生产过程整体优化以及资源的有效利用,从而降低产品的成本 (4)生产品种的多样性,对制造过程中物料的供应商有较高的选择要求,而且,由于对生产率要求较高而形成了企业和内部资源和社会资源的矛盾,从而外部物流的协调较难控制,无法实现制造资源的动态优化整合
单一品种大批量型生产物流	(1)由于大批量生产以及流水线式生产大批量、少品种产品,因此,物料被加工的重复度非常高,从而物料需求的外部独立性和内部相关性比较容易计划和控制 (2)产品和工艺设计与控制过程相对标准和稳定,从而物料的消耗定额容易准确制定 (3)为达到物流自动化和效率化,强调在采购、生产、销售物流各功能的系统化方面,引入运输、保管、配送、装配、包装等物流作业中各种先进的技术和设备,并使之有机配合 (4)由于生产品种的单一性,使得制造过程中物料采购的供应商固定,外部物流较易控制
多品种大批量型生产物流	(1)由于要按照大批量生产模式生产出标准化的基型产品,并在此基础上按客户订单的实际要求对基型产品进行重新配置和变形,所以物料被加工成基型产品的重复度高,而对装配流水线则有更高的要求,从而实现大批量生产和传统定制生产的有机结合 (2)物料的采购、设计、加工、装配、销售等流程要满足个性化定制要求,这就促使物流必须有一个坚实的基础——订单信息化、工艺过程管理计算机化与物流配送网络化 (3)产品设计的可定制性与零部件制造过程中由于标准化、通用化、集中化带来的可操作性的矛盾,往往与物料的性质,与选购、生产技术手段的柔性与敏捷性有很大关联 (4)库存不再是生产物流的终结点,给予快速响应客户需求为目标的物流配送与合理化库存将真正体现出给予时间竞争的物流速度效益,单个企业的物流将向供应链系统物流、甚至全球供应链系统物流发展 (5)生产品种的多样化和规模化制造,要求物料的供应商、零部件的制造商以及成品的销售商之间的选择将是全球化、电子化、网络化

(三)生产物流的组织

1. 目标

(1)提供畅通无阻的物料流转,以保证生产过程顺利、高效的进行;

(2)减少物料搬运的数量、频率和距离,减少搬运费用,降低成本;

(3)防止物料损坏、丢失以及人员设备事故。

2. 影响因素

(1)生产类型

不同的生产类型,它的产品品种、结构的复杂程度、精度等级、工艺要求以及原料准备各不相同。这些特点影响着生产物流的构成以及相互间的比例关系。

(2)生产规模

生产规模越大,生产过程的构成越齐全,物流量就越大。如大型企业铸造生产中有铸铁、铸钢、有色金属铸造之分。反之,生产规模越小,生产过程的构成就没有条件划分得很细,物流量也较小。

(3)企业的专业化与协作水平

企业专业化和协作水平提高,企业内部生产过程就趋于简化,物流流程则缩短。某些基本的工艺阶段的半成品,如毛坯、零件、部件等,就可由其他专业工厂提供。

3. 要求

要保证生产稳定、缩短生产周期、提高产品质量、降低产品消耗,生产物流管理须达到以下要求:

(1)生产物流过程的连续性:即产品按照工艺流程通过各环节,不发生或很少发生中断。每个工序的不正常停工都会造成不同程度的物流阻塞,影响整个企业的生产进度。

(2)生产物流过程的平行性:即物料在各工序间平行作业,以达到充分利用设备、提高生产效率的目的。

(3)生产物流过程的节奏性:即产品从投料到最后完工入库,都能保证按预定计划有节奏、均衡地进行,各个环节在相同时间内工作量相对稳定,避免忙闲不均和超负荷工作等现象的发生。

(4)生产物流过程的比例性:即指生产过程各阶段、各工序之间,在生产能力上要保持适当的比例,以适应产品制造过程中的生产要求。

(5)生产物流过程的适应性:即指生产过程应具备在短时间内以最少的资源消耗从一种产品的生产转换为另一种产品的生产,要求生产物流具有相应的应变能力,能够适应市场个性化的需求。

4. 组织要素

生产过程的物流组织是与生产同步进行的。为了提高生产效率,企业可从空间、时间、人员三个要素来组织生产物流。

(1)空间组织

生产物流的空间组织是指生产企业内部的各生产单位的相对空间位置,它决定了物流的空间结构和流动特征。它包括工艺专业化、对象专业化,以及兼有这两种形式特点的混合组织形式。

①工艺专业化:其特点是按不同的生产工艺设置生产单位。在这种形式的生产单位中,集中着同类工艺设备和同工种的生产工人,对不同类产品进行相同工艺的加工(参见图 11-10)。

②对象专业化:其特点是按不同的产品(如零件、部件)设置生产单位。在这种形式的生产单位中,集中着生产同类产品所需的各种机器设备和各种不同工种的生产工人,对同类产品进行着不同的工艺加工(参见图 11-11)。

③混合组织形式:它综合了上述两种专业化形式的优点,在实际应用中较为普遍。这种形式机动灵活、适应面广,如运用得当,可取得较好的经济效益。

(2)时间组织

生产物流的时间组织是指合理地安排产品在生产过程中需要进行的一系列实物移动方式。通常一批物料在生产加工中可以采用三种典型的移动方式,即:顺序移动方式、平行移动

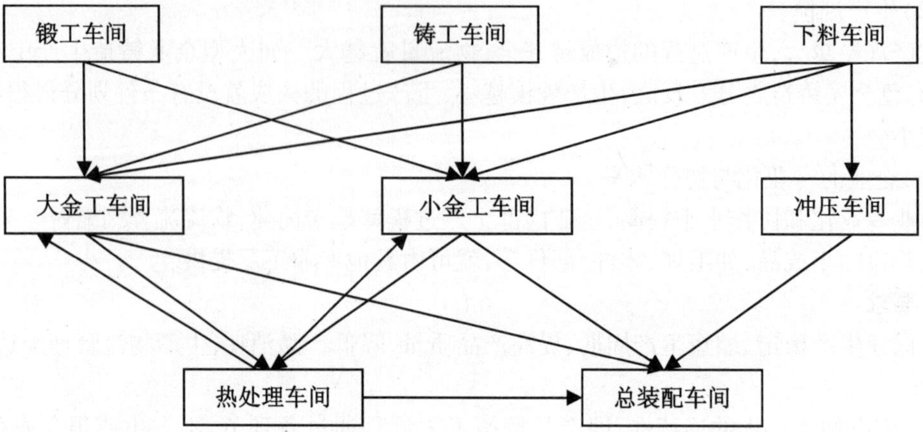

图 11-10　工艺专业化形式下的生产物流组织

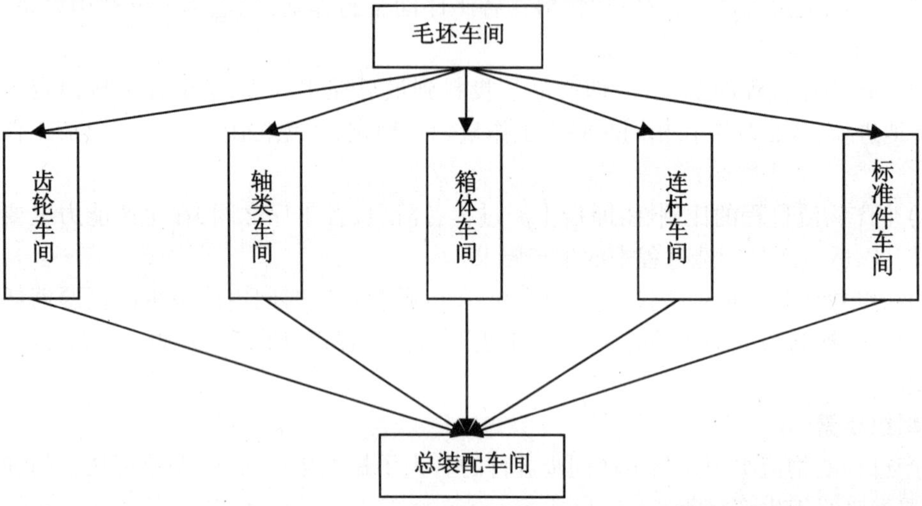

图 11-11　对象专业化形式下的生产物流组织

方式和平行顺序移动方式。

①顺序移动方式:是指成批在制品在上一道工序全部加工完之后,整批地转移到下一道工序继续加工。

②平行移动方式:是指每个在制品在前一道工序完成后立即移到下一道工序加工,每个在制品在各道工序上成平行作业状态,多道工序间总体形成前后交叉作业。

③平行顺序移动方式:是指平行移动方式与顺序移动方式二者的结合。每一批物料在每一道工序上连续加工,没有停顿,并且物料在各道工序的加工尽可能平行进行。这种方式既考虑了相邻工序间加工时间尽量重合,又保持了该批物料在工序上的顺序加工。

如表 11-7 所示,上述三种移动方式各有利弊。一般来讲,顺序移动方式适用于尺寸小、加工时间短而批量小的物料,平行移动方式适用于尺寸大、加工时间长且批量大的物料,对于生产中的缺件、急件,则可选择采用平行或平行顺序移动方式。

表 11-7 三种移动方式的比较

移动方式	顺序移动方式	平行移动方式	平行顺序移动方式
优点	运输次数少，设备利用率高，便于管理	加工周期短，在制品占用量少	提高了工时与设备的利用率，生产周期介于前两者之间
缺点	加工周期长	运输频繁，设备空闲时间多且零散	组织管理作业复杂，要求高

（3）人员组织

生产物流的人员组织主要体现在人员的岗位设计方面。为保证生产物流优化通畅，必须对工作岗位进行再设计。根据生产物流的特征，岗位设计的基本原则应为“根据物料流向来设岗”，根据人的行为、心理特征，岗位设计还要符合工作者个人的工作动机需求。

①按工艺专业化形式组织的生产物流：针对这种形式，要求员工不仅要有较高的专业素质，更要具备较多的技能和技艺，即“一专多能，一人多岗”。

②按对象专业化形式组织的生产物流：针对这种形式，要求员工在工作中必须具有较强的“工作流协调”能力，自主平衡各工序之间的“瓶颈”，保证物流的比例性、均衡性。

③按混合组织形式组织的生产物流：针对这种形式，要求向员工授权，即从管理和技术两个途径，保证给每个人都配备技术资料、工具、工作职责和权力，改变不利于物流合理性的工作习惯，加强新技术的学习和运用。

四、销售物流

（一）销售物流的概念、特点与作用

1. 销售物流的概念

中华人民共和国国家标准《物流术语》（GB/T 18354—2006）对销售物流的定义是：“企业在出售商品过程中所发生的物流活动。”

销售物流是企业为实现产品销售，组织产品送达用户或市场供应点的外部物流。对于双方互需产品的工厂企业，一方的销售物流便是另一方的外部供应物流。

销售物流是通过包装、配货、送货等一系列物流实现销售的。为此，企业销售物流需研究顾客订货处理、配送方式、包装水平、运输路线等问题并采取诸如少批量、多批次、定时、定量等特殊的物流方式才能达到目的。

2. 销售物流的特点

（1）销售物流以实现销售为目的。销售物流过程的终结标志着商业销售活动的终结。销售物流是以实现销售为目的的。它的所有活动及环节都是为了实现销售利润，因此物流本身所实现的时间价值、空间价值及加工价值在销售过程中都处于从属地位。

（2）销售物流是生产企业赖以生存和发展的条件。对于生产企业来讲，物流是企业的第三利润源泉，降低销售物流成本是企业降低成本的重要手段。销售物流成本占据了企业销售总成本的 20% 左右，销售物流的好坏直接关系到企业利润的高低，进而直接关系到企业的生存与发展。

(3)销售物流是一个系统,具有一体化特征。销售物流是企业为保证本身的经营效益,伴随销售活动,不断将产品所有权转给用户的物流活动,它是订货处理、产成品库存、发货运输、销售配送等物流活动的有机统一。

(4)销售物流具有很强的服务性。销售物流是以满足用户的需求为出发点,从而实现销售和完成售后服务,因此销售物流具有很强的服务性。销售物流的服务性表现在以满足用户的需求为出发点,树立"用户第一"的观念,要求销售物流必须快速、及时,这不仅是用户和消费者的要求,也是企业发展的要求。

(5)销售物流的空间范围很大,在这种情况下,企业销售物流的特点,便是通过包装、送货、配送等一系列物流实现销售,这就需要研究送货方式、包装水平、运输路线等,并采取各种诸如少批量、多批次,定时、定量配送等特殊的物流方式达到目的。

(6)销售物流是联接生产企业和用户的桥梁,是企业物流与社会物流的另一个衔接点。销售物流是企业物流活动的一个重要环节,它以产品离开生产线进入流通领域为起点,以送达用户并经售后服务为终点,它与社会销售系统相互配合共同完成企业的分销和销售任务。

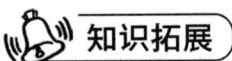

知识拓展

(一)钢铁生产企业销售物流特征

钢铁企业销售物流的主要内容是将成品钢材从钢铁生产企业运送到最终客户。它包括产品时间及空间的转移,以及在此过程中的增值加工,涉及运输、仓储、加工、配送等物流作业环节。根据钢铁产品自身的属性及钢铁行业现有环境,钢铁企业的销售物流有以下特点:

(1)钢铁产地远离消费地,销售运距长。一般而言,钢铁企业有着较大的销售半径,销售区域散状分布,一旦形成消费市场,消费市场对其需求又相当大。钢铁生产这种近原材料地、远销售地的特性,使得产品销售的运输距离远远大于原材料物资运输距离,钢铁销售物流更易受到诸多外界因素的制约,往往计划不及变化,不确定性强,难于组织。

(2)铁路运输是钢铁产品国内销售的主要运输方式。如果单纯从运输方式的经济性而言,水运是钢铁产品最好的选择。但我国钢铁企业的生产部门一般设在矿区,水路交通条件有限,很难实现大批量产品的水路运输。相比较其他成本更高的运输方式,铁路成为大多钢铁企业销售物流的首要选择。

(3)成品往往需要进行不同程度的深加工。钢铁企业的最终用户也为制造企业,其产品需求为连动需求。钢铁企业的产品用户,除建筑等行业外,绝大多数还不能直接投入用户的生产使用,还需要通过深加工来满足用户的特殊需求。钢铁产品的选择受下游产业链影响较大,产品深加工势在必行。

(4)销售渠道短,仓储数量大。钢铁的销售物流渠道一般为直销或经过一级经销商(或钢铁贸易商)后,直接进入消费领域,中间环节少。但由于一般单张订单需求量大,使得钢铁企业为满足销售需要,通常持有较高库存,资金占用大。

(二)农业生产企业销售物流特征

与工业生产企业相比,农业生产企业以组织农业产品(如粮食、棉花)的物流为主要内容,其销售物流最大的特点就是,它对销售过程中储存的功能要求比较高,同时,农业企业更重视产品的配送,即希望以最低的成本、最短的时间将农产品有效地送达顾客。其主要原因,一是农产品本身由于其生产季节性及产品易腐性的特点,商品寿命期短,保鲜困难,因此,从田间到市场,整个物流过程必须既要有温度保证,又要有无伤害保证,这样才能保证其新鲜度和食用安全性;二是由于农产品单位价值低,属于低附加值产品,企业为了对付内外压力,希望通过销售的规模效益加以弥补,因此更加重视销售,或倾向于生产非劳动密集型的高附加值产品。

3. 销售物流的作用

(1)利润源

物流是企业在降低物资消耗,提高劳动生产率以外的"第三利润源",通过物流的整合和合理化,降低物流成本,从而获取利润。

(2)信息作用

物流为生产企业的其他部门如采购、生产、销售等部门提供信息,以便更好地指导采购、生产、销售。

(3)服务作用

物流可以提供良好的服务,这种服务有利于参与市场竞争,有利于树立企业和品牌的形象,有利于和服务对象结成长期的、稳定的战略性合作伙伴。

(二)销售物流的主要环节

为实现销售物流的目标,可以把销售物流划分为六个作业环节:

1. 产成品包装

产成品包装是生产物流的最后环节,同时也是销售物流的起点。包装在销售物流过程中能够起到保护产品、便于储运和利于装卸搬运的作用。因此在考虑包装材料的选择时,不仅要考虑包装对商品的保护,而且要考虑到储存、运输的便利,以及材料及工艺的成本费用,包装材料的标准化、环保化以及回收再利用等,同时还需顾及客户对这些成本费用的心理承受能力。

2. 产成品储存

产成品储存是销售物流系统中的重要内容和环节,其目的是及时、优质地满足客户的需求。产成品的可得性是衡量企业销售物流系统服务水平的一个重要指标。缺货不仅使客户需求得不到满足,而且还会提高企业进行销售服务的物流成本。为了避免缺货,企业一方面可以提高自己的存货水平,另一方面可以帮助客户进行库存管理。现代企业的储存已经与电子计算机管理系统连接起来,通过计算机管理系统和通信设备,将销售与生产、销售与客户需求联系构成一个完整的体系。这为减少产成品储存并给予客户高质量的服务提供了可能。同时,也有利于对销售物流系统进行改进和提升。

3. 订单服务

订单服务是指按客户的订单将货物装运发出直到送到客户手中的服务过程。它是企业销售工作中最重要的内容之一。订单服务的内容涉及订单传递服务、订单处理服务以及订单分拣和集合服务三部分内容。随着计算机和现代化通信设备的广泛应用,以及电子订货方式的广泛采用,企业建立电子订货服务系统,已成为扩大销售、改善物流服务质量的重要内容。

4. 产成品发送

产成品的发送以供给方和需求方之间的运输活动为主,是将产成品送达客户指定地点的活动,是企业销售物流的主要环节。由于运输方案需根据产成品的批量、运送距离、地理条件、时间、费用、运输质量要求以及运输工具的情况来制订,因此,企业在进行产成品发送之前,还需要进行大量的决策工作,综合考虑各方面因素,在保证客户需要的前提下,做出对企业经营最有利、成本最低的选择。

5. 装卸搬运

装卸搬运的内容包括对产成品进行装卸、搬运等作业活动。应重视装卸搬运质量,避免把货物弄脏或损坏,从而影响产品的销售。同时,无论是厂商还是客户,都希望在物料搬运设备方面的投资达到最小化。因此,在装卸搬运时,还应着重考虑装卸搬运的器具、搬运方式、省力化、机械化、自动化以及智能化等。

6. 信息处理

流通中的信息包括物流信息和商流信息两类,二者紧密相连、相互交叉。这就要求企业完善销售系统和物流系统的信息网络,加强两者协作的深度和广度,并建立与社会物流沟通和联系的信息渠道,建立订货处理的计算机管理系统及顾客服务体系,保证信息通畅。

(三)销售物流组织模式

生产企业可采取以下三种模式组织销售物流:

1. 生产企业组织销售物流

企业自营是指生产企业自己组织销售物流,实际上把销售物流作为企业生产的一个延伸或者看成是生产的继续。生产企业销售物流成了生产者企业经营的一个环节。而且,这个经营环节是和用户直接联系、直接面向用户提供服务的一个环节。在企业从“以生产为中心”转向“以市场为中心”的情况下,这个环节逐渐变成了企业的核心竞争环节,已经不再是生产过程的继续,而是企业经营的中心,生产过程变成了这个环节的支撑力量。

(1)优点

生产企业自己组织销售物流的好处在于,可以将自己的生产经营和用户直接联系起来,信息反馈速度快、准确程度高,信息对于生产经营的指导作用和目的性强。企业往往把销售物流环节看成是开拓市场、进行市场竞争中的一个环节,尤其在买方市场前提下,格外看重这个环节。

生产企业自己组织销售物流,可以对销售物流的成本进行大幅度的调节,充分发挥它的“成本中心”的作用,同时能够从整个生产者企业的经营系统角度,合理安排和分配销售物流环节的力量。

(2)缺点

在生产企业规模可以达到销售物流的规模效益前提下,采取生产者企业自己组织销售物流的办法是可行的,但不一定是最好的选择。其主要原因,一是生产者企业的核心竞争力的培育和发展问题,如果生产者企业的核心竞争能力在于产品的开发,销售物流可能占用过多的资源和管理力量,对核心竞争能力造成影响;二是生产企业销售物流专业化程度有限,自己组织销售物流缺乏优势；三是一个生产企业的规模终归有限，即便是分销物流的规模达到经济规模，延伸到配送物流之后，也很难再达到经济规模，还有可能反过来影响市场更广泛、更深入的开拓。

2. 购买企业组织销售物流

这种模式实际上是将生产企业的销售物流转嫁给用户，变成了用户自己组织供应物流的形式。对作为销售方的生产企业而言，已经没有了销售物流的职能。这是在计划经济时期广泛采用的模式，将来除非在十分特殊的情况下，否则这种模式不再具有生命力。

3. 物流企业组织销售物流

这种模式实际上是生产者企业将销售物流外包，将销售物流社会化。

由物流企业承担生产企业的销售物流，其最大优点在于专业化和规模化。这两者可以从技术方面和组织方面强化成本的降低和服务水平的提高。在网络经济时代，这种模式是一个发展趋势。

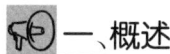

第三节 商业企业物流

一、概述

（一）商业企业物流的概念与特点

商业企业物流，是指商业企业通过运输、保管、包装、流通加工、配送等物流运作手段，以最低的成本，把特定的产品和服务在特定的时间提交给特定的客户的过程。

与生产企业物流相比，商业企业物流具有以下特点：

（1）商业企业物流的运作对象一般是产成品，除了少量的流通加工对物品具有一定的生产性作用以外，在商业企业物流中，物品自身形态不发生变化，而只发生空间上的转移和时间上的延迟。

（2）商业企业物流整合的关键是发展物流配送。商业企业直接面对消费者，从国际经验看，商业企业物流配送在发达国家的物流市场上已经占据了相当可观的比例。对于一个商业企业而言，物流配送能力将成为其核心竞争力。

（二）商业企业物流的类型

1. 按物流各环节职能分类

如图11-12所示，商业企业的物流活动具体包括商品采购物流、企业内部物流、销售物流和商品退货物流。

（1）商业企业采购物流

采购物流或供应物流是将本企业所经营的商品以及销售商品所需的其他物品从生产厂家或其他商品据点运回公司，其中商业企业采购的商品有时由商品的生产厂商或配送中心负责运输。当商品运到时，企业的有关人员需要对所采购的商品进行验收，将合格的商品入库，不合格的则需要组织退货。

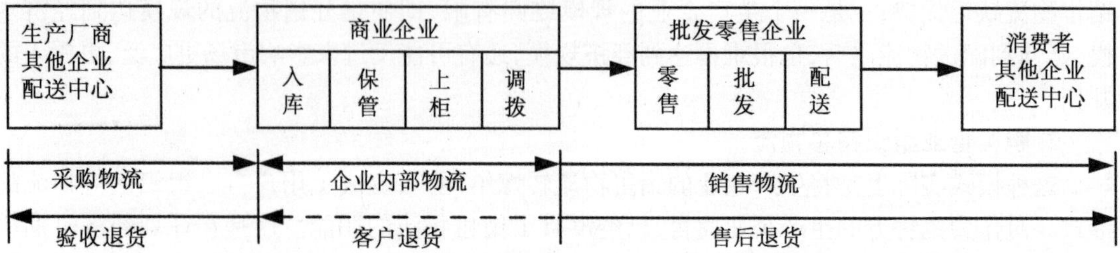

图 11-12　商业企业物流构成(1)

商业企业主要完成的是将商品从生产者到消费者之间的流通,商业企业在此过程中获取利润和效益。对于商业企业来讲,所销售商品的进货与销售之间的差价形成了企业经营的基本利润,因此,尽可能降低商品采购进货的成本及其相关的费用就会给企业带来更高的利润。另外,做好商品采购物流既可以保证商店正常销售的商品供应不至于脱销,又能够使企业的商品库存有一个尽可能低的安全库存量,从而减少企业的库存资金,增加流动资金,使企业能够获得更大的经济效益。

(2)商业企业的内部物流

商业企业的内部物流包括商品出库运输到本店的销售现场上柜或各分店及连锁店进行销售,以及从本店向其他商业企业的调拨运输。另外,企业的内部物流还包括对库存的商品进行合理的保管,以及对采购来的商品进行必要的拆包、分档和再包装等加工。

商业企业的内部物流的主要作用是保证商品的正常销售。它包括将商品及时送到销售现场,保证商品的持续上柜以避免脱销并造成不良影响;加强对库存商品的合理保管,以降低或避免因管理不善而造成因商品的损坏、变质而引起的损失。因此,做好企业内部物流可以大大降低企业经营的费用,对企业是十分重要的。

(3)商业企业的销售物流

商业企业的销售物流包括通过零售、批发以及配送将商品发送到消费者或购货单位手中。

商业企业的重点是进行商品的销售,企业通过零售、批发等各种销售方式完成商品的出售,并以销售物流活动将客户购买的商品送到客户的手中。销售物流使商品的交易活动得以完成,并通过良好的销售活动维系企业与客户的关系,做好客户的售后服务。因此,销售物流对于商业企业的重要性是不言而喻的。

(4)商业企业的退货物流

商业企业的退货物流包括在采购的商品进货验收时发现商品不合格,以及在商品销售后客户发现所购商品有质量问题所发生的退货,退货的商品由商业企业暂存并运到生产厂家或其他的进货点。

商业企业的商品采购活动在进货验收时,不可避免地会发生所采购的商品在品种、数量等方面与要求不符,以及质量方面的不合格等情况;另外,商店的商品在售出以后,也经常会发生客户因商品的质量等问题而退货。企业的退货物流完成的则是向商品的采购据点的退货。做好退货物流,一方面,可以减少企业的采购成本;另一方面,可以提高企业的服务信誉,这对企业也是相当重要的。

2. 按企业性质分类

如图 11-13 所示,根据我国商业企业的类型,商业企业的物流可分为批发商物流和零售商物流。作为批发商,通常需要经过取得、验收入库、仓储保管和销售发出等主要环节;作为零售商,则需要从生产企业或批发商(经销商)那里取得商品,经验收后入库保管或者直接放置在经营场所对外销售。

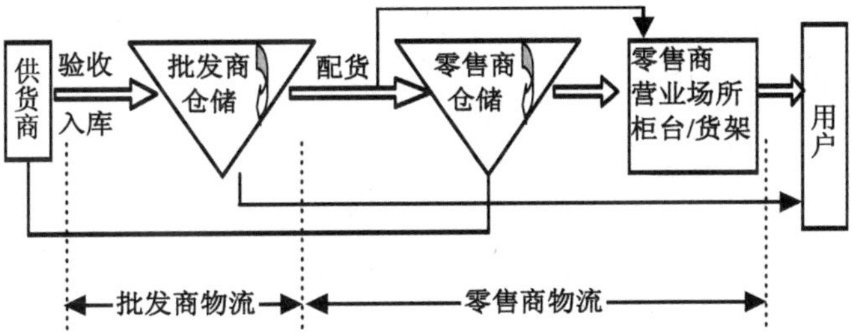

图 11-13 商业企业物流构成(2)

(1)批发企业的物流

批发企业的物流是指以批发据点为核心,由批发经营活动所派生的物流活动。

(2)零售企业的物流

零售企业的物流是指以零售商店据点为核心,以实现零售销售为主体的物流活动。

(三)商业企业物流环境变化

1. 消费者行为的变化

90 年代以来,消费开始向个性化和多样化方向发展,人们不再侧重购买为满足需求规模而大量生产的商品,而是在重视商品质量和体现自己生活方式的基础上,购买具有差别化的商品。这种消费行为上的变化对企业的生产和经营产生了深远的影响,同时使物流在适应消费行为变化的过程中,强化了物流管理在企业战略中的地位。

2. 多品种、少量生产的转变和零售形式的多样化

随着消费个性化、多样化的发展,企业的经营从原来厂商生产主导的消费唤起战略转向消费主导的商品生产战略。这种战略转换也改变了原来大量输送、储存的物流管理活动,要求物流既讲求效率,又能促进生产、销售战略的灵活调整和转换。

另外,对应于消费个性化、多样化发展,在零售业中通宵营业的 24 小时店(便民店)或以利用汽车购物为前提的郊外仓储式商店等新型业态也相继诞生,并实现了急速成长,这些都改变了原来的流通格局,同时也推动了物流服务的差异化和系统化管理的发展。

3. 无在库经营的倾向

如今,国际上大型零售业的经营方针已从原来通过新店开设寻求外延型发展,转向充实内部管理和投资,积极进行内涵型发展。除此之外,由于消费行为多样化、个性化发展,企业商品多品种、少数量生产,实际需求的预测十分困难,在这种状况下,库存越大,零售企业承担的风险也越大,因此,为了降低风险,零售企业必须尽可能地压缩库存,实现即时销售。

4. 信息技术的革新

"单品管理"和"无在库经营"能成为现实,首先是因为 80 年代后期展开的信息技术的革新,具体反映在 POS 系统和 EOS 系统的导入。

5. 新物流需求的产生

近几年来,在一些发达国家和我国一些发达城市以食品为中心的市场中,消费者追求新鲜度的倾向越来越强烈,因而很多零售业强化了店铺食品新鲜度管理,纷纷制定出独自的商品有效期限,这更加推动了 JIT 物流的发展。这种物流要求的产生,无疑对物流效率和各企业物流系统的设计和管理产生了重大影响。

二、批发企业物流

(一)批发企业物流的概念、特点与作用

1. 批发企业物流的概念

批发企业是指从生产者或其他经营者手中采购商品,再将其提供给商业用户及其他业务用户,供其转卖、加工或使用的经营活动主体。

批发企业物流是以批发中心为核心,由批发经营活动所派生的物流活动。这一物流活动对应于批发的投入是组织大量物流活动对象的运进,产出是组织总量同量物流对象的运出,但是批量变小,批次变多。在批发点中的转换有时使包装形态及包装批量发生转换。

2. 批发企业物流的特点

批发企业物流需求主要集中在储运和分销。批发物流的表现是"大进大出",但出的批量会变小,批次会变多。批发物流有着十分强大的储存功能,对商品流通量和流通时间具有调节作用。

不同地位的批发企业物流有所不同,主要有两种类型:

(1)大型生产企业销售网络中的批发企业。这种批发企业面对固定的零售网点或固定的生产型、销售型用户,其物流特点是销售物流网络固定,因而网络组织完善,销售物流能有效地规划和组织,水平较高。

(2)独立批发企业。这种批发企业依靠本身经营和市场开拓同步组织物流活动,用户有很强的不确定性,因而销售物流难以形成固定渠道和网络。

3. 批发企业物流的作用

批发企业作为连接厂商与零售业的经济主体,在流通过程的中间阶段积聚商品,向零售业迅速提供其所需求的产品和服务。

批发企业主要有五个功能,即集散商品、加工整理商品、调节供求、融通资金与承担风险。这些功能基本上反映出了批发功能的本质特征,集散商品与加工整理商品功能可以归属为物流功能,调节供求等可以纳入商流的范畴。当然,批发企业的物流功能不仅仅表现为简单的商品集散与流通加工,它在综合物流及供应链管理上可以发挥更大的作用。

(二)批发企业物流的作业过程与环节

1. 批发企业物流的作业过程

批发企业介于生产环节和零售环节之间,通过集中采购、批量出售的方法,简化了生产与零售业的业务转换。传统形态的批发企业,大多是只承担采购和调配运输这两个功能,然而在现代物流中的批发环节则是整个产品物流中的主动脉和枢纽,已发展成为集采购、仓储、分拣、包装、加工、配货、运送等业务为一体的物流功能构架。批发企业最根本的职能是将生产企业的产品大量购入,然后批量销售给零售企业或直接的消费者,以化解或削弱市场供需在时间、

空间上的矛盾,如图 11-14 所示。

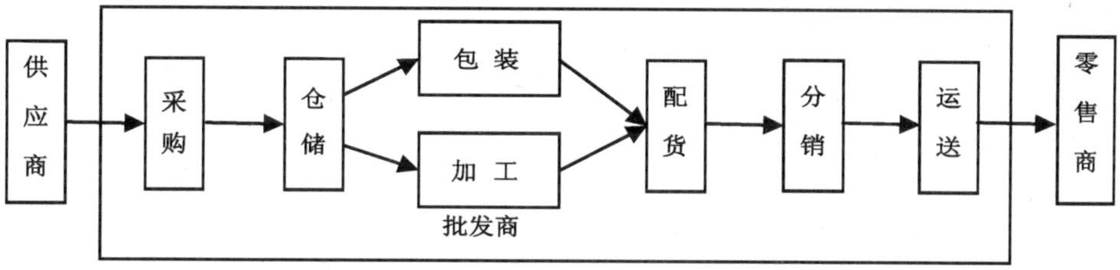

图 11-14 批发企业物流作业过程

2. 批发企业物流的作业环节

如前所述,批发企业物流包括采购、仓储、包装、加工、配货、分销、运送等业务环节。

(三)批发企业面临的挑战与战略定位

1. 批发企业面临新的挑战

随着流通渠道重组和流通信息化的发展,批发企业在流通系统中的功能正在被制造商、零售商和第三方物流服务商所取代,导致批发企业面临严峻的生存危机。

(1)流通渠道重组的挑战

过去批发企业物流系统就像一个调节阀,一方从制造企业订购大批量的商品,另一方是化大为小,小批量将商品送到零售商的商店,以满足零售商的需求。然而,随着工厂直送和零售商的日益强大,批发企业的发展空间将受到制约。

(2)流通信息化的挑战

随着信息化、互联网的发展,没有批发商的中介,各流通主体也能获取信息,并实现相应机能。特别是具备高度备货机能、销售支持机能的大型零售业或便民店的出现,以及构筑销售公司使其具备批发机能的强有力厂商的出现,使批发商越来越面临着前所未有的危机和挑战。

(3)多频次、小批量配送的挑战

随着消费者个性化、多样化消费意识的增强,零售企业纷纷采取多品种少量化经营策略,以降低商品库存、提高商品库存周转率、保持商品鲜度、适应顾客的消费需求。

多频次、小批量配送时代的来临为批发企业带来了巨大的成本压力,主要表现在:第一,仓储管理及库存成本、配送成本增加。在整体物流量不变的情况下,配送次数的增加意味着单位配送车辆实载率的显著下降,单位商品配送成本的显著增加;配送次数的增加又导致配送车辆不足,企业外包物流费用上升;零售企业指定时间交货导致配送车辆待机时间增加,从而影响配送时间效率。第二,信息系统投资大。多频次、小批量配送系统是建立在基于 POS、EOS 等信息系统基础之上的,以实现高效、快捷、准确的订发货信息传输。EOS 成为实施多频次、小批量配送的必要条件。第三,包装费用增加。集装化包装在配送中心拆零分拣,再施加不同规格、不同材料的小包装,导致包装材料开发及包装成本上升。第四,人工费增加。分拣、流通加工、配送等作业都需要大量的物流人员做保证,人工费支出在物流成本中的比重越来越大。

(4)零售商物流需求日益增多的挑战

由于现在零售商普遍存在储存空间不足的问题,零售商更希望减少商品的流通加工功能,因而往往要求批发商把他们订购的商品贴好标签,并分类进行商品的商业包装,并配送到零售商指定的地点,有时候甚至是直接上货架的工作也要批发商来完成。在这种情况下,批发商需要拥有或租赁物流中心。

2. 批发企业的物流战略定位

在当前形势下,批发企业应从原来作为厂商销售代理人的地位转向零售商购买代理人的地位,并构筑适应自身特点的现代物流体系。

(1)备货范围广泛化、配送行为快速化

批发商通过扩大备货范围和幅度,利用自己在物流服务上的经验以及相对完善、先进的物流设施,运用快速的配送服务来消除厂商与零售商在商品配送要求上的差异。这表明满足地域分散的零售业店铺配送要求,是当今批发业发展的一个重要趋势。

(2)建立高度化的物流系统

批发业者的物流系统为了对应多频度、少数量配送的要求,需要在配送中心或物流中心的高度化发展上下功夫,否则,没有物流系统高度化的发展,批发业要在扩大商品品种幅度的同时保持输送管理的高效率性是不大可能的。因此,伴随批发业战略上的转变,批发商在自身的硬件和软件建设上都需要做出重大调整,可以认为这是批发业革新的战略投资。

(3)物流中心的机能分化

随着商品消费的多样化以及企业营销战略差异化的发展,不同商品种类、不同商品品种或同一商品不同销售方式、不同生命周期,物流管理的要求是不一致的,有时这种差异大相径庭。所以根据一定的物流要求、流通特性等标准进行适当划分,在物流中心内成立单独的物流机能是目前批发业为适应物流发展而进行组织机能变革的重要举措。

(4)向零售支持型发展

批发业在强化自身物流效率的同时,打破批发业中的产业界限,实行零售支持和共同配送。这种零售支持型的发展能否成功,关键在于批发业所提供的信息系统化以及零售支持的服务水准能否与大型零售业或24小时连锁店相匹敌。

(5)批发业的组织再生

从日、美发达国家的情况看,批发业的组织再生形式一是来自于零售物流要求而产生的集约化,即由零售业主导的来自下游企业的组织再生;二是中小批发企业,特别是不同产业批发企业之间在推动共同物流或订、发货信息系统化方面的协作。

三、零售企业物流

(一)零售企业物流的概念与特点

零售企业物流是以零售商店或零售中心为核心的,以实现零售销售为主体的物流活动。

不同零售企业伴随投入、转换、产出的物流活动有一定区别,以下简要说明不同类型的零售企业物流的特点。

1. 一般多品种零售企业物流

这种类型企业物流重点在于多品种、小批量、多批次的供应物流。这种物流一方面可保证零售企业的销售,保证不脱销、不断档、不缺货;另一方面则可保证不以库存支持这一销售。所以,供应物流是零售企业突出的物流。企业内部物流的关键则是降低库存以保证最大的售货面积,少占用库存场地,尤其在交通便利、客流密集的“黄金地域”。在零售企业内的物流更要强调这一点。

一般零售企业销售物流，主要是大件商品的送货和售货服务。大部分零售企业是在销售后由用户自己完成物流，所以销售物流不是这种类型企业的主要物流形态。

2. 连锁店型零售企业物流

连锁经营是现代零售业的基本组织形式之一，在国内零售业态主要有百货店、超级市场、大型综合超市、便利店、仓储式商场、专业店、专卖店、购物中心等。除百货店和购物中心外，其他六类的连锁化进程比较快，尤其是超级市场、大型综合超市和便利店。每种业态都有其特定的市场。这种企业的物流特点集中于供应物流，与一般零售企业供应物流不同，连锁店的销售品种是相同的、有特色的，其供应物流是由本企业的共同配送中心完成的。比如，Nike 品牌专卖店物流系统。

（1）批量采购，统一配送，形成规模效益。各门店的商品统一由总部采购，按照统一的营销策略和各分店对商品品种、规格、包装等的要求，统一储存和配送，从而实现以大批量进货来获取折扣和延长付款期限的机会，形成规模效益。如联华超市大约 80% 的采购权集中于总部，只有那些没条件集中的才下放给各分店采购。

（2）商品种类繁多，配送和仓储要求多样化。零售业（尤其是大型综合超市）销售的商品品种繁多，涉及食品、日用品、家居装饰等。因此对配送和仓储的要求呈现多样化的趋势。如对于冷冻食品，在运输和仓储过程中要有严格的卫生和保温措施——食品冷链物流。据统计，上海的超市/大卖场的冷链商品占销售额的 20% 以上。而对于易碎易压物品（如电器、高档的玻璃制品等）在仓储和运输过程中也要有专业的操作和运输要求。

（3）配送量波动大，订货频率高，时间要求较严格。零售企业的销售量受随机因素和其他人为因素（如促销）影响较大，造成门店的配送量波动大。对于仓储空间等资源有限的门店，一般要依靠提高配送频率来满足需求，有些小型便利店甚至要求一天送货两次，而且配送过程有时间窗限制，如限定某个时段到货。

（4）服务内容多样。连锁零售企业实行集中采购和批量进货，每次进货量大，因此一般供货商都以大包装供货，而连锁门店销售时要拆零，有时还因特殊需要，要对货物进行简单加工，因此连锁零售企业的物流系统要具备拆零、分拣、包装和简单加工等功能。

此外，连锁零售企业的业务特点还要求其物流系统具备高效地处理退/换货的能力。一方面，因为连锁零售业（尤其是大型综合超市）货损率比较高，造成退货频率和数量也比较大。另一方面，零售商品的更新换代的频率较高，如时尚商品或季节性强的商品。

3. 直销企业物流

所谓直销，是指不经过中间环节将产品直接面向消费者销售的营销模式。直销模式作为现代企业所采用的最为基本的销售模式，具有以下基本特征：

（1）由于直销企业以自有产品、自有品牌为基础，因而通过直销手段的品种不可能多，供应物流及企业内部物流较简单。这种企业物流的重点集中于销售物流，销售物流决定了销售业绩。

（2）直销模式客观要求企业实施物流集中管理。采用直销模式的企业，拥有大量业务人员，并且分布分散，因而业务人员的客户分布也就分散，从而客观上需要企业拥有较强的物流管理能力和水平，以实现统一、集中的物流管理。

（3）直销模式客观要求企业的物流调配具有灵活性。直销模式下，由于不同客户对产品需求的种类、数量以及时间限定存在的差异，统一集中管理的物流必须拥有一定的灵活性，以保证能够及时满足不同客户的不同需求。

(4)直销模式客观要求企业对客户的需求能够充分理解，并能够给出恰当的产品供给物流方案。直销模式下，企业与客户之间的关系更为紧密，有机会了解到客户的需要和要求，对客户所在行业也能够获取更为深刻的认知，因此，企业能够基于上述对客户以及其所在行业的理解在提供其所需要的产品的同时，提出可行的较为合理的物流方案以及其他相关方案。

知识拓展

家电零售企业物流特点

一般而言，家电零售企业物流配送环节具有以下特点：

(1)某些家电需要专业人员进行安装、调试，亦即对售后服务的要求比较高；

(2)一些体积大且笨重的家电对保管和搬运的要求比较高，配送存在一定困难；

(3)家电的需求随机、客户分散，因此如何优化配送路线以便节约时间、降低配送成本，成为家电零售企业销售物流的重点问题；

(4)由于家电类的许多产品具有明显的季节性，因此，针对家电零售企业销售的库存与车辆，也要根据其销售商品的淡、旺季进行相应调整。

(二)零售企业物流作业过程与环节

零售企业物流过程，是从采购活动开始的，并结束于销售活动，如图11-15所示。

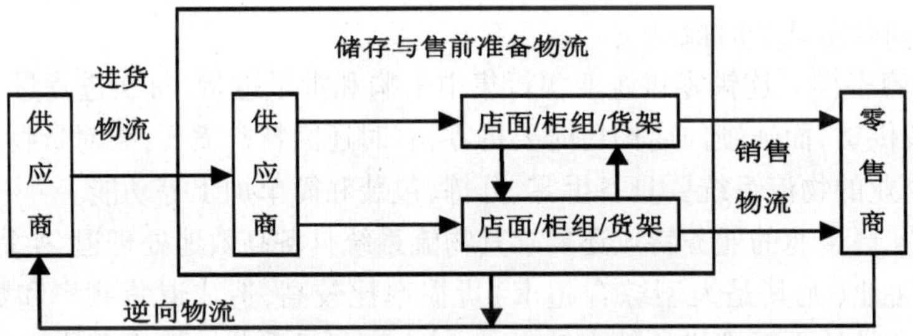

图11-15　零售企业物流作业过程

1. 进货物流

它是采购和接收各种商品的过程。供应商根据合同条款为零售企业供货，商品从生产企业或批发企业的储存库移动到零售企业的储存库或货架上。该过程是以运输为主体，包括包装、装卸、搬运等物流功能的组合，它是直接为商流服务的。

2. 储存和售前准备物流

它是商品的仓储、保管、分拣、上架以及不断地补充的过程。当商品到达零售企业后，一部分直接送至销售柜组或货架上，其余部分为了避免短时间的脱销风险存入仓库。这些商品都需要经过储存、保管、补充、分拣和上架等过程，从仓库向店面或货架移动。

3. **商品销售物流**

它是把商品直接传递到消费者手中的物流。它是直接的交易过程，一般有两种形式：一是商品只是由柜组或货架移动到客户手里；二是由客户订货，而由零售商将商品送达客户指定的场所。

4. **逆向物流**

逆向物流是指商品退货、回收和废弃物流。它是在前面三个过程中发生的，如在采购进货中，发现的不合格的商品需要退回货主；对后库和货架上或直接销售过程中的残、次、过期商品，需要回收，售出商品的包装物也需要回收等。

在零售企业物流过程中，运输、配送、储存是主要的功能，而装卸搬运、包装、流通加工、信息处理等是辅助功能。但同时，配送、包装和流通加工等服务性功能得到了不断的强化，精美的包装起着美化商品、促进销售的作用；送货上门、拆零销售和恰当的分割、组合，则日益成为零售企业的售前或售后服务的主要内容。

（三）零售企业物流存在的问题与对策

1. **零售企业物流存在的问题**

（1）物流管理观念有待提升

尽管大部分零售企业成立了物流管理部门，但对物流管理部门的职能认识不足，多数企业的物流管理部门主要是负责产品的采购、仓储和运输等，而不具有统一协调信息流和资金流的管理能力。至于从供应链管理角度去考虑问题的企业则少之又少。

（2）物流配送效率仍然偏低

据国外物流机构研究，零售企业配送中心的最佳配送范围为350公里，而我国大型零售企业虽然拥有很多分销网点，却仅有少量的配送中心，根本达不到资源全方位配送的目的。有些离总部较远的分店甚至得不到配送中心的配送，导致分店自行采购，自行调配，物流配送效率比较低。

（3）零售企业信息化应用水平也比较低

沃尔玛的成功经验之一就在于采用了先进的信息技术，为其高效的分销系统提供了保证，使沃尔玛真正降低了物流成本，实现了对顾客天天平价的承诺。而我们现在还缺乏必要的公共物流信息平台，订单管理、货物跟踪、库存查询等物流信息服务功能较弱，严重制约了物流运行效率和服务质量的提高。

（4）零售商与供应商的战略伙伴关系尚未建立

大多数企业已经认识到供应商对本企业的重要性，但能与供应商建立真正意义上的战略合作伙伴关系的却不多。

（5）物流管理人才匮乏现象比较严重

我国零售企业普遍缺少既熟悉整个工艺流程，又精通物流管理技术、掌握企业内物流以及向外延伸的整条供应链的管理等综合知识的专业人才。

2. **零售企业物流存在的对策**

（1）通过物流中心或配送中心实现效率化

从当今发达国家的情况看，大多数零售业者都配有物流中心或配送中心。物流中心通过集中处理所辖区域内各店铺的订货，并实行各店铺的商品集中或共同配送来推进物流效率。

(2)商品配送的计划化与集约化

为了灵活运用物流中心,提高物流效率,必须在软件方面推进联网化,实现计划性的发货,并将之与物流系统紧密结合起来,实现配送的计划化和集约化。在硬件配置上,要推动分拣、检查业务过程的自动化与机械化,这些都是实现商品配送计划化和集约化的前提条件。

(3)物流系统建设成本的合理分担

物流中心的建设虽然提高了物流效率,推动了体系的合理化,但在构筑这一系列时,零售商能否保障批发商和厂商的利益,合理解决成本分担,是构筑合作性关系的重要条件。

第四节 企业物流外包与管理

一、企业物流社会化

1. 企业物流社会化的概念

企业物流社会化是指工商企业将自身的全部或部分物流业务外包给专业的物流企业,或者工商企业向社会化物流企业转型,利用自身的物流设施设备提供社会化物流服务。

(1)企业物流外包

一般而言,制造企业的库存、产中物流等与制造企业发展密切相关的物流环节,企业不愿意也不可能全部外包给社会物流企业。从目前来看,不难发现,凡是能参与到制造企业物流全过程的第三方物流企业,几乎清一色有制造企业的背景。很难找到纯粹的第三方物流企业参与到制造企业产前和产中物流的案例。如,联想集团的志勤美集、长春一汽集团的长春陆捷、TCL 的速必达物流等。事实上,即使在日本、美国等物流市场开放程度较高的国家,制造企业的核心物流环节还是由自己掌握,外包部分也是集中在销售物流。这与我国倡导的"鼓励生产和商贸企业按照分工协作的原则,剥离或外包物流功能,整合物流资源,促进企业内部物流社会化",虽然在方向上是一致的,但是在内涵上仍有所偏差。

(2)企业物流向社会化转型

这是指目前只为本行业、本系统提供服务的仓储和运输设施,积极创造条件向社会开放,开展社会化物流服务。

案例分析

海尔物流向社会化物流企业转型

几年前,海尔集团提出了由制造业向服务业转型,物流业务显然是转型过程中至关重要的一枚棋子。为此,海尔集团提出了"营销网"、"物流网"、"服务网"三网合一的运营模式。2010年,海尔物流重组旗下的青岛海尔物流和日日顺,以期借助日日顺在三、四线市场的网络和渠道优势,代理更多不同企业的家电产品。通过这一举措,海尔希望将日日顺代理其他品牌家电的比例由10%提高到50%,进而加快物流社会化进程。其中,2010年1月开始动工建设的海尔(即墨)物流产业园,是海尔集团将"海尔物流"向"海尔牌物流服务"升级转型运营平台的标杆工程。具体到海尔物流拓展社会化物流服务的范围和提升物流服务能力方面，海尔集团将该产业园定位于不是一个简单的物流项目，而是一个社会化运营平台。它将为海尔家电业务、日日顺社会化消费电子业务、跨行业社会化流通业务等提供即需即送物流服务，并不断整合客户资源、物流服务资源、物流基础设施资源以及运营管理资源，实现物流产业链集聚，通过虚实网的整合打通物流价值链全流程。

2. 企业物流社会化的意义

随着社会分工的深化和市场需求的日益复杂，生产经营对物流技术和物流管理的要求也越来越高。众多工商企业逐渐认识到依靠企业自身的力量不可能在每一个领域都获得竞争优势。它们更倾向于采用外包的方式，将本企业不擅长的物流环节交由专业物流公司，或者在企业内部设立相对独立的物流专业部门，而将有限的资源集中于自己真正的优势领域。与此同时，为了适应工业、商业日益现代化的需要，第三方物流企业也在兴起。第三方物流企业由于具有人才优势、技术优势和信息优势，可以采用更为先进的物流技术和管理方式，取得规模经济效益，达到环节最少、时间最短、路程最短、费用最省。因此，可以预见，企业物流社会化将是中国物流业发展的趋势。

二、企业物流外包

1. 物流外包的概念

物流业务外包，是指制造企业或销售等企业为集中资源、节省管理费用，增强核心竞争能力，把自己不擅长或比较没有优势的物流业务部分或全部以合同方式委托给专业的第三方物流公司运作。物流外包是一种长期的、战略的、相互渗透的、互利互惠的业务委托和合约执行方式。

2. 物流外包的优点

目前，越来越多的企业纷纷选择了物流业务的外包，因为第三方物流给客户企业带来了众多益处，主要表现在以下几个方面：

（1）集中精力发展核心业务

企业能够实现资源优化配置，将有限的人力、财力集中于核心业务，进行重点研究，发展基本技术，开发出新产品参与世界竞争。

（2）减少投资，降低风险

现代物流领域的设施、设备以及信息系统的投入是相当大的，通过物流外包，企业可以减少对此类项目的建设与投资，从而变固定成本为可变成本。而且，物流需求的不确定性和复杂性，导致投资具有巨大的财务风险，通过外包，企业可以将这一部分风险转移给第三方。

（3）节省费用，降低成本

专业化的第三方物流提供者利用规模生产的专业优势和成本优势，通过提高各环节能力的利用率实现费用节省，使企业能从第三方物流提供方的规模效益中实现成本的节省。

（4）减少库存

客户需求正在向着小批量、多品种、多批次方向变化，企业越来越难以满足这样的需求，第三方物流提供者可以借助精心策划的物流计划和适时运送手段，最大限度地减少库存，改善企业的现金流量，实现成本优势。

(5)提高物流服务水平

因为第三方物流提供者是以物流为核心业务的企业,可以提供比企业自身更高水准的专业化物流服务,具体表现在:运用新技术;熟悉物流相关法律、政策、规范;更好的信息处理能力;更好的客户服务经验。

(6)提升企业形象

第三方物流提供者与客户之间是战略伙伴或者联盟关系,他们从客户物流合理化的角度出发,为客户量身打造物流解决方案;通过全球性的信息网络使客户的供应链管理完全透明化,客户随时可通过信息网络了解供应链的情况;利用完备的设施和训练有素的员工对整个供应链实现完全的控制,减少物流的复杂性;通过遍布全球的运送网络和服务提供者(分承包方)大大缩短了交货期,帮助客户改进服务,树立品牌形象,使客户在同行者中脱颖而出,为客户企业在竞争中取胜创造了有利条件。

3.物流外包的缺点

第三方物流确实能给用户带来多方面的利益,但这并不意味着物流外包就是所有用户的最佳选择。事实上,第三方物流也不可避免地存在着一些负面效应。

(1)可能导致企业对物流的控制能力降低

在采用物流外包的情况下,由于第三方物流提供商介入企业的采购、生产、分销、售后服务等各个环节,成为企业的物流管理者,这使得企业自身对物流的控制力下降,在双方协调出现问题的情况下,则可能会出现物流失控的风险。即第三方物流服务商不能完全理解并按照企业的要求来完成物流业务,从而使企业的客户服务水平降低。此外,原来由企业内部沟通来解决的问题,在外包的情况下由于外部服务商的存在,容易产生企业内相互推诿的局面,影响物流的效率。

(2)客户关系管理的风险

在第三方物流服务的合作中,直接面对企业客户的往往是第三方物流服务商;同时他们通常也拥有全面的客户信息,甚至包括潜在客户的信息。因此,在客户关系的管理中,至少存在着下列两类风险:一是企业与客户之间的关系被削弱。由于生产企业是通过第三方来完成产品的配送及售后服务工作的,同客户直接接触、观察客户反应和听取客户意见的机会就会减少,这对建立稳定密切的客户关系是非常不利的。二是客户信息有被泄露的风险。在激烈的市场竞争中,客户信息对企业而言是最重要的资源之一,如果客户资料被泄露,带来的损失是难以计算的。尽管在第三方物流服务关系中,提供商与用户之间对彼此的商业信息保密是重要的合作基础,但由于第三方提供商通常并不只是面对一个客户,当信息在更多的企业间共享的时候,企业的商业秘密被泄露的可能性就会增大。

(3)公司战略机密泄露的风险

物流是一个企业发展战略的重要组成部分,第三方服务商由于承担着执行这一战略的职能,通常对企业的战略都会有很深的认识,从采购渠道的调整到市场策略,从经营现状到未来预期,从产品转型到客户服务策略,第三方服务商都可能得到相关的信息。因此,使用第三方物流会使企业核心战略被泄露的风险增加。

(4)出现连带经营风险

第三方物流是基于合同的比较长期的合作关系,如果第三方服务商自身经营不善,则可能会影响使用方的经营;但如果要解除合同关系又会产生很高的成本。特别是企业选择新的物流服务商并建立起稳定的合作关系，往往需要较长时间的磨合期。在磨合期内，企业将不得不面对新服务商因为对产品不熟悉、信息系统结合不好等造成的低质量服务。

由此可见，在企业考虑是否外包物流的过程中，不能只看到第三方物流带给企业的利益，多考虑一些负面的效应也是必需的。只有对它的正负面效应都有了清醒的认识和慎重的分析衡量之后，企业才能够做出正确的适合自身发展的决策。

4. 物流外包决策

物流管理具有较强的规模经济性，分散的物流管理往往导致高成本、服务水平低，从国内外一些大型企业的物流改革中，可以发现物流管理呈现出集中管理的发展趋势。

根据物流对企业运作成功的重要程度和企业处理物流的能力，企业可以采取四种策略（参见图 11-16）：

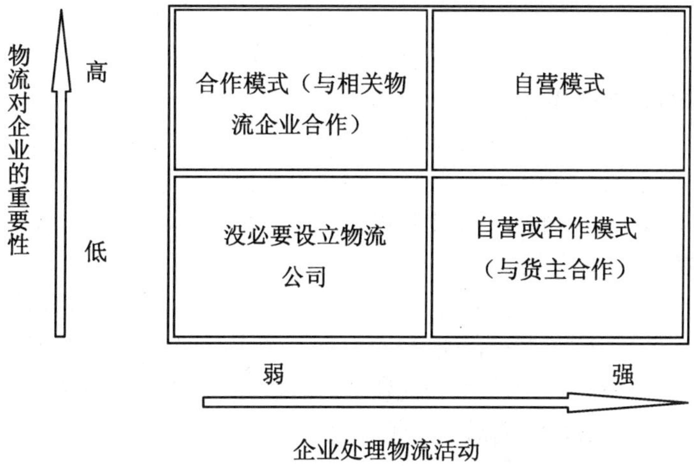

图 11-16　企业物流外包决策

（1）“双强”下的选择

如果企业规模大，物流经营管理能力强，而且企业对物流业务水平的要求最高，这类企业应选择以自营物流为主。

（2）“双弱”下的选择

如果企业对物流服务水平要求不高，物流在企业战略中地位并不是很重要，而且现阶段的物流管理能力还处于较低水平，这类企业既无必要也无能力设立物流企业。一方面可以选择由客户提供物流服务；另一方面可以采用物流业务外包，将企业全部的物流业务委托给专业物流公司来承担，这样可以使企业集中优势资源，增强自身的核心竞争能力。

（3）“单强”下的选择

在“单强”下，可细分为以下两种模式：

①物流在企业中处于战略地位，但自身物流管理能力较弱

如果企业对物流服务水平要求很高，物流在企业战略中地位很重要，但是自身的物流管理能力较弱。在这种情况下，由于物流经营管理能力较弱，如采用独资模式，可能会因为较高的物流投资成本和维护成本而使自身陷入困境。因此，对于物流在企业战略中起关键作用，但自身物流管理水平较低的企业，一般应选择与其他物流企业合作组建新的物流公司，并且在新组建的物流公司中起组织者及执行者的角色。一方面，物流管理所处的关键性地位使这类企业

应在新组建的物流公司中起主导作用;另一方面,自身物流管理能力的不足又难以满足运营的要求,因而需要借用他人的物流设施、物流能力,从而降低物流管理成本,专注于专业管理的收益极大化。

②物流在企业中并非处于战略地位,但自身物流管理能力较强

有的企业具有较强的物流管理能力,有着先进的物流设备和高素质的物流人才,但是物流业务在整个企业的战略发展中却不占据主要地位。在这种情况下,企业应视资金等情况,采用自营或与相关货主合资的方式,设立物流企业,使之成为向社会开放的第三方物流企业,以充分利用企业在物流业务中的优势。

三、企业物流管理模式

一般而言,企业可根据实际情况选择以下物流管理模式。

1. 成立独立的物流管理部门

企业将与物流运作有关的仓储、运输和进出口服务等职能部门合并,成立独立的物流管理部门。或在企业高管理层设立企业物流总管,建立企业内部储运部门和产销部门之间的协调机制,在企业内部实行物流运作的一体化管理。

2. 成立独立的物流经营公司

企业将诸如仓储和运输等职能和相关的资产分离出去,成立独立的物流经营公司,或独立核算的物流事业部,剥离成为一个独立的利润中心。新成立的物流经营公司主要以其母公司为核心客户,同时允许它们承接第三方物流业务,根据其服务能力在市场上寻求外部客户的业务,以提高物流资产的使用效率,而后越来越多地依靠第三方业务。

这种模式有几个特点:

(1)新的物流企业是独立法人,对现有的物流资源拥有全部产权,独立享有法人的权利,承担法律义务;

(2)企业成为新成立的物流公司的唯一股东,具有很大的控制力与影响力;

(3)新物流企业为企业提供物流服务是基于物流企业与企业之间的物流合同关系,并不是基于企业作为物流公司的唯一出资人的出资关系;

(4)作为独立的法人,新物流企业可在其业务范围内对外承接物流作业业务。

企业采取这样的物流战略调整,往往可取得“一箭双雕”的效果。一方面,储运等物流资产和业务剥离后,可以使得原先隐性的物流成本显性化。物流成本边界的清晰必然有助于企业更好地管理物流运作,提高资产使用效率,并提高企业整体的管理水平。另一方面,企业可以用现有的业务培育自己的物流服务品牌,在提高客户服务水平的同时对母公司总体的竞争战略优势和母公司的品牌形成有效支持。

3. 企业与物流公司共同投资成立合资的物流经营公司

企业与物流公司共同投资成立合资的物流经营公司,企业保留部分产权,因此拥有一定的股权。

对企业而言,与物流公司合资提供了获取资本、物流设施和专业知识的途径。例如,中石化和长江航运集团成立石油物流的合资企业,共同拥有和营运石油产品物流业务。中远国际货运有限公司、香港远洋网络有限公司、广东经济技术开发区建设创业投资有限公司投资占股

60%,科龙与小天鹅投资占股20%,共同组建了广州安泰达物流有限公司,成为国内现代化的大型家电物流平台。

4. 由物流公司单独投资建立新的第三方物流公司

物流公司按合同独资兴建新的物流企业,因此,企业对新的物流企业没有产权,其影响力通过合同、双方之间的合作关系等来表现。在合同中一般不会强行规定新成立的物流公司必须为企业一家服务,一般在经营一段时间后,新物流公司业务成熟、物流资源充足时,都会以独立法人的身份向社会承揽业务,此时企业无权提出异议。

5. 全部物流系统由物流公司接管

大型物流公司全盘买进客户公司的物流系统,接管并拥有车辆、场站、设备和接受原公司员工。

这实际上是企业通过物流业务和资产整合的办法获取专业物流公司运作和管理技能,并在实际上将自己的物流运作全部外包给第三方(或"第四方")的过程。对企业来说,这样的战略调整既能够进一步提高物流管理水平,又能够保证对物流运作外包以后的控制权。它还是一个凭物流业务换取物流网络,通过资产和业务重组进入物流服务业市场的过程。

6. 企业投资第三方物流公司的物流网络,拥有物流企业部分产权

这种模式的出现往往因为第三方物流公司在规模与财力上无法为企业提供完整的物流服务,或者出于第三方物流公司为分散风险,而企业为保持对物流系统的影响力的需要。

该模式特征有:

(1)企业以出资入股的方式介入物流公司的经营,主要是为企业自身打造适合的物流系统,并掌握部分物流公司的产权,达到参与物流运作的目的;

(2)由于物流公司的新的物流系统是合资的,分散了第三方物流公司的风险,提高了双方之间的合作效果;

(3)企业与第三方物流公司之间的合同除了约定合资重建物流系统外,一般在该合同约定或在新的物流作业委托合同中约定企业将物流作业委托给物流公司,同时,第三方物流公司仍能在业务范围内承接物流作业业务;

(4)在物流作业过程中出现货损或灭失时,除了因企业的原因而发生的以外,其余的由物流企业承担。

7. 管理型合同

企业自己拥有物流设施,进行管理外协,即企业在保留对物流系统资源产权的情况下,把对物流系统的管理委托给第三方物流公司。

该模式特征有:

(1)企业拥有物流资源绝对的产权,有绝对的影响力;

(2)企业与第三方物流公司之间的合同只是管理服务合同,约定由第三方物流公司利用自己的专业知识与能力向企业提供管理企业物流系统的服务,不包括任何产权问题,企业可视需要终止合同;

(3)除非由于物流系统管理的问题,否则由物流系统运作原因所致的货损或灭失由企业自己承担。

国外企业,特别是欧盟的大型零售商较多采用;但我国企业目前很少采取这种方式。

8. **物流管理或运作直接外包给第三方物流公司**

在美国和欧洲的一些发达国家,企业同第三方物流公司已结成了较为紧密的合作关系,相当多的物流公司介入了企业的生产和物料采购等业务环节。例如,Ryder物流公司同Whirlpool(惠尔浦)签订的合同周期为5年的物流服务合同,服务内容涵盖了采购物流和生产物流的模式设计和运作管理,目标是减少物流成本,改进信息管理以及优化生产所需物料的备货时间等。此外,通用汽车公司为了有效地管理采购供应以及生产物料的及时备货,而与潘斯科物流公司签订了采购物流和生产物流的外包协议。

9. **建立物流联盟**

物流联盟是为了达到比单独从事物流活动所取得的更好效果,在企业间形成的相互信任、共担风险、共享收益的物流伙伴关系。企业之间不完全采取导致自身利益最大化的行为,也不完全采取导致共同利益最大化的行为,只是在物流方面通过契约形成优势互长、要素双向或多向流动的中间组织。

练习题

1. **单选题**

(1)处于生产终点、销售起点的物流是(　　)。

A. 供应物流　　B. 生产物流

C. 销售物流　　D. 回收物流

(2)冶金产品制造企业物流属于(　　)。

A. 供应物流突出型　　B. 生产物流突出型

C. 销售物流突出型　　D. 逆向物流突出型

(3)集中于销售物流的企业物流是(　　)。

A. 一般多品种零售企业物流　　B. 连锁店型零售企业物流

C. 直销企业物流　　D. 批发企业物流

2. **多选题**

(1)根据物料在生产工艺过程中的特点,可以把生产物流划分为(　　)。

A. 项目型生产物流　　B. 连续型生产物流

C. 大批量生产物流　　D. 离散型生产物流

(2)按企业性质分,我国商业企业的物流可分为(　　)。

A. 供应商物流　　B. 制造商物流

C. 批发商物流　　D. 零售商物流

(3)企业物流的发展趋势包括(　　)。

A. 一体化　　B. 社会资源整合

C. 以信息和网络技术为支撑　　D. 物流外包与部分功能社会化

3. **简答题**

(1)简述企业物流与社会物流的联系与区别。

(2)简述制造企业物流的特点与存在的问题。

(3)简述商业企业物流所面临的外部环境。

(4)简述企业物流外包的优缺点。

4. 案例分析题

美国得克萨斯州的沃斯堡孟买家具及配件公司,最近成立了一家服务于成千上万家零售店和网上商店的批发分公司,原计划利用其原有的物流网络来组织新的商业物流。然而,由于孟买公司的配送中心是专门为家具的存储和分拣配送所设计的,而新成立的批发分公司所销售产品的性质、零售渠道与家具完全不同,他们必须要有能力处理位于不同地方的成千上万个客户的订单。由于服务的集约化以及运量的不同,他们几乎需要使用所有的运输方式, 很多客户同时还要求采用特殊的条码和标签。显然,孟买批发分公司要想成功,就必须采用全新的物流方式。由于孟买配送中心初期并不具有灵活处理订单的能力,于是综合各方面的因素,共同配送成为孟买批发分公司的首选。当年 10 月,孟买批发分公司选择了 USCO 物流公司作为其物流服务商,共享其物流设施。他们之间的协议是一月一签约,并且是采用按件计费的收费方式。这样使得孟买批发分公司避免了支付人工、设备和设施等高额的管理费用,给孟买公司提供了更大的发展空间,并为他们的服务能力带来了更大的柔性。

随着客户订单的快速增长,对不同客户订单的自动处理能力对于孟买公司的成功至关重要。而该能力恰恰是孟买公司的物流系统所不具备的,因此孟买批发分公司依靠 USCO 物流公司来帮助公司实现订单履行程序的自动化,并提供帮助该公司建立为顾客定制的条形码和标签的技术支持。孟买批发分公司同样也把公司所有的外向运输交给了 USCO 物流公司,这在一定程度上要比孟买公司自己与运输公司谈判签约所付的运费要低。

共同配送与较高的交付率和订单履行能力使孟买批发分公司为客户提供优于其竞争对手的服务,同时,这种更具竞争力的优势将帮助孟买批发分公司树立良好的服务品牌。

问题分析:(1)孟买批发分公司为何与物流公司开展共同配送,其优势有哪些?(2)试说明如何进行物流外包决策。

参考文献

[1] 吴清一. 物流管理[M]. 北京:中国物资出版社,2003.

[2] 吴清一. 物流实务[M]. 北京:中国物资出版社,2003.

[3] 董千里. 物流工程学(第二版)[M]. 北京:人民交通出版社,2008.

[4] 王之泰,等. 物流基础[M]. 北京:高等教育出版社,2005.

[5] 彭云飞,邓勤. 现代物流管理[M]. 北京:机械工业出版社,2009.

[6] 何海军. 企业物流管理[M]. 北京:北京理工大学出版社,2009.

[7] 李苏剑,等. 企业物流管理理论与案例[M]. 北京:机械工业出版社,2003.

[8] 姜劲,等. 物流管理教程[M]. 北京:中国物资出版社,2010.

[9] 李长霞,郭琼. 物流师[M]. 北京:人民交通出版社,2004.

[10] 李学工. 现代物流方案策划与设计[M]. 北京:机械工业出版社,2011.

[11] 彭扬,等. 现代物流学概论[M]. 北京:中国物资出版社,2009.

[12] 张旭辉,杨勇攀. 第三方物流[M]. 北京:北京大学出版社,2010.

[13] 夏春玉,李健生. 绿色物流[M]. 北京:中国物资出版社,2005.

[14] 徐旭. 低碳物流的内涵、特征及发展模式[J]. 商业研究,2011(4):183-187.

[15] 王艳,李作聚. 浅谈低碳物流的内涵与实现途径[J]. 商业时代,2010(14):31-33.

[16] 范志强,等. 基于供应链运作的延迟制造研究[J]. 商品储运与养护,2005(3):19-21.

[17] 汤银英,等. 国内外物流理论研究述评[J]. 商业时代,2006(11):20-21.

[18] 何黎明. 中国物流学术前沿报告(2010-2011)[M]. 北京:中国物资出版社,2010.

[19] 张良卫,等. 区域物流学——发展与管理[M]. 武汉:武汉大学出版社,2012.

[20] 李惠阳. 物流法律规则与可持续发展研究[M]. 北京:中国物资出版社,2009.

[21] 曲建科. 物流市场营销[M]. 北京:电子工业出版社,2007.

[22] 张梅,莫少红. 物流市场开发[M]. 广州:华南理工大学出版社,2011.

[23] 章建新. 物流市场调研与开发[M]. 北京:对外经贸大学出版社,2011.

[24] 冯佺光,李林. 物流市场经纪人[M]. 北京:东方出版社,2008.

[25] 龙江. 基于竞争优势的物流成长[M]. 上海:上海财经大学出版社,2006.

[26] 吴群. 供应链物流学[M]. 北京:中国物资出版社,2012.

[27] 阎子刚,刘雅丽. 供应链物流管理[M]. 北京:机械工业出版社,2007.

[28] 邹辉霞. 供应链物流管理(第 2 版)[M]. 北京:清华大学出版社,2009.

[29] 郑称德. 供应链物流管理[M]. 南京:南京大学出版社,2014.

[30] (美)鲍尔索克斯,等. 供应链物流管理(第 4 版)[M]. 马士华,等译. 北京:机械工业

出版社,2014.

[31] 供应链管理环境下的物流管理[M]. 中国物流与采购网,http://www.chinawuliu.com.cn/zixun/201003/03/109270.shtml.

[32] 张殿业,等.铁路运输安全理论与技术体系[J].中国铁道科学,2005(3):114-117.

[33] 沈斐敏.物流安全[M].北京:机械工业出版社,2011.

[34] 张景林,林柏泉.安全学原理[M].北京:中国劳动社会保障出版社,2009.

[35] 陈宝智.安全原理[M].北京:冶金工业出版社,2002.